Internationale Unternehmens- führung

Entscheidungsorientierte Einführung

Von
Professor
Dr. Clemens Büter
Fachhochschule Koblenz

Oldenbourg Verlag München

Bibliografische Information der Deutschen Nationalbibliothek

Die Deutsche Nationalbibliothek verzeichnet diese Publikation in der Deutschen
Nationalbibliografie; detaillierte bibliografische Daten sind im Internet über
<http://dnb.d-nb.de> abrufbar.

© 2010 Oldenbourg Wissenschaftsverlag GmbH
Rosenheimer Straße 145, D-81671 München
Telefon: (089) 45051-0
oldenbourg.de

Lektorat: Wirtschafts- und Sozialwissenschaften, wiso@oldenbourg.de
Herstellung: Anna Grosser
Coverentwurf: Kochan & Partner, München
Gedruckt auf säure- und chlorfreiem Papier
Gesamtherstellung: Grafik + Druck GmbH, München

ISBN 978-3-486-58994-8

Vorwort

Die Internationalisierung der Wirtschaft ist ein vielschichtiges Phänomen, welches heutzutage nahezu alle Branchen und Unternehmensgrößen erfasst hat. Internationale Aufgabenstellungen spielen daher in der Unternehmensführung eine zunehmend größer werdende Rolle. Das vorliegende Buch ist als einführendes Lehrbuch konzipiert und richtet sich insbesondere an Studierende internationaler wirtschaftswissenschaftlicher Studienfächer sowie an interessierte Praktiker.

Ziel dieses Lehrbuches ist es, eine Einführung in die Hauptaufgabenbereiche der internationalen Unternehmensführung aus entscheidungsorientierter Sicht zu geben. Im Vordergrund steht das Ziel, die vielfältigen und oftmals auch schwierigen Sachverhalte und Zusammenhänge internationaler Unternehmensführung übersichtlich darzustellen, um dadurch dem Leser eine strukturierte und praxisbezogene Einarbeitung zu ermöglichen. Dies erfordert eine Konzentration auf grundlegende Entscheidungsbereiche und Fragestellungen.

Aufbauend auf einer Einführung in die internationale Unternehmensführung, werden die zentralen internationalen Entscheidungsbereiche behandelt. Dargestellt werden internationale Markt- und Standortwahlentscheidungen, internationale Markteintritts- und Marktbearbeitungsentscheidungen, internationale Funktionsbereichsentscheidungen, internationale Organisationsentscheidungen sowie grundlegende Aspekte des internationalen Controllings. Die Ausführungen werden ergänzt um ein Kapitel zur interkulturellen Unternehmensführung.

Für die gewährte Unterstützung in Form von Gesprächen und die Bereitstellung von Informationen, danke ich einer ganzen Reihe von Unternehmen und Organisationen. Für fachliche Hinweise danke ich ferner meinen Kollegen Prof. Dr. Michael Kaul und Prof. Dr. Andreas Mengen. An der redaktionellen Durchsicht des Manuskripts haben mitgewirkt: Frau Nadine Hürth, Herr Martin Barczik, Herr Steve Ritter und Herr Daniel Ruppert. Die EDV-technische Unterstützung sowie die Bearbeitung der Graphiken und Tabellen hat Herr Daniel Ruppert mit großer Sorgfalt übernommen. Technisch Hilfestellung bei der Erstellung der Druckvorlagen erfolgte ferner durch Herrn Ansgar Sartor.

Ihnen allen gebührt mein ganz besonderer Dank. Über Anregungen und Kommentare zu diesem Lehrbuch würde ich mich freuen.

Clemens Büter

Inhaltsverzeichnis

1   Einführung

1.1   Internationalisierung der Wirtschaft

Die Internationalisierung der Wirtschaft umfasst im weitesten Sinne alle staatliche Grenzen überschreitenden wirtschaftlichen Beziehungen. Internationale Wirtschaftsbeziehungen sind kein Phänomen der Neuzeit. Waren- und Tauschhandelsbeziehungen zwischen Völkern existierten bereits im Altertum. Historisch bedeutsame Epochen internationaler Wirtschaftsbeziehungen gab es insbesondere im Mittelalter in Form der Hanse (Kaufmannsgilden in Hansestädten) als auch im Zeitalter des Kolonialismus in Form des Kolonialwarenhandels und der zu diesem Zweck errichteten Überseegesellschaften.

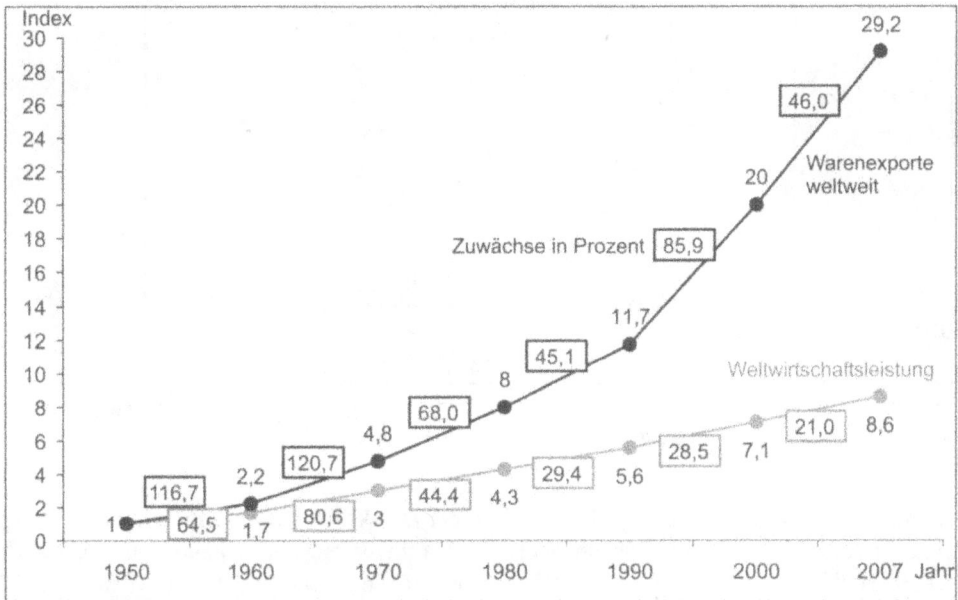

Abb. 1.1 *Weltweites Warenexportvolumen und Weltwirtschaftsleistung: Index Basisjahr 1950 = 1 (Datenquelle: UN World Trade Statistics, verschiedene Jahrgänge)*

Die sich heute vollziehende starke Zunahme internationaler Wirtschaftsbeziehungen wird auch unter dem Schlagwort **Globalisierung** diskutiert. Die Internationalisierung der Wirtschaft ist Kernbestandteil der Globalisierung. Mit dem Begriff Globalisierung werden jedoch neben den ökonomischen Aspekten auch kulturelle, soziale, ethische und ökologische Fragen verbunden. Als wichtigste gesamtwirtschaftliche **Indikatoren der Internationalisierung** der Wirtschaft gelten das Wachstum des Welthandels und die Zunahme der weltweiten Direktinvestitionen.

Das **Welthandelsvolumen** (gemessen am weltweiten Warenexportvolumen) hat im Vergleich zur **Weltwirtschaftsleistung** (gemessen an der Summe der Bruttoinlandsprodukte aller Staaten) überproportional zugenommen. Seit 1950 hat sich das Welthandelsvolumen nahezu verdreißigfacht, wohingegen die Weltwirtschaftsleistung lediglich um das ca. neunfache gewachsen ist.

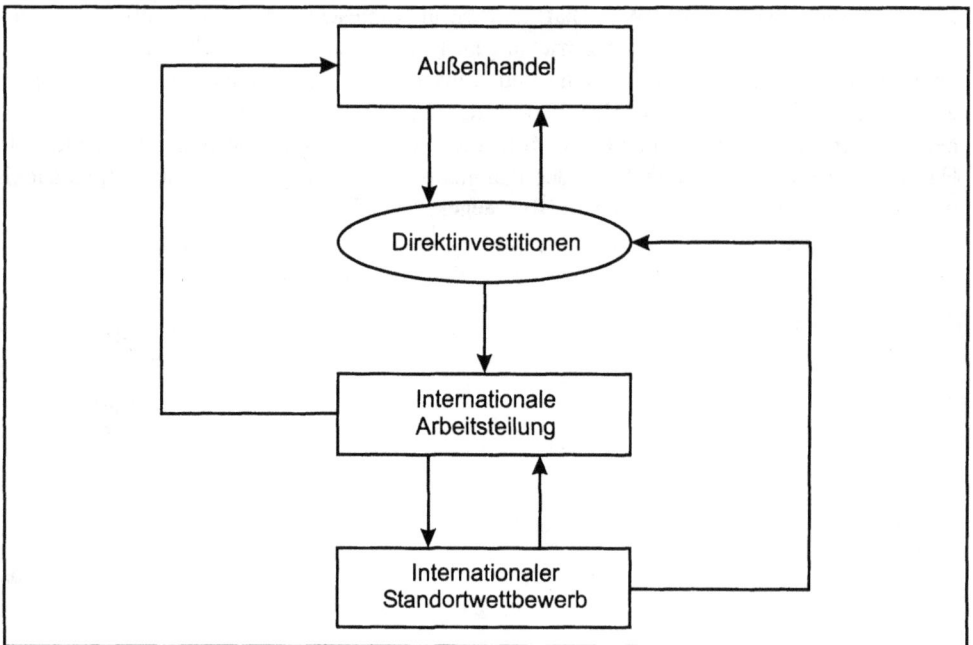

Abb. 1.2 *Internationalisierung der Wirtschaft*

Zwischen der **Außenhandelsentwicklung** und der **Direktinvestitionsentwicklung** bestehen enge Zusammenhänge. Der Außenhandel schafft oftmals erst die Voraussetzungen für Direktinvestitionen. Umgekehrt können Direktinvestitionen Außenhandelsaktivitäten nach sich ziehen, denn Direktinvestitionen schaffen die Voraussetzungen für die Entstehung des internationalen Intra-Firmenhandels, d.h. des Handels zwischen international verbundenen Unternehmen (international related party trade). Ein wachsender Anteil des Welthandels entfällt auf den internationalen Intra-Firmenhandel. **Internationaler Intra-Firmenhandel** ist Außenhandel zwischen international verbundenen Unternehmen (related party trade). Der weltweite Bestand an Direktinvestitionen hat sich seit Mitte der 1990er Jahre deutlich erhöht.

Treibende Kraft dieser Entwicklung waren insbesondere internationale Firmenübernahmen und Beteiligungen (M & A's – Mergers & Acqusitions), bei welchen **Multinationale Unternehmen** (MNC's – Multinational Corporations) eine wichtige Rolle spielten.

Zu den wichtigsten **Ursachen der Internationalisierung** der Wirtschaft zählen:

- die Außenhandelsliberalisierung in Form des Abbaus von Zöllen und Handelsbarrieren,

- der technische Fortschritt und die verbesserten Kommunikationsmöglichkeiten,

- die verbesserten Transportmöglichkeiten und sinkenden Transportkosten,

- der Wegfall des Ost-Westkonfliktes und

- die wachsende Bedeutung regionaler Wirtschaftsintegrationen.

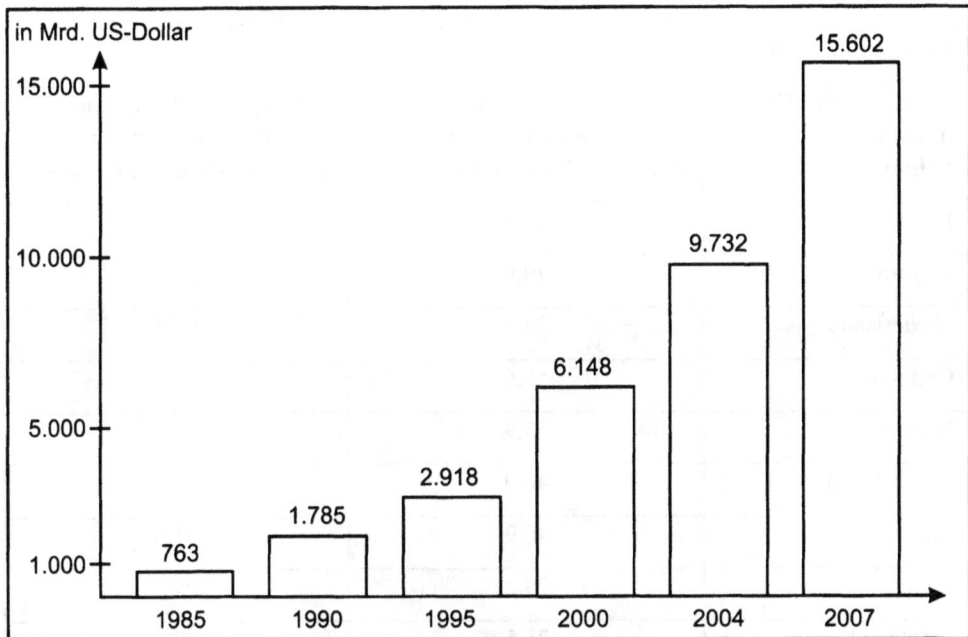

Abb. 1.3 Bestand ausländischer Direktinvestitionen weltweit (Datenquelle: UNCTAD, World Investment Report, verschiedene Jahrgänge)

Die Dynamik der Internationalisierung der Wirtschaft hat auch zu einer Veränderung der **internationalen Arbeitsteilung** geführt. Dies äußert sich in einer zunehmenden geographischen Verteilung der Produktion (Dislozierung) und in einer Veränderung der Struktur der Warenströme zwischen den Ländern (Büter 2007, S. 14). Während früher der intersektorale Außenhandel das vorherrschende Grundmuster des Welthandels war, ist es heutzutage der intrasektorale Außenhandel. Von **intersektoralem Außenhandel** wird dann gesprochen, wenn Waren unterschiedlicher Kategorien zwischen zwei Ländern gehandelt werden. So exportiert Deutschland beispielsweise Autos nach Kolumbien und importiert von dort schwerpunktmäßig Rohstoffe, insbesondere Kaffee. Der intersektorale Außenhandel wird deshalb auch als komplementärer bzw. interindustrieller Außenhandel bezeichnet. Er findet vornehmlich statt zwischen den Industrieländern auf der einen Seite und den Schwellen- und Entwicklungsländern auf der anderen Seite. Intersektoraler Außenhandel ist vor allem auf Kostenunterschiede zurückzuführen sowie auf eine absolute oder relative Nichtverfügbarkeit der Handelswaren im Importland. Von **intrasektoralem Außenhandel** wird dann gesprochen, wenn überwiegend Waren der gleichen Kategorie zwischen zwei Ländern gehandelt werden. Intrasektoraler Außenhandel dominiert beispielsweise in den bilateralen Handelsbeziehungen zwischen Deutschland und Japan, da überwiegend Waren der gleichen Kategorie (z.B. Automobile) gehandelt werden. Der intrasektorale Außenhandel wird auch als intraindustrieller Außenhandel bezeichnet und betrifft den Handel mit substituierbaren Waren. Intrasektorale Außenhandelsverflechtungen prägen insbesondere die Handelsbeziehungen zwischen den Industrieländern. Als wesentliche Voraussetzungen des intrasektoralen Außenhandels gelten ein hohes durchschnittliches Pro-Kopf-Einkommen sowie eine breite Produktdifferenzierung.

Länder in der internationalen Arbeitsteilung	Exporte von Waren und Dienstleistungen in Prozent des Bruttoinlandsproduktes	Importe von Waren und Dienstleistungen in Prozent des Bruttoinlandsproduktes
Belgien	89,4	86,5
Ungarn	79,9	77,6
Niederlande	75,3	67,3
Österreich	59,6	53,7
Schweiz	55,9	46,7
Deutschland	46,9	39,9
Polen	40,9	43,6
Italien	29,2	29,5
Frankreich	26,5	28,4
Großbritannien	26,1	29,8
Japan	17,6	15,9
USA	12,1	17,2

Abb. 1.4 Internationale Arbeitsteilung ausgewählter Länder im Jahr 2007 (Quelle: Institut der deutschen Wirtschaft, Standort Deutschland 2009, S. 21; Ursprungsdaten der OECD)

Die Internationalisierung der Wirtschaft kann zeitpunktbezogen als auch zeitraumbezogen betrachtet werden. Wird die Internationalisierung der Wirtschaft zeitraumbezogen betrachtet, so wird es möglich, den **Internationalisierungsprozess** in einzelne Zeitphasen einzuteilen. Aus betriebswirtschaftlicher Sicht kann sich Internationalisierung auf die erstmalige Aufnahme eines Auslandsengagements beziehen als auch auf die Weiterentwicklung internationaler Unternehmensaktivitäten. Internationales Unternehmensengagement kann funktionsspezifisch sein, d.h. sich auf einzelne betriebliche Funktionsbereiche beschränken, wie z.B. den Export bzw. die absatzwirtschaftliche Internationalisierung. Die betriebliche Internationalisierung kann jedoch auch mehrere und gegebenenfalls auch alle betrieblichen Funktionsbereiche entlang der Wertschöpfungskette erfassen.

Sofern die **Internationalisierung von Unternehmen** mehrere betriebliche Funktionsbereiche betrifft, welche über mehrere Länder verteilt sind, so kann es aus betriebswirtschaftlicher Sicht nicht mehr nur darum gehen, zwischen der im Inland und im Ausland erbrachten Wertschöpfung zu unterscheiden. Vielmehr wird es auch erforderlich die Austauschbeziehungen zwischen den bearbeiteten Auslandsmärkten untereinander zu erfassen. Das internationale Unternehmensengagement kann vor diesem Hintergrund auch als **internationaler Wertschöpfungsprozess** (Zentes et al 2004, S. 3) betrachtet werden, bei welchem die Wertschöpfungsbeziehungen zwischen dem Inland und Ausland als auch zwischen den Auslandsmärkten im internationalen Unternehmensverbund abgebildet werden.

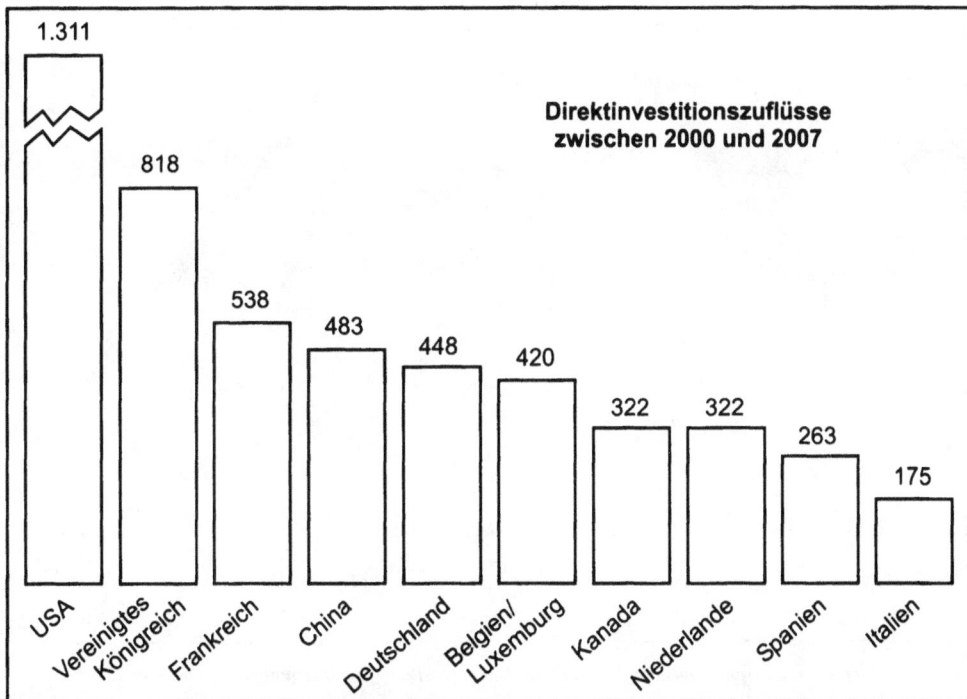

Abb. 1.5 *Direktinvestitionszuflüsse nach Ländern (Quelle: UNCTAD, World Investment Report 2009)*

Die Internationalisierung der Wirtschaft führt dazu, dass sich die ökonomischen Grenzen wirtschaftlichen Handelns länderübergreifend ausdehnen, wohingegen die wirtschaftspolitischen Steuerungsmöglichkeiten einzelner Staaten definitionsgemäß auf die staatlichen Grenzen beschränkt bleiben. Auf Unternehmensebene geht die Internationalisierung einher mit einem verstärkten Wettbewerbsdruck sowie zunehmender wirtschaftlicher Abhängigkeit von internationalen Entwicklungen. Auf staatlicher Ebene führt die Internationalisierung zu einem **Wettbewerb der Politikentwürfe** (Hülsbüsch/Sach 1997, S. 19), bei welchem Staaten als auch Wirtschaftsregionen miteinander konkurrieren. Die Internationalisierung der Wirtschaft äußert sich in diesem Zusammenhang nicht zuletzt auch in einem zunehmenden internationalen und interregionalen **Standortwettbewerb** um die Ansiedlung und den Erhalt von Unternehmensstandorten. Internationalisierung muss nicht immer automatisch mit einer Zunahme internationaler Wirtschafts- und Geschäftsbeziehungen einhergehen. In der Wirtschaftsgeschichte gab es immer auch Phasen der **Deinternationalisierung**, die mit einer Rückführung bzw. Reduzierung grenzüberschreitender Wirtschaftsaktivitäten einhergingen.

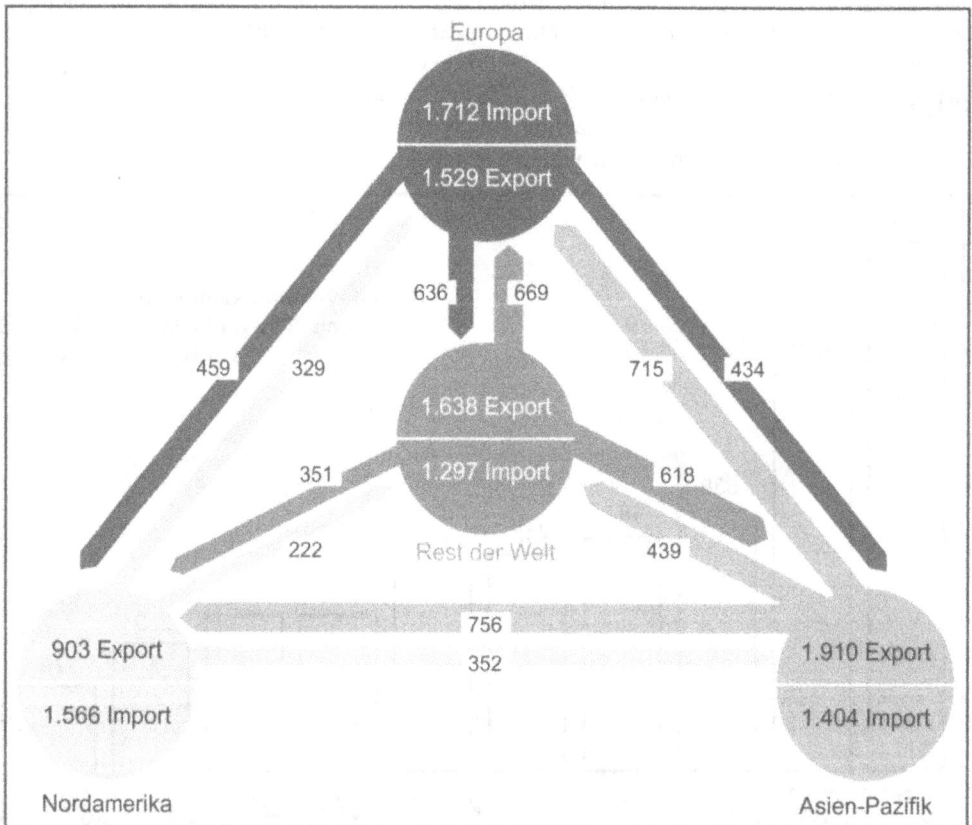

Abb. 1.6 Interregionaler Handel im Jahr 2007 in Mrd. US-$ (Quelle: WTO, International Trade Statistics 2008)

Die **Internationalisierung der Wirtschaft** ist kein global gleichförmig verlaufender Prozess. Vielmehr geht sie einher mit einer starken Konzentration internationaler Wirtschaftsbeziehungen auf einzelne Weltwirtschaftsregionen. Der Begriff der **Regionalisierung der Wirtschaft** bezieht sich in diesem Zusammenhang auf die wirtschaftliche Integration von

Staaten, welche zur Bildung regionaler Handelsblöcke in einzelnen Weltwirtschaftsregionen (z.B. EU – Europäische Union, NAFTA – North American Free Trade Association) geführt hat. Als **intraregionaler Handel** werden jene Handelsbeziehungen bezeichnet, welche zwischen den Staaten eines wirtschaftlichen Integrationsraumes stattfinden. In der Europäischen Union wird in diesem Zusammenhang von **innergemeinschaftlichem Handel** (Intrahandel) gesprochen. Der innergemeinschaftliche Handel betrifft die Handelsbeziehungen zwischen den Mitgliedsstaaten der Europäischen Union. Demgegenüber betrifft der **interregionale Handel** die Handelsbeziehungen zwischen den wirtschaftlichen Integrationsräumen, also beispielsweise zwischen der EU und der NAFTA. Aus Sicht der Mitgliedsstaaten der Europäischen Union wird dies als **Extrahandel** bezeichnet.

Die starke **Konzentration internationaler Wirtschaftsbeziehungen** kommt zum Ausdruck durch einen starken Anstieg des intraregionalen Handels einzelner Wirtschaftsregionen und des interregionalen Handels zwischen diesen. Im Zentrum der weltwirtschaftlichen Konzentration und Verflechtung stehen die drei führenden Weltwirtschaftsregionen (Europa, Nordamerika, Asien-Pazifik), welche auch als **Triade** bezeichnet werden.

1.2 Internationale Unternehmen

Es gibt eine **Vielzahl von Definitionen**, ab wann Unternehmen als international bezeichnet werden können. Weitgehende Einigkeit besteht darüber, dass Unternehmen dann als international gelten, wenn sie dauerhaft wirtschaftliche Aktivitäten in mehr als einem Land (Volkswirtschaft) ausüben (Fayerweather 1989, Sp. 927 f.; Perlitz 2004, S. 9 f.). Das Vorliegen eines internationalen Unternehmens ist weder an eine bestimmte Form des Auslandsengagements geknüpft noch an eine bestimmte Unternehmensgröße oder gar an eine bestimmte Anzahl von Auslandsengagements in unterschiedlichen Ländermärkten.

Die **Intensität des internationalen Unternehmensengagements** lässt sich mittels verschiedener Kriterien beschreiben (Borrmann 1979, S. 19 f.). Generell kann dabei unterschieden werden zwischen:

(1) quantitativen Kriterien und

(2) qualitativen Kriterien.

Zu (1) Quantitative Kriterien
Quantitative Kriterien der Internationalisierung können in Form von **Bestandsgrößen** bestehen, welche sich auf einen bestimmten Zeitpunkt beziehen (z.B. Anzahl der bearbeiteten Auslandsmärkte zu Beginn des Kalenderjahres) als auch in **Bewegungsgrößen**, welche die Veränderungen in einer betrachteten Zeitperiode erfassen (z.B. Exportumsatz in einem Kalenderjahr). Quantitative Kriterien können in Form absoluter Zahlen Verwendung finden (z.B. Volumen des im Ausland investierten Kapitals) als auch in Form von Verhältniszahlen, bei denen zwei absolute Zahlen zueinander ins Verhältnis gesetzt werden (z.B. Anteil des im Ausland investierten Kapitals am Gesamtunternehmenskapital). Eine **Auslandsquote** ist eine Kennzahl (Verhältniszahl), mittels welcher ein sich im Ausland ergebender Anteil (z.B.

Umsatz, Mitarbeiterzahl) ins Verhältnis zum Gesamtunternehmen gebracht wird (Kutschker/ Schmidt 2002, S. 248). Es lassen sich eine Vielzahl von Auslandsquoten berechnen. Eine der bekanntesten Auslandsquoten ist die Auslandsumsatzquote, welche den Anteil des Auslandsumsatzes am Gesamtumsatz des Unternehmens wiedergibt.

Quantitative Kriterien	Qualitative Kriterien
- Auslandsumsatz - Einkaufsvolumen im Ausland - Marktanteile im Ausland - Anzahl der bearbeiteten Auslandsmärkte - Anzahl der Auslandsniederlassungen - Anzahl ausländischer Mitarbeiter an der Gesamtbeschäftigtenzahl - Anteil des Gewinns ausländischer Unternehmenseinheiten am Gesamtgewinn - Anteil der im Ausland bestehenden Produktionskapazität an der Gesamtproduktionskapazität - Anteil des Gesellschaftskapitals in ausländischem Besitz am Gesamtgesellschaftskapital	- Ausrichtung der Unternehmenspolitik auf die internationale Geschäftätigkeit - Ausrichtung der Organisationsstruktur auf die internationale Geschäftätigkeit - Ausrichtung der Qualifikation und Struktur der Mitarbeiter auf die internationale Geschäftätigkeit

Abb. 1.7   Kriterien zur Beschreibung internationaler Unternehmen

Quantitative Größen werden oft dazu verwendet, den **Internationalisierungsgrad** eines Unternehmens zu bestimmen. Verknüpft man mehrere Kennzahlen des Auslandsengagements in einer grafischen Abbildung, so erhält man ein **Internationalisierungsprofil**. Sofern ein Internationalisierungsprofil zu verschiedenen Zeitpunkten erstellt wird, können damit internationalisierungsbedingte Veränderungen des Unternehmens aufgezeigt werden.

Problematisch wird eine rein quantitative Bewertung des internationalen Unternehmensengagements immer dann, wenn man versucht den Internationalisierungsgrad von Unternehmen zu vergleichen, welche ihren Stammsitz in verschiedenen Ländern haben. In diesem Zusammenhang können sich zahlreiche **statistische Verzerrungseffekte** ergeben (Büter 2007, S. 126). So sind wichtige Auslandsquoten (z.B. Export-, Importquote, Anteil der ausländischen Produktionskapazität) von Unternehmen mit Stammsitz in einem kleinen Land (z.B. Schweiz) in aller Regel unverhältnismäßig höher als bei Unternehmen, welche in einem großen Land (z.B. USA) domizilieren. Statistische Verzerrungseffekte ergeben sich ferner durch unterschiedliche Bezugsgrößen und Maßeinheiten und nicht zuletzt auch durch unterschiedliche Inflationsraten sowie durch die Umrechnung von Währungen. Um die Bedeutung des internationalen Geschäfts für ein Unternehmen zu erfassen, sind auch qualitative Kriterien erforderlich.

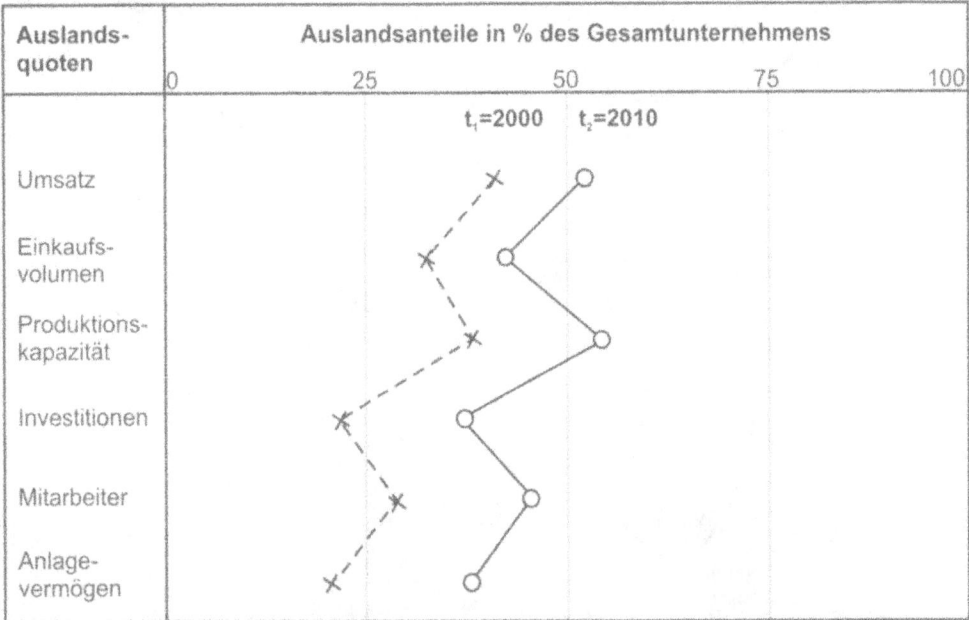

Auslands-quoten	Auslandsanteile in % des Gesamtunternehmens				
	0	25	50	75	100

$t_1 = 2000$ $t_2 = 2010$

Umsatz

Einkaufs-volumen

Produktions-kapazität

Investitionen

Mitarbeiter

Anlage-vermögen

Abb. 1.8 *Beispiel eines Internationalisierungsprofils*

Zu (2) Qualitative Kriterien

Qualitative Kriterien der Internationalisierung sollen insbesondere dazu dienen, die Denkweise des Managements und die internationale strategische Ausrichtung eines Unternehmens zu erfassen („mentale Internationalisierung"). Wichtige qualitative Merkmale internationaler Unternehmen äußern sich beispielsweise in der Internationalisierung des Leitbildes sowie in einer international ausgerichteten Organisationsstruktur und in der Unternehmenskultur.

Quantitative und qualitative Kriterien internationaler Unternehmen können miteinander kombiniert werden, um die generellen Stoßrichtungen des internationalen Unternehmensengagements zu kennzeichnen (Kutschker 1995, S. 648 f.). Je nach Art und Anzahl der zugrunde gelegten Kriterien lassen sich so verschiedene Dimensionen internationaler Unternehmen beschreiben.

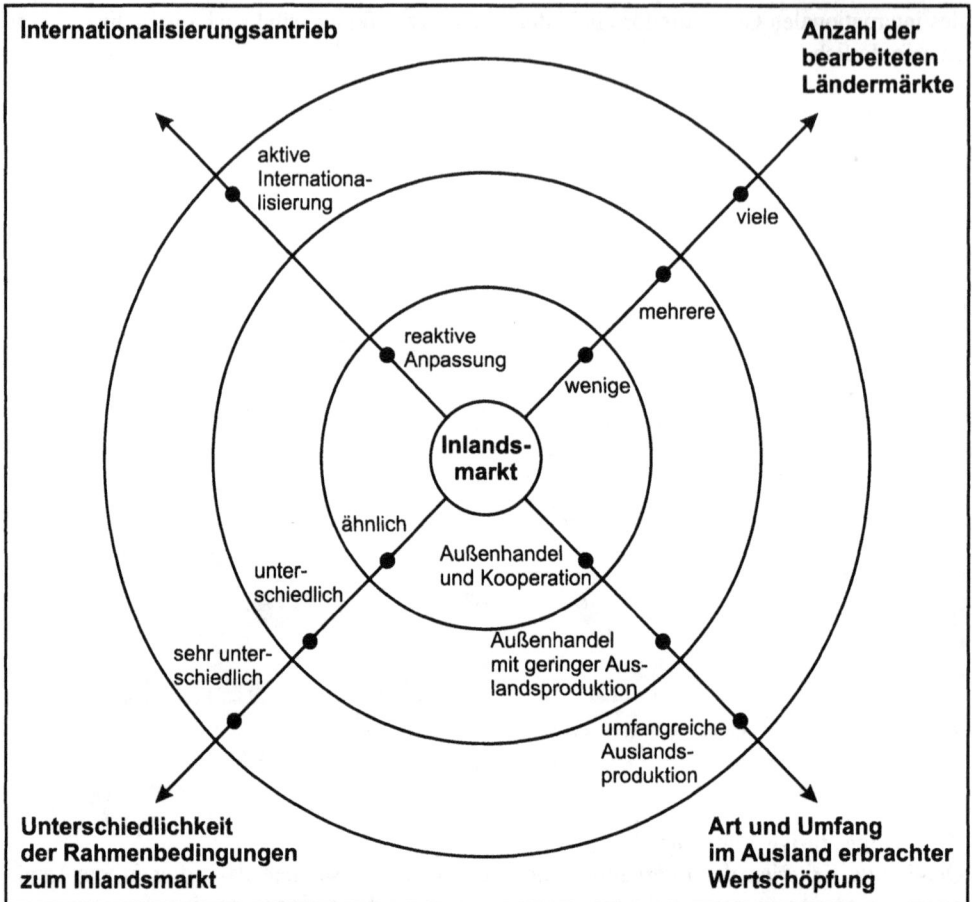

Abb. 1.9   *Dimensionen internationaler Unternehmen*

- **Internationalisierungsantrieb**: Unternehmen gelten als umso internationaler, je stärker sie die Internationalisierung aus eigenem Antrieb heraus betreiben (aktive Internationalisierung). Davon zu unterscheiden ist die reaktive Internationalisierung, bei welcher das internationale Unternehmensengagement im Wesentlichen darin besteht, auf Nachfragen aus dem Ausland zu reagieren.

- **Art und Umfang der im Ausland erbrachten Wertschöpfung**: Je umfangreicher die im Ausland erbrachte Wertschöpfung ist, desto internationaler ist das Unternehmen. Das Spektrum internationaler Wertschöpfung reicht vom klassischen Außenhandel über internationale Kooperationen bis hin zur Direktinvestition mit umfangreicher Produktion und integrierter Wertschöpfung.

- **Anzahl der bearbeiteten Ländermärkte**: Unternehmen gelten als umso internationaler, je mehr Ländermärkte sie bearbeiten. Die Internationalität drückt sich dabei nicht nur aus in den Beziehungen zwischen dem Inlands- und Auslandsmarkt, sondern (sofern mehrere Auslandsmärkte bearbeitet werden) auch durch die Beziehung zwischen den bearbeiteten Auslandsmärkten untereinander.

- **Unterschiedlichkeit der Rahmenbedingungen zum Inlandsmarkt**: Je unterschiedlicher die politischen, rechtlichen, ökonomischen und kulturellen Rahmenbedingungen der bearbeiteten Auslandsmärkte im Vergleich zum Inlandsmarkt sind, desto mehr internationales Know-how ist erforderlich und desto internationaler ist das Unternehmen ausgerichtet.

Das tatsächliche Profil eines internationalen Unternehmens kann auf der Grundlage verschiedener Dimensionen der Internationalisierung beschrieben werden. Die Ausprägungsformen und Intensitätsgrade des internationalen Unternehmensengagements sind dabei unternehmensspezifisch. Von einem **Weltunternehmen (world enterprise)** wird erst dann gesprochen, wenn ein Unternehmen seine Zweigbetriebe über eine große Anzahl von Ländern verteilt hat und auf allen diesen Märkten einen relativ hohen Marktanteil erzielt (Dülfer/Jöstingmeier 2008, S. 6). Im Angloamerikanischen wird ein solches Unternehmen als **Multinational Corporation (MNC)** bezeichnet.

1.3   Internationale Unternehmensführung

Unternehmensführung wird umgangssprachlich mit dem angloamerikanischen Begriff „Management" gleichgesetzt. Generelle Aufgabe der Unternehmensführung ist die zielgerichtete Planung, Organisation und Entwicklung eines Unternehmens zum Zwecke der Leistungserstellung. Der angloamerikanische Begriff „Leadership" betont die **personalbezogenen Aspekte** der Unternehmensführung. Davon abzugrenzen sind die **sachbezogenen Aspekte** der Unternehmensführung im Sinne der Führungsfunktionen, wie Zielsetzung, Planung, Entscheidung, Durchführung und Kontrolle.

Internationaler Unternehmensführung liegt ein **Führungskonzept** zugrunde, welches staatliche Grenzen überschreitende Geschäftsbeziehungen eines Unternehmens zum Gegenstand hat. Die zunehmende **Bedeutung internationaler Unternehmensführung** erklärt sich durch die allgemeine Tendenz zur Intensivierung weltweiter wirtschaftlicher Verflechtungen, welche mit dem Begriff „Globalisierung" verbunden sind.

Die **Besonderheiten internationaler Unternehmensführung** ergeben sich durch die Berücksichtigung des fremden Handlungsumfeldes, d.h. der politischen, rechtlichen, kulturellen und ökonomischen Rahmenbedingungen (environmental conditions) der jeweiligen Gastländer in denen ein Unternehmen tätig ist. Dabei gilt der Grundsatz, dass die **Komplexität internationaler Unternehmensführung** steigt, je mehr ausländische Ländermärkte bearbeitet werden und je unterschiedlicher die gastlandmarktspezifischen Rahmenbedingungen im Vergleich zum Heimatland als auch zwischen den einzelnen Gastländern untereinander sind.

Unabhängig davon, ob Unternehmensführung nun national oder international betrachtet wird, können zwei **Sichtweisen der Unternehmensführung** unterschieden werden (Schierenbeck/ Wöhle 2008, S. 113 f.; Staehle 1994, S. 78 f.; Steinmann/Schreyögg 2005, S. 1 f.).

(1) Unternehmensführung als Institution

(2) Unternehmensführung als Funktion

Zu (1) Unternehmensführung als Institution

Wird Unternehmensführung aus institutioneller Sicht betrachtet, so bezieht sie sich auf die **Personen**, welche Führungsaufgaben in einem Unternehmen ausüben. Führungskräfte sind dabei all jene Personen, welche aufgrund organisatorischer oder rechtlicher Regelungen legitimiert sind, Einfluss auf andere auszuüben. Die Legitimation äußert sich in der Befugnis, anderen Personen Weisungen zu erteilen.

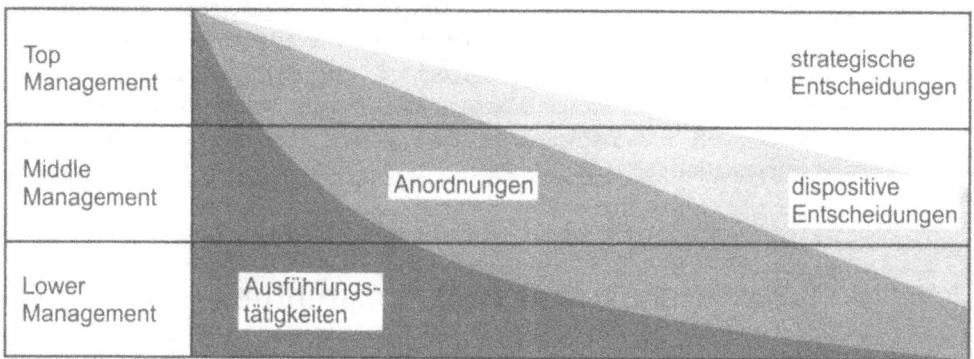

Abb. 1.10 Aufgabenschwerpunkte des Top-, Middle- und Lower Management (Quelle: Schierenbeck/Wöhle 2008, S. 113)

In Abhängigkeit von der hierarchischen Stellung der **Führungskräfte** im Unternehmen wird unterschieden zwischen dem Top Management (Vorstand, Geschäftsführer), Middle Management (Bereichsleiter, Werksleiter) und dem Lower Management (Abteilungsleiter, Werkmeister):

- Das **Top Management** ist für die Leitung des Gesamtunternehmens und für die strategische Entscheidungsfindung sowie für die Festlegung von Grundprinzipien und Grundwerten verantwortlich. Der Entscheidungsspielraum ist im Top Management am größten.

- Das **Middle Mangement** hat seinen Aufgabenschwerpunkt in der dispositiven Entscheidungsfindung und deren Umsetzung mittels Anordnungen. Dispositive Entscheidungen sind darauf ausgerichtet, die strategischen Entscheidungen auszufüllen und zu konkretisieren. Im Mittelpunkt stehen dabei umsetzungsfähige Grundkonzepte in Form von Programmen, Projekten und Aktivitäten.

- Das **Lower Management** hat seinen Aufgabenschwerpunkt in der konkreten Umsetzung von Anordnungen und Ausführungstätigkeiten. Anordnungen umfassen auch das moderieren und lenken von Ausführungstätigkeiten, wobei das konkrete Mitwirken bei Ausführungstätigkeiten einen bedeutenden Anteil am Zeitbudget im Lower Management erreicht.

Die Beziehung der Führungskräfte in ihrer hierarchischen Stellung zueinander, wird oftmals verglichen mit einem „Hammer-Amboss-Verhältnis". Dieses kommt dadurch zum Ausdruck, dass „von oben" anspruchsvolle Ziele vorgegeben werden und „von unten" hohe Ansprüche und Forderungen gestellt und dezidiert vorgetragen werden.

Zu (2) Unternehmensführung als Funktion

Wird Unternehmensführung aus funktioneller Sicht betrachtet, so geht es nicht um die Personen (Führungskräfte) sondern um die **Führungsfunktionen** (Führungsaufgaben) selbst. Unternehmensführung aus funktioneller Sicht umfasst alle zur erfolgreichen Steuerung eines Unternehmens erforderlichen Führungsaufgaben, unabhängig davon, auf welcher Hierarchieebene sie anfallen. In negativer Interpretation handelt es sich dabei um all jene Aufgaben, die nicht rein ausführender Tätigkeit sind (Schierenbeck/Wöhle 2008, S. 115).

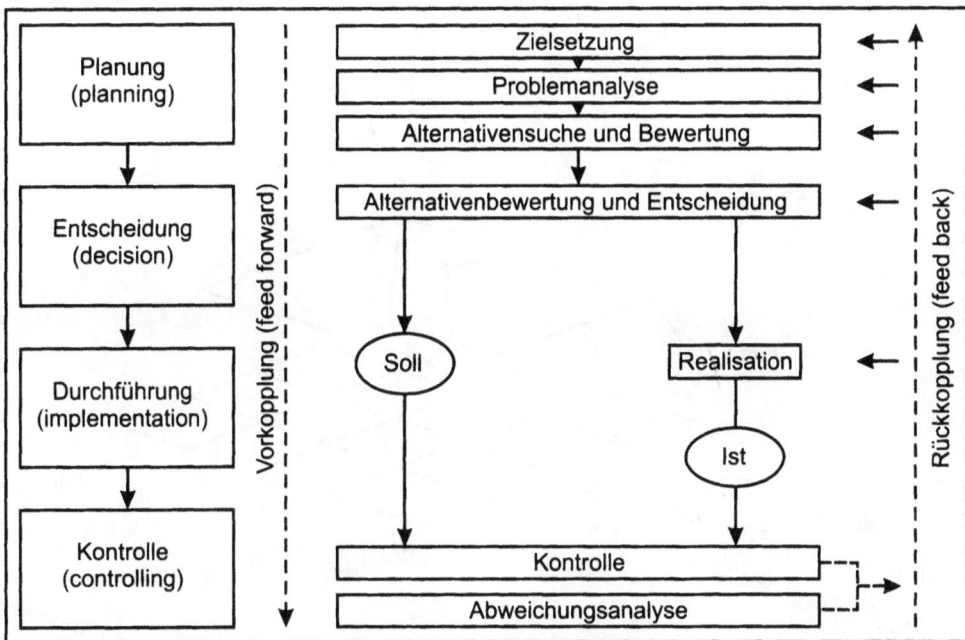

Abb. 1.11 Phasenmodell der Unternehmensführung (Managementzyklus)

Da jede zielorientierte Unternehmensführung mit Entscheidungen verbunden ist, zählen die **Entscheidungsbildung** und die **Entscheidungsdurchsetzung** zu den umfassendsten Führungsfunktionen. Um Entscheidungen zu treffen und um die Ergebnisse von Entscheidungen zu überprüfen, sind jedoch weitere Führungsfunktionen, wie **Planung, Durchführung** und **Kontrolle** erforderlich. In Abhängigkeit davon, wie detailliert die so genannten **elementaren Führungsfunktionen**, wie Zielsetzung, Planung, Entscheidung, Durchführung und Kontrolle unterteilt werden, lassen sich verschiedene Phasenmodelle der Unternehmensführung (Managementzyklen) unterscheiden.

Derartige Phasenmodelle verdeutlichen den prozessualen Charakter der Führungsaufgaben. Sie zeigen ferner auf, dass das Entscheiden ein integraler Bestandteil der Unternehmensführung ist. Die einzelnen Teilprozesse eines solchen **Führungskreislaufs** (management circle) sind durch Vorkopplungen (feed forward) und Rückkopplungen (feed back) miteinander verbunden. Aufgabe der **Vorkopplung** ist die Gewinnung zusätzlicher Informationen. Die Vorkopplung unterstützt daher vor allem die zielorientierte Planung und Entscheidung. Durch **Rückkopplung** sollen Informationen über die Ursachen von Zielabweichungen gesammelt werden. Die Rückkopplung dient daher der zielorientierten Steuerung des Unternehmens, indem sie wiederum an allen Teilprozessen des Führungskreislaufs anknüpfen kann.

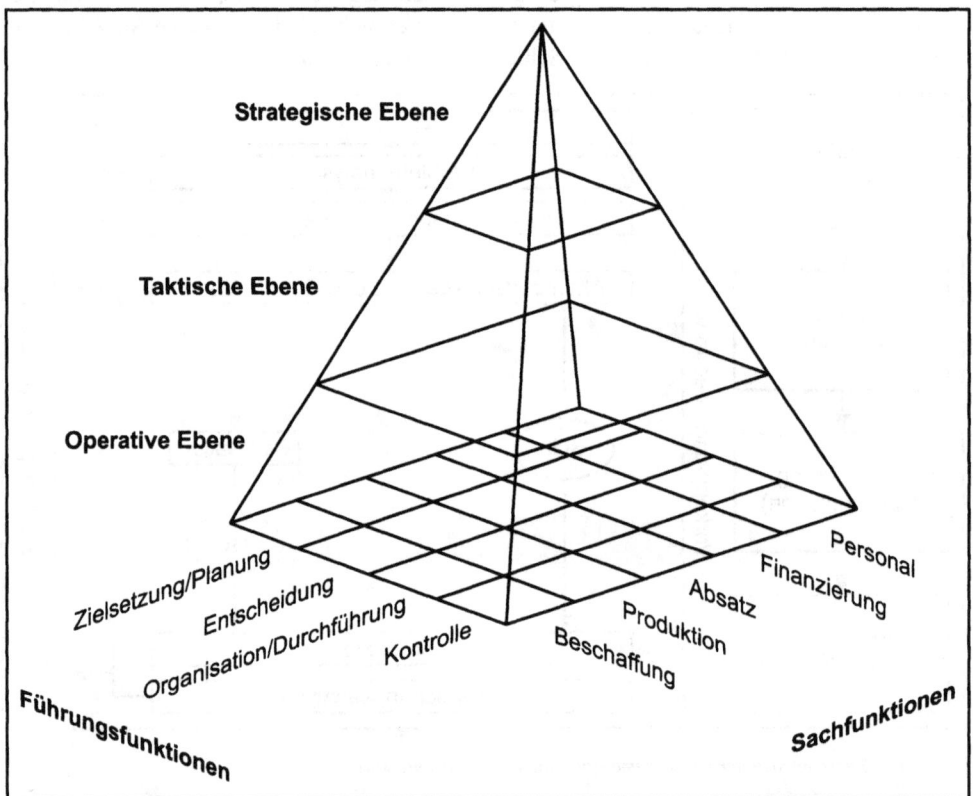

Abb. 1.12 *Spektrum der Unternehmensführung*

Das **Spektrum der Unternehmensführung** ist weit gefasst. Unternehmensführung vollzieht sich auf verschiedenen **Führungsebenen** und umfasst die **Führungsfunktionen**, welche in idealtypischer Betrachtung den Ablauf eines Führungsprozesses abbilden. Die Führungsfunktionen bilden Querschnittsfunktionen zu den **Sachfunktionen der Leistungserstellung**, wie Beschaffung, Produktion, Absatz, Finanzen und Personal. Die Führungsebenen verkörpern ein strukturelles Merkmal der Führungsorganisation. Meist wird dabei unterschieden zwischen strategischer, taktischer und operativer Ebene.

Auf der **strategischen Führungsebene** werden die generellen Zielsetzungen und längerfristigen Grundsatzstrategien des Unternehmens festgelegt. Die strategische Führungsebene legitimiert die Führungstätigkeiten der unteren Führungsebenen. Die **taktische Führungsebene** ist ein unverzichtbares Bindeglied zwischen der strategischen und der operativen Ebene. Sie hat die Aufgabe, die strategischen Interessen der Unternehmensleitung mit jenen der Unternehmensbasis in einem mittelfristigen Zeitrahmen abzustimmen und die hierzu erforderlichen dispositiven Entscheidungen zu treffen. Die **operative Führungsebene** hat die von oben gegebenen Anordnungen im so genannten Tagesgeschäft und damit eher kurzfristig bezogen, zu konkretisieren und vor Ort umzusetzen.

Internationale Unternehmensführung ist immer dann gegeben, wenn es um die zielgerichtete Gestaltung und Entwicklung staatliche Grenzen überschreitende Geschäftsbeziehungen eines Unternehmens geht. Der **Stellenwert internationaler Aspekte** in der Unternehmensführung ist abhängig von den internationalen Zielsetzungen, die ein Unternehmen verfolgt und von dem bisher erreichten Internationalisierungsgrad. Dabei gilt der Grundsatz, dass je bedeutender internationale Ziele für das Gesamtunternehmen werden und je weit reichender die Wertschöpfung unter Einbeziehung des Auslandes erfolgt, desto stärker sind internationale Aspekte in die Unternehmensführung integriert.

Fragen und Aufgaben zur Wiederholung

1. Was sind die wichtigsten Indikatoren der Internationalisierung der Wirtschaft und wie haben sie sich entwickelt?

2. Welche Zusammenhänge bestehen zwischen der Außenhandelsentwicklung und der Entwicklung der Direktinvestitionen?

3. Was wird unter internationaler Arbeitsteilung verstanden und wodurch unterscheidet sich der intersektorale und intrasektorale Außenhandel?

4. Diskutieren Sie die Auswirkungen der Internationalisierung der Wirtschaft aus politischer, gesamtwirtschaftlicher und betriebswirtschaftlicher Sicht.

5. Nennen und erläutern Sie drei quantitative und drei qualitative Kriterien zur Beschreibung des internationalen Unternehmensengagements.

6. Welche statistischen Verzerrungseffekte können sich ergeben, wenn man versucht den Internationalisierungsgrad von Unternehmen miteinander zu vergleichen, welche ihren Sitz in unterschiedlichen Ländern haben?

7. Nennen und erläutern Sie verschiedene Dimensionen zur Beschreibung des internationalen Unternehmensengagements.

8. Worin besteht die generelle Aufgabe der Unternehmensführung und welche Besonderheiten ergeben sich im Rahmen der internationalen Unternehmensführung?

9. Beschreiben Sie an einem Beispiel das idealtypische Phasenmodell der Unternehmensführung (Managementzyklus) und zeigen Sie auf, was in diesem Zusammenhang unter Vorkopplung und Rückkopplung verstanden wird.

10. Inwieweit ist es zweckmäßig zwischen einer strategischen, taktischen und operativen Führungsebene zu unterscheiden?

2 Internationale Unternehmensführung als Entscheidungsproblem

2.1 Internationale Führungsentscheidungen

2.1.1 Wesen und Arten internationaler Führungsentscheidungen

Um Führungsaufgaben zu erfüllen ist es erforderlich, Entscheidungen zu treffen. Eine zentrale Aufgabe von Führungskräften besteht daher in der Vorbereitung, Organisation und Durchführung von Entscheidungen (Heinen 1971, S. 429 ff.). Mit dem **Begriff „Entscheiden"** ist eine bewusste und zielgerichtete Wahl zwischen Handlungsmöglichkeiten verbunden, welche nicht zugleich realisierbar sind.

Im **Außenverhältnis** eines Unternehmens betreffen Entscheidungen die Wahl zwischen Handlungsmöglichkeiten in einer sich laufend verändernden Handlungsumwelt. Im **Innenverhältnis** eines Unternehmens betreffen Entscheidungen die Auswahl der Handlungsmöglichkeiten zur zielorientierten Koordination der innerbetrieblichen Einzelleistungen. Entscheiden kann letztlich nur derjenige, dem verschiedene Handlungsmöglichkeiten (mindestens zwei) zur Verfügung stehen. Der Begriff „Entscheiden" bezieht sich im engeren Sinne auf die Willensfestlegung (**Entschluss**). Im weiteren Sinne wird unter Entscheidung der **Entscheidungsprozess** verstanden, welcher aus mehreren Entscheidungsakten besteht und sich über einen bestimmten Zeitraum hinziehen kann. Ein Entscheidungsprozess kann mehrere Phasen durchlaufen. Meist wird dabei unterschieden zwischen der Willensvorbereitung, Willensfestlegung und Willensdurchsetzung.

In der Unternehmensführung ist die Entscheidung ein **integraler Bestandteil des Führungs- bzw. Managementkreislaufs** bestehend aus Zielsetzung, Planung, Entscheidung, Durchführung und Kontrolle. Entscheiden ist nicht die einzige Führungsaufgabe, aber die typischste. In der Entscheidung werden die Sachverhalte quasi auf den Punkt gebracht. Eine Person welche nicht entscheidet, wird unabhängig von Position und Status nicht als Führungskraft angesehen.

Je nachdem, welche Merkmale zur Beschreibung einer Entscheidung herangezogen werden, lassen sich verschiedene **Entscheidungstypologien** bilden:

- **Programmierbare und nicht programmierbare Entscheidungen:** Programmierte Entscheidungen betreffen routinemäßige Entscheidungen für deren Entscheidungsfindung bereits zuvor bestimmte Richtlinien bzw. Verfahren festgelegt worden sind (z.B. Entscheidungen über den Transportweg bei Folgegeschäften ins Ausland). Nicht programmierbare Entscheidungen („echte Entscheidungen") zeichnen sich demgegenüber durch einen hohen Komplexitätsgrad aus. Es handelt sich dabei oftmals um erstmalige Entscheidungen deren Konsequenzen meist nur unzureichend abgesehen werden können (z.B. Entscheidung über den Aufbau einer Produktionsstätte im Ausland).

- **Individuelle und kollektive Entscheidungen:** Individuelle Entscheidungen ermöglichen eine schnelle Entscheidungsfindung. Bei kollektiven Entscheidungen entscheiden mehrere Führungskräfte und zum teil auch Mitarbeiter der Ausführungsebene gemeinsam über zu ergreifende Handlungsmöglichkeiten. Erforderlich dazu sind bestimmte Abstimmungstechniken.

- **Ziel- und Mittelentscheidungen:** Durch Zielentscheidungen sollen die betrieblichen Ziele vorgegeben werden. Mittelentscheidungen betreffen demgegenüber Entscheidungen über die Instrumente und konkreten Maßnahmen die ergriffen werden sollen, um die gesetzten Ziele zu erreichen.

- **Reaktive und antizipative Entscheidungen:** Reaktive Entscheidungen betreffen die Lösung eines Entscheidungsproblems, um eine bereits eingetretene Störung zu kompensieren. Im Fall antizipativer Entscheidungen geht es um die Festlegung des Vorgehens bzw. Handelns für zukünftige Situationen. Potentielle Störungen werden bei antizipativen Entscheidungen auf der Grundlage einer Analyse der Handlungsumwelt vorweggenommen. Antizipatives Entscheiden ist ein wesentliches Merkmal der Unternehmensplanung.

- **Delegierbare und nicht delegierbare Entscheidungen:** Entscheidungen sind delegierbar, wenn sie an untergeordnete Stellen in der Unternehmenshierarchie abgegeben und dort entschieden werden können. Im Unterschied dazu handelt es sich bei den nicht delegierbaren Entscheidungen um „echte Führungsentscheidungen", welche mit weit reichenden Folgewirkungen verbunden sind und deshalb nur von der Unternehmensspitze entschieden werden können.

- **Top down und bottom up Entscheidungen:** Bei „top down Entscheidungen" werden Entscheidungen von der Unternehmensleitung mit Wirkung für alle rangniedrigeren Unternehmensbereiche getroffen. Demgegenüber erfolgt die Entscheidungsfindung bei „bottom up Entscheidungen" unter Berücksichtigung von Lösungsvorschlägen untergeordneter Hierarchieebenen, welche nach oben an die Unternehmensleitung weitergereicht werden.

- **Entscheidungen nach dem Grad der Sicherheit:** Nach dem Grad der Sicherheit mit welchem die Konsequenzen von Handlungsalternativen vorausgesagt werden können, wird unterschieden zwischen einer Entscheidung unter Sicherheit, Entscheidung unter Risiko und einer Entscheidung unter Unsicherheit. Eine Entscheidung unter Risiko ist dann gegeben, wenn mit einer Entscheidung mehrere Ergebnisse verbunden sein können, für deren Eintritt entweder objektive (z.B. mathematische) oder subjektive (z.B. auf Erfahrung beruhende) Wahrscheinlichkeiten bestehen.

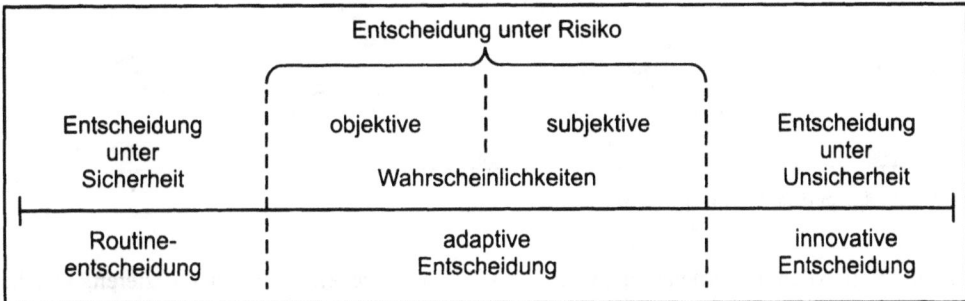

Entscheidung unter Risiko		
	objektive | subjektive	
Entscheidung unter Sicherheit	Wahrscheinlichkeiten	Entscheidung unter Unsicherheit
Routine-entscheidung	adaptive Entscheidung	innovative Entscheidung

Abb. 2.1   Entscheidungen nach dem Grad der Sicherheit

Nach dem Umfang und der Bedeutung von Entscheidungen für das Unternehmen unterscheidet Gutenberg (1962, S. 60) zwischen Ressortentscheidungen und echten Führungsentscheidungen. **Echte Führungsentscheidungen** werden von den obersten Führungsorganen eines Unternehmens getroffen und zeichnen sich dadurch aus, dass sie für den Bestand und die Entwicklung des Unternehmens von besonderer Bedeutung sind, nur aus dem Ganzen der Unternehmung heraus getroffen werden und nicht delegiert werden können.

Aus diesen drei Merkmalen leitet Gutenberg fünf **Typen echter Führungsentscheidungen** ab: (1) Festlegung der Unternehmenspolitik auf weite Sicht, (2) Koordinierung der großen betrieblichen Teilbereiche, (3) Beseitigung von Störungen im laufenden Betriebsprozess, (4) geschäftliche Maßnahmen von außergewöhnlicher betrieblicher Bedeutung und (5) Besetzung von Führungsstellen im Unternehmen.

Der **Freiheitsgrad von Entscheidungen** ist in der Unternehmensspitze am größten. Schöpferische und strategische Entscheidungen werden vom Top-Management getroffen. Führungskräfte (Manager) sind jedoch unabhängig von der Führungshierarchie immer auch Entscheidungsträger (decision maker). Je weiter die Unternehmenshierarchie nach unten durchschritten wird, desto stärker wird der Entscheidungsraum eingegrenzt.

Im Unterschied zu **Führungsentscheidungen** sind **Leitungsentscheidungen** dadurch gekennzeichnet, dass sie mit geringeren Folgewirkungen verbunden sind. **Ausführungsentscheidungen** sind meist sachbezogene Entscheidungen, welche die konkrete Umsetzung von Anordnungen betreffen.

Entscheidungs- hierarchie	Entscheidungs- träger	Entscheidungs- raum	Entscheidungs- wege
- Führungs- entscheidungen	- Top Management	- strategische Entscheidungen	Top down Entscheidungen
- Leitungs- entscheidungen	- Middle Management	- dispositive Entscheidungen	
- Ausführungs- entscheidungen	- Lower Management	- Anordnungen	
	- "operative employee"	- Ausführungen	Bottom up Entscheidungen

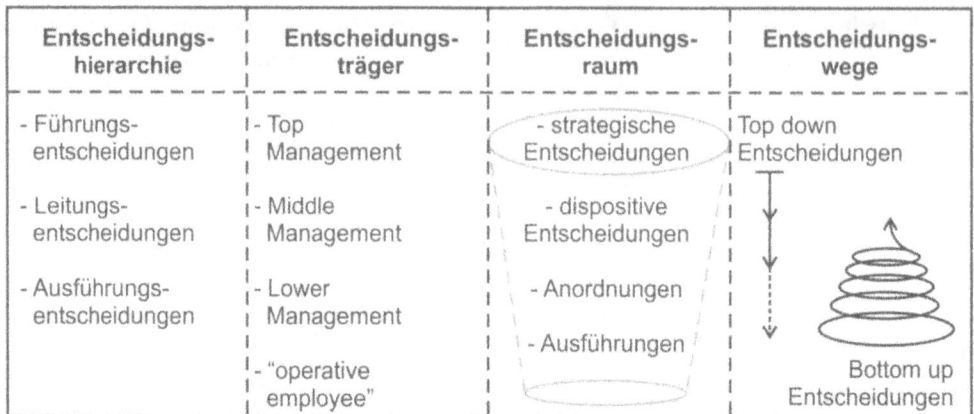

Abb. 2.2 *Ausgewählte Entscheidungsmerkmale*

In internationalen Unternehmen lassen sich kaum Entscheidungen identifizieren, welche nicht in irgendeiner Form mit der internationalen Geschäftstätigkeit verbunden sind bzw. eine mittelbare oder unmittelbare Auswirkung auf diese haben. Im Mittelpunkt **internationaler Führungsentscheidungen** stehen Entscheidungen über:

- die zu verfolgenden internationalen Ziele und Strategien,

- die zur Erreichung internationaler strategischer Ziele erforderlichen Instrumente und Maßnahmen sowie

- die Aufteilung der zur Verfügung stehenden Ressourcen zwischen den bearbeiteten Ländermärkten.

Im Unterschied zu nationalen Führungsentscheidungen sind **internationale Führungsentscheidungen** insbesondere durch folgende Merkmale gekennzeichnet.

(1) Zunehmende Komplexität

(2) Wachsender Informationsbedarf

(3) Zunehmende Interdependenzen

(4) Zunehmende Risikobetroffenheit

(5) Größere Distanz

Zu (1) Zunehmende Komplexität

Internationale Führungsentscheidungen sind durch eine zunehmende Komplexität gekennzeichnet, welche verursacht wird durch die Unterschiedlichkeit der Rahmenbedingungen der bearbeiteten Ländermärkte. Die Komplexität wächst mit der **Anzahl und Unterschiedlichkeit der bearbeiteten Ländermärkte**. Komplexität entsteht darüber hinaus aber auch durch **neue und andere Anspruchsgruppen** (stakeholder). Angesprochen sind dabei alle nationalen und internationalen Gruppen sowie Institutionen, welche mit dem Unternehmen direkt oder indirekt, gegenwärtig oder zukünftig in irgendeiner Verbindung stehen.

Zu (2) Wachsender Informationsbedarf

Für internationale Führungsentscheidungen sind mehr Informationen und zum Teil auch andere Informationen erforderlich. Es sind sowohl Informationen über die einzelnen ausländischen Zielmärkte erforderlich als auch über die Transferbedingungen zwischen den bearbeiteten Ländermärkten. Je mehr **ausländische Zielmärkte** bearbeitet werden und je unterschiedlicher die landesspezifischen Bedingungen sind, desto größer ist der Informationsbedarf. Die **Transferbedingungen** umfassen jene Informationen, welche erforderlich sind, um die grenzüberschreitenden Liefer- und Leistungsbeziehungen umzusetzen. Hierzu gehören Informationen über Handels- bzw. Investitionshemmnisse, Wechselkurse, Kapitalverkehrsbeschränkungen sowie weitere staatlicherseits verhängte Auflagen. Nicht nur der Informationsbedarf steigt, sondern auch das **Erfordernis des Informationsaustausches** zwischen den bearbeiteten Ländermärkten bzw. den jeweils betroffenen inländischen und ausländischen Unternehmenseinheiten.

Zu (3) Zunehmende Interdependenzen

Internationale Führungsentscheidungen sind durch eine Zunahme wechselseitiger Abhängigkeiten zwischen dem nationalen und internationalen Geschäft gekennzeichnet. Internationale Interdependenzen werden verursacht durch **internationale Kapitalverflechtungen** als auch durch grenzüberschreitende Liefer- und Leistungsbeziehungen. Grenzüberschreitende Liefer- und Leistungsbeziehungen sind sowohl interorganisatorisch als auch intraorganisatorisch zu berücksichtigen. **Internationale interorganisatorische Liefer- und Leistungsbeziehungen** betreffen jene grenzüberschreitenden wirtschaftlichen Beziehungen zu Unternehmen bzw. Institutionen, welche nicht zum internationalen Konzernverbund gehören (so genannte „fremde Dritte"). **Internationale intraorganisatorische Liefer- und Leistungsbeziehungen** beziehen sich auf die grenzüberschreitenden wirtschaftlichen Beziehungen zwischen verbundenen Unternehmen („internationaler Konzernverbund").

Zu (4) Zunehmende Risikobetroffenheit

In internationalen Führungsentscheidungen sind zusätzliche Risikofaktoren zu berücksichtigen. Von zentraler Bedeutung sind die Länderrisiken. Zu den **Länderrisiken** gehören alle Risiken, welche ihre Ursache in den nicht beeinflussbaren politischen oder gesamtwirtschaftlichen Umständen des Gastlandes haben. Als **ökonomische Risiken** gelten jene Risiken, welche ihre Ursache in unternehmerischen Fehleinschätzungen des ausländischen Vertragspartners oder des ausländischen Marktes haben. Bei den ökonomischen Risiken handelt es sich um Risiken, welche auch im Inlandsgeschäft zu beachten sind, wobei die Eintrittswahrscheinlichkeit der Risiken im Auslandsgeschäft unter Umständen höher sein kann.

Zu (5) Größere Distanz

Ein zentrales Merkmal internationaler Führungsentscheidungen ist die insgesamt größere Distanz zwischen den Geschäftspartnern bzw. den jeweils betroffenen Unternehmenseinheiten im In- und Ausland. Die Distanz in internationalen Führungsentscheidungen kann sich äußern in **geographischer Distanz** (längere Transportwege, schwierigere Kommunikation),

ökonomischer Distanz (unterschiedliche Entwicklungsstände der bearbeiteten Auslands-märkte), **politischer und rechtlicher Distanz** (unterschiedliche Rechts- und Politiksysteme) als auch in **kultureller Distanz** (andere Sprache, unterschiedliche Wertvorstellungen und Normen).

In Abhängigkeit von der Reichweite internationaler Entscheidungen und der Anzahl der von diesen Entscheidungen betroffenen Unternehmenseinheiten werden zwei **Entscheidungsty-pen internationaler Unternehmensführung** (Scherm/Süß 2001, S. 374) unterschieden:

- **Entscheidungen mit Bedeutung für das Gesamtunternehmen.** Die Reichweite einer Führungsentscheidung betrifft hier alle Unternehmenseinheiten im In- und Ausland. Beispiele hierfür sind Entscheidungen betreffend die Organisationsstruktur sowie die Wahl der Produktionsstandorte und ihre internationale Konfiguration.

- **Entscheidungen mit grenzüberschreitender Bedeutung für Teile des Unterneh-mens.** Hier handelt es sich um Entscheidungen, die zwei oder auch mehrere, aber nicht alle Auslandsengagements bzw. Auslandsgesellschaften betreffen. Beispiele hierfür sind Entscheidungen betreffend die Entsendung von Führungskräften in einzelne ausländi-sche Tochtergesellschaften oder die Wahl der jeweiligen Markteintrittsform für einen ausländischen Zielmarkt.

Der Stellenwert der einzelnen Entscheidungstypen ist abhängig von den Internationalisie-rungszielen und der strategischen Ausrichtung des Unternehmens, welche maßgeblich die **Aufteilung von internationalen Entscheidungskompetenzen** bestimmt:

- **Internationale Entscheidungszentralisation** bedeutet, dass die Entscheidungsfindung auf ranghohen Stellen erfolgt, die Entscheidungsumsetzung, d.h. die Durchführung der mit der Entscheidung verbundenen Aufgaben auf niedrigere Ebenen des Unternehmens übertragen werden. Entscheidungszentralisation kann eine Superiorität der Muttergesell-schaft gegenüber den ausländischen Tochtergesellschaften bedeuten. Sie kann aber auch durch eine länderübergreifende Abstimmung ranghoher Führungskräfte gegenüber ihnen unterstellten Einheiten erfolgen.

- **Internationale Entscheidungsdezentralisation** erfolgt durch eine Übertragung von Entscheidungen an rangtiefere Stellen bzw. Unternehmenseinheiten. Entscheidungsde-zentralisation geht beispielsweise einher mit einem größeren Autonomiegrad ausländi-scher Tochtergesellschaften. Bei der Entscheidungsdezentralisation liegen daher die Entscheidungsfindung und die Entscheidungsumsetzung enger zusammen.

Zwischen der Entscheidungszentralisation und -dezentralisation besteht ein fließender Über-gang. Eine vollständige Trennung zwischen Entscheidungsfindung und Entscheidungsumset-zung ist im internationalen Geschäft in der Regel nicht gegeben. Die Aufteilung internationa-ler Entscheidungskompetenzen wird wesentlich bestimmt von der strategischen Bedeutung des Auslandsengagements sowie von den unternehmensinternen Ressourcen vor Ort und von den Kompetenzen der für das Auslandsgeschäft verantwortlichen Führungskräfte.

2.1.2   Entscheidungsmodelle und Entscheidungsregeln

Gegenstand der **Entscheidungstheorie** ist die Beschreibung, Erklärung und Gestaltung von Entscheidungen bzw. Entscheidungsprozessen. Innerhalb der Entscheidungstheorie werden generell zwei Sichtweisen unterschieden (Bamberg/Coenenberg 2004; Heinen 1992; Laux 2005).

(1) Normative Entscheidungstheorie

(2) Deskriptive Entscheidungstheorie

Zu (1) Normative Entscheidungstheorie
Die normative Entscheidungstheorie versucht Aussagen darüber zu gewinnen, wie Entscheidungsprozesse aus rationaler Sicht ablaufen sollen. Im Zentrum der normativen Entscheidungstheorie steht die **„Ratio-Logik"**. Eine Entscheidung ist dann rational, wenn jene Handlungsalternative gewählt wird, welche in der gegebenen Entscheidungssituation zur höchstmöglichen Zielerreichung führt.

Zu (2) Deskriptive Entscheidungstheorie
Die deskriptive Entscheidungstheorie versucht demgegenüber aufzuzeigen, wie Entscheidungen in der Realität tatsächlich zustande kommen. Im Vordergrund der deskriptiven Entscheidungstheorie stehen die **„Sozio-Logik"** und die **„Psycho-Logik"**. Das empirisch-realistische Entscheidungsverhalten soll sowohl beschrieben als auch erklärt werden.

Normative und deskriptive Entscheidungstheorie sind grundverschieden. Dennoch ergänzen sie einander, denn die normative Entscheidungstheorie zeigt auf, welche Voraussetzungen geschaffen werden müssen, um eine „möglichst optimale Entscheidung" zu treffen. Während bei der bekennend-normativen Entscheidungstheorie die zu verfolgenden Ziele vorgegeben werden, sind bei der praktisch-normativen Entscheidungstheorie die Ziele frei wählbar. Grundlage der praktisch-normativen Entscheidungstheorie sind **Entscheidungsmodelle** und **Entscheidungsregeln** (Bamberg/Coenenberg 2004, S. 127 f). Entscheidungsmodelle dienen der Ordnung und Systematisierung von Handlungsmöglichkeiten. Entscheidungsregeln ermöglichen eine Bewertung und einen Vergleich von Handlungsalternativen zum Zwecke der Entscheidungsfindung.

Das **Grundmodell der praktisch-normativen Entscheidungstheorie** besteht aus den folgenden Bestandteilen:

- Den **Zielen**, mit welchen die Konsequenzen einer Entscheidung zu bewerten sind. Werden gleichzeitig mehrere Ziele verfolgt, so kann ein Zielsystem abgebildet werden. Stehen einzelne Ziele in Konflikt zueinander, so ist eine Präferenz bezüglich der zu verfolgenden Ziele zu bilden.

- Den **Handlungsmöglichkeiten**, die in einer Entscheidungssituation ergriffen werden können. Eine Handlungsmöglichkeit wird als Aktion oder aber auch als Strategie bezeichnet. Die Menge aller möglichen Handlungen bildet den Aktions- bzw. den Entscheidungsraum ($A = a_1 ..... a_n$).

- Den **Umweltzuständen**, d.h. den Einflussgrößen, welche in einer Entscheidungssituation nicht beeinflusst werden können. Ein Umweltzustand kennzeichnet eine bestimmte Konstellation der Realität, von welcher die Ergebnisse einer gewählten Handlungsalternative abhängen. Die Menge aller möglichen Umweltzustände wird als Zustandsraum bezeichnet ($S = s_1 ..... s_m$).

- Den **Entscheidungsergebnissen**, die durch den jeweiligen Zielerreichungsgrad beschrieben werden, der sich durch das Zusammentreffen der gewählten Handlung und der Umweltzustände ergibt. Die Menge aller möglichen Ergebnisse bzw. Zielgrößen entspricht $E_{nm} = f(A_n, S_m)$, wobei e_{nm} jenes Ergebnis kennzeichnet, welches eintritt, wenn die Alternative a_n gewählt wird und der Umweltzustand s_m eintritt. Die Bewertung der Handlungsalternativen über alle möglichen Umweltzustände bildet die **Ergebnismatrix**.

Handlungs-möglichkeiten ($A=a_1.........a_n$)	Umweltzustände ($S=s_1.........s_m$)						
	s_1	s_2	.	.	.	.	.	s_m
a_1	e_{11}	e_{12}	.	.	.	.	.	e_{1m}
a_2	e_{21}	e_{22}	.	.	.	.	.	e_{2m}
.	.	.	.				.
.	.	.	.	(Entscheidungsergebnisse/			.
.	.	.	.	Handlungskonsequenzen)			.
.	.	.	.				.
a_n	e_{n1}	e_{n2}	.	.	.	.	.	e_{nm}

Abb. 2.3   Grundmodell einer Ergebnismatrix

Die Bestimmung einer optimalen Handlungsmöglichkeit wäre relativ einfach, wenn mit Sicherheit bekannt wäre, welcher Umweltzustand eintritt. Bei einer **Entscheidung unter Sicherheit** wäre jene Handlungsmöglichkeit zu wählen, die den höchsten Zielerreichungsgrad bietet (deterministisches Entscheidungsmodell). In der Realität bestehen jedoch unsichere Erwartungen über das Eintreten der einzelnen Umweltzustände. Eine **Entscheidung unter Risiko** liegt dann vor, wenn den einzelnen Umweltzuständen Eintrittswahrscheinlichkeiten zugeordnet werden können, wobei hier immer von einem subjektiven Wahrscheinlichkeitsbegriff auszugehen ist (stochastisches Entscheidungsmodell). Bei einer **Entscheidung unter Unsicherheit** wird davon ausgegangen, dass diese Wahrscheinlichkeiten nicht bekannt sind.

Beispiel: Stehen drei Auslandsinvestitionen zur Wahl, so ergibt sich bei drei Umweltzuständen eine $3 \cdot 3$ Ergebnismatrix. Die in der Ergebnismatrix aufgeführten Ergebnisbeiträge ergeben sich aus den gewählten Zielsetzungen. Strebt das Unternehmen eine Maximierung des Kapitalwertes an, so enthält die Ergebnismatrix die Kapitalwerte der einzelnen Investitionsalternativen in den möglichen Umweltzuständen. Der Kapitalwert K_0 einer Investitionsentscheidung ergibt sich aus dem Barwert aller dieser Investition zuzurechnenden Einzahlungen E_t und Auszahlungen A_t.

Auslandsinvestitionsalternativen (a₁...a₃)	Umweltzustände (s₁...s₃)		
(Kapitalwerte[1] in Mio. €)	Zustand 1	Zustand 2	Zustand 3
Land A	1,9	0,8	1,8
Land B	2,0	0,4	1,6
Land C	1,0	0,9	1,3

[1] Formel zur Berechnung des Kapitalwertes

$$K_0 = \sum_{t=0}^{n} (E_t - A_t) \cdot \frac{1}{(1+i)^t}$$

mit: K_0 = Kapitalwert (net present value), t = Zeitindex, n = Nutzungsdauer der Investition in Jahren, E = Summe der Einzahlungen zum Zeitpunkt t, A = Summe der Auszahlungen zum Zeitpunkt t, i = Diskontierungszinssatz (Kapitalkostenzinssatz)

Abb. 2.4 Beispiel einer Ergebnismatrix für eine Auslandsinvestition

Entscheidungsregeln sind Kriterien, mittels welcher eine Entscheidung in Abhängigkeit von der Risikoneigung der Entscheider getroffen werden kann. Je nachdem welche **Entscheidungsregel** zugrunde gelegt wird, können sich unterschiedliche Entscheidungen als vorteilhaft erweisen:

- Bei der **Minimax-Regel** wird im Sinne einer pessimistischen Grundeinstellung jene Alternative gewählt, bei welcher das minimal mögliche Ergebnis über alle Umweltzustände maximal wird. Im obigen Beispiel würde die Entscheidung zugunsten einer Auslandsinvestition in Land C fallen.

- Bei der **Maximax-Regel** wird jene Alternative gewählt, dessen größtes Ergebnis größer ist als die Ergebnismaxima aller anderen Alternativen. Im Vordergrund steht daher eine optimistische Einstellung. Im obigen Beispiel würde die Entscheidung für eine Auslandsinvestition in Land B getroffen werden, da hier im günstigsten Umweltzustand der höchstmögliche Kapitalwert erzielt werden würde.

- Bei der **Laplace-Regel** wird davon ausgegangen, dass die Eintrittswahrscheinlichkeiten der einzelnen Umweltzustände unbekannt sind. Daher wird unterstellt, dass die Umweltzustände alle gleich wahrscheinlich sind (Regel des unzureichenden Grundes). Es wird jene Alternative gewählt, welche den höchsten Durchschnittswert aufweist. Im gegebenen Beispiel würde die Entscheidung zugunsten einer Auslandsinvestition in Land A erfolgen.

- Bei der **Hurwicz-Regel** handelt es sich um eine Kombination aus Minimax und Maximax-Regel. Sie wird daher auch als Pessimismus-Optimismus Regel bezeichnet. Ein Entscheidungsträger kann seine persönliche Einstellung zur Unsicherheit durch den so genannten Optimismusparameter λ (für $0 \leq \lambda \leq 1$) zum Ausdruck bringen. Das größtmögliche Ergebnis einer Handlungsalternative wird mit λ gewichtet, das niedrigste Ergebnis mit dem Faktor $(1 - \lambda)$ und zu einem Bewertungsmaß zusammengefasst. Je größer λ, desto optimistischer ist die Grundeinstellung. In den Extremfällen $\lambda = 1$ und $\lambda = 0$ entspricht dies der Anwendung der Maximax-Regel bzw. der Minimax-Regel. Würde man im obigen Beispiel für den Optimismusparameter λ den Wert 0,4 wählen, so würde die Entscheidung zugunsten einer Investition in Land A fallen.

- Bei der **Bayes-Regel** wird davon ausgegangen, dass sich den einzelnen Umweltzuständen Eintrittswahrscheinlichkeiten zuordnen lassen. Es wird dann jene Alternative gewählt, bei welcher die wahrscheinlichkeitsgewichtete Ergebnissumme am größten ist (maximaler Erwartungswert über alle Umweltzustände). Die Bayes-Regel wird daher auch als μ-Regel bezeichnet. Würde man im obigen Beispiel den einzelnen Umweltzuständen die Wahrscheinlichkeiten P ($p_1 = 0,3$, $p_2 = 0,3$, $p_3 = 0,4$) zuordnen, so würde die Entscheidung zugunsten einer Auslandsinvestition in Land A fallen, da diese den höchsten Erwartungswert für den Kapitalwert aufweist.

Ergebnismatrix				**Entscheidungsregeln**				
S \ A	S_1	S_2	S_3	Mini-max-Regel	Maximax-Regel	Lapla-ce-Regel	Hurwicz-Regel $(\lambda=0,4)$	Bayes-Regel $(P_1=0,3;\ P_2=0,3;\ P_3=0,4)$
a_1	1,9	0,8	1,8	0,8	1,9	**1,5**	$0,4 \cdot 1,9 +$ $0,6 \cdot 0,8$ $=1,24$	$1,9 \cdot 0,3 +$ $0,8 \cdot 0,3 +$ $1,8 \cdot 0,4$ $=\mathbf{1,53}$
a_2	2,0	0,4	1,6	0,4	**2,0**	1,33	$0,4 \cdot 2,0 +$ $0,6 \cdot 0,4$ $=1,04$	$2,0 \cdot 0,3 +$ $0,4 \cdot 0,3 +$ $1,6 \cdot 0,4$ $=1,36$
a_3	1,0	0,9	1,3	**0,9**	1,0	1,06	$0,4 \cdot 1,3 +$ $0,6 \cdot 0,9$ $=1,06$	$1,0 \cdot 0,3 +$ $0,9 \cdot 0,3 +$ $1,3 \cdot 0,4$ $=1,09$

Abb. 2.5 Ergebnismatrix und Entscheidungsregeln

Das obige Beispiel zeigt, dass die Anwendung unterschiedlicher Entscheidungsregeln zu erheblich abweichenden Entscheidungen führen kann. Dies hängt damit zusammen, dass für Entscheidungen bei Unsicherheit stets eine Annahme über die **Risikoneigung** erforderlich ist. Bei der Minimax-Regel, Maximax-Regel, Laplace-Regel und der Hurwicz-Regel handelt es sich um **Entscheidungsregeln bei Unsicherheit**. Risikoscheue Entscheider würden die Minimax-Regel favorisieren, wohingegen risikofreudige Entscheider die Maximax-Regel bevorzugen. Bei der Hurwicz-Regel wird die Risikoneigung durch Festlegung des Optimismusparameters λ bestimmt. Als risikoneutral gilt die Anwendung der Laplace-Regel. Ein Beispiel für eine **Entscheidungsregel bei Risiko** ist die Bayes-Regel. Sie geht davon aus, dass sich den Umweltzuständen Eintrittswahrscheinlichkeiten zuordnen lassen.

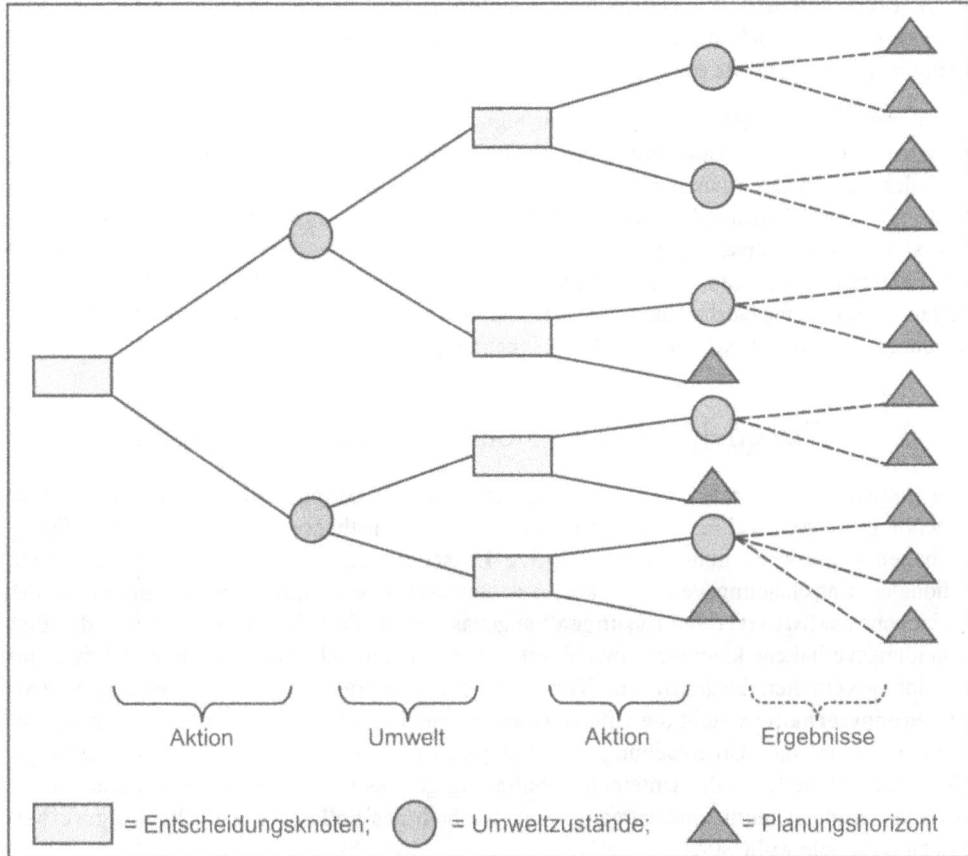

Abb. 2.6   Grundstruktur eines Entscheidungsbaums

Sofern nicht nur eine einzelne Entscheidung betrachtet wird, sondern mehrere aufeinander aufbauende Entscheidungen, so spricht man von einer **mehrstufigen Entscheidung** bzw. von einer **Entscheidungssequenz**. Eine mehrstufige Entscheidungssituation ist dann gegeben, wenn eine gegenwärtig zu treffende Entscheidung (z.B. Investitions-, Standortentscheidung), weitere Entscheidungsmöglichkeiten oder -notwendigkeiten (z.B. Erweiterungsinvestition, Ersatzinvestition) nach sich zieht. Mehrstufige Entscheidungen können mit Hilfe eines **Entscheidungsbaums** dargestellt werden. Bei einem Entscheidungsbaum stehen die Rechtecke für Entscheidungen (Entscheidungsknoten). Der Eintritt verschiedener Umweltzustände (Zufallsereignisse) wird durch Kreise dargestellt, über welche die Wirkungen der Entscheidungsalternative im jeweiligen Umweltzustand bewertet werden. Die Kanten der Zufallsereignisse münden wiederum in Entscheidungsknoten, so dass sich eine Entscheidungs-

Ergebnis-Folge abbilden lässt. Die Entscheidungs-Ergebnis-Folge endet am Planungshorizont, welcher durch Dreiecke abgebildet wird. Mittels eines Entscheidungsbaums lässt sich die Abfolge nacheinander gestaffelter Entscheidungen aufzeigen. Das Ziel besteht dabei darin, jene Abfolge von Entscheidungen zu identifizieren, welche die Zielgröße (z.B. den Kapitalwert) optimiert. Die Darstellung mehrstufiger Entscheidungen mittels eines Entscheidungsbaums ist jedoch nur dann sinnvoll, wenn wenige Alternativen und Umweltsituationen betrachtet werden, da sie sonst zu unübersichtlich wird.

Die normative Entscheidungstheorie geht vom idealtypischen Modell **rationalen Entscheidungsverhaltens** aus. Rationales Entscheidungsverhalten basiert auf den Verhaltensannahmen des „Homo Oeconomicus" und unterstellt entscheidungslogische Prinzipien, mit deren Hilfe „optimale Entscheidungen" eines Entscheidungsproblems gefunden werden können. Die starren Verhaltensannahmen normativer Entscheidungsmodelle sind zur Beschreibung und Erklärung des **realen Entscheidungsverhaltens** jedoch unbrauchbar. Zur Abbildung des realen Entscheidungsverhaltens stützt sich die moderne Entscheidungstheorie deshalb insbesondere auf verhaltenswissenschaftliche Erkenntnisse.

2.1.3   Entscheidungsverhalten und Entscheidungsstile

Die Betrachtung des realen Entscheidungsverhaltens ist Gegenstand der deskriptiven Entscheidungstheorie. Während die normative Entscheidungstheorie rationales Entscheidungsverhalten voraussetzt, geht die **deskriptive Entscheidungstheorie** von einem beschränkt rationalen Entscheidungsverhalten aus, bei welchem das Anspruchsniveau im Sinne des Erreichens **„satisfizierender Lösungen"** angepasst wird. Eine deskriptive Analyse des Entscheidungsverhaltens kann sich sowohl auf das individuelle als auch auf das kollektive Entscheidungsverhalten beziehen. Im Vordergrund der Betrachtung des **individuellen Entscheidungsverhaltens** steht die Untersuchung psychologischer Aspekte der Motivationsforschung sowie die Untersuchung psychologischer Konstrukte, wie der Einstellungs-Verhaltens-Modelle. In der Unternehmensführung geht es vorrangig um das Entscheidungsverhalten in der Unternehmensorganisation, weshalb das **kollektive Entscheidungsverhalten** eine zentrale Rolle spielt.

Das Entscheidungsverhalten kann als **Entscheidungsprozess** aufgefasst werden, welcher mehrere Phasen durchläuft (Mag 1989, Sp. 389 -396; Stahle 1994, S. 277 f.) Idealtypisch kann dabei unterschieden werden zwischen:

(1) Entscheidungsvorbereitung,

(2) Entscheidungsbildung und

(3) Entscheidungsdurchsetzung.

Zu (1) Entscheidungsvorbereitung
Die Entscheidungsvorbereitung umfasst die Problemstrukturierung und die Alternativensuche. Bei der Alternativensuche können sowohl qualitative als auch quantitative Bewertungs- und Prognoseverfahren zum Einsatz kommen (z.B. Brainstorming, Punktbewertungs-

verfahren, Analogieverfahren, Kosten-Nutzen-Analysen, Trendberechnungen). Eine Möglichkeit der Strukturierung komplexer Entscheidungsprobleme sind Einflussdiagramme, in welchen Entscheidungen (rechteckige Symbole), Ziele (Rauten), Umweltbedingungen (ovale Symbole) und die Einflüsse bzw. Wirkungszusammenhänge durch Pfeile dargestellt werden.

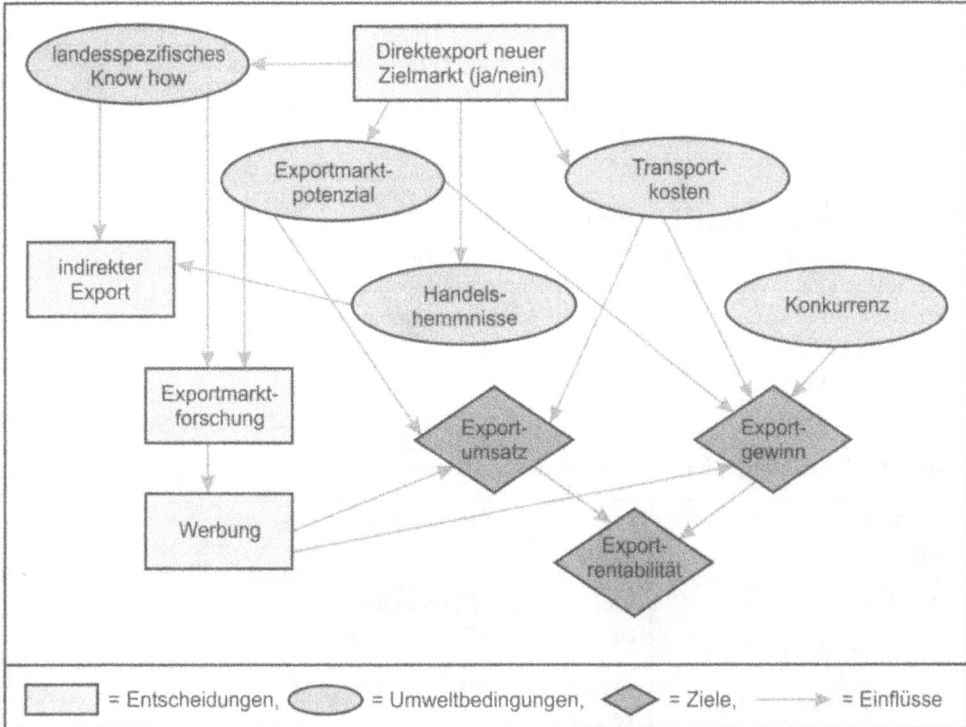

Abb. 2.7 *Einflussdiagramm*

Zu (2) Entscheidungsbildung

Die Entscheidungsbildung betrifft den Kern des Entscheidungsprozesses und damit die Frage, wie eine Entscheidung getroffen wird. Die individuelle Entscheidungsbildung erfolgt durch Selbstmanagement, dem ein individueller Problemlösungsprozess zugrunde liegt. Von besonderer Bedeutung in der Unternehmensführung ist jedoch die kollektive Entscheidungsbildung. Nach Stahle (Stahle 1994, S. 277) können die folgenden fünf **Abstimmungstechniken kollektiver Entscheidung** unterschieden werden:

1. **Entscheidung durch Nichtbeachtung** (decision by lack of response), bei welcher der Vorschlag eines Gruppenmitgliedes einfach überhört bzw. nicht diskutiert wird. Implizit wird damit eine Entscheidung getroffen, diese Idee nicht zu unterstützen.

2. **Entscheidung durch Autorität** (decision by authority). In diesem Fall erfolgt zwar eine Diskussion an deren Ende die Entscheidung jedoch von dem bzw. der hierarchisch am höchsten stehenden Person (z.B. Vorsitzende(r)) getroffen wird.

3. **Minoritätsentscheidung** (decision by minority rule), bei welcher eine kleinere Zahl der Gruppenmitglieder entweder durch vorherige Absprache oder durch ad hoc Koalition einen Gruppenentscheid herbeiführt.

4. **Majoritätsentscheidung** (decision by majority rule), bei welcher die Entscheidungsalternativen formell zur Abstimmung gestellt werden und die Entscheidung nach Mehrheitsbeschluss gefällt wird.

5. **Entscheidung durch Konsens** (decision by consensus) liegt dann vor, wenn eine Entscheidung durch Einstimmigkeit in der Beschlussfassung hergestellt werden kann.

Zu (3) Entscheidungsdurchsetzung

Die Entscheidungsdurchsetzung betrifft die Umsetzung des durch eine getroffene Entscheidung festgelegten Willens in der Unternehmensorganisation. Sie umfasst vor allem die **Information** (Wer bzw. welche Instanzen sollen wie, wann und worüber informiert werden?) und die **Partizipation** (Wer bzw. welche Instanzen sollen wie und wann an der Umsetzung beteiligt werden?).

Entscheidungspathologien		
Informationspathologien	**Interaktionspathologien**	**Bewertungspathologien**
- unzureichende Informationen - falsche Informationen - kognitive Restriktionen - fehlerhafte Annahmen	- mangelnder Informationsaustausch - fehlerhafter Informationsaustausch - konformes Entscheidungsverhalten	- subjektive Bewertungen - falsche Risikoeinschätzungen - Entscheidungen unter Zeitdruck

Abb. 2.8 *Begrenzte Rationalität betrieblicher Entscheidungen*

Das **reale Entscheidungsverhalten** ist durch verschiedene Verhaltensanomalien gekennzeichnet, die dazu führen, dass im Regelfall lediglich ein Niveau begrenzter Rationalität erreicht wird. Bronner (Bronner 2006, S. 1414 f.) spricht in diesem Zusammenhang von **Entscheidungspathologien**, welche umso größer sind, je komplexer eine Entscheidungssituation ist.

• **Informationspathologien** betreffen den Bereich der entscheidungsrelevanten Informationen. Sie bestehen insbesondere in Form unzureichender oder falscher Informationen sowie in einer begrenzten individuellen Kapazität der Informationsaufnahme und Informationsverarbeitung der Entscheidungsträger (kognitive Restriktionen). Ferner ergeben sie sich aufgrund fehlerhafter Annahmen bzw. Hypothesen über die Ursache-Wirkungszusammenhänge.

- **Interaktionspathologien** ergeben sich immer dann, wenn Entscheidungen nicht von Individuen sondern von Gruppen bzw. Entscheidungsgremien getroffen werden. Sie bestehen in einem mangelnden sowie fehlerhaften Informationsaustausch zwischen den Entscheidungsträgern. Nicht selten ergeben sie sich durch konformes Entscheidungsverhalten aufgrund falsch verstandener Solidarität bei der Entschlussfassung.

- **Bewertungspathologien** ergeben sich daraus, dass menschliches Verhalten stets mit Bewertungsprozessen durchzogen ist, welche bewusst als auch unbewusst ablaufen. Fehlentscheidungen können sich in dieser Hinsicht beispielsweise dann ergeben, wenn bestimmte Risiken bewusst oder unbewusst nicht oder nur unzureichend wahrgenommen bzw. überbewertet werden. Allgemein ist davon auszugehen, dass die Bewertungsprobleme eines Entscheidungsproblems umso größer sind, je stärker eine Entscheidung unter Zeitdruck zu treffen ist.

Die Art und Weise, wie individuelle als auch kollektive Entscheidungen getroffen werden können, wird als **Entscheidungsstil** bezeichnet. Nach Mintzberg/Westley (2001, S. 89 f.) lassen sich drei Arten von Entscheidungsstilen unterscheiden.

(1) Rationaler Entscheidungsstil

(2) Intuitiver Entscheidungsstil

(3) Handlungsorientierter Entscheidungsstil

Zu (1) Rationaler Entscheidungsstil
Der rationale Entscheidungsstil (thinking first) entspricht dem Grundmodell der normativen Entscheidungstheorie. Er basiert auf einem klar strukturierten Entscheidungsprozess, bei welchem die Problemstellung klar definiert ist, zuverlässige Daten vorhanden sind und die Entscheidungsalternativen mit den jeweiligen Konsequenzen bekannt sind. Es geht dann darum, die bestmögliche Alternative mittels entscheidungslogischer Verfahren auszuwählen. Beispiele rationaler Entscheidungsfindung sind vor allem zu finden im Bereich der Produktionsprozessoptimierung. Grundlage des rationalen Entscheidungsstils ist das so genannte **konvergente Denken** (geordnetes und systematisches Denken). Die Grenzen rationaler Entscheidungsfindung sind dann gegeben, wenn eine Situation komplexer wird und es nicht mehr möglich ist, alle Alternativen aufzuzeigen und mit den jeweiligen Konsequenzen zu bewerten.

Zu (2) Intuitiver Entscheidungsstil
Beim intuitiven Entscheidungsstil (seeing first) geht es um die Generierung neuer Ideen. Erforderlich dafür ist so genanntes **divergentes Denken** (von der Norm abweichendes, ungeordnetes Denken). Ziel ist die Aktivierung des Unbewussten, um eingefahrene Denkschablonen zu verlassen und um neue Gedankenassoziationen zu ermöglichen. Durch einen so ausgelösten Prozess des kreativen Entdeckens soll zunächst neues Wissen gesammelt werden. In einer sich anschließenden Phase der Inkubation geht es dann darum, unbewusst über das Problem nachzudenken, um neue Ideen bzw. Lösungsmöglichkeiten zu gewinnen. Eine logische Argumentation bereitet dabei oftmals große Schwierigkeiten. Die intuitive Ent-

scheidungsfindung ist dann bedeutsam, wenn zahlreiche miteinander verbundene Aspekte über mehrere Unternehmenseinheiten zu beachten sind, wie beispielsweise bei der internationalen Produktentwicklung.

Zu (3) Handlungsorientierter Entscheidungsstil

Der handlungsorientierte Entscheidungsstil (doing first) basiert auf dem Prinzip **„learning-by-doing"**. Es geht also darum, zunächst Erfahrungen zu sammeln und mehrere Alternativen auszuprobieren. Die Entscheidung fällt dann zugunsten der bestmöglichen Alternative. Der handlungsorientierte Entscheidungsstil findet beispielsweise Anwendung bei der Entscheidung über die Anwendungsmöglichkeiten neuer Technologien. Die Grenzen handlungsorientierter Entscheidungsfindung sind dort gegeben, wo aufgrund des zur Verfügung stehenden Zeitrahmens eine Entscheidung nicht hinausgezögert werden kann.

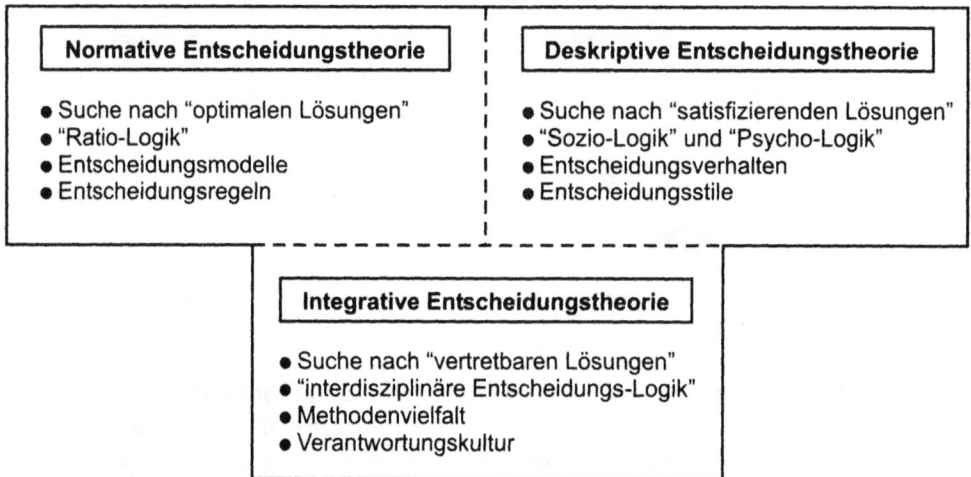

Normative Entscheidungstheorie	**Deskriptive Entscheidungstheorie**
● Suche nach "optimalen Lösungen"	● Suche nach "satisfizierenden Lösungen"
● "Ratio-Logik"	● "Sozio-Logik" und "Psycho-Logik"
● Entscheidungsmodelle	● Entscheidungsverhalten
● Entscheidungsregeln	● Entscheidungsstile

Integrative Entscheidungstheorie

● Suche nach "vertretbaren Lösungen"
● "interdisziplinäre Entscheidungs-Logik"
● Methodenvielfalt
● Verantwortungskultur

Abb. 2.9   Führungsentscheidungen im Spannungsfeld der Entscheidungstheorie

Normative und deskriptive Entscheidungstheorie stehen nicht gegensätzlich zueinander. Es geht nicht um ein „entweder oder" sondern um ein „sowohl als auch", damit Erkenntnisse aus beiden Richtungen im Sinne einer **integrativen Entscheidungstheorie** genutzt werden können. Im Vordergrund steht dabei die Suche nach **„vertretbaren Lösungen"**, d.h. Lösungen, welche eine Verantwortungszuweisung auf den bzw. die Entscheidungsträger ermöglichen. Grundlage dafür ist eine **interdisziplinäre Entscheidungs-Logik,** bei welcher entscheidungsrelevantes Wissen mehrerer Disziplinen auf der Grundlage einer **Methodenvielfalt** ausgewertet und genutzt wird. **Verantwortungskultur** geht einher mit einer Verpflichtung des Entscheidungsträgers, für die getroffene Entscheidung einzustehen. Im weiteren Sinne bedeutet Verantwortungskultur, dass ein Entscheidungsträger nicht nur für die getroffene Entscheidung verantwortlich ist, sondern auch für das Unterlassen einer Entscheidung, welche notwendigerweise hätte getroffen werden müssen.

2.2 Internationale Handlungsumwelt

2.2.1 Umweltberücksichtigung und Umweltdifferenzierung

Die **internationale Handlungsumwelt** bezieht sich auf die für ein Unternehmen nicht unmittelbar beeinflussbaren Rahmenbedingungen (environmental conditions) internationaler Geschäftstätigkeit. Sie kann immer nur situationsabhängig für ein Unternehmen beurteilt werden. Welche Umweltfaktoren ein international operierendes Unternehmen zu berücksichtigen hat, ist letztlich abhängig von der Art des Auslandsengagements und von den jeweiligen gastlandspezifischen Umweltbedingungen.

Der **Fremdheitsgrad** zwischen der Stammlandumwelt und der Gastlandumwelt wird bestimmt durch die Unterschiedlichkeit der Rahmenbedingungen der betrachteten Länder. Je höher der Fremdheitsgrad einer Gastlandumwelt für einen Entscheidungsträger ist, desto schwieriger wird es, die Konsequenzen von Entscheidungsalternativen zu erkennen bzw. einzuschätzen.

In Anlehnung an das **Schichtenmodell der Umweltdifferenzierung** (Dülfer/Jöstingmeier 2008, S. 249 f.) lässt sich die internationale Handlungsumwelt weiter differenzieren in die natürliche Umwelt, die kulturelle Umwelt und die „Aufgabenumwelt":

- Die **natürliche Umwelt** kennzeichnet all jene Bereiche, welche nicht durch den Menschen geschaffen wurden. Hierzu gehören beispielsweise die geologischen und klimatischen Bedingungen, die landesspezifische Topographie und die Verfügbarkeit natürlicher Rohstoffe.

- Die **kulturelle Umwelt** umfasst die vom Menschen geschaffenen Umweltbedingungen. Im Schichtenmodell von Dülfer/Jöstingmeier wird die kulturelle Umwelt beschrieben durch: (1) den Stand der Realitätserkenntnis und Technologie, (2) die kulturell bedingten Wertvorstellungen, (3) die sozialen Beziehungen und Bindungen und (4) durch die rechtlich-politischen Normen.

- Die **„Aufgabenumwelt"** (task environment, operating environment) wird durch die internen und externen Stakeholder des Unternehmens abgebildet.

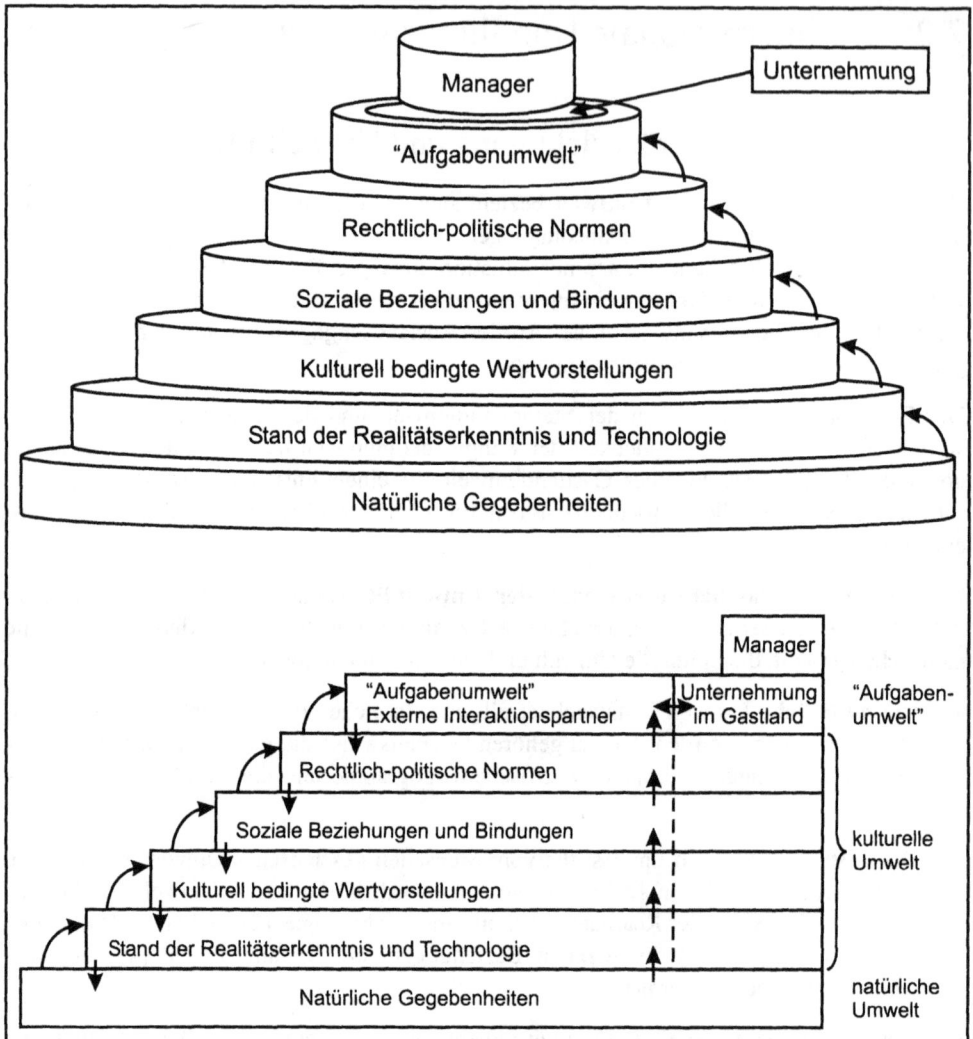

Abb. 2.10 *Schichtenmodell der Umweltdifferenzierung als Aufriss und Vertikalschnitt (Quelle: Dülfer/Jöstigmeierr 2008, S. 250)*

Der hierarchische Aufbau des Schichtenmodells ist so zu verstehen, dass längerfristig gesehen die tiefer liegenden Schichten die höher liegenden Schichten beeinflussen, wobei auch Rückkopplungen („Feedback-Beziehungen") von oben nach unten nicht ausgeschlossen sind. Das Schichtenmodell ist ein konzeptioneller Rahmen, welcher eine Identifikation umweltrelevanter Einflussfaktoren in der internationalen Unternehmensführung erlaubt. Betrachtet man die internationale Handlungsumwelt aus der **Makroumwelt- und Mikroumweltperspektive**, so ist das Schichtenmodell wesentlich auf die Makroumwelt ausgerichtet. Die Mikroumweltbedingungen werden durch die Berücksichtigung der „Aufgabenumwelt" zum Ausdruck gebracht.

2.2.2 Makroumwelt

Die Makroumwelt (macro environment) wird auch als generelle Umwelt bezeichnet, da sie weitgehend von allen Unternehmen im jeweiligen Ziel- bzw. Gastland zu beachten ist. Sie kann insbesondere durch die folgenden Rahmenbedingungen beschrieben werden (Büter 2007, S. 11 f.; Hungenberg 2006, S. 28 f.; Scherm/Süß 2001, S. 100 f.).

(1) Politisch-rechtliche Rahmenbedingungen

(2) Kulturelle und soziodemographische Rahmenbedingungen

(3) Ökonomische Rahmenbedingungen

(4) Natürliche Gegebenheiten

Zu (1) Politisch-rechtliche Rahmenbedingungen
Politisch-rechtliche Rahmenbedingungen kommen zum Ausdruck durch das politische und rechtliche System eines Landes sowie durch internationale Abkommen bis hin zur regionalen Wirtschaftsintegration. Das **politische System** bestimmt maßgeblich die politische Stabilität eines Landes. Je politisch instabiler ein Land ist, desto höher fallen die politischen Länderrisiken (z.B. Interventionsrisiken, Verstaatlichungsrisiken) aus. Das **Rechtssystem** wird bestimmt durch die jeweilige Rechtsordnung eines Landes. International sind verschiedene Rechtssysteme (z.B. geschriebenes Recht, Fallrecht) zu unterscheiden. Rechtliche Regelungen bestimmen das unternehmerische Entscheidungsspektrum bzw. die Entscheidungsfreiheit in einem Land. Rechtsstaatlichkeit bezieht sich auf die Durchsetzung bzw. den Vollzug des jeweiligen Landesrechts.

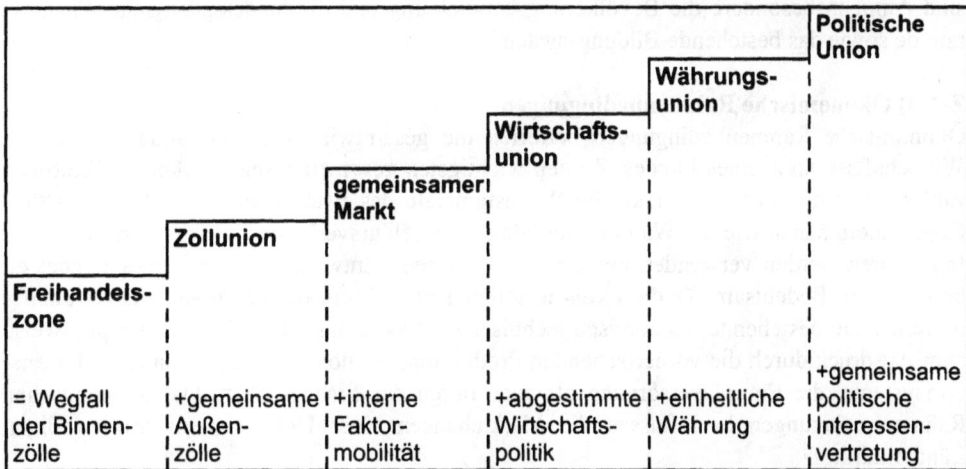

Abb. 2.11 Stufen regionaler Wirtschaftsintegration

Die **zwischenstaatlichen Wirtschaftsbeziehungen** werden geregelt durch internationale Abkommen (Handelsverträge, Handelsabkommen). Sie bilden oftmals auch die Grundlage für weiterreichende Formen der regionalen Wirtschaftsintegration. Internationale Abkommen sind nicht auf den Waren- bzw. Dienstleistungsverkehr beschränkt, sondern können auch andere Bereiche internationaler Wirtschaftsbeziehungen betreffen (z.B. Doppelbesteuerungsabkommen sowie Möglichkeiten der internationalen Rechtsverfolgung). Sofern internationale Abkommen auf bilateraler Ebene geschlossen werden, können sie gegenüber nicht beteiligten Staaten eine Form der Handelsprotektion darstellen. Durch **regionale Wirtschaftsintegration** schließen sich Staaten zu größeren Wirtschaftsräumen zusammen. Zu den bedeutendsten regionalen Wirtschaftsintegrationen zählt die Europäische Union (EU), die North American Free Trade Association (NAFTA) und die Association of South East Asian Nations (ASEAN). Es sind verschiedene Stufen der regionalen Wirtschaftsintegration zu unterscheiden. Die **Europäische Union** zeichnet sich dadurch aus, dass einzelne politische Aufgaben und Rechtsbereiche (z.B. Außenhandelspolitik, Zollrecht) an gemeinschaftliche europäische Institutionen übertragen wurden. Das in diesen Bereichen erlassene EU-Recht ist **supranationales Recht** (überstaatliches Recht) und geht dem Recht der einzelnen Mitgliedsstaaten vor.

Zu (2) Kulturelle und soziodemographische Rahmenbedingungen

Kulturelle Rahmenbedingungen umfassen die kulturbedingten Wertvorstellungen einer Landeskultur, welche zum Ausdruck kommen durch bestimmte Grundannahmen, Normen und Einstellungen sowie nicht zuletzt auch durch die Landessprache selbst. Sie beeinflussen wesentlich das Verhalten und die Gepflogenheiten der Menschen. Das Ausmaß mit welchem sich die Landeskulturen zweier Länder unterscheiden, wird als **kulturelle Distanz** bezeichnet. Kulturelle Rahmenbedingungen gelten als langfristig stabil, d.h. grundlegende Veränderungen vollziehen sich meist nur über Generationen hinweg. Die Entwicklungsmöglichkeiten eines Landes werden ferner bestimmt durch seine **soziodemographische Struktur**. Gemeint sind damit insbesondere die Bevölkerungsentwicklung und die landesspezifische Alterspyramide sowie das bestehende Bildungssystem.

Zu (3) Ökonomische Rahmenbedingungen

Ökonomische Rahmenbedingungen betreffen die gesamtwirtschaftliche Situation und die Wirtschaftsstruktur eines Landes. Zu den wichtigsten **gesamtwirtschaftlichen Indikatoren** zählen das Bruttoinlandsprodukt, die Wachstumsrate des Bruttoinlandsproduktes, das Pro-Kopfeinkommen sowie die Währung und das Wechselkursverhältnis. Gesamtwirtschaftliche Indikatoren werden verwendet, um den ökonomischen Entwicklungsstand eines Landes zu beschreiben. Bedeutsam für die **ökonomischen Entwicklungsmöglichkeiten** eines Landes ist ferner die bestehende ökonomisch-technische Infrastruktur. Diese kommt beispielsweise zum Ausdruck durch die vorherrschenden Produktionstechnologien, die vorhandenen Transportsysteme, die Energieversorgung als auch durch das Finanzsystem. Die ökonomischen Rahmenbedingungen beeinflussen die Marktchancen eines Unternehmens im jeweiligen Ländermarkt.

Zu (4) Natürliche Gegebenheiten

Natürliche Gegebenheiten beziehen sich zunächst auf die Topographie und die klimatischen Bedingungen eines Landes, welche sowohl die Nachfrage nach bestimmten Gütern als auch ihre Funktionsfähigkeit beeinflussen kann. Zu den natürlichen Gegebenheiten zählt ferner das Vorhandensein natürlicher Ressourcen, insbesondere in Form von Rohstoffen. Sind bestimmte Rohstoffe absolut nicht verfügbar bzw. nicht in ausreichender Menge vorhanden (relative Nichtverfügbarkeit), so müssen sie zur Bedarfsdeckung importiert werden. Die Rohstoffausstattung eines Landes beeinflusst so die Richtung und das Volumen des Außenhandels.

Die Makroumwelt umfasst die von Unternehmen nicht beeinflussbaren Rahmenbedingungen internationaler Geschäftstätigkeit. Sie befindet sich in einem Veränderungsprozess, aus dessen Betrachtung sich die Notwendigkeit von Anpassungen für ein Unternehmen ergibt.

2.2.3 Mikroumwelt

Die Mikroumwelt (micro environment) ist im Unterschied zur Makroumwelt unternehmensspezifisch. Sie zählt daher zur **„Aufgabenumwelt"** eines Unternehmens. Im Sinne des Stakeholder Ansatzes stellt die Mikroumwelt jenen Teil der Umwelt dar, mit dem ein betrachtetes Unternehmen durch seine Aufgabenstellung in direkter Interaktion steht. Der Begriff **Stakeholder** umfasst dabei die jeweiligen Anspruchsgruppen bzw. Einflussgruppen, welche in unmittelbarer Beziehung zu einem Unternehmen stehen bzw. bestimmte Erwartungen gegenüber diesem haben (Dillerup/Stoi 2008, S. 72 f.; Staehle 1994, S. 401 f.). Als Stakeholder gelten:

(1) Interne Stakeholder und

(2) Externe Stakeholder.

Zu (1) Interne Stakeholder
Als interne Stakeholder gelten jene Anspruchsgruppen, welche einen direkten Einfluss auf die Unternehmensführung und insbesondere auf das Zielsystem des Unternehmens ausüben können. Hierzu zählen die Führungskräfte, die Anteilseigner und die Mitarbeiter. Je nach Herkunft der Personen der jeweiligen Anspruchsgruppen stehen sich im internationalen Unternehmen nationale als auch ausländische Interessenvertreter gegenüber. Die **Führungskräfte** streben in erster Linie nach Macht, Einfluss und Einkommen. Mitarbeiter wollen sichere Arbeitsplätze und eine hohe Entlohnung ihrer Arbeitsleistung.

Anteilseigner erwarten eine möglichst hohe Rendite für ihr eingesetztes Kapital und streben in der Regel auch eine Mitwirkung in der Unternehmensführung an. Die Einflussnahmemöglichkeiten der **Mitarbeiter** bzw. deren Vertreter auf die Unternehmensführung sind abhängig von der Gesellschafts- bzw. Rechtsform in welcher das Unternehmen firmiert. Da das Gesellschaftsrecht landesspezifische Unterschiede aufweist und für ausländische Tochtergesellschaften jeweils eine landesspezifische Rechtsform zu wählen ist, sind die Partizipationsmöglichkeiten der Arbeitnehmer von Land zu Land unterschiedlich.

Makroumwelt

politisch-rechtliche
Rahmenbedingungen

- politisches System

- Recht und
  Rechtsstaatlichkeit

- internationale
  Abkommen

- sonstige

kulturelle und
soziodemographische
Rahmenbedingungen

- kulturbedingte
  Wertvorstellungen

- sozio-demographische
  Strukturen

- Bildungssystem

- sonstige

Mikroumfeld

Interne
Stakeholder

- Führungs-
  kräfte

- Mitarbeiter

- Anteils-
  eigner

- sonstige

Unternehmen

betriebliche
Funktionen

Externe
Stakeholder

- Lieferanten

- Kunden

- Fremdkapi-
  talgeber

- sonstige

ökonomische
Rahmenbedingungen

- Ländermarktgröße
  und -struktur

- Marktzutritts-
  beschränkungen

- ökonomisch-technische
  Infrastruktur

- sonstige

natürliche
Gegebenheiten

- Topographie

- Ressourcen

- klimatische
  Bedingungen

- sonstige

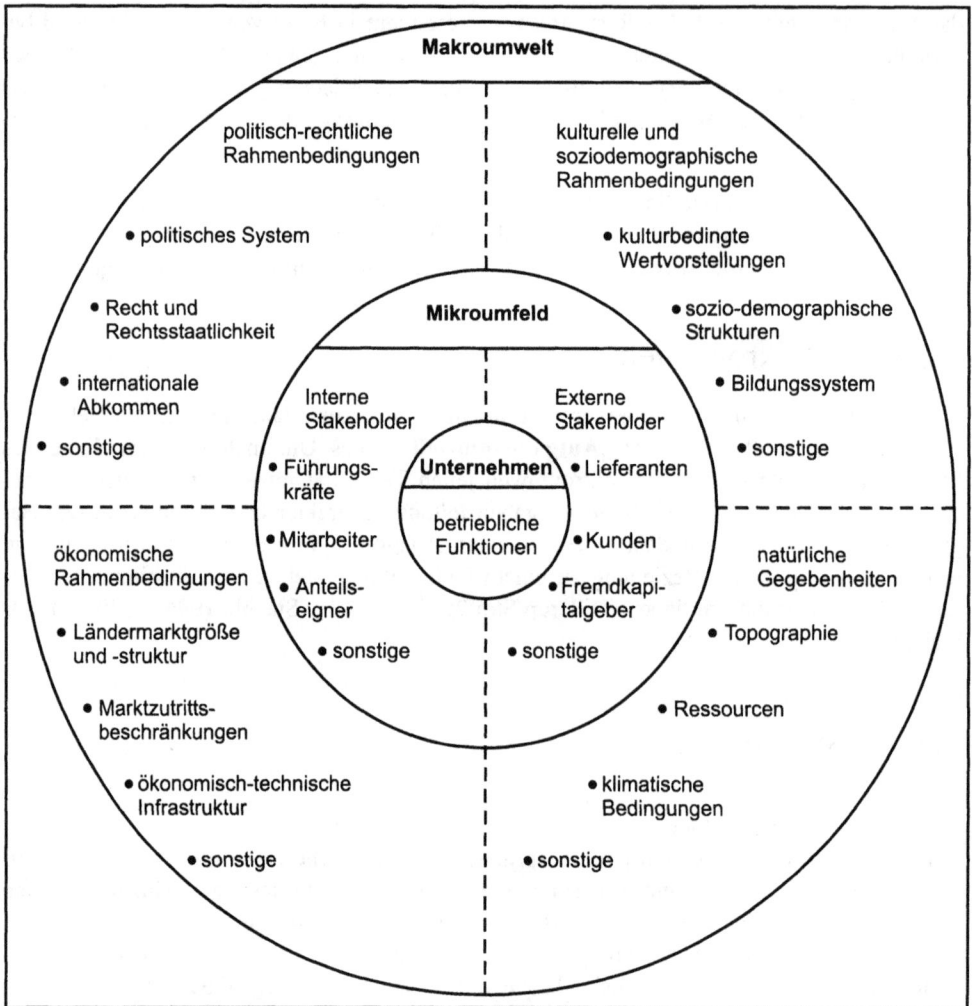

Abb. 2.12 *Makro- und Mikroumwelt*

Zu (2) Externe Stakeholder

Als externe Stakeholder gelten jene Einflussgruppen, welche in unmittelbarer Beziehung zum Unternehmen stehen, jedoch keinen direkten Einfluss auf die Unternehmensführung ausüben können. Hierzu zählen insbesondere die Lieferanten, Kunden, Fremdkapitalgeber, Arbeitgeberverbände und Gewerkschaften sowie der Staat. **Lieferanten** erwarten eine dauerhafte und stabile Geschäftsbeziehung, welche ihre eigene Unternehmensentwicklung sichert. **Kunden** wünschen ein attraktives Preis-/Leistungsverhältnis sowie Versorgungssicherheit bei guten Serviceleistungen. **Fremdkapitalgeber** benötigen Sicherheiten für das dem Unternehmen zeitlich befristet zur Verfügung gestellte Kapital. Sie sind an sicheren und regelmäßigen Zins- und Tilgungsleistungen interessiert. **Arbeitgeberverbände und Ge-**

werkschaften nehmen in ihrer Funktion als Interessenvertreter indirekt Einfluss auf die Unternehmensführung. **Staaten** sind an den Unternehmenssteuern interessiert sowie am nationalen Standorterhalt bzw. seiner Entwicklung zum Zwecke der Sicherung von Arbeitsplätzen.

Die Bewältigung der unterschiedlichen Einfluss- und Interessengruppen führt nicht selten zu **Rollenkonflikten** und Entscheidungsproblemen. Sowohl externe als auch interne Stakeholder streben dann zum Zwecke der Durchsetzung gemeinsamer Interessen **Koalitionen** an. In Unternehmen mit Auslandsgesellschaften ist es nicht selten, dass Stakeholdergruppen eines Unternehmensstandortes koalieren. Möglich ist aber auch eine **Kooptation**, d.h. die Aufnahme eines neuen und besonders einflussreichen Mitglieds in eine Stakeholdergruppe. Dadurch wird das Ziel verfolgt, mehr Macht in einer konkreten Entscheidungssituation auszuüben. Ein zentrales Problem internationaler Unternehmensführung besteht in der länderübergreifenden Öffentlichkeitsarbeit und Kommunikation zwischen internen und externen Stakeholdern.

2.3   Internationale Ziele

2.3.1   Arten und Funktionen von Zielen

In der Unternehmensführung beschreiben Ziele erwünschte Zustände bzw. Zustandsfolgen oder auch Leitwerte für zu koordinierende Aktivitäten, von denen ungewiss ist, ob sie erreicht werden (Heinen 1976, S. 45). Ziele sind die **Entscheidungskriterien** für die Wahl zwischen verschiedenen Handlungsalternativen.

Internationale Ziele sind für ein Unternehmen Beweggründe, seine wirtschaftlichen Aktivitäten über die eigenen Staatsgrenzen hinaus auszudehnen. Internationale Zielsetzungen können aktiver oder reaktiver Natur sein:

- Eine **aktive Zielsetzung** liegt vor, wenn ein Unternehmen aus eigenem Anlass heraus die Zielsetzung verfolgt, seine Geschäftsaktivitäten über die Staatsgrenzen hinaus auszudehnen. Dies ist beispielsweise dann der Fall, wenn ein Unternehmen für sich günstige Rahmenbedingungen auf einem Auslandsmarkt erkennt und diese durch den Aufbau von Geschäftsbeziehungen bzw. Auslandsinvestitionen nutzen möchte.

- Eine **reaktive Zielsetzung** ist dann gegeben, wenn ein Unternehmen veranlasst bzw. gar gezwungen wird, eine internationale Zielsetzung zu verfolgen. Eine reaktive Internationalisierung kann ausgelöst sein durch Gesetze bzw. Restriktionen im Heimatland oder durch Aktivitäten von Mitwettbewerbern auf dem heimischen Markt. Nicht selten ist auch der Fall, dass wichtige Geschäftspartner Standorte im Ausland aufbauen. Zur Aufrechterhaltung der Geschäftsbeziehungen kann ein Unternehmen dann gezwungen sein, international aktiv zu werden und die Leistungen vor Ort, am ausländischen Standort des Geschäftspartners anzubieten.

Voraussetzung für die Entstehung von Unternehmenszielen ist eine **Zielformulierung** der hierzu berechtigten Entscheidungsträger bzw. der an der Entscheidungsfindung beteiligten Gruppen. Eine zentrale Rolle spielt dabei die Machtverteilung zwischen den Entscheidungsträgern bzw. Entscheidungsgruppen. Internationalisierungsziele sind **Unternehmensziele**, denn sie beziehen sich auf das Unternehmen als Organisation bzw. auf einzelne Teilbereiche der Unternehmensorganisation (z.B. einzelne Geschäftsfelder oder Funktionsbereiche). Unternehmensbezogene Ziele können mit den **Individualzielen** (persönlichen Zielen) der Organisationsmitglieder übereinstimmen bzw. durch sie initiiert sein. Dies ist jedoch nicht zwingend der Fall. Der Zusammenhang zwischen den Unternehmenszielen und Individualzielen kann auf der Grundlage der **Anreiz-Beitrags-Theorie (Koalitionstheorie)** erklärt werden. Danach befindet sich ein Unternehmen dann in einem Gleichgewicht, wenn die mit den Unternehmenszielen verbundenen „Anreize" für jedes Organisationsmitglied dessen „Beiträge" für die Organisation gerade übersteigen.

Das **Formalziel** Gewinnerzielung ist abstrakter Natur und kennzeichnet den angestrebten Umfang der Wirtschaftlichkeit. Internationale Zielsetzungen sind primär als Sachziele formuliert. **Sachziele** beziehen sich auf konkrete leistungsbezogene Handlungen (z.B. Aufbau des Exportgeschäfts). Ein **Fundamentalziel** ist dann gegeben, wenn das Ziel einen eigenständigen Wert besitzt (z.B. Gewinnerzielung). Von einem **Instrumentalziel** wird dann gesprochen, wenn das Ziel zwar keinen eigenständigen Wert besitzt, die Erreichung dieses Ziels jedoch förderlich ist für die Erreichung eines angestrebten Fundamentalziels. Die mit der Internationalisierung einhergehende internationale Wertschöpfung ist dabei Mittel zum Zweck der Gewinnerzielung.

Aus entscheidungsorientierter Sicht haben Ziele immer einen **normativen Charakter**, da sie einen gewünschten bzw. anzustrebenden Zustand in der Zukunft beschreiben, der durch entsprechende Entscheidungen und Handlungen erreicht werden soll (Heinen 1976, S. 45 f.). Im Hinblick auf das angestrebte **Ausmaß der Zielerreichung** wird unterschieden zwischen Extremal- und Satisfizierungszielen:

- **Extremalziele** sind unbegrenzt formulierte Ziele, z.B. Maximierung des Exportumsatzes. Es ist daher erforderlich Handlungsalternativen und Aktionen zu suchen, welche eine maximale Zielerreichung ermöglichen.

- **Satisfizierungsziele** sind begrenzt formulierte Ziele, in denen ein bestimmtes Anspruchsniveau definiert ist. Eine solche Zielsetzung könnte beispielsweise lauten: „10 % Umsatzrentabilität im Exportgeschäft".

Die Bedeutung von Zielen wird besonders deutlich, bei der Betrachtung der **Zielfunktionen**:

- **Entscheidungsfunktion:** Ziele liefern Kriterien für die Bewertung von Handlungsalternativen. Aus entscheidungsorientierter Sicht kommt die relative Bedeutung eines Ziels zum Ausdruck durch die Zielgewichtung in einem Entscheidungsmodell.

- **Legitimationsfunktion:** Ziele sollen einen Beitrag dazu leisten, getroffene Entscheidungen sowie Handlungen unternehmensintern als auch unternehmensextern zu rechtfertigen bzw. zu legitimieren.

- **Informationsfunktion:** Ziele dienen der Information der einzelnen Unternehmensein-heiten über die zukünftig angestrebten Handlungen des Unternehmens. Gegebenenfalls müssen einzelne Handlungen anhand von Zielen auch gegenüber unternehmensexternen Institutionen gerechtfertigt werden.

- **Koordinationsfunktion:** Ziele sollen ein abgestimmtes Verhalten unterschiedlicher Unternehmensinstanzen in unterschiedlichen Aufgaben ermöglichen, so dass auch unab-hängig voneinander getroffene Entscheidungen und Handlungen ein Zusammenwirken ergeben.

- **Motivationsfunktion:** Ziele stellen Vorgaben und damit Leistungsanreize dar, welche zur Leistungssteigerung sowohl einzelner Unternehmensinstanzen als auch einzelner In-dividuen dienen sollen.

- **Kontrollfunktion:** Ziele stellen Soll-Vorgaben dar. Sie schaffen damit die Vorausset-zung für die Unternehmenskontrolle, welche ohne vorherige Zielsetzung gar nicht mög-lich wäre.

Zielelemente	Fragestellung	Beispiel
Zielinhalt (sachliche Festlegung)	Was soll im internationalen Geschäft erreicht werden?	Aufbau des Exportge-schäfts
Zielmaßstab (Maximallösung oder An-spruchsniveauerreichung)	Wie viel soll erreicht wer-den? (absolute oder relative Zielhöhe)	soviel Export wie möglich .... € Exportumsatz 20 % Exportquote
Zielzeitbezug (spätester Zeitpunkt bzw. Zeitraum)	Wann soll das Ziel erreicht werden?	schnellstmöglich spätestens bis .....
Zielverantwortung (Personen, Instanzen, Ge-sellschaften)	Welche Instanzen (Organi-sationseinheiten bzw. Per-sonen) sind für die Zieler-reichung verantwortlich?	Exportleiter International Division Tochtergesellschaft
Zielortsbezug (Regionen, Ländermärkte, Ländergruppen, Weltmarkt)	Wo soll das Ziel erreicht werden?	Westküste USA Ländermarkt USA Nordamerika (NAFTA) alle Ländermärkte

Abb. 2.13   Elemente operationalisierbarer Ziele

Internationale Ziele können erst dann die Grundlage einer Erfolgsbeurteilung internationaler Geschäftsaktivitäten sein, wenn sie operationalisierbar sind, d.h. sich auf handlungsrelevante Größen beziehen (Heinen 1976, S. 48 f; Staehle 1994, S. 414 f.). Die Operationalisierbarkeit von Zielen bedeutet nicht unbedingt eine Quantifizierung der Zielgröße. Erforderlich ist es jedoch, dass sich die Ziele auf verständliche Größen beziehen, welche eine eindeutige Kommunikation zwischen den Beteiligten erlauben. Zudem muss die Zielerreichung eindeutig feststellbar sein. Die **Operationalisierbarkeit von Zielen** setzt das Vorhandensein mehrerer Zielelemente voraus.

2.3.2   Typen von Internationalisierungszielen

Gegenstand der empirischen Zielforschung in der internationalen Unternehmensführung ist die Untersuchung des Inhaltes und der Bedeutung von Zielen für das internationale Unternehmensengagement. Eine **wertorientierte Zielsetzung** liegt vor, wenn die Interessen der Anteilseigner (shareholder) in der Zielformulierung dominieren. Demgegenüber ist eine **anspruchsgruppenorientierte Zielsetzung** dann gegeben, wenn die Interessen der Anspruchsgruppen (stakeholder) einen dominanten Einfluss auf die Zielsetzung ausüben.

Ziele können sich beziehen auf unterschiedliche organisatorische Einheiten in der Unternehmenshierarchie. Diesbezüglich lassen sich Gesamtunternehmensziele von Bereichszielen unterscheiden. **Gesamtunternehmensziele** stellen Oberziele dar, an welchen sich alle Tätigkeiten im Unternehmen auszurichten haben. **Bereichsziele** sind als Unterziele formuliert und betreffen lediglich einzelne organisatorische Teilbereiche des Unternehmens. Dabei kann es sich beispielsweise um eine Zielsetzung für einen betrieblichen Funktionsbereich handeln als auch um eine Zielsetzung für eine Organisationseinheit, wie eine Auslandsgesellschaft. Da in Unternehmen mehrere Ziele gleichzeitig verfolgt werden, kommt es zur Entstehung von Zielsystemen, bei denen die **Rangordnung der Ziele** festzulegen ist.

Internationale Ziele stehen in Beziehung zu anderen Zielen im Unternehmen. Die Verfolgung internationaler Ziele wird sowohl unternehmensextern als auch unternehmensintern beeinflusst. Unternehmensexterne Einflüsse ergeben sich aus der Berücksichtigung der internationalen Handlungsumwelt (z.B. Rechtsform einer ausländischen Tochtergesellschaft). Unternehmensinterne Einflüsse ergeben sich insbesondere bei der Festlegung der Präferenzen zwischen dem Inlands- und Auslandsgeschäft (z.B. bei der Ressourcenzuteilung). Zentrale Bedeutung erlangen sie vor allem in den Beziehungen zwischen der Muttergesellschaft und ihren ausländischen Tochtergesellschaften.

Generell können die folgenden **Typen von Internationalisierungszielen** unterschieden werden (Haas H D 2006, S. 580; Zentes et al 2006, S. 46 f.):

- **Ökonomische und nicht-ökonomische Ziele:** Als klassisches ökonomisches Ziel gilt das Gewinnstreben sowie das Streben nach Wachstum und Sicherung der wirtschaftlichen Existenz. Besondere Bedeutung erlangt der Ausgleich einer negativen wirtschaftlichen Entwicklung im Inland durch Aufnahme internationaler Geschäftsaktivitäten. Nicht-ökonomische Ziele finden sich vornehmlich im Bereich sozialer und ökologischer Aspekte. Zu den nicht-ökonomischen Zielen zählen ferner das Prestigestreben sowie das Streben nach wirtschaftlicher Macht.

- **Defensive und offensive Ziele:** Eine defensive Zielsetzung liegt vor beim Eintreten von Umständen, die ein Unternehmen zwingen ein Auslandsengagement zu ergreifen, obwohl das Unternehmen per se an einer internationalen Geschäftstätigkeit nicht interessiert ist. Dies ist beispielsweise dann gegeben, wenn ein Unternehmen zur Stabilisierung einer gefährdeten Marktposition eine Auslandsproduktion aufnimmt. Offensive Ziele liegen dann vor, wenn Unternehmen ihre Wettbewerbsvorteile auf Auslandsmärkten nutzen wollen. Dies wäre beispielsweise dann der Fall, wenn ein Unternehmen zusätzliche Auslandsmärkte beliefert, um den Lebenszyklus seiner Produkte insgesamt zu verlängern.

- **Ressourcenorientierte Ziele** betreffen beispielsweise die Sicherung der Versorgung des Unternehmens mit Rohstoffen und Materialien aus dem Ausland. Ressourcenorientierte Zielsetzungen können sich ferner auf den Erwerb bzw. die Nutzung ausländischen Know-hows beziehen.

- **Produktionsorientierte Ziele** stehen dann im Vordergrund, wenn davon ausgegangen wird, dass die Produktion oder Teile der Produktion im Ausland kostengünstiger erfolgen kann. Eine produktionswirtschaftliche Internationalisierung kann durch vertragliche Vereinbarungen (contract manufacturing) erfolgen oder in Form einer Kooperation (z.B. Joint Venture). Oftmals erfolgt sie jedoch durch einen Standortaufbau im Ausland. In dieser Hinsicht ist sie immer verbunden mit einer Direktinvestition.

- **Absatzorientierte Ziele** betreffen den Erhalt bzw. den Aufbau bestehender Marktpositionen im Ausland. Absatzorientierte Zielsetzungen können verbunden sein mit dem Ziel der Umsatzstabilisierung des Gesamtunternehmens durch Belieferung ausländischer Märkte mit unterschiedlicher Konjunktur- und Wirtschaftsentwicklung.

In einem internationalen Unternehmen erhöht sich die **Komplexität der Unternehmensführung**, da neben nationalen Zielen auch internationale Zielsetzungen zu berücksichtigen sind. Sofern das Unternehmen über Tochtergesellschaften im Ausland (TG) verfügt, kann es dazu kommen, dass Mitarbeiter der Tochtergesellschaft eigene (isolierte) Zielsetzungen verfolgen, welche von jenen der Muttergesellschaft abweichen. Die Komplexität internationaler Unternehmensführung steigt mit der Anzahl und Unterschiedlichkeit der bearbeiteten Auslandsmärkte. Sie ist ferner abhängig von der Marktbearbeitungsform sowie von der Art und dem Umfang der im Ausland erbrachten Wertschöpfung. Erfolgt die Auslandsmarktbearbeitung in kooperativer Form (z.B. in Form eines Joint Venture), so können die Zielsetzungen nicht ausschließlich gemäß den Vorstellungen eines Unternehmens umgesetzt werden.

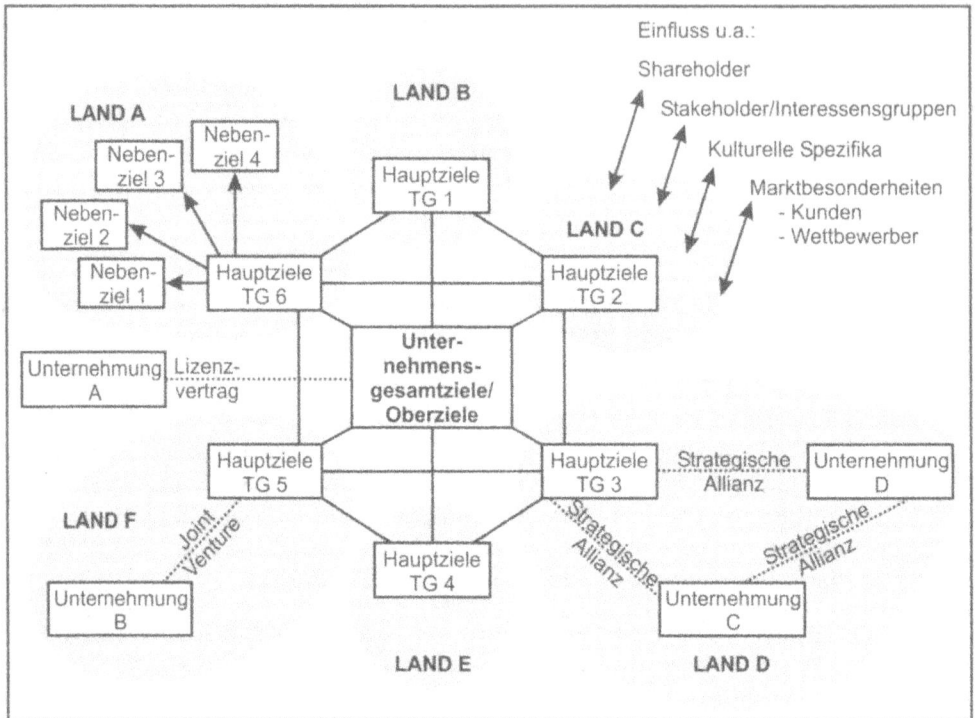

Abb. 2.14 *Komplexität internationaler Ziele (Quelle: Zentes et al 2004, S. 728)*

2.3.3   Internationale Zielbeziehungen

In der Unternehmenspraxis werden stets mehrere Ziele gleichzeitig verfolgt, wobei internationale Ziele mit anderen Zielen in Beziehung stehen. Generell lassen sich dabei die folgenden Zielbeziehungen unterscheiden.

(1) Instrumentalbeziehungen

(2) Interdependenzbeziehungen

(3) Präferenzbeziehungen

Zu (1) Instrumentalbeziehungen

Instrumentalbeziehungen betreffen ein hierarchisches Mittel-Zweck-Verhältnis zwischen den Zielen. So kann beispielsweise das Ziel Umsatzrentabilität im Exportgeschäft ein **Unterziel** sein und damit ein Mittel zum Zweck zur Erhöhung des Gewinns im Auslandsgeschäft. Dieses wiederum ist ein Mittel zum Zweck zur Steigerung der Eigenkapitalrentabilität. Untergeordnete Ziele stehen in dieser Hinsicht in einer **Mittel-Zweck-Beziehung** zum jeweils nächst höheren Ziel. Als **Oberziel** wird meist das Ziel der Gewinnerzielung formuliert. Die Aufteilung von Zielen in eine Mittel-Zweck-Beziehung hat große praktische Bedeutung, da Oberziele oftmals nicht unmittelbar operationalisierbar sind. Eine Mittel-Zweck-Beziehung ist jedoch nur dann möglich, wenn eine Komplementarität zwischen den Zielen besteht.

Zielhierarchie	Beispiel

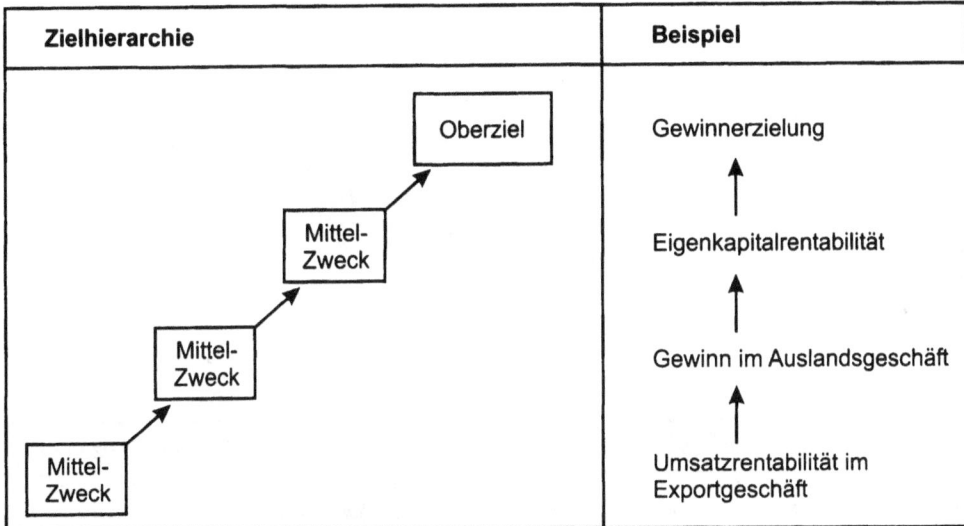

Abb. 2.15   *Zielhierarchie und Mittel-Zweck-Beziehung*

Zu (2) Interdependenzbeziehungen

Interdependenzbeziehungen betreffen die Frage, ob und in welcher Form die Realisierung eines Ziels die Verwirklichung eines anderen Ziels beeinflusst. Eine **Zielkomplementarität** ist dann gegeben, wenn die Erreichung des einen Ziels die Erfüllung des anderen Ziels fördert. Eine **Zielindifferenz** liegt vor, wenn sich beide Ziele gegenseitig nicht beeinflussen. Beeinflusst die Verwirklichung des einen Ziels die Realisierung des anderen Ziels negativ, so liegt eine Zielkonkurrenz bzw. ein **Zielkonflikt** vor. Die Zielbeziehungen zueinander sind dabei oftmals nicht statischer Natur, sondern dynamisch, d.h. abhängig vom jeweiligen Zielerreichungsgrad.

Zu (3) Präferenzbeziehungen

Präferenzbeziehungen müssen dann festgelegt werden, wenn zwischen zwei Zielen eine Konkurrenz besteht. Ein möglicher Zielkonflikt ist beispielsweise dann gegeben, wenn ein Unternehmen sowohl das Ziel „Aufbau des Exportgeschäfts" verfolgt als auch das Ziel „Aufbau der Auslandsproduktion" und sich beide Zielsetzungen auf dasselbe Zielland beziehen. In einem solchen Fall ist eine **Zielgewichtung** erforderlich, durch welche der Entscheidungsträger seine Wertvorstellungen bzw. Präferenzen zum Ausdruck bringt. Durch die Zielgewichtung wird eine Präferenzordnung, d.h. eine Rangfolge von Zielen erstellt. Wichtige Ziele werden als **Hauptziele** bezeichnet, weniger wichtige als **Nebenziele**.

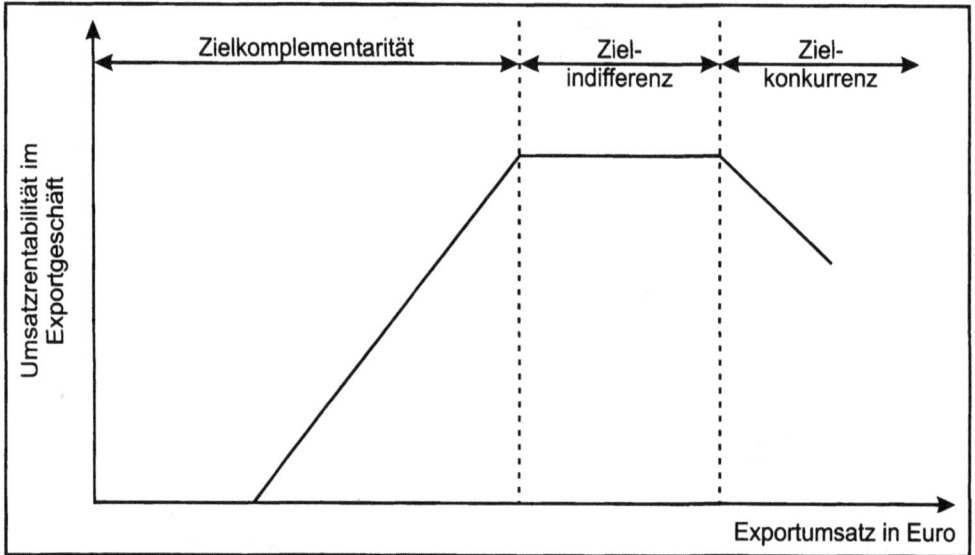

Abb. 2.16   *Zielbeziehungen zwischen Umsatzrentabilität im Exportgeschäft und Exportumsatz*

2.4   Internationale Strategien

2.4.1   Strategiebegriff und Grundmuster von Strategien

Der Begriff **Strategie** geht auf das griechische Wort „Strategos" zurück, welches ursprünglich verwandt wurde für die Kunst der Heeresführung. Heutzutage wird der Begriff Strategie nahezu inflationär verwand. Vielfach wird der Begriff Strategie als Strukturwort benutzt, d.h. mit einem anderen Substantiv verbunden, wodurch sich vielfältige Begriffskombinationen ergeben. Verbreitet ist auch die generelle Annahme der rationalen Planbarkeit von Strategien.

Berechtigterweise stellt sich die Frage, was mit dem Begriff Strategie eigentlich zu verbinden ist. Auf Mintzberg (Mintzberg 1994, S. 24 f.) zurückzuführen sind fünf unterschiedliche **Interpretationsmöglichkeiten der Strategie** (Hungenberg 2006, S. 7):

1. **Strategie als Plan** (strategy as a plan), welcher den Beteiligten (im Sinne der klassischen Strategieinterpretation) den angestrebten Sollzustand und die auf dem Weg dorthin, zu ergreifenden Maßnahmen aufzeigen soll.

2. **Strategie als Muster** (strategy as a pattern), welches erst im Nachhinein (ex post) als Bündel von Entscheidungen und Handlungen überhaupt erkennbar wird (so genannte emergente Strategien). Aus dieser Sicht entwickeln sich Strategien eher zufällig und un-

beabsichtigt. Erst nachdem die Entscheidungen und Handlungen bereits vollzogen sind, wird ihr Zusammenwirken erkennbar und als strategisches Vorgehen interpretiert.

3. **Strategie als Position** (strategy as a position), die ein Unternehmen im Wettbewerbsgefüge einnehmen möchte. Wird die Strategie durch ein Bündel von Maßnahmen geplant, so entspricht diese Sichtweise dem klassischen Strategieverständnis. Wettbewerbspositionen können jedoch auch zufällig entstehen, z.B. durch fehlerhaftes Verhalten der Konkurrenten.

4. **Strategie als Perspektive** (strategy as a perspective), welche den Charakter einer übergeordneten Festlegung zur Begründung des Handelns bieten soll. Die Strategie wird hier als Denkhaltung, im Sinne einer Grundsatzeinstellung der Unternehmensführung, interpretiert.

5. **Strategie als Masche** (strategy as a ploy), welche Elemente eines Spiels beinhaltet mit dem Konkurrenten, z.B. durch spontan zu ergreifende Maßnahmen, ausgetrickst werden sollen.

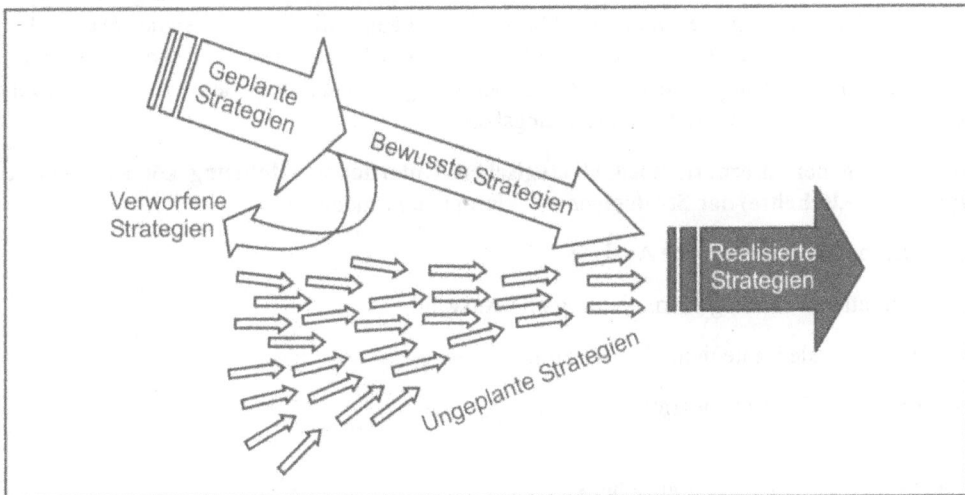

Abb. 2.17 Grundmuster von Strategien nach Mintzberg (Quelle: nach Mintzberg et al 1999, S. 26)

Vor dem Hintergrund der unterschiedlichen Interpretationsmöglichkeiten von Strategien ergeben sich nach Mintzberg die folgenden **Grundmuster von Strategien**:

- **Geplante Strategien** (intended strategies) sind in der Unternehmenspraxis eher selten. Lediglich ein Teil davon wird tatsächlich umgesetzt (deliberate strategies), der andere Teil wird aufgrund von Fehleinschätzungen bezüglich der Unternehmensumwelt sowie hinsichtlich der unternehmenseigenen Ressourcen nicht realisiert (unrealized strategies).

- **Ungeplante Strategien** (emergent strategies) sind in der Unternehmenspraxis stark verbreitet. Es handelt sich hier um realisierte Strategien, welche jedoch nicht beabsichtigt waren (so genannte „Strategien nach Muster").

- **Realisierte Strategien** (realized strategies) sind Strategien, welche tatsächlich umgesetzt worden sind. Sie können sowohl aus bewusst geplanten als auch aus ungeplanten Strategien bestehen.

In der Unternehmenspraxis existieren Strategien sowohl als geplante als auch als ungeplante Verhaltensweisen (Dillerup/Stoi 2008, S. 124 f). Prinzipiell kann jede mit einer längerfristigen Orientierung verbundene Entscheidung als strategisch interpretiert werden. Ungeplante Strategien können jedoch nicht Gegenstand einer zielgerichteten Unternehmensführung sein, weshalb in der **strategischen Unternehmensführung** stets das klassische Strategieverständnis zugrunde gelegt wird, welches in idealtypischer Betrachtungsweise von der rationalen Planbarkeit von Strategien ausgeht. Diese idealtypische Betrachtungsweise liegt auch den folgenden Ausführungen zugrunde.

2.4.2   Internationale Strategieentwicklung

In der internationalen Unternehmensführung umfasst die **Strategieentwicklung** alle Aktivitäten zur Formulierung, Bestimmung, Umsetzung und Kontrolle der auf ausländische Märkte gerichteten Strategien. Die internationale Strategieentwicklung erfolgt vor dem Hintergrund der Internationalisierungsziele unter Berücksichtigung der internationalen Handlungsumwelt als auch der unternehmensinternen Leistungsfähigkeit.

Im Rahmen der **internationalen strategischen Unternehmensführung** können mehrere **Phasen (Teilschritte) der Strategieentwicklung** unterschieden werden.

(1) Internationale strategische Analyse

(2) Internationale Strategieformulierung und Auswahl

(3) Internationale Strategieimplementierung

(4) Internationale Strategieerfolgskontrolle

Zu (1) Internationale strategische Analyse
Um Strategien zu entwickeln ist es zunächst erforderlich, Informationen über die gegenwärtige als auch mögliche zukünftige Entwicklungen des Unternehmens zu erarbeiten und auszuwerten. Die **internationale strategische Analyse** umfasst sowohl eine Untersuchung der internationalen Handlungsumwelt (Makro- und Mikroumwelt) als auch der unternehmensinternen Ressourcen und Fähigkeiten zur Bearbeitung ausländischer Märkte (SWOT-Analyse).

Die Aufgabe der **internen Analyse** besteht darin, die **Stärken und Schwächen** (strengths and weaknesses) des eigenen Unternehmens im Hinblick auf den Erfolg der Auslandsmarktbearbeitung zu erkennen. Bei der **externen Analyse** geht es um die Identifizierung der **Chancen und Risiken** (opportunities and threats), welche sich aus den Rahmendingungen (environmental conditions) ausländischer Märkte für ein Unternehmen ergeben. Um erkennbare Chancen zu nutzen bzw. Risiken zu vermeiden, muss ein Unternehmen über bestimmte Kompetenzen, d.h. wettbewerbsrelevante Stärken, verfügen.

		externe Analyse "Makro- und Mikroumwelt"	
		"Opportunities"	"Threats"
interne Analyse "Ressourcen und Fähigkeiten"	"Strengths"	Haben wir die erforderlichen Stärken, um die erkennbaren Chancen zu nutzen?	Haben wir die erforderlichen Stärken, um die erkennbaren Risiken zu bewältigen?
	"Weaknesses"	Welche erkennbaren Chancen verpassen wir wegen unserer Schwächen?	Welchen erkennbaren Risiken sind wir wegen unserer Schwächen ausgesetzt?

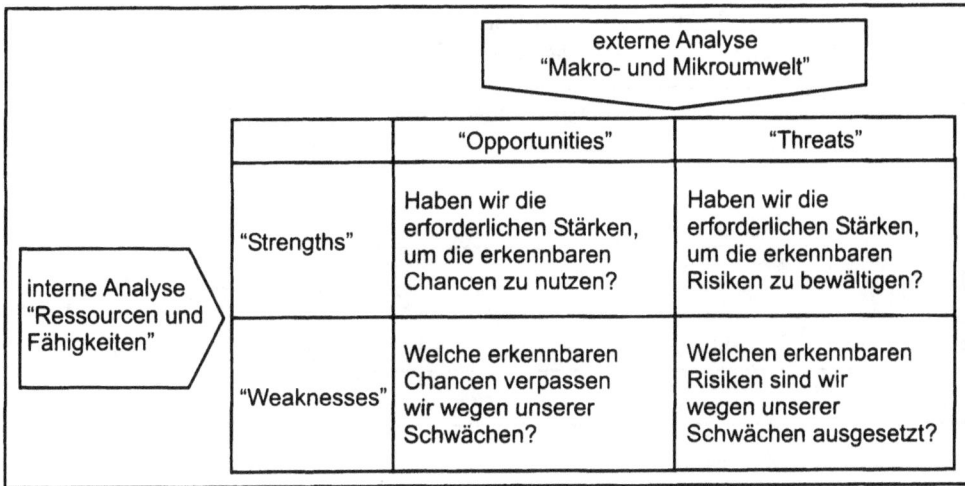

Abb. 2.18   *SWOT-Analyse*

Zu (2) Internationale Strategieformulierung und Auswahl

Ausgehend von der strategischen Analyse geht es darum, eine **internationale strategische Konzeption** zu entwickeln und diese im Hinblick auf ihre Zielwirksamkeit zu beurteilen. Es werden dabei jene Strategien ausgewählt, welche am besten geeignet sind, die Unternehmensziele zu erreichen. Grundlegende Bedeutung bei der Strategieauswahl erlangt die Bewertung der unternehmensinternen Kompetenzen im Hinblick auf die Herausbildung eines Wettbewerbsvorteils auf Auslandsmärkten.

Zu (3) Internationale Strategieimplementierung

Die internationale Strategieimplementierung erfordert konkrete Pläne und Aktionen. Dabei geht es insbesondere auch um die **Aufteilung von Ressourcen** zwischen den betroffenen Unternehmenseinheiten im In- und Ausland. Die internationale Strategieimplementierung beinhaltet ferner eine entsprechende **organisatorische Gestaltung**. Zentrale Bedeutung erlangt zudem auch die Information, Kommunikation und Koordination zwischen den inländischen und ausländischen Unternehmenseinheiten.

Zu (4) Internationale Strategieerfolgskontrolle

Die internationale Strategieerfolgskontrolle besteht aus drei Kontrolltypen. Bei der **Prämissenkontrolle** geht es um eine fortlaufende Überwachung der Gültigkeit der Voraussetzungen welche der Strategieformulierung zugrunde gelegt wurden. Die Bedeutung der Prämissekontrolle erklärt sich dadurch, dass sich die unternehmensexternen als auch unternehmensinternen Gegebenheiten im Zeitablauf ändern, was zu einer Anpassung der ursprünglichen Strategie führen kann. Sobald die Strategieumsetzung beginnt ist auch eine **Durchführungskontrolle** erforderlich. Sie beinhaltet sowohl eine sachliche als auch zeitliche Überprüfung des Vollzugs der geplanten Strategie. Beide Kontrolltypen sind international eingebunden in eine **globale strategische Überwachung**, welche im Sinne eines „strategischen Radars", die generelle strategische Richtung eines Unternehmens vor dem Hintergrund sich ständig verändernder internationaler Rahmenbedingungen überwachen soll.

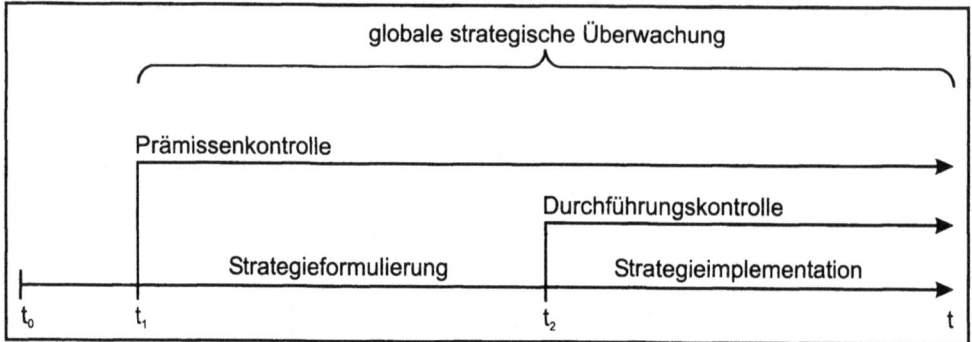

Abb. 2.19 *Strategieerfolgskontrolle*

Internationale strategische Unternehmensführung zielt darauf ab, die erkennbaren Chancen des Unternehmens auf Auslandsmärkten zu nutzen und die mit der Auslandsmarktbearbeitung verbundenen Risiken zu bewältigen. Dazu ist es erforderlich, eine strategische Übereinstimmung zwischen den Chancen und Risiken des internationalen Handlungsumfeldes und den unternehmensinternen Stärken und Schwächen herzustellen.

In jenen Bereichen, wo eine **strategische Übereinstimmung** (strategic fit) nicht gegeben ist, sind die unternehmensinternen Kompetenzen, d.h. die internen Ressourcen und Fähigkeiten, weiter zu entwickeln, so dass sie den Anforderungen des internationalen Handlungsumfeldes gerecht werden. Mit dem Begriff **Ressourcen** sind sowohl materielle als auch immaterielle Ressourcen gemeint. Materielle Ressourcen (tangible assets) sind beispielsweise finanzielle Mittel, Unternehmensstandorte sowie Maschinen und Anlagen. Immaterielle Ressourcen (intangible assets) können beispielsweise gegeben sein in Form von Markennamen, Patenten sowie in speziellem produktionstechnischem Know-how.

Der Begriff **Fähigkeiten** beschreibt demgegenüber, inwieweit ein Unternehmen in der Lage ist, seine Ressourcen durch zielorientierte Ausrichtung und Koordination zu nutzen. Fähigkeiten finden ihren Ausdruck in der Unternehmensorganisation, im Führungsstil und im Anreizsystem (Hungenberg 2006, S. 140). Als **internationale Kernkompetenzen** (international core competencies) gelten jene Ressourcen und Fähigkeiten, welche für den Geschäftserfolg auf Auslandsmärkten und damit für die internationale strategische Ausrichtung besonders erfolgswirksam sind.

Internationale strategische Analyse
Analyse der internationalen Handlungsumwelt - Außenwirtschaftliche Rahmenbedingungen - Analyse aktueller und potentieller Ländermärkte - länderspezifische Branchen-, Markt- und Wettbewerbsstrukturen - internationale „stakeholder" - internationale Aufgabenumwelt **Analyse der unternehmensinternen Ressourcen und Fähigkeiten** - immaterielle Unternehmensressourcen (national und international) - materielle Unternehmensressourcen (national und international) - Kernkompetenzen und internationale Unternehmensstandorte - internationales „Know-how" und internationale Erfolgspotentiale
Internationale Strategieformulierung und Auswahl
Entwicklung eines strategischen Leitbildes für das Gesamtunternehmen **Entwicklung strategischer Unternehmensziele** - Gesamtunternehmensziele - Internationalisierungsziele - Ziele für strategische Geschäftsbereiche, Ländermärkte und/oder andere Teilbereiche **Entwicklung, Bewertung und Auswahl von Strategien** - Gesamtunternehmensstrategien - Geschäftsbereichsstrategien (national und international) - Funktionalstrategien (national und international) - länderspezifische Markteintritts- und Marktbearbeitungsstrategien
Internationale Strategieimplementierung
Umsetzung der Strategie in konkrete Pläne und Aktionen - langfristige, mittel- und kurzfristige Pläne - immaterielle Ressourcenzuweisung (national und international) - materielle Ressourcenzuweisung (national und international) **Gestaltung der Organisationsstruktur** - Entscheidungszentralisation und -dezentralisation zwischen Inland und Ausland - Aufbau- und Ablauforganisation des Inlands- und Auslandsgeschäfts **Information, Kommunikation und Koordination**
Internationale Strategieerfolgskontrolle
Kontrolle der Prämissen **Kontrolle der Strategieimplementierung** **Internationale strategische Überwachung**

Abb. 2.20   Phasen (Teilschritte) internationaler Strategieentwicklung

2.4.3   Strategieebenen und Internationalisierungsstrategien

Das generelle Anliegen strategischer Unternehmensführung besteht im Aufbau und im Erhalt von Wettbewerbsvorteilen. Um diesem Anliegen gerecht zu werden, verfolgen Unternehmen in der Regel mehrere Strategien, so dass sich eine Kombination von Strategien ergibt (**Strategiesystem**). Bedeutsam ist dabei nicht nur die Betrachtung einzelner Strategien sondern insbesondere auch die Wechselbeziehungen der einzelnen Strategien zueinander (**Strategieinterdependenzen**). Strategien können nach verschiedenen Kriterien systematisiert werden, wobei eine überschneidungsfreie Abgrenzung meist nicht möglich ist. Nach der hierarchischen Stellung im Unternehmen können die folgenden **Strategieebenen** unterschieden werden.

(1) Gesamtunternehmensstrategien

(2) Geschäftsbereichsstrategien

(3) Funktionsbereichsstrategien

Zu (1) Gesamtunternehmensstrategien
Gesamtunternehmensstrategien (corporate strategies) legen die generelle strategische Zielsetzung fest. Als **Basisstrategien** werden unterschieden die Wachstumsstrategie (Investitionsstrategie), die Stabilisierungsstrategie (Ersatzinvestitionsstrategie) und die Rückzugsstrategie (Desinvestitionsstrategie). In Abhängigkeit davon, welche Grundposition ein Unternehmen verfolgt, geht es ferner darum festzulegen, in welchen Geschäftsbereichen das Unternehmen überhaupt agieren will und in welcher Priorität die einzelnen Geschäftsbereiche zueinander stehen. Ein **Geschäftsbereich** kann dabei abgebildet werden durch ein spezielles Leistungsprogramm als auch durch eine Geschäftseinheit, wie z.B. eine Auslandsgesellschaft. Im internationalen Zusammenhang geht es dabei insbesondere um die Festlegung strategischer Grundorientierungen sowie um die ländergeographische Ausdehnung und um die jeweilige Form des Auslandsmarkteintritts bzw. der Auslandsmarktbearbeitung. Gesamtunternehmensstrategien werden daher auf der obersten Entscheidungsebene mit Wirkung für alle nachgeordneten Entscheidungsebenen festgelegt.

Zu (2) Geschäftsbereichsstrategien
Geschäftsbereichsstrategien (business unit strategies) sind Strategien der zweiten Ebene, wobei hier immer davon ausgegangen wird, dass das Unternehmen aus mehreren Geschäftsbereichen besteht (multibusiness firm). Im internationalen Geschäft geht es bei den Geschäftsbereichsstrategien vor allem um eine wettbewerbsorientierte Gestaltung der einzelnen Leistungsprogramme für ausländische Zielmärkte. Im Vordergrund der internationalen **Produkt-Marktstrategien** steht dabei die Frage nach der Standardisierung versus Differenzierung des für die Auslandsmärkte bestimmten Leistungsprogramms. Zu den so genannten generischen **Wettbewerbsstrategien** gehören ferner die Strategie der Kostenführerschaft, die Strategie der Differenzierung sowie die Strategie der Konzentration auf Schwerpunkte.

Internationalisierungsstrategien (Strategische Optionen auf Auslandsmärkten)	
Strategieebene	**Strategieinhalt**
Gesamtunternehmensstrategien	Internationale strategische Grundorientierung (ethnozentrische-, polyzentrische-, regiozentrische-, geozentrische Grundorientierung)
	Internationale Marktselektionsstrategien (Einzelmarktstrategien, supranationale Marktstrategien, globale Marktstrategien)
	Internationale Markteintritts- und Marktbearbeitungsstrategien (Außenhandelsstrategien, Kooperationsstrategien, Direktinvestitionsstrategien)
	Länderübergreifende Timingstrategien (Wasserfallstrategie, Sprinklerstrategie)
Geschäftsbereichsstrategien	Internationale Produkt-/Marktstrategien (Standardisierungsstrategien, Differenzierungsstrategien)
	Internationale Wettbewerbsstrategien (Kostenführerschaft, Differenzierung, Konzentration auf Schwerpunkte bzw. Marktnischen)
	Länderspezifische Timingstrategien (Pionierstrategien, frühe und späte Folgerstrategien)
Funktionsbereichsstrategien	Internationale Beschaffungsstrategien
	Internationale Produktionsstrategien
	Internationale Absatzstrategien
	Internationale Finanzstrategien
	Internationale Personalstrategien
	weitere internationale Funktionalstrategien

Abb. 2.21   Spektrum internationaler Strategien

- Die **Kostenführerstrategie** verfolgt das Ziel, der preisgünstigste Anbieter auf einem Markt zu werden. Erforderlich dazu ist eine Politik der rigorosen Kosteneinsparung in Verbindung mit einer umfassenden Kostenkontrolle.

- Die **Differenzierungsstrategie** besteht im Angebot eines Produktes, welches sich in den Produkteigenschaften und in der Produktqualität deutlich vom Konkurrenzangebot unterscheidet.

- Die **Schwerpunkt- bzw. Nischenstrategie** zielt darauf ab, das Leistungsangebot auf ein ganz spezielles Abnehmersegment oder einen bestimmten Teil des Produktprogramms oder einen geographisch abgrenzbaren Markt zu konzentrieren.

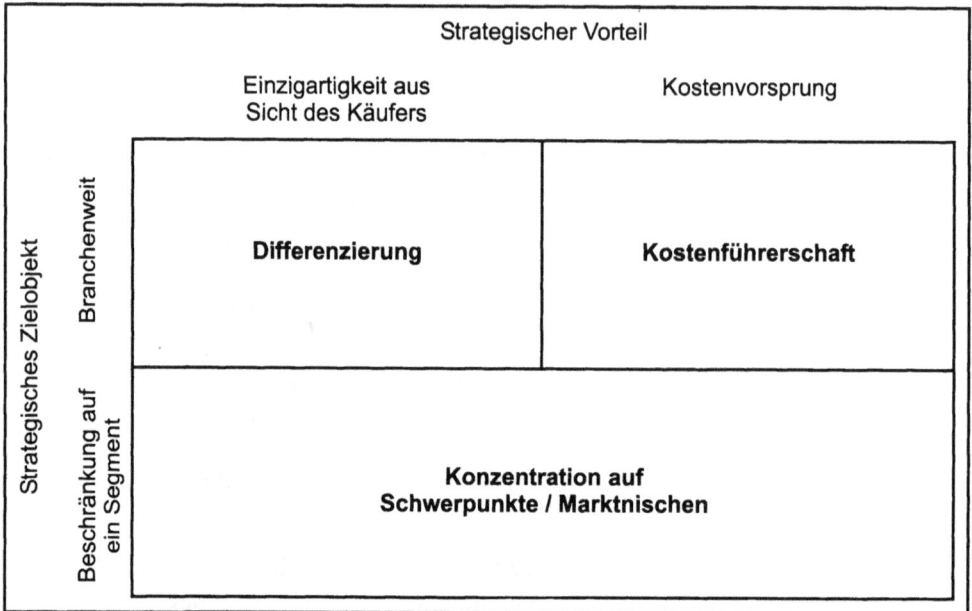

Abb. 2.22 *Wettbewerbsstrategien nach Porter*

Besonders im internationalen Geschäft besteht die Möglichkeit, die Strategie der Kostenführerschaft und die Strategie der Differenzierung miteinander zu kombinieren im Hinblick auf einzelne ausländische Märkte.

Zu (3) Funktionsbereichsstrategien

Funktionsbereichsstrategien (functional area strategies) befinden sich auf der dritten Strategieebene. Sie beziehen sich auf die betrieblichen Funktionsbereiche entlang der Wertschöpfungskette (wie z.B. Beschaffung, Produktion, Absatz). In Funktionsbereichsstrategien werden die funktionsorientierten Zielsetzungen und Maßnahmen formuliert. Durch die Formulierung von Funktionsbereichsstrategien wird in internationaler Hinsicht vor allem auch die Art und der Umfang der im Ausland erbrachten Wertschöpfung bestimmt. Funktionsbereichsstrategien können für einzelne Geschäftsbereiche und damit insbesondere auch für einzelne Ländermärkte unterschiedlich formuliert werden.

Überwiegt in einem Unternehmen die Entscheidungszentralisation, so bilden die Gesamtunternehmensstrategien den Ausgangspunkt der strategischen Planung. Besteht demgegenüber eine starke Entscheidungsdezentralisation, so stehen häufig Geschäftsbereichs- oder Funktionsbereichsstrategien am Anfang der Strategiebildung.

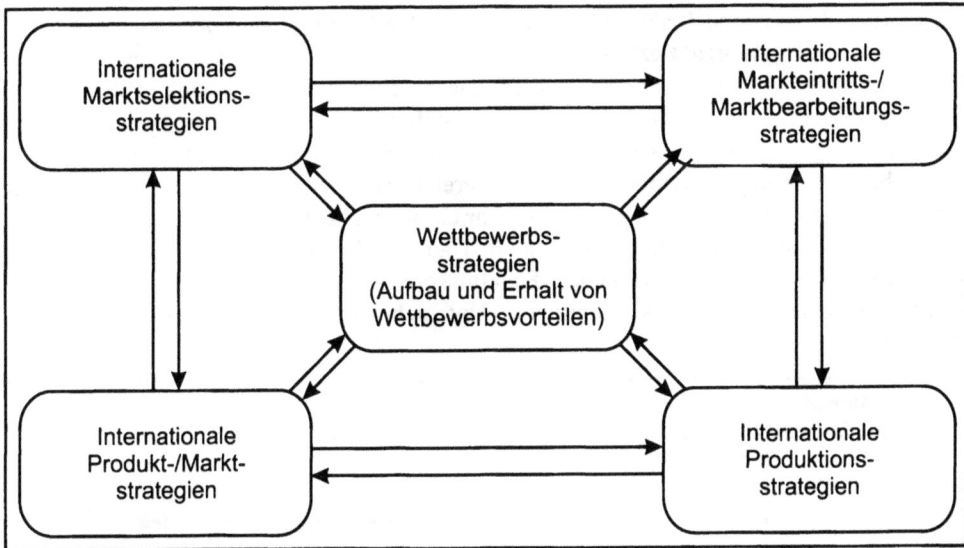

Abb. 2.23 *Strategische Interdependenzen*

Zwischen allen Strategieebenen bestehen **unmittelbare Wechselbeziehungen** (Interdependenzen). So steht beispielsweise eine Entscheidung zugunsten eines spezifischen Ländermarktes im Rahmen der internationalen Marktselektion immer auch in Verbindung mit einer Entscheidung zugunsten einer spezifischen Markteintrittsstrategie. Ebenso können beispielsweise im Rahmen einer internationalen Produktionsstrategie die Anzahl der Produktionsstätten in verschiedenen Ländern sowie die Form der Auslandsproduktion bestimmt werden. Eine internationale Produktionsstrategie hat immer auch Auswirkungen auf andere Funktionsbereichsstrategien und nicht zuletzt auch auf die Geschäftsbereichs- und Gesamtunternehmensstrategien.

2.5   Internationale Führungskonzeptionen

Ein Grundproblem internationaler Unternehmensführung besteht in der Frage nach der **Standardisierung versus Differenzierung** internationaler Geschäftsaktivitäten. Dabei geht es darum, ob und inwieweit die im Heimatland bestehenden Führungsgrundsätze und Leistungsstandards auf ausländische Märkte übertragen werden können (Standardisierung), bzw. ob und inwieweit eine Anpassung an die speziellen Rahmenbedingungen des Auslandsmarktes erforderlich ist (Differenzierung).

In Anlehnung an das auf Perlmutter zurückgehende **EPRG-Modell** lassen sich in idealtypischer Betrachtungsweise vier internationale Führungskonzeptionen unterscheiden (Perlmutter 1969; Heenan/Perlmutter 1979).

Die aus dem EPRG-Modell abgeleiteten internationalen Führungskonzeptionen bilden lediglich einen **idealtypischen Bezugsrahmen** für die Formulierung konkreter internationaler Führungsgrundsätze und Leistungsstandards. Die Möglichkeiten der Standardisierung bzw. Differenzierung der internationalen Unternehmensführung sind insbesondere im Hinblick auf die Festlegung von Leistungsstandards in den einzelnen betrieblichen Funktionsbereichen unterschiedlich. Einige betriebliche Funktionsbereiche (wie z.B. Finanzierung, Forschung & Entwicklung) gelten als leichter standardisierbar als andere (z.B. Marketing, Personalwesen). Es ist daher durchaus möglich, dass der Grad an Standardisierung bzw. Differenzierung zwischen den einzelnen betrieblichen Funktionsbreichen innerhalb eines Unternehmens variiert. Die internationale Ausrichtung eines Unternehmens kann sich außerdem im Zeitablauf ändern.

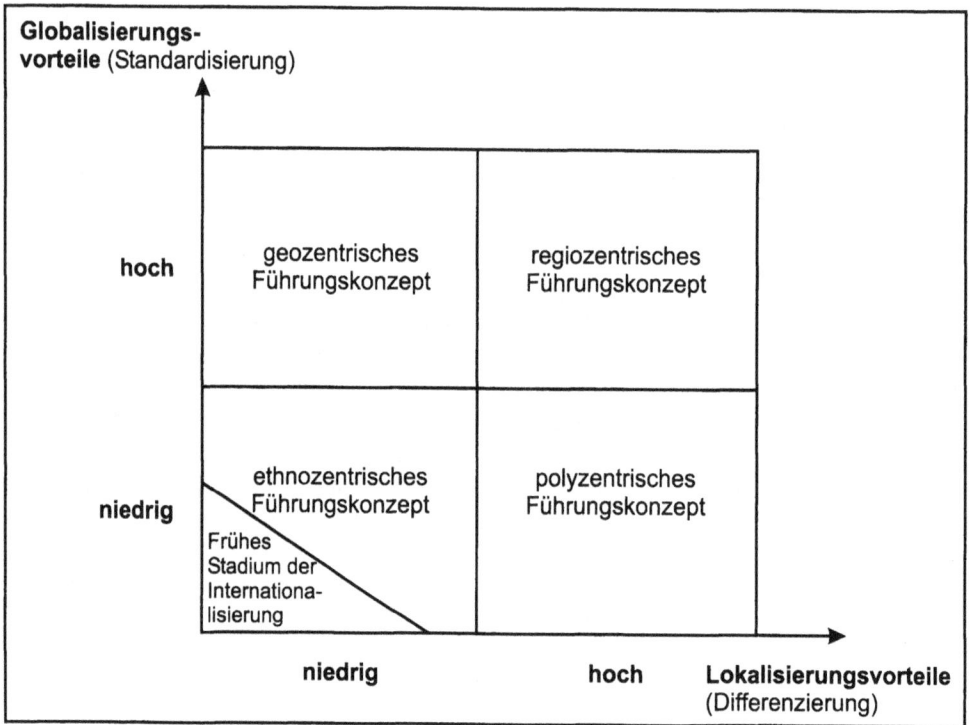

Abb. 2.24   *EPRG-Modell nach Perlmutter*

Eine **Standardisierung ermöglicht Kosteneinsparungen**, da die Kosten einer jeweils länderspezifischen Anpassung eingespart werden können. Standardisierung begünstigt ferner die Herausbildung einer einheitlichen Unternehmensidentität. Daher wird regelmäßig ein gewisser Grad an Standardisierung angestrebt. Die **Grenzen der Standardisierung** sind dort gegeben, wo insbesondere kulturelle Wertvorstellungen (z.B. unterschiedliche Anreiz-, Kommunikations- und Informationssysteme) aber auch rechtliche Aspekte (z.B. unterschiedliches Gesellschaftsrecht, unterschiedliche Produktnormen und Umweltstandards) eine auslandsmarktspezifische Anpassung erforderlich machen.

2.5.1 Ethnozentrische Führungskonzeption

Im ethnozentrischen Führungskonzept (ethnocentrism) folgt man dem Prinzip: „What works at home must work abroad". Demnach bilden die in der Muttergesellschaft vorherrschenden Führungsgrundsätze und der hier bestehende Leistungsstandard die Grundlage des Auslandsengagements (home country attitude).

Ein besonderes Merkmal ethnozentrischer Unternehmensführung ist ferner die weitgehende **Entscheidungszentralisation** in der Muttergesellschaft. Die Superiorität der Muttergesellschaft gegenüber den Auslandsgesellschaften kommt dadurch zum Ausdruck, dass die Unternehmensziele sowie die Organisations-, Planungs- und Kontrollnormen von der Zentrale im Stammland weitgehend vorgegeben werden. Wichtige Bereiche der betrieblichen Wertschöpfung verbleiben im Stammland. Leitungspositionen in ausländischen Tochtergesellschaften werden vorwiegend mit Angehörigen des Stammlandes besetzt.

Ethnozentrismus kennzeichnet ein **frühes Stadium der Internationalisierung**, bei welcher wesentliche Bereiche der Wertschöpfung, insbesondere hinsichtlich der Produktion, im Stammland verbleiben. Die ethnozentrische Führungskonzeption ist dann besonders problematisch, wenn sie mit ethnozentrischer Überlegenheit einhergeht, d.h. wenn die eigenen landesspezifischen Wertvorstellungen denen der Gastländer als grundsätzlich überlegen angesehen werden.

2.5.2 Polyzentrische Führungskonzeption

Die polyzentrische Führungskonzeption (polycentrism) geht davon aus, dass aufgrund unterschiedlicher Rahmenbedingungen der jeweiligen Gastländer eine landesspezifische Anpassung der Führungsgrundsätze und der Leistungsstandards zu erfolgen hat (host country orientation).

Ein zentrales Merkmal polyzentrischer Unternehmensführung ist die **Entscheidungsdezentralisation**, welche im „echten Polyzentrismus" so weit gehen kann, dass die Auslandsgesellschaften nahezu autonom entscheiden. Bei der polyzentrischen Führungskonzeption wird das Leistungsangebot differenziert, d.h. den Besonderheiten der einzelnen Ländermärkte angepasst. Es dominiert eine auslandsmarktorientierte Sichtweise, mit dem Ziel, die Unternehmensaktivitäten möglichst optimal an den lokalen Gegebenheiten der jeweiligen Gastländer auszurichten.

Der zentrale Vorteil einer „größeren Marktnähe" ist jedoch mit dem Nachteil der damit verbundenen Anpassungskosten verbunden. Ein weiterer Nachteil polyzentrischer Unternehmensführung besteht in einem erhöhten Planungs-, Kontroll- und Koordinationsaufwand für die jeweiligen Ländermärkte und Auslandsgesellschaften. Je unterschiedlicher die jeweiligen Auslandsmärkte sind, desto größer ist die Gefahr einer Zersplitterung der Geschäftstätigkeit und des Verlusts der Unternehmensidentität.

2.5.3   Regiozentrische Führungskonzeption

Die regiozentrische Führungskonzeption (regiocentrism) besteht darin, die internationale Unternehmensführung und die Leistungsstandards an Ländergruppen auszurichten. Voraussetzung dafür ist die Bildung möglichst homogener Ländergruppen. Die in einer **Ländergruppe** zusammengefassten Länder sollen hinsichtlich ihrer ökonomischen und kulturellen Bedingungen eine möglichst hohe Ähnlichkeit aufweisen.

Häufig werden Länder aufgrund ihrer geographischen Nähe bzw. aufgrund ihrer Zugehörigkeit zu einem regionalen Wirtschaftsraum als Ländergruppe definiert. Besonders verbreitet ist die so genannte **„Triade-Orientierung"**, bei welcher der europäische Markt, der nordamerikanische Markt und der südostasiatische Markt als regionale Welthandelsmärkte (Welthandelsblöcke) aufgefasst werden. Idealtypisch betrachtet werden die einzelnen Regionen bzw. Ländergruppen durch eine regionale Zentrale (regional headquarter) geführt. Die „überregionale Koordination" zwischen der Muttergesellschaft und den „regional headquarters" erfolgt fallweise.

Die regiozentrische Führungskonzeption kombiniert Elemente des ethnozentrischen und polyzentrischen Führungskonzepts. Sie wird daher auch als Mischstrategie bzw. als **„Strategie der differenzierten Standardisierung"** bezeichnet.

2.5.4   Geozentrische Führungskonzeption

Die geozentrische Führungskonzeption (geocentrism) zielt auf eine weltweite Standardisierung ab. Weder der Heimatmarkt noch einzelne Auslandsmärkte sind Grundlage der Standardisierung, sondern die Menge aller bearbeiteten Auslandsmärkte wird als einheitlicher Markt aufgefasst **(Weltmarktkonzept)**.

Die Unternehmensführung basiert auf einer weltweiten Zusammenarbeit zwischen der Muttergesellschaft und den Auslandsgesellschaften, welche im Sinne eines „Netzwerkes" nahezu gleichberechtigt an der Entscheidungsfindung beteiligt sind. In idealtypischer Sicht erfolgt eine **Globalisierung aller Wertschöpfungsbereiche**. Beschaffungswirtschaftlich erfolgt eine umfassende Ausnutzung weltweiter Beschaffungsmöglichkeiten. In der Produktion werden nicht nur einzelne Produktionsstufen ins Ausland verlagert, sondern es bestehen komplette Produktionsstätten. Bei der Rekrutierung von Führungskräften spielt die Nationalität keine Rolle mehr (beyond passport). Im Marketing ist eine geozentrische Orientierung dann gegeben, wenn die Produkte weltweit einen weitgehend gleichen Standard aufweisen.

Die **weltweite Standardisierung** ermöglicht die Nutzung von Skalenvorteilen und Synergieeffekten. Der grundlegende Nachteil des Geozentrismus liegt in dem hohen **Koordinationsbedarf** infolge der hohen Komplexität der Unternehmensführung bei weltweiter Abhängigkeit. Das geozentrische Führungskonzept stellt die höchsten Anforderungen an die Internationalität und interkulturelle Kompetenz der Führungskräfte.

Merkmale	Ethnozentrisch	Polyzentrisch	Regiozentrisch	Geozentrisch
Organisations-komplexität	in der Muttergesellschaft hoch, in Tochtergesellschaften gering	unterschiedlich und voneinander unabhängig	hohe gegenseitige Abhängigkeit auf regionaler Ebene	zunehmende Komplexität bei hoher weltweiter Abhängigkeit
Autorität und Entscheidungsfindung	zentral in der Muttergesellschaft	weitgehend dezentral	auf regionale „headquarters" übertragen	weltweite Zusammenarbeit zwischen Muttergesellschaft und Tochtergesellschaften
Steuerung und Kontrolle	Standards des Heimatlandes	lokale Bestimmungen	regionale Bestimmungen	universale und lokale Standards
Anreize und Sanktionen	hoch in der Muttergesellschaft, gering in den Tochtergesellschaften	unterschiedliche Anreiz- und Belohnungskriterien	Belohnung für das Erreichen regionaler Zielvorgaben	Belohnung für das Erreichen globaler und lokaler Zielvorgaben
Kommunikation und Informationsfluss	einseitig ausgehend von der Muttergesellschaft	geringer Informationsfluss zwischen Mutter- und Tochtergesellschaften	gering mit der Muttergesellschaft, hoch mit den regionalen „headquarters"	Hoch sowohl mit der Muttergesellschaft als auch zwischen den Tochtergesellschaften
Geographische Identifikation	Nationalität der Muttergesellschaft	Nationalität der Gastländer	Regionales Unternehmen	weltweit unter Wahrung der nationalen Interessen
Besetzung von Führungspositionen	durch Stammhausdelegierte	durch Mitarbeiter des Gastlandes	Mitarbeiter aus der jeweiligen Region	Unabhängig von der Nationalität („beyond passport")

Abb. 2.25 Merkmale internationaler Führungskonzeptionen im EPRG-Modell (Quelle: nach Welge/Holtbrügge 1998, S. 53)

Fragen und Aufgaben zur Wiederholung

1. Nennen Sie fünf Typen echter Führungsentscheidungen (nach Gutenberg) und erläutern Sie diese anhand von Beispielen aus der internationalen Unternehmenspraxis.

2. Was sind die Besonderheiten internationaler Führungsentscheidungen und welche Rolle spielen dabei zunehmende Interdependenzen zwischen dem nationalen und dem internationalen Geschäft?

3. Welche zwei Sichtweisen der Entscheidungstheorie können unterschieden werden und welche Bedeutung erlangt dabei die „Ratio-Logik", Sozio-Logik" und die „Psycho-Logik"?

4. Was ist der Unterschied zwischen einer Entscheidung unter Risiko und einer Entscheidung unter Unsicherheit (Erläutern Sie Ihre Aussagen jeweils an einem selbst gewählten Beispiel)?

5. Diskutieren Sie die Möglichkeiten und Grenzen rationalen Entscheidungsverhaltens in der internationalen Unternehmensführung.

6. Diskutieren Sie den Begriff „Verantwortungskultur" im Rahmen der internationalen Unternehmensführung.

7. Erläutern Sie das Schichtenmodell der Umweltdifferenzierung und beschreiben Sie, inwieweit Makro- und Mikroumweltfaktoren die internationale Unternehmensführung beeinflussen können.

8. Beschreiben Sie verschiedene Typen von Unternehmenszielen und erläutern Sie, welche Funktionen Ziele in der Unternehmensführung erfüllen.

9. Welche Zielbeziehungen können unterschieden werden und inwieweit ist es möglich, Zielkonflikte zu lösen?

10. Erläutern Sie verschiedene Interpretationsmöglichkeiten des Strategiebegriffs anhand selbst gewählter Beispiele.

11. Welche idealtypischen Phasen der internationalen Strategieentwicklung können unterschieden werden?

12. Was wird in der strategischen Unternehmensführung unter Ressourcen, Fähigkeiten und Kernkompetenzen verstanden?

13. Nennen Sie Beispiele für Internationalisierungsstrategien auf Gesamtunternehmensebene, Geschäftsbereichsebene und Funktionsbereichsebene.

14. Erläutern Sie die unterschiedlichen Wettbewerbsstrategien nach Porter und beschreiben Sie deren Anwendungsvoraussetzungen im internationalen Geschäft.

15. Beschreiben Sie mögliche Wechselbeziehungen zwischen internationalen Strategien und erläutern Sie diese anhand selbst gewählter Beispiele.

16. Welche idealtypischen internationalen Führungskonzeptionen kennen Sie und welche Möglichkeiten und Grenzen sind mit den jeweiligen Führungskonzeptionen verbunden?

3 Internationale Markt- und Standortwahlentscheidungen

3.1 Grundlagen und Problemstellung

Zu den wichtigsten strategischen Entscheidungen internationaler Unternehmensführung zählt die Auswahl der Ländermärkte auf denen ein Unternehmen tätig werden will. Voraussetzung dafür ist eine Ländermarktanalyse. Ziel der **Ländermarktanalyse** ist es, eine optimale Lenkung und Verteilung von Unternehmensressourcen zwischen den Ländermärkten zu erreichen. Der Ausgangspunkt einer Ländermarktanalyse kann liegen in:

- der Beurteilung bereits bearbeiteter Auslandsmärkte oder in

- der Beurteilung neu zu erschließender Auslandsmärkte.

Bei der Beurteilung bereits erschlossener Auslandsmärkte geht es primär um eine Überprüfung von Effizienzsteigerungsmöglichkeiten sowie von Risiken im Zusammenhang mit dem bestehenden Auslandsengagement. Die Beurteilung noch nicht erschlossener Auslandsmärkte zielt darauf ab, die Chancen und Risiken für eine Unternehmensexpansion in neuen Ländermärkten zu erkennen.

Eine Ländermarktanalyse ist insbesondere abhängig von der Art des Auslandsengagements. Zu den wichtigsten **Entscheidungsanlässen einer Ländermarktanalyse** gehören die Folgenden:

- **Entscheidung über ausländische Beschaffungsmärkte:** Welche Ländermärkte kommen als Beschaffungsmärkte überhaupt in Frage?

- **Entscheidung über ausländische Produktionsmärkte:** Welche Ländermärkte können als Produktionsstandorte genutzt werden?

- **Entscheidung über ausländische Absatzmärkte:** Auf welchen Ländermärkten soll das Unternehmen seine Waren und Dienstleistungen absetzen?

- **Entscheidung über die Konfiguration der Auslandsmärkte:** Wie können ausländische Beschaffungs-, Produktions- und Absatzmärkte aufeinander abgestimmt werden?

Im Vordergrund dieses Kapitels steht die Betrachtung internationaler Markt- und Standort-wahlentscheidungen aus absatzwirtschaftlicher Sicht. Internationale Markt- und Standort-wahlentscheidungen stehen immer in enger Verbindung mit einer Entscheidung über die Markteintritts- bzw. Marktbearbeitungsform.

3.2   Ebenen der Marktsegmentierung

Bei der Marktsegmentierung geht es um die Aufteilung heterogener Gesamtmärkte in mög-lichst homogene Teilmärkte (Marktsegmente). Dazu bedient man sich bestimmter Segmen-tierungskriterien und Segmentierungsverfahren. Im internationalen Geschäft geht es um die Aufteilung des Weltmarktes in einzelne Teilmärkte. Dabei können drei **Ebenen der Markt-segmentierung** unterschieden werden:

1. **Internationale Marktsegmentierung:** Welche Ländermärkte kommen für ein Aus-landsengagement überhaupt in Betracht?

2. **Intranationale Marktsegmentierung:** Welche Abnehmersegmente können in den bereits vorselektierten Auslandsmärkten identifiziert werden?

3. **Supranationale Marktsegmentierung:** Welche länderübergreifenden Abnehmerseg-mente lassen sich identifizieren?

Im Auslandsgeschäft ist es daher wichtig zu erkennen, dass ein Markt nicht automatisch mit einem Ländermarkt gleichzusetzen ist. Auch mehrere Länder zusammen können für ein Unternehmen einen relevanten Zielmarkt bzw. eine Zielregion bilden. Umgekehrt können in einem Ländermarkt auch unterschiedlich attraktive Marktsegmente bestehen. Ob mehrere Länder zusammen als Ländergruppe aufgefasst werden können, hängt nicht zuletzt auch von den außenwirtschaftlichen Transferbedingungen zwischen den betrachteten Ländern ab.

3.2.1   Internationale Marktsegmentierung

Die internationale Marktsegmentierung (Ländersegmentierung) zielt darauf ab, Ländermärk-te für ein Auslandsengagement zu selektieren. Als **Kriterien für eine internationale Marktsegmentierung** kommen insbesondere Merkmale der Makroumwelt in Betracht. Grundlage dafür sind Sekundärdaten, in Form quantifizierbarer Größen sowie qualitativer Merkmale.

Die Ländermarktselektion bildet die Grundlage für die Herausbildung von **Ländertypolo-gien.** Es gibt eine Vielzahl von Ländertypologien. Sie erfüllen vor allen Dingen eine klassifi-zierende Funktion zur Ableitung von **Länderclustern.** Länder können klassifiziert werden:

*   nach dem Entwicklungsstand ihrer Volkswirtschaft (z.B. Industrieländer mit und ohne Rohstoffbasis, Schwellenländer, Entwicklungsländer),

- nach geographischen, topologischen und klimatischen Gesichtspunkten (z.B. Anrainer-staaten, Küstenländer, Binnenländer, Klimazonen),

- nach Länderrisikoklassen (z.B. Länderklassifizierung für Ausfuhrgewährleistungen des Bundes, Länderratings),

- nach kulturellen und sprachlichen Gesichtspunkten (z.B. angloamerikanischer Sprach- und Kulturkreis, romanischer Sprach- und Kulturkreis) als auch

- im Hinblick auf ihre Zugehörigkeit zu politischen bzw. wirtschaftlichen Gemeinschaften (z.B. Europäische Union, Nordamerikanische Freihandelszone).

Die internationale Marktsegmentierung (Ländersegmentierung) hat ein hohes Abstraktions-niveau. Sie ist daher zur Ableitung unternehmensspezifischer Überlegungen nur bedingt geeignet. Erforderlich ist darum auch eine intranationale Marktsegmentierung

Merkmalskategorien	Ausprägungsformen (Beispiele)
Ökonomische Merkmale	- Bruttosozialprodukt - Pro-Kopf-Einkommen - Inflationsrate - Arbeitskosten
Politisch-rechtliche Merkmale	- Staatsform - politische Stabilität - Rechtssystem - Rechtsstaatlichkeit
Soziokulturelle Merkmale	- Einwohnerzahl - demographische Struktur - Bildungssystem - Sprache
Geographische Merkmale	- Landesgröße in km^2 - Topographie - natürliche Ressourcen - Klima
Länderrisiken	(siehe unter 3.3.3)

Abb. 3.1 Länderspezifische Segmentierungskriterien

3.2.2   Intranationale Marktsegmentierung

Ziel der intranationalen Marktsegmentierung ist die Identifizierung chancenreicher und möglichst homogener Teilmärkte (Marktsegmente) in den zuvor ausgewählten Ländermärkten. Während sich die Ländersegmentierung primär an Makrodaten orientiert, geht es bei der intranationalen Marktsegmentierung darum, Segmentierungskriterien mit Bezug zum Abnehmerverhalten zu verwenden.

Eine **abnehmerbezogene Marktsegmentierung** gelingt umso mehr, je besser die für eine Marktselektion herangezogenen Kriterien die folgenden Anforderungen erfüllen:

* **Messbarkeit**: Marktselektionskriterien sollen die Größe und Eigenschaften der durch sie abgeleiteten Marktsegmente möglichst eindeutig messen. Während quantitative Kriterien (z.B. Einkommen) meist aussagefähig sind, treten bei qualitativen Kriterien (z.B. soziale Schichtung) oftmals erhebliche Schwierigkeiten auf.

* **Internationale Vergleichbarkeit**: Marktselektionskriterien sollen einen Vergleich zwischen mehreren Ländermärkten ermöglichen. Die internationale Vergleichbarkeit von Marktdaten ist jedoch oftmals mit erheblichen Schwierigkeiten verbunden. Zu nennen sind hier insbesondere unterschiedliche Bezugsgrößen (z.B. unterschiedliche Maßeinheiten und Grundgesamtheiten) sowie unterschiedliche Währungen und Erhebungszeiträume.

* **Segmentgröße**: Marktsegmentierungskriterien müssen so gewählt werden, dass sie genügend große Marktsegmente abbilden können. Im internationalen Geschäft ist dies besonders wichtig, da mit dem Auslandsengagement in aller Regel zusätzliche Kosten verbunden sind, was eine entsprechende Größe des ausländischen Marktsegmentes voraussetzt.

* **Konstanz**: Marktsegmentierungskriterien sollen so gewählt werden, dass sie über einen längeren Zeitraum anwendbar sind.

Als **Kriterien für eine intranationale Marktsegmentierung** kommen prinzipiell alle für einen nationalen Markt verwendeten Segmentierungskriterien in Betracht (Althans 1989 Sp. 1474; Meffert/Bolz 1998 S. 113). Neben sekundärstatistischen Daten können hier auch Primärdatenerhebungen (z.B. in Form von Befragungen etc.) erforderlich sein. Da durch ein einzelnes Kriterium noch keine sinnvolle Segmentierung möglich ist, kommen in der Regel mehrere Segmentierungskriterien zur Anwendung. Allgemein gilt, dass sich die Trennschärfe von Marktsegmenten verbessert, je mehr adäquate Segmentierungskriterien verwendet werden.

Als wichtigste Voraussetzungen einer erfolgreichen intranationalen Marktsegmentierung gelten die Abgrenzbarkeit der einzelnen Marktsegmente. Die selektierten Teilmärkte sollen intern jeweils möglichst homogen sein **(Intra-Homogenität)** und untereinander möglichst heterogen **(Inter-Heterogenität)**. Erforderlich ist ferner eine Überprüfung der Zugänglichkeit und Ansprechbarkeit der einzelnen Marktsegmente durch marketingpolitische Maßnahmen. Die identifizierten Teilmärkte (Marktsegmente) müssen zudem groß genug sein, um die mit der Auslandsmarktbearbeitung zusätzlich verbundenen Kosten abzudecken.

Merkmalskategorien	Ausprägungsformen (Beispiele)
Demographische Merkmale	- Alter - Geschlecht - Familienstand - Haushaltsgröße - Konfession - Wohnort
Soziodemographische Merkmale	- Einkommen - soziale Schichtung - Schulbildung - Beruf
Psychographische Merkmale	- Einstellungen - Persönlichkeitsmerkmale - Kaufgewohnheiten

Abb. 3.2   Abnehmerspezifische Segmentierungskriterien

Bei der Beurteilung der **Marktattraktivität** wird häufig in verdichteter Form auf die folgenden Marktgrößen Bezug genommen:

- Das **Marktvolumen** bezieht sich auf ein realisiertes oder geschätztes Absatzvolumen für ein bestimmtes Produkt bzw. für eine Dienstleistung in einem räumlich abgegrenzten Markt (z.B. Ländermarkt) in einem bestimmten Zeitraum.

- Der **Marktanteil** kennzeichnet das von einem Unternehmen erreichte Absatzvolumen eines Produktes bzw. einer Dienstleistung. Er wird ausgedrückt in Prozent des Marktvolumens.

- Das **Marktwachstum** bezieht sich auf die prozentuale Veränderung des Marktvolumens eines sachlich und räumlich abgegrenzten Marktes in einer betrachteten Zeitperiode. Eine Marktschrumpfung ist durch eine negative Marktwachstumsrate gekennzeichnet.

- Das **Marktpotential** basiert auf einer Schätzung der zukünftigen maximalen Aufnahmefähigkeit eines sachlich und räumlich abgegrenzten Marktes.

Im **internationalen Geschäft** existieren oftmals nur Schätzwerte für die genannten Marktindikatoren. Allgemein gilt dabei, dass die Marktattraktivität umso größer ist, je mehr ein geschätztes Marktpotential eines spezifischen Marktsegmentes das bestehende Marktvolumen in diesem Marktsegment übersteigt. Ist das Marktvolumen eines spezifischen Marktsegmentes nahezu ebenso groß wie das geschätzte Marktpotential, so handelt es sich um einen bereits gesättigten Markt. Eine Erhöhung des Marktanteils ist dann nur möglich durch Verdrängung bestehender Anbieter. Je geringer die **Handelsbarrieren** zwischen den Ländermärkten, desto größer ist in der Regel der internationale Wettbewerbsdruck.

3.2.3   Supranationale Marktsegmentierung

Bei der supranationalen Marktsegmentierung (integrale Marktsegmentierung) geht es darum zu klären, ob sich länderübergreifend gleiche oder ähnliche Marktsegmente identifizieren lassen. Eine **direkte Segmentierung** ist vor diesem Hintergrund dann gegeben, wenn Abnehmergruppen aus verschiedenen Ländern als Marktsegmente identifiziert werden, ohne dass zuvor eine Ländermarktselektion erfolgte. Von einer **indirekten Segmentierung** wird in diesem Zusammenhang dann gesprochen, wenn zuvor eine Ländermarktselektion erfolgte und darauf aufbauend ähnliche bzw. vergleichbare Marktsegmente in den bereits avisierten Ländermärkten identifiziert werden. Die supranationale Marktsegmentierung wird auch als **länderübergreifende Marktsegmentierung** (cross-country segmentation) bezeichnet.

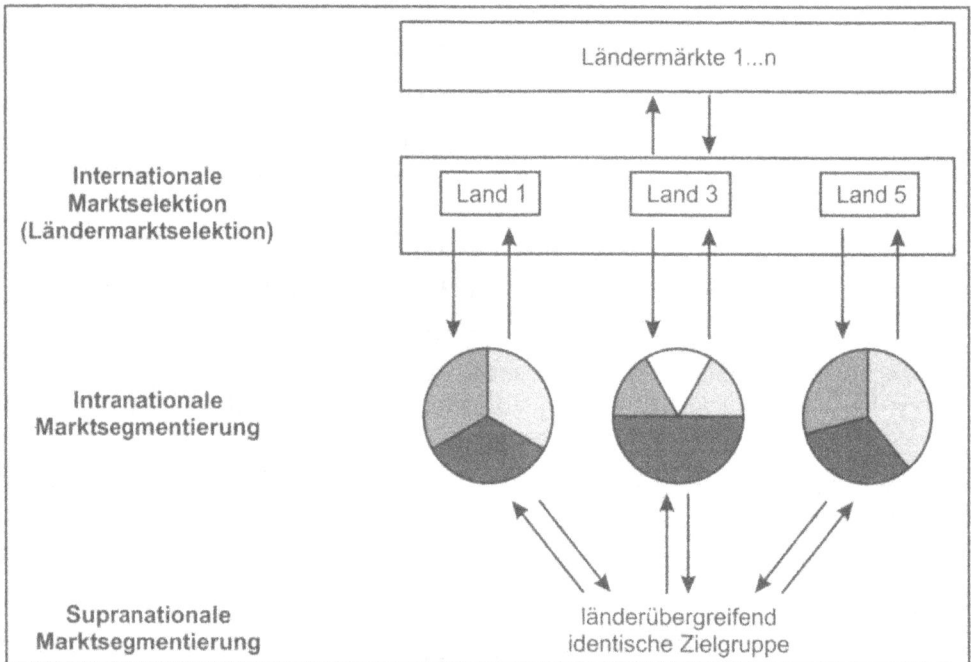

Abb. 3.3   *Ebenen der Marktsegmentierung (Quelle: in Anlehnung an Kutschker/Schmid 2002, S. 945)*

Für die supranationale Marktsegmentierung können prinzipiell die gleichen Segmentierungskriterien verwendet werden, die auch bei der inter- und intranationalen Marktsegmentierung zum Einsatz kommen. Entscheidend für die Bildung länderübergreifender Zielmärkte ist die Verbundenheit (Konnexion) zwischen den Ländermärkten. Eine **Verbundenheit zwischen**

Ländermärkten kann sich aus absatzwirtschaftlicher Sicht einerseits daraus herleiten, dass auf den betrachteten Märkten dieselben Wettbewerber agieren sowie andererseits daraus, dass ähnliche Substitutionsbeziehungen zwischen den Gütern bestehen.

Aus außenwirtschaftlicher Sicht ist in diesem Zusammenhang insbesondere auf die **Transferbedingungen** zwischen den Ländermärkten hinzuweisen. Die Transferbedingungen betreffen all jene Aspekte, welche für die Gestaltung und Abwicklung des länderübergreifenden Güterverkehrs zu beachten sind. Hierzu gehören insbesondere Einfuhrzölle, Einfuhrkontingente sowie alle administrativen Handelshemmnisse, wie beispielsweise Genehmigungspflichten und Meldeverfahren. Weichen die Transferbedingungen der einzelnen Ländermärkte deutlich voneinander ab, so hat dies unmittelbare Auswirkungen auf die Zugänglichkeit der jeweiligen Ländermärkte.

Sofern sich länderübergreifend ähnliche oder vergleichbare Teilmärkte (Marktsegmente) identifizieren lassen und auch die Transferbedingungen zwischen den Ländern nicht wesentlich voneinander abweichen, so kann dies zur **Bildung länderübergreifender Zielgruppen (cross-country target groups)** genutzt werden. Dadurch wird es möglich, internationale Standardisierungspotentiale auszuschöpfen.

Im **Konsumgüterbereich** erfolgt die supranationale Marktsegmentierung oft auf der Grundlage von Lebensstilanalysen. Eine der bekanntesten Lebensstilanalysen sind die so genannten Euro-socio-styles, welche unabhängig von Ländergrenzen ähnliche und weitgehend homogene Abnehmergruppen in Europa abbilden. Im **Investitionsgüterbereich** sind die länderübergreifenden technischen Nutzungsmöglichkeiten, insbesondere technische Normen und Sicherheitsanforderungen zu beachten.

3.3 Marktbarrieren

Marktbarrieren sind all jene Faktoren, welche ein Unternehmen davon abhalten können in einen Markt einzutreten **(Markteintrittsbarrieren)** oder sich aus einem bestehenden Marktengagement wieder zurückzuziehen **(Marktaustrittsbarrieren)**. Eine besondere Form von Marktbarrieren im internationalen Geschäft sind die mit einem Auslandengagement verbundenen **Länderrisiken**.

Allgemein gilt, dass je höher die Marktbarrieren für einen ausländischen Markt sind, desto geringer ist der **potentielle Wettbewerbsdruck**, d.h. die Wahrscheinlichkeit des Markteintritts neuer Mitwettbewerber. Aus gesamtwirtschaftlicher Sicht beeinflussen Marktbarrieren die Funktionsfähigkeit des Wettbewerbs. Aus unternehmenspolitischer Sicht können Marktbarrieren auch in Verbindung mit konkreten Unternehmensstrategien stehen. Unternehmen können die Strategie verfolgen, bestehende Marktbarrieren zu überwinden, sie zu senken oder gezielt aufzubauen. Die Existenz und Intensität von Marktbarrieren ist daher ein wichtiges Entscheidungskriterium der internationalen Markt- und Standortwahl.

3.3.1   Markteintrittsbarrieren

Markteintrittsbarrieren (market entry barriers) sind Erfordernisse bzw. Bedingungen, welche ein Unternehmen für eine erstmalige erfolgreiche Marktbearbeitung erfüllen muss. Im Auslandsgeschäft sind die ländermarktspezifischen Eintrittsbarrieren zu beachten. Internationale Markteintrittsbarrieren können bestehen in:

(1) Institutionellen Markteintrittsbarrieren,

(2) Ökonomischen Markteintrittsbarrieren und

(3) Unternehmensseitigen Markteintrittsbarrieren.

Institutionelle Markteintrittsbarrieren	
Tarifäre Handelshemmnisse	**Nicht-tarifäre Handelshemmnisse**
- Zölle	- Handelsverbote
- Wertzoll	- Handelskontingente
- spezifischer Zoll	- Selbstbeschränkungen
	- administrative Handelshemmnisse
Ökonomische Markteintrittsbarrieren	
Angebotsseitige Markteintrittsbarrieren	**Nachfrageseitige Markteintrittsbarrieren**
- strukturelle Markteintrittsbarrieren	- Nachfragerpräferenzen
- strategische Markteintrittsbarrieren	- Umstellungskosten der Nachfrager („switching costs")
Unternehmensseitige Markteintrittsbarrieren	
Informationelle Markteintrittsbarrieren	**Verhaltensbezogene Markteintrittsbarrieren**
- unzureichende Informationen	- mangelnde Auslandserfahrung
- falsch interpretierte Informationen	- psychische Barrieren (kulturelle Distanz)

Abb. 3.4   *Markteintrittsbarrieren im Auslandsgeschäft*

Zu (1) Institutionelle Markteintrittsbarrieren

Institutionelle Markteintrittsbarrieren werden von staatlicher Seite verursacht. Außenwirtschaftspolitisch betrachtet handelt es sich dabei um Formen des staatlichen Protektionismus.

Sie können bestehen in tarifären Handelshemmnissen (tariff barriers) und nicht-tarifären Handelshemmnissen (non-tariff barriers):

- **Tarifäre Handelshemmnisse** sind Markteintrittsbarrieren in Form von Zöllen. Zölle sind Abgaben, welche ein Staat oder eine Staatengemeinschaft beim Grenzübertritt von Waren erhebt. Ein Wertzoll wird als Prozentsatz des Warenwertes erhoben, während ein spezifischer Zoll pro Mengeneinheit (z.B. Euro/Stück) zu entrichten ist. Zu beachten sind die Einfuhrzölle der jeweiligen ausländischen Zielmärkte, da diese die preisliche Wettbewerbsfähigkeit der Handelswaren beeinflussen. Ausfuhrzölle gibt es in der Europäischen Union nicht mehr.

- **Nicht-tarifäre Handelshemmnisse** sind alle staatlicherseits verursachten Handelshemmnisse, welche neben den Zöllen bestehen. Zu den wichtigsten Formen nicht-tarifärer Handelshemmnisse zählen Handelsverbote (z.B. Embargo), Importkontingente (mengenmäßige Beschränkungen der Wareneinfuhr), Selbstbeschränkungen sowie administrative Handelshemmnisse in Form bürokratischer Vorschriften und Formalitäten.

Tarifäre und nicht-tarifäre Handelshemmnisse können den Handelsverkehr erschweren oder unter Umständen gar blockieren (**Handelsschrankenansatz**). Zu den institutionellen Marktbarrieren zählen zudem auch die Investitionshemmnisse für Direktinvestitionen sowie im weiteren Sinne alle mit dem jeweiligen Gastland verbundenen **Länderrisiken**.

Zu (2) Ökonomische Markteintrittsbarrieren

Ökonomische Markteintrittsbarrieren können sowohl angebotsseitig als auch nachfrageseitig einen Markteintritt erschweren oder gar verhindern:

- **Angebotsseitige Markteintrittsbarrieren** ergeben sich insbesondere aus Kostenvorteilen oder Produktdifferenzierungsvorteilen der bereits etablierten Anbieter (strukturelle Markteintrittsbarrieren). Darüber hinaus können etablierte Anbieter auch gezielt Maßnahmen ergreifen (z.B. Etablierung von Produktstandards), um potentielle Konkurrenten vom Markteintritt abzuhalten (strategische Markteintrittsbarrieren).

- **Nachfrageseitige Markteintrittsbarrieren** bestehen in unterschiedlichen Präferenzen und Gewohnheiten der Nachfrager, welche die Akzeptanz eines neuen Unternehmens in einem ausländischen Zielmarkt erschweren können. Bedeutsam sind in diesem Zusammenhang auch die Umstellungskosten (switching costs), welche die Nachfrager unter Umständen beim Erwerb der neu angebotenen Produkte tragen müssen.

Während die institutionellen Markteintrittsbarrieren für alle Unternehmen einer jeweiligen Branche in einem Zielländermarkt gelten, sind die ökonomischen Markteintrittsbarrieren eher unternehmensspezifisch.

Zu (3) Unternehmensseitige Markteintrittsbarrieren

Markteintrittsbarrieren können ihre Ursache auch im Unternehmen selbst haben. Sie können bestehen in informationellen als auch verhaltensbezogenen Markteintrittsbarrieren. **Informationelle Markteintrittsbarrieren** sind zurückzuführen auf unzureichende Informationen oder fehlerhaft interpretierte Informationen, welche zu Fehlentscheidungen führen. **Verhal-**

tensbezogene Markteintrittsbarrieren stehen in Verbindung mit der Person des Entscheidungsträgers. Zu nennen sind hier insbesondere mangelnde Auslandserfahrung sowie ungenügende Fremdsprachenkenntnisse und eine damit verbundene kulturelle und psychische Distanz gegenüber einem Auslandsengagement.

3.3.2   Marktaustrittsbarrieren

Der Gegenpol zum Markteintritt ist der Marktaustritt, bei dem sich ein Unternehmen aus einem bestehenden Auslandsengagement zurückzieht. Ursachen für einen **Marktaustritt** können liegen in einer Veränderung der außenwirtschaftlichen Rahmenbedingungen des jeweiligen Zielmarktes (z.B. Erhöhung von Zöllen, Erlass von Devisenbeschränkungen) sowie in einer Veränderung des Markt- und Wettbewerbsumfeldes (Marktschrumpfung am Ende des Produktlebenszyklus, Auftreten neuer Wettbewerber). Im internationalen Geschäft stellen **Marktaustrittsbarrieren** (market exit barriers) jene Hemmnisse dar, welche einen Rückzug aus einem bestehenden Auslandsengagement erschweren.

Von besonderer Bedeutung bei einem Marktaustritt sind die so genannten versunkenen Kosten. **Versunkene Kosten** (sunk costs) sind jene Kosten, welche an ein bestimmtes Unternehmensengagement gebunden sind und welche bei dessen Beendigung nicht wieder eingebracht werden können. Bei einem Auslandsmarkteintritt handelt es sich beispielsweise um standortgebundene Investitionskosten oder um Kosten einer auslandsmarktspezifischen Produktanpassung.

Zu den Marktaustrittsbarrieren zählen ferner auch der Verlust von bestehenden Geschäftsbeziehungen sowie alle vertraglichen Verpflichtungen, welche ein Unternehmen eingegangen ist und welche auch über den Zeitpunkt des Marktaustritts noch fortbestehen. Beispiele für derartige **vertragliche Verpflichtungen** sind Abfindungskosten für Mitarbeiter sowie noch zu erbringende Service- und Garantieleistungen. Die Höhe der potentiellen Marktaustrittsbarrieren spielt bei der Entscheidung über die Markteintrittsform eine wesentliche Rolle. Allgemein gilt, dass je höher die Marktaustrittsbarrieren, desto höher auch das Risiko des jeweiligen Auslandsengagements.

3.3.3   Länderrisiken als Marktbarrieren

Unter dem Begriff „Risiko" werden allgemein die mit einem Vorhaben verbundenen Wagnisse bezeichnet. Die mit dem Auslandsgeschäft verbundenen Risiken können sowohl eine Markteintritts- als auch Marktaustrittsbarriere darstellen:

- Ein **einseitiges Risiko** liegt vor, wenn der Eintritt des Risikofalls einen Verlust bzw. Nachteil darstellt (z.B. Boykott).

- Ein **zweiseitiges Risiko** ist dann gegeben, wenn sowohl eine Verlustgefahr als auch eine Gewinnchance besteht (z.B. Wechselkursrisiko).

Risiken im Auslandsgeschäft	
Länderrisiken Risiken durch nicht beeinflussbare politische oder wirtschaftliche Umstände des Gastlandes	- politische Länderrisiken i.e.S. (z.B. Diktatur, Krieg, Unruhen, Boykott) - ZM-Risiken (Zahlungsverbot und Moratorium) - KT-Risiken (Konvertierungs- und Transferrisiken) - Enteignungsrisiken (CEN-Risiken: confiscation, expropriation, nationalization) - Dispositionsrisiken (Auflagen und Gesetze, welche die Handlungs- bzw. Verfügungsmöglichkeiten einschränken) - Wechselkursrisiken (Währungstransaktionsrisiko, bilanzielles Wechselkursrisiko, ökonomisches Wechselkursrisiko)
Ökonomische Risiken Risiken durch unternehmerische Fehleinschätzungen des Vertragspartners oder des ausländischen Marktes	- sozioökonomische Marktrisiken (Fehleinschätzungen der Nachfrageentwicklung und des Konkurrenzverhaltens im Ausland) - Delkredererisiken (Zahlungsunwilligkeit , Zahlungsunfähigkeit sowie Zahlungsverzug des Geschäftspartners) - Lieferrisiken (quantitative sowie qualitative Falschlieferung, Lieferverzögerungen) - Transportrisiken (Beschädigung oder Verlust der Ware, Transportverzögerung) - Annahmerisiko (Nichtannahme der die Zahlungsverpflichtung auslösenden Außenhandelsdokumente)

Abb. 3.5   Risiken im Auslandsgeschäft

Aufgrund der Vielzahl internationaler Risiken und ihrer **komplexen Ursache-Wirkungszusammenhänge**, gibt es im internationalen Geschäft keine einheitliche und überschneidungsfreie Systematik von Risiken (Büter 2007, S. 355 f.). Meist erfolgt daher eine Unterteilung nach Risikofaktoren, wobei zwischen Länderrisiken und ökonomischen Risiken unterschieden werden kann.

Zu den **Länderrisiken** gehören alle Risiken durch nicht beeinflussbare politische oder gesamtwirtschaftliche Umstände des Gastlandes. Als **ökonomische Risiken** gelten jene Risiken, welche ihre Ursache in unternehmerischen Fehleinschätzungen des ausländischen Vertragspartners oder des ausländischen Marktes haben. Bei den ökonomischen Risiken handelt es sich um Risiken, welche auch im Inlandsgeschäft zu beachten sind, wobei die Eintrittswahrscheinlichkeit der Risiken im Auslandsgeschäft unter Umständen höher sein kann. Als spezielle Auslandsrisiken gelten daher vor allem die Länderrisiken.

Länderrisiken können sowohl den Außenhandel als auch Direktinvestitionen betreffen. Die Risikobetroffenheit ist daher insbesondere abhängig von der Art und Intensität des Auslandsengagements. Zu den **politischen Länderrisiken i.e.S.** zählen jene Verlustrisiken, welche durch Diktaturen, kriegerische Auseinandersetzungen, Unruhen sowie durch einen Boykott verursacht werden können. Als Boykott bezeichnet man einen politisch motivierten Abbruch oder ein zeitliches Aussetzen von Außenhandelsbeziehungen. Das **Enteignungsrisiko** bezieht sich auf die Beschlagnahmung sowie die teilweise oder vollständige Verstaatlichung ausländischer Vermögensgegenstände im Schuldnerland. **ZM-Risiken** ergeben sich dadurch, dass ein Schuldnerland zahlungswilligen und zahlungsfähigen Schuldnern ein Zahlungsverbot erteilt oder einen Zahlungsaufschub (Moratorium) anordnet. Ursache hierfür ist meist eine Devisenknappheit. Von **KT-Risiken** wird dann gesprochen, wenn der Umtausch der Währung des Schuldnerlandes staatlicherseits eingeschränkt ist bzw. in der Währung des Schuldnerlandes keine Überweisungen erfolgen dürfen.

Dispositionsrisiken betreffen alle jene staatlichen Maßnahmen in Form von Auflagen und Gesetzesänderungen, welche darauf abzielen, die Handlungs- und Verfügungsmöglichkeiten eines ausländischen Gastunternehmens einzuschränken. Das **Wechselkursrisiko** kann sowohl als Länderrisiko als auch als ökonomisches Risiko eines Gastlandes aufgefasst werden. Es kann sowohl in Form des Währungstransaktionsrisikos, bilanziellen als auch ökonomischen Wechselkursrisikos bestehen. Es existieren vielfältige vertragliche Gestaltungsmöglichkeiten zur **Besicherung von Länderrisiken** (Büter 2007, S. 356 f.). Zu nennen sind hier vor allem die staatlichen Ausfuhrkreditversicherungen sowie die Investitionsschutzgarantien des Bundes.

Zur Bewertung von Länderrisiken gibt es zahlreiche Bewertungsverfahren. Diese weisen jedoch keine branchenspezifischen oder gar unternehmensspezifischen Besonderheiten auf. Der Zweck der Länderrisikobewertungsverfahren liegt darin, Frühindikatoren für die Einschätzung kritischer Entwicklungen in den einzelnen Ländern bereitzustellen. Grundlage der Bewertung sind in der Regel Einschätzungen von Experten. Durch die Bewertungsverfahren ist es möglich, ein **Länderrating** zu erstellen, welches die Risikobetroffenheit der betrachteten Länder nach ihrer Rangfolge abbildet. Länderratings können Unternehmen eine Orientierungshilfe bei der Risikobeurteilung eines Auslandsmarktes geben. Eine zentrale Bedeutung erlangen sie vor allem bei der Beurteilung der Kreditwürdigkeit eines Landes im Zusammenhang mit der Emission von Anleihen.

3.4 Marktselektionsverfahren

Bei der Selektion von Auslandsmärkten sind verschiedene Selektionsebenen zu unterscheiden, auf denen jeweils unterschiedliche Selektionsverfahren zum Einsatz kommen können. Nach der Anzahl der vorgesehenen Selektionsstufen können einstufige oder mehrstufige Selektionsverfahren unterschieden werden:

- Bei einer **einstufigen Marktselektion** wird lediglich ein Segmentierungskriterium für die Marktselektion herangezogen.

- Bei einem **mehrstufigen Selektionsverfahren** erfolgt die Marktselektion schrittweise, d.h. über zwei oder auch mehrere Stufen. Die Nichterfüllung der Selektionskriterien der vorhergehenden Selektionsstufe führt automatisch zum Ausschluss des betrachteten Marktes.

Selektionsebenen	Selektionsstufen	Selektionsverfahren	
Internationale Marktselektion (Länderselektion)	Vorselektion (1. Stufe)	Heuristische Verfahren - Checklistenverfahren - Portfolioverfahren - Punktbewertungsverfahren - sonstige	
	Grobselektion (2. Stufe)		Analytische Verfahren - Kapitalwertverfahren - Entscheidungsregeln - sonstige
Intranationale Marktselektion (Abnehmerselektion)			
Supranationale Marktselektion (länderübergreifende Abnehmerselektion)	Feinselektion (3. Stufe)		

Abb. 3.6 Selektion von Auslandsmärkten

Die Auslandsmarktselektion ist in der Regel eine mehrstufige Marktselektion. Beispielsweise geht es darum, auf der ersten Stufe mittels zweckmäßiger Entscheidungskriterien („Knock-out-Kriterien") eine **Vorauswahl** geeigneter Ländermärkte zu treffen. Durch schrittweise

Erweiterung sowie Präzisierung der Kriterien bzw. Verfahren auf einer zweiten Stufe erfolgt eine **Grobselektion**, welche in der dritten Stufe durch **Feinselektion** zu einer Identifikation der letztlich verbleibenden Märkte (Abnehmersegmente) führt.

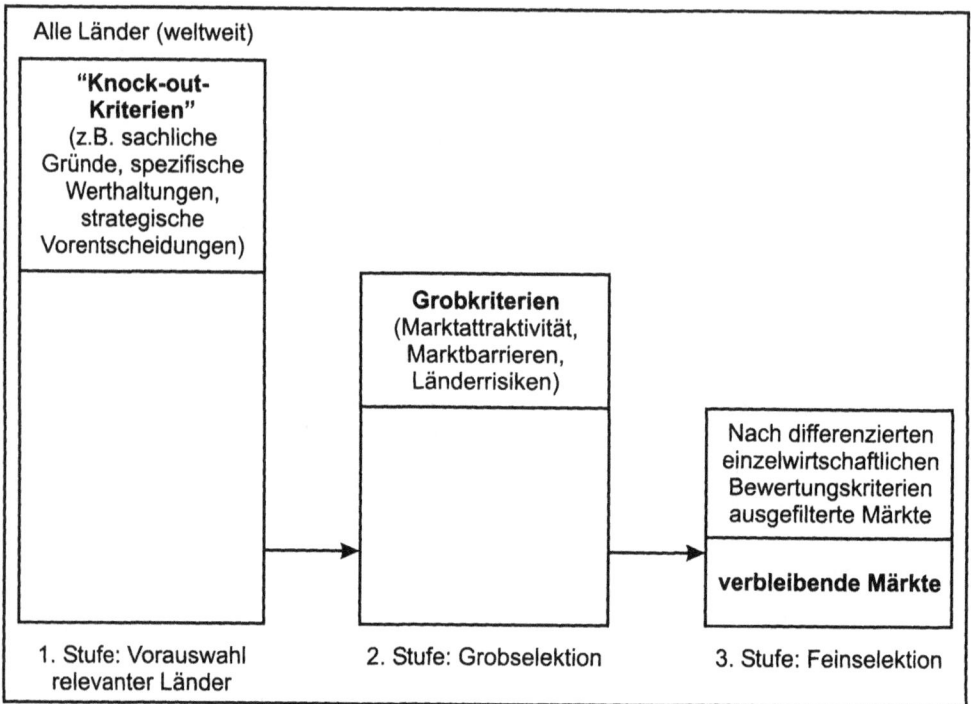

Abb. 3.7   *Mehrstufiges Länderselektionsverfahren (Quelle: nach Schneider/Müller 1989, S. 17)*

Auf den einzelnen Selektionsstufen können unterschiedliche Selektionsverfahren zum Einsatz kommen (Köhler/Hüttemann 1989, Sp. 1428 – 1438; Meffert/Bolz 1998, S. 116 f.):

- **Heuristische Verfahren** beziehen sich auf qualitative Verfahren, bei denen die Anforderungen an die Informationsbeschaffung im Vergleich zu analytischen Verfahren geringer sind. Heuristische Verfahren kommen daher insbesondere für die Vorselektion und Grobselektion von Auslandsmärkten in Betracht.

- **Analytische Verfahren** setzen eine Quantifizierbarkeit von Daten voraus. Sie können daher erst auf einer höheren Selektionsstufe (Feinselektion) zum Einsatz kommen. Aufgrund der Problematik der Informationsbeschaffung und des länderübergreifenden Vergleichs von Marktdaten sind der Anwendung analytischer Selektionsverfahren im Auslandsgeschäft enge Grenzen gesetzt.

Bei **Checklistenverfahren** werden Märkte anhand eines Kataloges ausgewählter entscheidungsrelevanter Kriterien überprüft. Zur Bewertung der einzelnen Kriterien können einfache Bewertungsschlüssel verwendet werden (z.B. ++ vollständige Erfüllung des Kriteriums, + teilweise Erfüllung des Kriteriums, - Kriterium schlecht erfüllt, -- Kriterium überhaupt nicht erfüllt). Checklistenverfahren ermöglichen in der Regel eine erste Aussonderung der grundsätzlich in Erwägung zu ziehenden Länder bzw. Märkte.

Im Rahmen der Länderanalyse können auch **Portfolioverfahren** zum Einsatz kommen. Es geht dann darum Länder bzw. Ländermärkte in ein Portfolioschema zu positionieren, um darauf aufbauend strategische Grundentscheidungen zu treffen. Die Portfolioschemata unterscheiden sich hinsichtlich Anzahl und Inhalt der zugrunde gelegten Entscheidungsdimensionen. Ein für die Ländermarktselektion mögliches zweidimensionales Portfolioschema kann beispielsweise als Entscheidungsdimensionen die Marktattraktivität und die Marktbarrieren verwenden (Backhaus 1995, S. 218). Die Positionierung von Ländern in einem solchen Portfolioschema kann dazu dienen, die bereits bearbeiteten bzw. potentiell zu bearbeitenden Länder, zu systematisieren. Dadurch wird es möglich, einzelne Länder als Kernmärkte, Hoffnungsmärkte, Peripher- bzw. Gelegenheitsmärkte oder Abstinenzmärkte zu identifizieren, um darauf aufbauend weitere Strategieüberlegungen abzuleiten.

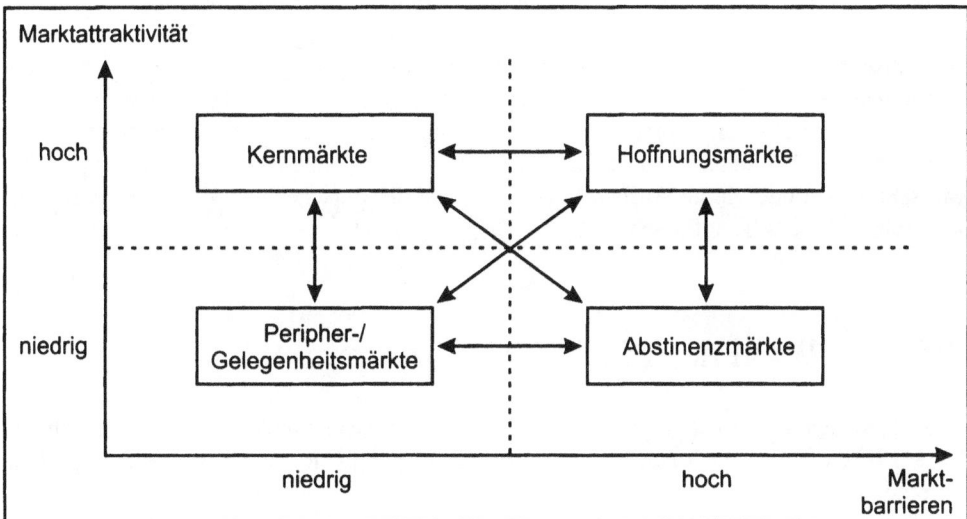

Abb. 3.8 Marktattraktivität-Marktbarrieren Portfolioschema

Beim **Punktbewertungsverfahren** (Scoringverfahren) werden Märkte mittels gewichteter Selektionskriterien beurteilt. Dadurch wird es möglich, für die einzelnen Entscheidungsalternativen (z.B. Ländermärkte) Gesamtpunktwerte zu berechen, auf deren Grundlage die Entscheidung erfolgt. Punktbewertungsverfahren sind in der Betriebswirtschaftslehre weit verbreitet. Der zentrale Nachteil dieser Verfahren besteht darin, dass qualitative Kriterien mittels subjektiver Gewichtung und Punktbewertung in eine kardinale Skalierung (metrische Skala) überführt werden. Dies täuscht eine Objektivität der Bewertung vor, welche so tatsächlich nicht existiert.

Analytische Verfahren erfolgen unter Zuhilfenahme zahlenmäßiger Bewertungen. Im Vordergrund stehen dabei die aus der Investitionsrechnung stammenden **Kapitalwertverfahren**. Bei den Kapitalwertverfahren werden alle einer Investitionsentscheidung zurechenbaren

Einzahlungen und Auszahlungen auf einen bestimmten Zeitpunkt abgezinst. Die der Berechnung des Kapitalwertes (net present value) zugrunde gelegten Daten basieren auf Schätzgrößen. Es handelt sich daher immer um eine **Entscheidung unter Unsicherheit**. In Abhängigkeit vom Eintreten verschiedener Umweltzustände für eine Investitionsentscheidung ergibt sich daher jeweils ein anderer Kapitalwert. Die errechneten Kapitalwerte für die zur Entscheidung anstehenden Investitionsalternativen können in einer Ergebnismatrix zusammengetragen werden (vgl. 2.1.2). Je nachdem welche Entscheidungsregel zugrunde gelegt wird, können sich verschiedene Entscheidungen als vorteilhaft erweisen.

Die obigen Marktselektionsverfahren sind der normativen Entscheidungstheorie zuzuordnen. Sie beschreiben daher ein **rationales Entscheidungsverhalten**. Davon zu unterscheiden ist die deskriptive Entscheidungstheorie, welche das **tatsächliche Entscheidungsverhalten** zum Gegenstand hat. Insbesondere bei der Auslandsmarktselektion lässt sich zeigen, dass ein rationales Entscheidungsverhalten eher die Ausnahme ist. Oft ist es so, dass bestimmte Zielmärkte schon klar anvisiert sind. Die Länderanalyse dient dann eher der Entscheidungsfindung, wann und in welcher Form die Auslandsmarktbearbeitung erfolgen soll. Das tatsächliche Entscheidungsverhalten ist insbesondere abhängig von der geographischen Distanz der Ländermärkte (z.B. Konzentration auf Anrainerstaaten), der kulturellen Distanz (z.B. Wahrnehmung kultureller und sprachlicher Differenzen) sowie der psychischen Distanz (z.B. Neigungen und Präferenzen der Entscheidenden). Auch zufällige Geschäftskontakte (z.B. bei Messebesuchen oder durch Auslandsreisen) können die Entscheidung zugunsten eines ausländischen Marktes beeinflussen.

3.5   Wahl des Markteintrittszeitpunktes

Betreffend den Zeitpunkt („timing") der Auslandsmarkterschließung für ein betrachtetes Unternehmen, sind zwei Entscheidungen zu beachten (vgl. Meffert/Pues 1997, S. 255 f.; Remmerbach 1988, S. 55 f.):

1. Entscheidung über den Markteintrittszeitpunkt in einem bestimmten Auslandsmarkt (länderspezifische Timing-Entscheidung).

2. Entscheidung über den Markteintrittszeitpunkt in einer Mehrzahl von Auslandsmärkten (länderübergreifende Timing-Entscheidung), wobei unterschieden wird zwischen einer sukzessiven oder simultanen Auslandsmarkterschließung.

Die Vorteilhaftigkeit der einzelnen Timingentscheidungen ist abhängig von den jeweiligen situativen Gegebenheiten, wie der Marktentwicklung und der Wettbewerbssituation. Zu berücksichtigen sind ferner die unternehmensinternen Ressourcen und Erfahrungen im Auslandsgeschäft.

3.5.1 Länderspezifische Timing-Entscheidungen

Länderspezifische Timing-Entscheidungen betreffen die Planung und Umsetzung der Erschließung eines bestimmten Auslandsmarktes im Vergleich zu Mitwettbewerbern. Generell kann dabei unterschieden werden zwischen der

(1) Pionierstrategie und der

(2) Folgerstrategie.

Zu (1) Pionierstrategie
Bei der Pionierstrategie (first mover strategy) tritt ein Unternehmen vor anderen internationalen Mitwettbewerbern in einen Auslandsmarkt ein. Da auf dem jeweils betrachteten Auslandsmarkt nationale Unternehmen tätig sind, liegt dieser Betrachtung immer eine internationale Perspektive zu Grunde. Lediglich im Fall einer Produktinnovation, welche im betrachteten Auslandsmarkt zuvor nicht angeboten wurde, kann durch die Pionierstrategie eine zeitweilige Monopolstellung erreicht werden. Das **Pionierunternehmen** (first mover) steht vor der Herausforderung, die mit der Auslandsmarkterschließung verbundenen Kosten und Risiken zu tragen.

Zu (2) Folgerstrategie
Bei der Folgerstrategie (follower strategy) geht es wettbewerbsstrategisch darum, Marktanteile des Pionierunternehmens zu gewinnen, womit eine Zunahme der Wettbewerbsintensität im betrachteten Auslandsmarkt verbunden ist. In Abhängigkeit von der Veränderung der Wettbewerbsverhältnisse und mithin der Marktstruktur im Zeitablauf kann dabei unterschieden werden zwischen frühen Folgern und späteren Folgern:

- **Frühe Folger** (early follower) weisen im Verhältnis zum Pionierunternehmen nur geringfügige Unterschiede auf. Der Markt befindet sich noch in seiner Wachstumsphase. Er ist jedoch bereits durch eine starke Wettbewerbsorientierung gekennzeichnet. Frühe Folger benötigen daher einen Wettbewerbsvorteil, um sich gegenüber der Konkurrenz im Zielmarkt eine Marktposition aufzubauen.

- **Späte Folger** (late follower) treten dann in den betrachteten Auslandsmarkt ein, wenn bereits erkennbare Marktchancen bei relativ geringer Marktunsicherheit gegeben sind. Oft handelt es sich dann bereits um gesättigte Märkte. Die Wahl des Markteintrittszeitpunktes ist daher von untergeordneter Bedeutung. Als Wettbewerbsstrategien kommen hier insbesondere die Imitations- und Nischenstrategie in Betracht. Bei der Imitationsstrategie wird versucht, bereits erfolgreich vertriebene Produkte preisgünstiger anzubieten. Bei der Nischenstrategie geht es darum, durch Marktsegmentierung Marktnischen zu erkennen, welche von den bereits etablierten Anbietern nicht oder nur unzureichend bearbeitet werden.

Timing-Entscheidungen sind insbesondere vor dem Hintergrund der Markterschließungsform zu betrachten. Dabei gilt im Grundsätzlichen, dass eine Markterschließung über Exporte mit geringeren Marktzutrittskosten und Risiken einhergeht als ein Direktinvestitionsengagement.

	Vorteile	**Nachteile**
Pionierunternehmen (first mover)	- Aufbau von Markterfahrungen - Etablierung von Kunden und Lieferantenbeziehungen - Möglichkeit zur Durchsetzung von Produkt- und Marktstandards - gegebenenfalls Realisierung von Monopolgewinnen	- Gefahr von Fehleinschätzungen der Marktentwicklung - höheres Risiko des Scheiterns - höhere Kosten der Markterschließung - größere Unsicherheit über die künftige Marktentwicklung
Frühe Folger (early follower)	- bessere Marktinformationen - Möglichkeit zur Übernahme bereits existierender Produktstandards - Marktpositionen sind noch nicht verteilt - unter Umständen rechtzeitige Teilnahme am erwarteten Marktaufschwung	- Markteintrittsbarrieren des Pionierunternehmens - geringere Autonomie als das Pionierunternehmen - Markteintritt weiterer Konkurrenten zu erwarten - Kosten- und Erfahrungsnachteile gegenüber dem Pionierunternehmen
Späte Folger (late follower)	- meist gesicherte Marktinformation - geringere Kosten der Markterschließung - Kostenreduktion durch geringere F&E Aufwendungen - Ausnutzung von Standardisierungspotenzialen	- höhere Wettbewerbsintensität - gegebenenfalls bereits bestehende Marktsättigung - vergleichsweise geringe strategische Flexibilität - Imagenachteile gegenüber etablierten Unternehmen und Produkten

Abb. 3.9   Vor- und Nachteile länderspezifischer Timingstrategien

3.5.2   Länderübergreifende Timing-Entscheidungen

Länderübergreifende Timing-Entscheidungen beziehen sich auf die zeitliche Abfolge des Markteintritts in eine Mehrzahl von Auslandsmärkten. Sachlich ist dabei zu unterscheiden zwischen:

- der **Marktneuerschließung** (erstmaliger Eintritt in einen Auslandsmarkt) und

- der **Produktneueinführung** (Einführung einer Produktinnovation in einem bereits erschlossenen Auslandsmarkt).

Die folgenden Überlegungen beziehen sich auf die Marktneuerschließung. In idealtypischer
Form lassen sich dabei die folgenden drei Strategien voneinander abgrenzen.

(1) Wasserfall- bzw. Konzentrationsstrategie

(2) Sprinkler- bzw. Diversifikationsstrategie

(3) Kombinierte Wasserfall-Sprinklerstrategie

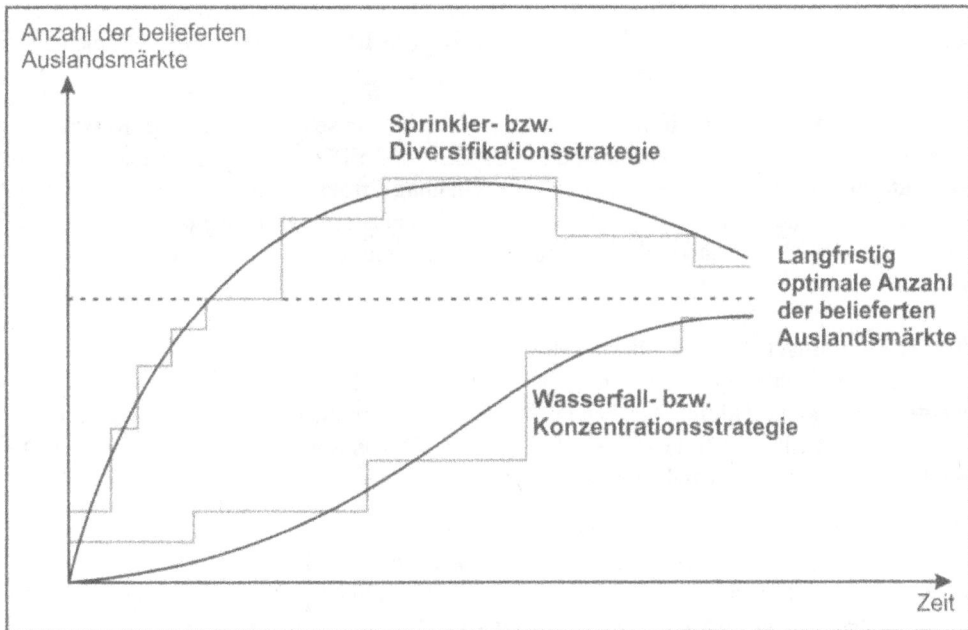

Abb. 3.10   *Länderübergreifende Timingstrategien (Quelle: nach Meffert/Bolz 1998, S. 138)*

Zu (1) Wasserfall- bzw. Konzentrationsstrategie

Bei der Wasserfall- bzw. Konzentrationsstrategie (high commitment strategy) erfolgt eine
sukzessive Bearbeitung der anvisierten Auslandsmärkte. Der Internationalisierungsprozess
nimmt daher einen längeren Zeitraum in Anspruch. Er basiert auf einer ausgiebigen Informationsauswertung der infrage kommenden ausländischen Zielmärkte, welche nach und
nach bearbeitet werden sollen. Die für das Auslandsgeschäft bereitgestellten Ressourcen
(Management und Kapital) werden konzentriert für den jeweils avisierten Zielmarkt eingesetzt. Dies ermöglicht eine hohe Marktbearbeitungsintensität. Bereits erfolgreich etablierte

Auslandsmärkte können im Zeitablauf dazu beitragen, weitere Auslandsengagements zu finanzieren (länderübergreifender kalkulatorischer Ausgleich).

Zu (2) Sprinkler- bzw. Diversifikationsstrategie

Bei der Sprinkler- bzw. Diversifikationsstrategie (low commitment strategy) wird eine Vielzahl von Auslandsmärkten weitgehend simultan, d.h. innerhalb eines kurzen Zeitraumes, erschlossen. Im Vordergrund steht das Ziel einer möglichst schnellen Markteinführung des Unternehmens und seiner Produkte bei gleichzeitiger Ausschöpfung bestehender Erfolgspotenziale und Abwehr potentieller Mitwettbewerber. Diese Strategie hat bei begrenzten Unternehmensressourcen zur Folge, dass die Markbearbeitungsintensität auf den einzelnen Auslandsmärkten nur auf einem niedrigen Niveau erfolgt (Meffert/Bolz 1998, S. 137). Da auch die Informationsauswertung über die einzelnen Zielländermärkte aufgrund des kurzen Zeitraums nur eingeschränkt möglich ist, müssen Fehlentscheidungen von vornherein einkalkuliert werden. Bereits erschlossene aber erfolglose Ländermärkte müssen dementsprechend wieder aufgegeben werden.

Sofern zur Realisierung des jeweiligen Ländermarktziels ein sehr umfangreicher Ressourcentransfer erforderlich ist, um entsprechende Größen- und Effizienzvorteile zu realisieren, so ist tendenziell eine sukzessive Ländermarktbearbeitung Erfolg versprechender. Besteht demgegenüber eine hohe Wettbewerbsintensität infolge eines nur geringen Marktwachstums in den verschiedenen Zielmärkten, so ist tendenziell ein simultaner Ländermarkteintritt zu empfehlen.

Zu (3) Kombinierte Wasserfall-Sprinklerstrategie

Die Wasserfall- und Sprinklerstrategie können grundsätzlich auch miteinander kombiniert werden. Dies kann dadurch geschehen, dass sich ein Unternehmen zunächst auf einzelne ausgewählte Auslandsmärkte intensiv konzentriert. Davon ausgehend werden dann situationsabhängig weitere Auslandsmärkte erschlossen bzw. weniger intensiv bearbeitet.

Beispiele für eine kombinierte Wasserfall-Sprinklerstrategie finden sich im so genannten **Triadenkonzept**. Der Begriff Triade bezieht sich auf die drei stärksten Weltwirtschaftsregionen (Europa, Nordamerika und Südostasien). Eine kombinierte Wasserfall- und Sprinklerstrategie bedeutet in diesem Zusammenhang zunächst eine schrittweise Konzentration auf jeweils ein Land der Triade. Im Zeitablauf werden dann ausgehend von einem so gebildeten Referenzland (Brückenland) weitgehend simultan mehrere Länder der jeweiligen Weltwirtschaftsregion bearbeitet.

	Vorteile	Nachteile
Wasserfall- bzw. Konzentrationsstrategie (high commitment strategy)	- kalkulatorische Ausgleich zwischen den Ländermärkten - Möglichkeit des Aufbaus internationaler Managementkapazitäten - Möglichkeit zur Bildung von Brückenköpfen - Verlängerung von Produktlebenszyklen	- langsame Internationalisierung - Vernachlässigung weiterer Auslandsmärkte - Gefahr eines vorzeitigen Markteintritts von Mitwettbewerbern in nicht erschlossenen Auslandsmärkten - Mitwettbewerber in noch nicht erschlossenen Auslandsmärkten können sich vorbereiten
Sprinkler- bzw. Diversifikationsstrategie (low commitment strategy)	- Verteilung von Risiken auf mehrere Auslandsmärkte - Möglichkeit zur Sicherung von Wettbewerbsvorteilen bei schneller Internationalisierung - Etablierung von Produktstandards - Ausnutzung kurzer Produktlebenszyklen	- hoher internationaler Koordinationsaufwand - Gefahr von Fehlentscheidungen - kaum Möglichkeiten des Wissenstransfers - kaum Möglichkeiten des kalkulatorischen Ausgleichs zwischen den Auslandsmärkten

Abb. 3.11 Vor- und Nachteile länderübergreifender Timingstrategien

3.6 Internationale Standortwahl

Die internationale Standortwahl ist immer verbunden mit einer **Direktinvestitionsentscheidung**. Sie kann sowohl einen Standortaufbau, eine Standorterweiterung, einen Standortabbau oder eine Standortverlagerung im Ausland betreffen. Internationale Unternehmen sind in der Regel Mehrbetriebs-Unternehmen, d.h. ein internationales Unternehmen verfügt über mehrere Unternehmensstandorte, welche sich über mehrere Länder verteilen.

Die **internationale Standortwahl** ist eine strategische Entscheidung über einen oder mehrere geeignete Standorte im Ausland. Sie betrifft im Kern zwei Problembereiche.

(1) Festlegung der ländergeographischen Standortstruktur

(2) Standortbestimmung

Zu (1) Festlegung der ländergeographischen Standortstruktur
Bei der Festlegung der ländergeographischen Standortstruktur geht es um die Anzahl der Unternehmensstandorte und ihre räumliche Verteilung über mehrere Staaten (internationale Dislokation von Unternehmensstandorten). Um die **Anzahl der Standorte** zu bestimmen, muss festgelegt werden, welche betrieblichen Funktionsbereiche von einem bzw. wenigen Standorten aus global wahrgenommen werden sollen (Integration) und welche eher lokal, d.h. vor Ort im jeweiligen Gastland erfolgen sollen (Differenzierung).

Integration bedeutet in diesem Zusammenhang beispielsweise, dass eine betriebliche Funktion (z.B. Forschung und Entwicklung) an einem Standort zentral für alle anderen Standorte erfolgt. **Differenzierung** ist beispielsweise dann gegeben, wenn ein betrieblicher Funktionsbereich, wie z.B. Marketing und Vertrieb, vor Ort in den jeweiligen Ländermärkten durch eigene Vertriebstochterunternehmen wahrgenommen wird. Je mehr betriebliche Funktionen lokal differenziert wahrgenommen werden, d. h. vor Ort in den betroffenen Ländermärkten erfolgen, desto mehr Unternehmensstandorte gibt es.

Von einer **internationalen Standortspaltung** wird dann gesprochen, wenn die gleichen Leistungen (z.B. gleiche Produkte oder gleiche betriebliche Funktionen) an mehreren Standorten in unterschiedlichen Ländern erbracht werden. Eine **internationale Standortteilung** liegt dann vor, wenn die Art der Leistungserbringung zwischen den einzelnen Standorten in unterschiedlichen Ländern andersartig ist. Bei einer **internationalen Standortdiversifikation** liegt eine Kombination aus Standortteilung und Standortspaltung zwischen den Standorten vor.

Zu (2) Standortbestimmung
Grundlegende Bedeutung bei der internationalen Standortbestimmung erlangt der **Freiheitsgrad der Standortwahl**. Ein **gebundener Standort** liegt dann vor, wenn die Standortalternativen von vornherein durch unternehmensexterne Standortfaktoren (z.B. gesetzliche Auflagen) oder unternehmensinterne Standorterfordernisse (z.B. Verkehrsinfrastruktur) begrenzt sind. Demgegenüber spricht man von einem **freiem Standort**, wenn eine Mehrzahl von Standortalternativen gegeben ist.

Bestehen mehrere Standortalternativen, so erfolgt die Standortwahl auf der Grundlage von Standortfaktoren. **Standortfaktoren** sind die entscheidungsrelevanten Kriterien, mittels welcher die Eignung verschiedener Standorte miteinander verglichen bzw. überprüft werden sollen. Bei der internationalen Standortwahl können eine **Vielzahl von Standortfaktoren** berücksichtigt werden. Die Frage, welche Standortfaktoren einer konkreten Entscheidung zugrunde gelegt werden, ist immer unternehmensspezifisch.

Im Hinblick auf die **Entscheidungsrelevanz von Standortfaktoren** wird unterschieden zwischen limitationalen und substitutionalen Standortfaktoren:

- **Limitationale Standortfaktoren** (Musskriterien) sind Standortanforderungen, die ein zu wählender Standort in jedem Fall erfüllen muss. Sie können auch zur Vorselektion potentieller Standortalternativen verwendet werden.

- **Substitutionale Standortfaktoren** (Soll- oder Kann-Kriterien) zeichnen sich dadurch aus, dass ungünstige Ausprägungen eines Standortfaktors durch eine günstige Ausprägung eines anderen Standortfaktors kompensiert werden können. Substitutionale Standortfaktoren dienen der weiteren Bewertung der zur engeren Wahl stehenden Standortalternativen.

Eine internationale Standortwahl erfolgt meist stufenweise. Bei der **Makrostandortbestimmung** geht es zunächst um die Festlegung einer Staatengemeinschaft (z.B. EU, NAFTA) sowie eines Staates für einen Unternehmensstandort. Darauf aufbauend geht es bei der **Mikrostandortbestimmung** dann darum, einzelne Regionen sowie Städte und Gemeinden im Hinblick auf konkrete Standorte bzw. Lokalitäten zu bewerten.

Makrostandortbestimmung	
Staatengemeinschaft (regionale Wirtschaftsintegrationsräume)	Supranationale und nationale Standortfaktoren der Makroumwelt
Staaten	
Mikrostandortbestimmung	
Region	Regionale und lokale Standortfaktoren der Mikroumwelt
Stadt/Gemeinde	
Grundstück/Lokalität	

Abb. 3.12   Stufen internationaler Standortbestimmung

Nach der **hierarchischen Einordnung von Standortfaktoren** bei der internationalen Standortwahl erfolgt eine Unterteilung in Makro- und Mikrostandortfaktoren:

- **Makrostandortfaktoren** können sich beziehen auf eine Staatengemeinschaft oder auf einen bestimmten Staat. Sie gelten als weitgehend einheitlich für eine Staatengemeinschaft bzw. für einen einzelnen Staat. Die nationalen, d.h. landesspezifischen Standortfaktoren sind weniger aggregiert als die supranationalen Standortfaktoren. Ihre Aussagefähigkeit ist daher höher einzuschätzen.

- **Mikrostandortfaktoren** sind standortspezifische, d.h. regionale bzw. lokale Standortfaktoren, welche in den einzelnen Regionen bzw. Städten und Gemeinden eines Staates durchaus sehr unterschiedlich sein können.

Standortfaktoren	Ge-wich-tung	Standort (Land A)	Er-gebnis	Standort (Land B)	Er-gebnis
Makrostandortfaktoren					
- makroökonomische Einfluss-faktoren (z.B. Entwicklungs-stand, Wirtschaftswachstum)					
- politische Einflussfaktoren (z.B. staatlicher Einflussnahme auf Unternehmensentscheidun-gen)					
- rechtlicher Einflussfaktoren (z.B. Rechtssicherheit, administ-rative Belastungen)					
- steuerliche Einflussfaktoren (z.B. Investitionsanreize)					
- soziokulturellen Einflussfakto-ren (z.B. Sprache, Religion)					
Mikrostandortfaktoren					
- Standortverfügbarkeit und Standortkosten (z.B. Grund-stückskosten, Immobilien)					
- beschaffungsseitige Einfluss-faktoren (z.B. Infrastruktur, Transportverbindungen)					
- produktionsseitige Einflussfak-toren (z.B. technologische Be-dingungen, Lohnkosten)					
- absatzseitige Einflussfaktoren (z.B. Absatzmarktnähe, Handels-hemmnisse, Marktvolumen)					
		Gesamt-summe		Gesamt-summe	
Gewichtung: 0,0 unwichtig bis 1,0 sehr wichtig; **Punkte:** 0 extrem ungünstig bis 3 sehr günstig					

Abb. 3.13 Makro- und Mikrostandortfaktoren

Vorliegend ist eine Einteilung der Standortfaktoren in **Makro- und Mikrostandortfaktoren** (Schöllhammer 1989, Sp. 1959 f.). Eine solche Einteilung kann in Abhängigkeit von dem verfolgten Bewertungszweck weiter ausdifferenziert werden.

Die Systematik der Einflussfaktoren sowie ihre konkrete Auswahl sind im Hinblick auf den Bewertungszweck der Standortwahl unternehmensspezifisch vorzunehmen. Entsprechend dem **Punktbewertungsverfahren** gilt, dass je höher die Gesamtpunktzahl (Nutzwert) einer Standortalternative ist, desto geeigneter erscheint diese für einen Standortaufbau bzw. eine Standortexpansion.

Die internationale Standortwahl betrifft eine Entscheidung über Standorte in verschiedenen Ländermärkten. Voraussetzung ist daher immer eine **Ländermarktselektion** mit dem Ziel attraktive Länder für ein **Direktinvestitionsengagement** zu identifizieren. Die Ausnutzung **internationaler Standortvorteile** (international location advantages) ist abhängig von der gewählten Internationalisierungsstrategie und von der Art sowie vom Umfang der am ausländischen Standort zu erbringenden Wertschöpfung (z.B. Produktion, Vertrieb).

Eine **Standortentscheidung** (location decision) kann sich beziehen auf einen Standortaufbau, eine Standorterweiterung oder auf einen Standortabbau. Werden in die Standortentscheidung bestehende als auch potentielle Standorte miteinbezogen, so kann dies auch mit einer **Standortverlagerung** (relocation) verbunden sein. Es besteht ein starker **internationaler Standortwettbewerb** um Investitionskapital für Neuansiedlungen. Dabei konkurrieren sowohl Staaten als auch einzelne Regionen und Städte miteinander.

Fragen und Aufgaben zur Wiederholung

1. Nennen Sie die wichtigsten Anlässe für eine Ländermarktanalyse und erläutern Sie diese jeweils anhand eines selbst gewählten Beispiels.

2. Was ist Gegenstand der Marktsegmentierung und welche Ebenen der internationalen Marktsegmentierung sind zu unterscheiden?

3. Aufgrund welcher Kriterien können Länder typologisiert werden und wie ist die Aussagefähigkeit derartiger Ländertypologien einzuschätzen?

4. Worum geht es bei der supranationalen Marktsegmentierung und wodurch unterscheiden sich die direkte und indirekte Segmentierung?

5. Woraus kann sich eine Verbundenheit zwischen den Ländermärkten ableiten und welche Bedeutung erlangt dies für die supranationale Marktsegmentierung?

6. Was wird unter Transferbedingungen verstanden und welche Rolle spielen diese im Rahmen der supranationalen Marktsegmentierung?

7. Unterscheiden Sie zwischen institutionellen, ökonomischen und unternehmensseitigen Markteintrittsbarrieren und erläutern Sie die Unterschiede jeweils anhand eines selbst gewählten Beispiels.

8. Welche Rolle spielen strukturelle Markteintrittsbarrieren und inwiefern unterscheiden sie sich von strategischen Markteintrittsbarrieren?

9. Was wird unter Marktaustrittsbarrieren verstanden und inwieweit sind diese bei einer Entscheidung über den Markteintritt in einen Ländermarkt zu beachten?

10. Erläutern Sie den Begriff „versunkene Kosten" und nennen Sie Beispiele für „versunkene Kosten" bei unterschiedlichen Formen des Auslandsmarkteintritts.

11. Unterscheiden Sie zwischen Länderrisiken und ökonomischen Risiken und erläutern Sie die Unterschiede anhand von Beispielen.

12. Was wird unter KT-Risiken und ZM-Risiken verstanden? Wann spricht man von Dispositionsrisiken?

13. Erläutern Sie die Anwendungsvoraussetzungen und Aussagefähigkeit von Portfolio- und Punktbewertungsverfahren im Rahmen der internationalen Marktselektion.

14. Warum ist ein rationales Entscheidungsverhalten bei der internationalen Marktselektion eher die Ausnahme als die Regel?

15. Kennzeichnen Sie die besondere Rolle der frühen Folger im Unterschied zum Pionierunternehmen und zu den späten Folgern im Rahmen von länderspezifischen Timing-Entscheidungen.

16. Wann spricht man von einer kombinierten Wasserfall-Sprinklerstrategie und welche Rolle spielt in diesem Zusammenhang das so genannte Triadenkonzept?

17. Unterscheiden Sie zwischen einer internationalen Standortspaltung, internationalen Standortteilung und internationalen Standortdiversifikation und erläutern Sie die damit verbundenen Konsequenzen für die internationale Standortwahl.

18. Was wird unter limitationalen und was unter substitutionalen Standortfaktoren verstanden?

19. Unterscheiden Sie zwischen Makro- und Mikrostandortfaktoren und nennen Sie jeweils Beispiele dafür.

20. Diskutieren Sie mögliche Konsequenzen internationaler Standortentscheidungen anhand eines selbst gewählten Beispiels.

4 Internationale Markteintritts- und Marktbearbeitungs- entscheidungen

4.1 Grundlagen und Problemstellung

Auslandsmärkte können durch verschiedene Markteintrittsformen erschlossen werden. Die Markteintrittsform kennzeichnet die Art und Weise der erstmaligen Bearbeitung eines Auslandsmarktes. Die Wahl der **Markteintrittsform** hat eine strategische Bedeutung, da mit ihr in der Regel eine längerfristige Bindung einhergeht. Der Begriff **Marktbearbeitungsform** ist weiter gefasst. Er betrifft die sich im Anschluss an einen Markteintritt ergebenden Formen der Marktbearbeitung. Markteintritt und Marktbearbeitung sind daher zeitlich miteinander verbunden. Markteintritts- bzw. Marktbearbeitungsformen können anhand verschiedener Kriterien beschrieben werden.

In der internationalen Geschäftspraxis wird bei der Entscheidung über die Markteintrittsform üblicherweise unterschieden zwischen dem Außenhandel, internationalen Kooperationen und Direktinvestitionen. Diese Unterscheidung begründet sich durch die verschiedenen Voraussetzungen, Chancen und Risiken, welche mit der jeweiligen Markeintrittsform verbunden sind. Die genannten Markteintrittsformen gelten als **Grundformen** des Auslandsmarkteintritts bzw. der Auslandsmarktbearbeitung.

Häufig werden mehrere Grundformen miteinander kombiniert. So schafft beispielsweise eine Direktinvestition in Form des Aufbaus einer Tochtergesellschaft im Ausland die Voraussetzung für die Entstehung des internationalen Intra-Firmenhandels (international intrafirm trade). Internationaler Intra-Firmenhandel ist Außenhandel zwischen international verbundenen Unternehmen. Durch Kombination verschiedener Formen des Auslandsmarkteintritts bzw. der Auslandsmarktbearbeitung entstehen **internationale Geschäftssysteme**. Internationale Geschäftssysteme sind unternehmensspezifisch und können von Auslandsmarkt zu Auslandmarkt unterschiedlich gestaltet sein.

Kriterien zur Beschreibung von	Markteintritts- bzw. Marktbearbeitungsformen
Ressourcenbeanspruchung	- Art der Ressourcen (z.B. Managementres-sourcen, Know-how, Kapital) - Umfang der benötigten Ressourcen - zeitliche Bindung der Ressourcen
Wertschöpfungsschwerpunkt	- Schwerpunkt der Leistungserstellung im Inland (z.B. Export, Vertriebsniederlassung) - Schwerpunkt der Leistungserstellung im Ausland (z.B. Auslandsproduktion)
Risikobetroffenheit	- Art der Risiken (z.B. Transportrisiken, Wäh-rungsrisiken, Investitionsrisiken) - Ausmaß bzw. Intensität des Risikos sowie Möglichkeiten der Risikobewältigung - Wahrscheinlichkeit des Eintritts eines jewei-ligen Risikofalls
Kontrollmöglichkeiten	- Eigenkontrolle (z.B. Direktexport) - kooperative Kontrolle (z.B. Joint Venture) - Fremdkontrolle (z.B. indirekter Export)
Flexibilität	- zeitliche Bindung an ein Auslandsengage-ment (z.B. Verträge, Gewährleistungen) - Möglichkeit der Veränderung eines Aus-landsengagements (z.B. Erweiterung, Ergän-zung, Reduzierung)
Reversibilität	- Möglichkeit ein Auslandsengagement rück-gängig zu machen - Kosten der Rückgängigmachung eines Aus-landsengagements (z.B. „sunk costs")
Rechtliche Einschränkungen	- Außenwirtschafts- und Zollrecht - Wettbewerbsrecht - Produkthaftungsrecht - Gesellschaftsrecht - weitere Rechtsgebiete

Abb. 4.1 *Kriterien zur Beschreibung von Markteintritts- bzw. Marktbearbeitungsformen*

Markteintritts- bzw. Marktbearbeitungsentscheidungen sind von einer Vielzahl von Einflussfaktoren abhängig. Neben den unternehmensinternen Voraussetzungen und Zielsetzungen sind insbesondere auch die Markteintrittsbarrieren der jeweiligen Zielländermärkte zu beachten. Hohe Markteintrittsbarrieren können dazu führen, dass eine vom Stammland erfolgende Auslandsmarktbearbeitung (z.B. durch Exporte) bereits von vornherein ausscheidet und stattdessen eine Direktinvestition oder eine Unternehmenskooperation in Frage kommt. Umgekehrt können bestimmte Länderrisiken dazu führen, dass ein Direktinvestitionsengagement generell auszuschließen ist.

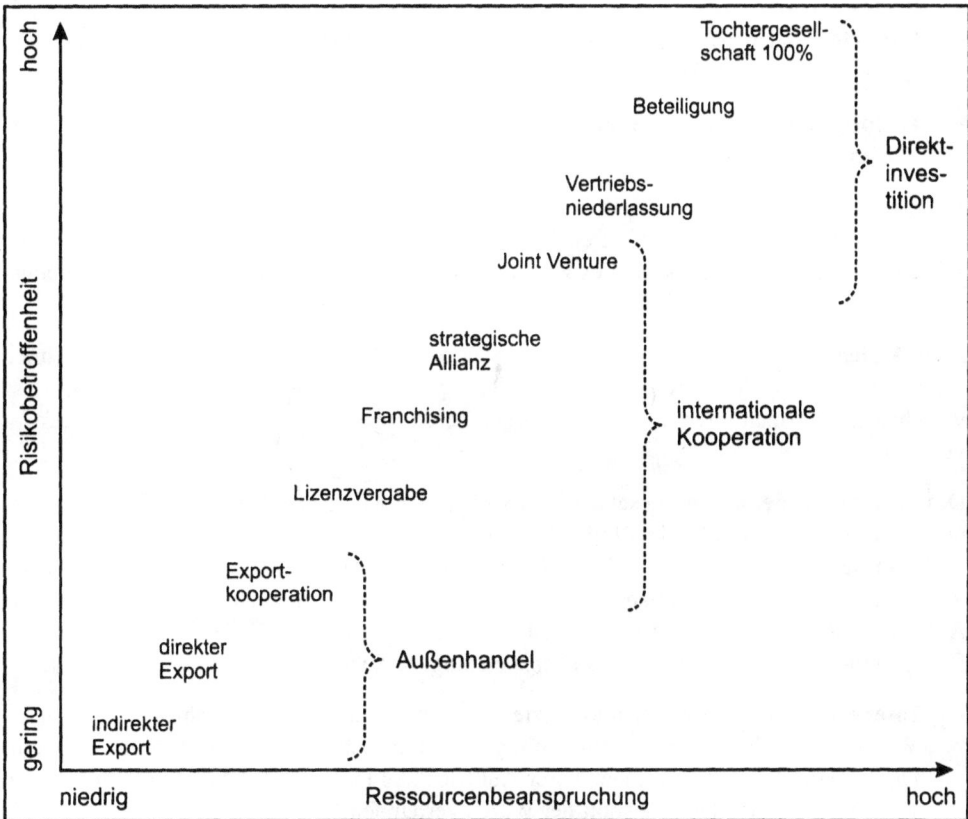

Abb. 4.2 *Markteintrittsformen im Ausland*

Üblicherweise erfolgt der Markteintritt in einen ausländischen Markt schrittweise über mehrere Stufen, so dass **unterschiedliche Entwicklungspfade der Auslandsmarktbearbeitung** abgebildet werden können. Je bedeutsamer das Auslandsengagement für ein Unternehmen wird, desto eher wird es sein Auslandsengagement intensivieren, um dadurch eine größere Kontroll- sowie Steuerungsmöglichkeit zu gewinnen. Je intensiverer das Auslandsengagement wird, desto mehr Unternehmensressourcen sind erforderlich und desto höher sind in der Regel auch die Risiken. Der Ausgangspunkt des Auslandsmarkteintritts und die Verlaufsform der Internationalisierung sind unternehmensspezifisch und daher sehr unterschiedlich.

4.2   Außenhandelsentscheidungen

4.2.1   Einleitender Überblick

Der Außenhandel bildet in der Regel die Grundlage eines internationalen Unternehmensengagements. Zum **Außenhandel im engeren Sinne** zählt der Export-, Import- und Transithandel:

- **Exporthandel** betrifft die grenzüberschreitende Bereitstellung von Wirtschaftsleistungen an ausländische Abnehmer.

- **Importhandel** bezieht sich auf den grenzüberschreitenden Bezug von Wirtschaftsleistungen aus dem Ausland.

- **Transithandel** ist eine Kombination aus Export und Import zwischen drei Ländern. Beim Transithandel importiert ein Transithändler mit Sitz in einem Transitland Waren aus einem Ursprungsland und exportiert diese an einen Kunden in einem Bestimmungsland.

Zum **Außenhandel im weiteren Sinne** werden auch all jene Geschäftssysteme gerechnet, welche in Verbindung mit Außenhandelsbeziehungen stehen. Hierunter fallen beispielsweise verschiedene Formen internationaler Unternehmenskooperationen sowie auch die Direktinvestitionen.

Das **typische Außenhandelsgeschäft** ist im Vergleich zum Einzelhandelsgeschäft ein großvolumiges Handelsgeschäft. Im Hinblick auf die Abnehmerstruktur ist das Außenhandelsgeschäft in der Regel nicht an den Endkonsumenten gerichtet, sondern bezieht sich auf Handelsbeziehungen zwischen inländischen und ausländischen Unternehmen. Typisch für das Außenhandelsgeschäft ist das so genannte „Business-to-Business". Der Außenhandel umfasst den internationalen Waren- und Dienstleistungsverkehr:

- **Internationaler Warenverkehr** bezieht sich auf den Handel mit physisch greifbaren Waren, wie Halb- und Fertigerzeugnissen sowie Rohstoffen. Der internationale Warenhandel wird daher auch als sichtbarer Außenhandel bezeichnet. Er ist immer mit einem grenzüberschreitenden Transport der Waren verbunden.

- **Internationaler Dienstleistungsverkehr** liegt vor, wenn der Auftraggeber und Auftragnehmer in verschiedenen Staaten domizilieren. Der internationale Dienstleistungsverkehr kann eine Vielzahl von Leistungen betreffen, wie z.B. Beratungs-, Montage-, Service-, Transport- und Versicherungsleistungen.

Konstitutiv für das Außenhandelsgeschäft ist das Überschreiten von Staatsgrenzen. Auch der Handelsverkehr zwischen den Mitgliedstaaten der **Europäischen Union** stellt im außenwirtschaftlichen Sinne Außenhandel dar. Für Zwecke der **Außenhandelsstatistik** wird unterschieden zwischen dem Intrahandel und Extrahandel. Sowohl der Intrahandel als auch der Extrahandel sind meldepflichtig:

- **Intrahandel** betrifft den Handelsverkehr zwischen den Mitgliedsstaaten der Europäischen Union (innergemeinschaftlicher Handel). Der innergemeinschaftliche Handel wird statistisch erfasst über Intrastat.

- **Extrahandel** betrifft den Handelsverkehr mit den Nichtmitgliedsstaaten der Europäischen Union. Er wird statistisch erfasst über Extrastat.

Bei einer Entscheidungsfindung über ein Außenhandelsengagement sind insbesondere die **Transferbedingungen** des internationalen Handelsverkehrs zu beachten. Die Transferbedingungen sind maßgeblich für die Gestaltung und Abwicklung der Außenhandelsbeziehungen zwischen den beteiligten Ländern. Sie betreffen Informationen über die außenwirtschafts- und zollrechtlichen Bestimmungen sowie die damit einhergehenden Meldepflichten und landesspezifischen Abwicklungsformalitäten. Zu den wichtigsten gesetzlichen Bestimmungen betreffend den Außenhandel zählen das Außenwirtschaftgesetz (AWG), die Außenwirtschaftsverordnung (AWV) und das Europäische Zollrecht.

4.2.2 Direkter und indirekter Außenhandel

Im Hinblick auf die **Mittelbarkeit der Außenhandelsbeziehungen** zum ausländischen Geschäftspartner wird zwischen direktem und indirektem Außenhandel unterschieden. Diese Unterscheidung ist maßgeblich für die außenwirtschafts- und zollrechtliche Abwicklung der Außenhandelsbeziehungen sowie alle damit einhergehenden Formalitäten und Meldepflichten.

Im **Exporthandel** wird demnach unterschieden zwischen direktem und indirektem Export:

- **Direkter Export** liegt immer dann vor, wenn zwischen dem inländischen Anbieter (Hersteller) und dem ausländischen Abnehmer eine unmittelbare, d.h. direkte Geschäfts- und Vertragsbeziehung besteht. Dem Direktexporteur obliegt die kaufmännische Anbahnung und Abwicklung des Exportgeschäfts. Er trägt zudem die mit dem Exportgeschäft verbundenen Risiken. Ein Direktexportgeschäft lieg auch dann vor, wenn Waren an eine eigene Vertriebstochtergesellschaft im Ausland verkauft werden. Im außenwirtschaftlichen und zollrechtlichen Sinne ist der Direktexporteur **Ausführer** und damit verantwortlich für die Einhaltung der außenwirtschafts- und zollrechtlichen Bestimmungen.

- **Indirekter Export** ist dann gegeben, wenn zwischen dem inländischen Anbieter (Hersteller) und dem ausländischen Abnehmer (Importeur) ein rechtlich selbständiges Außen- bzw. Exporthandelsunternehmen mit Sitz im Inland zwischengeschaltet ist. Der Außen- bzw. Exporthändler übernimmt die Geschäftsanbahnung, die Exportabwicklung als auch die mit dem Export verbundenen Risiken. **Ausführer** im außenwirtschaftsrechtlichen und zollrechtlichen Sinne ist in diesem Fall das inländische Außen- bzw. Exporthandelsunternehmen, da dieses das Exportgeschäft auf eigene Rechnung durchführt. Die Einflussnahmemöglichkeiten des inländischen Herstellers auf den Erfolg des Exportgeschäfts sind beim indirekten Export geringer als beim direkten Export.

Inland		Ausland	
Anbieter (Exporteur)	————————————▶	Kunde (Importeur)	**direkter** **Export**
Anbieter	——▶ Exporthändler (Exporteur) ——▶ Zoll- lager ——▶	Kunde (Importeur)	**indirekter** **Export**
Kunde (Importeur)	◀————————————	Lieferant (Exporteur)	**direkter** **Import**
Kunde	◀—— Importhändler (Importeur) ◀—— Zoll- lager ◀——	Lieferant (Exporteur)	**indirekter** **Import**

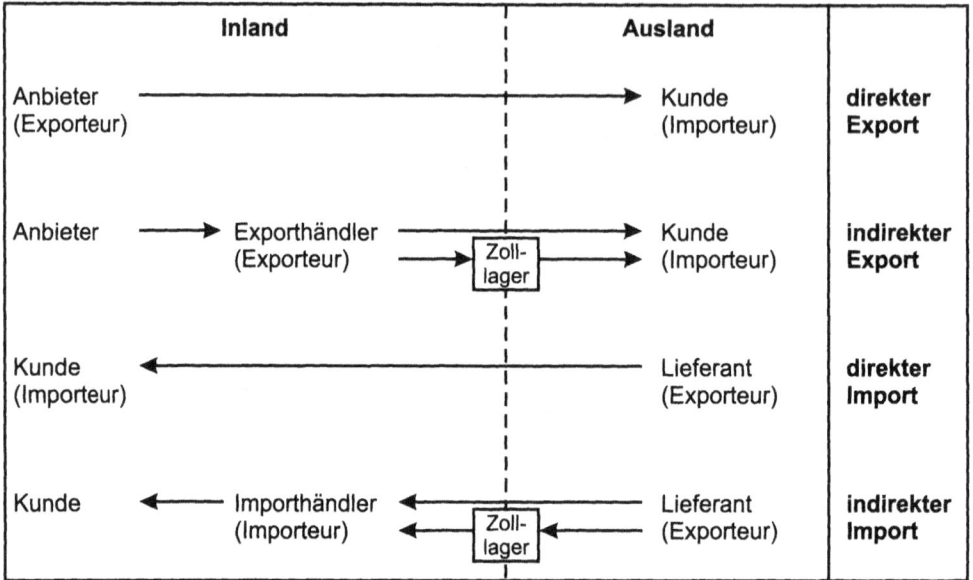

Abb. 4.3   *Direkter und indirekter Außenhandel*

Das Direktexportgeschäft ist volumenmäßig größer als der indirekte Export. Es ermöglicht eine stärkere Kundenindividualisierung und ersetzt im Zuge einer weiteren Internationalisierung häufig den indirekten Export. Im **Investitionsgütergeschäft** ist der direkte Export die Regel, da Investitionsgüter technisch erklärungsbedürftig sind und in der Regel mit exportbegleitenden Wartungs-, Installations- und Serviceleistungen verbunden sind.

Direkter Export	Indirekter Export
- bei technisch erklärungsbedürftigen Gütern (Investitionsgüter)	- bei Standardartikeln (Konsumgüter)
- bei hohem Exportvolumen	- geringes Exportvolumen
- eigene Exportabteilung (Exportakquisition und Exportabwicklung)	- keine spezifische Exportorganisation erforderlich
- unmittelbare Kontrolle und Einflussnahmemöglichkeit auf den Exporterfolg	- geringe Auslandsmarktkenntnisse
- Handelsspanne des Außen-/Exporthändlers wird eingespart	- Hersteller verliert die Handelsspanne des Außen-/Exporthändlers
- Exportrisiken liegen beim Direktexporteur	- Exportanbahnung, Exportabwicklung und Exportrisiken werden vom Außen-/Exporthändler übernommen

Abb. 4.4   *Merkmale des direkten und indirekten Exports*

Spiegelbildlich zum Export wird auch beim **Importhandel** zwischen direktem und indirektem Import unterscheiden:

- **Direkter Import** liegt vor, wenn zwischen dem inländischen Käufer (Importeur) und dem ausländischen Lieferanten eine unmittelbare, d.h. direkte Geschäfts- und Vertragsbeziehung besteht. Der Direktimporteur ist im außenwirtschafts- und zollrechtlichen Sinne **Einführer** und damit für das Einfuhrverfahren und für die Einfuhrabgaben verantwortlich. Einfuhrabgaben werden für Wareneinfuhren aus Drittländern erhoben. Sie setzen sich zusammen aus dem Einfuhrzoll und der Einfuhrumsatzsteuer.

- **Indirekter Import** betrifft den Fall, dass zwischen dem inländischen Besteller und dem ausländischen Lieferanten ein im Inland ansässiges Außenhandelsunternehmen als Importhändler zwischengeschaltet ist. **Einführer** im außenwirtschaft- und zollrechtlichen Sinne ist dann das inländische Außenhandelsunternehmen.

Direkter Import	Indirekter Import
- bei größerem und regelmäßigem Importbedarf - bei hoher Abhängigkeit von den Importwaren (z.B. bei wichtigen Zulieferteilen) - um eine unmittelbare Kontrolle über den Warenbezug zu erhalten - um die Handelsspanne des Importhändlers einzusparen - wenn ein unmittelbarer Kontakt zum ausländischen Lieferanten erforderlich ist	- bei einmaligem Importbedarf - um die Markterfahrung des Importhändlers zu nutzen - wenn die Importwaren lediglich über einen Importhändler bezogen werden können - bei unzureichender Erfahrung mit der Importabwicklung - um günstige Preisangebote des Importhändlers zu nutzen

Abb. 4.5   Merkmale des direkten und indirekten Imports

Der Direktimport ist bei hohem Importbedarf und regelmäßigen Importgeschäften heutzutage der Regelfall. Der **Direktimporteur** kann die Handelsspanne einsparen, welche ansonsten der Importhändler für sich einkalkulieren würde. Aufgrund des unmittelbaren Kontaktes zum ausländischen Lieferanten ist das Direktimportgeschäft für inländische Hersteller mit laufendem Importbedarf meist unverzichtbar.

Eine wichtige Rolle beim Aufbau neuer Geschäftsbeziehungen in ausländischen Zielmärkten kommt den so genannten **Außenhandelsmittlern** (intermediaries) zu. Außenhandelsmittler können sowohl Export- als auch Importgeschäfte vermitteln (Vermittlungsvertreter). Sofern vereinbart, können sie auch den Geschäftsabschluss für das sie beauftragende Unternehmen übernehmen (Abschlussvertreter).

Es sind verschiedene Formen von Außenhandelsmittlern zu unterscheiden. Ihnen gemeinsam ist, dass sie **stets für fremde Rechnung** (foreign account) und damit für das beauftragende Unternehmen handeln. Da sie stets für fremde Rechnung handeln, stellen sie auch **keine eigene Handelsstufe** dar. Deshalb werden Außenhandelsgeschäfte, welche über einen Außenhandelsmittler vermittelt werden zum direkten Außenhandel gerechnet (Büter 2007 S. 70). Wenngleich diese rein definitorische Betrachtung zunächst unwesentlich erscheint, so ist sie doch für die kaufvertragsrechtlich sowie für die außenwirtschafts- und zollrechtliche Beurteilung des Außenhandelsgeschäfts und damit für die Frage, wer Ausführer bzw. Einführer der Ware ist von zentraler Bedeutung.

Handelsvertreter (foreign trade agent) „fremder Name und fremde Rechnung"	- Import-/Exportvertreter - Einfirmen-/Mehrfirmenvertreter - Vermittlungs- oder Abschlussvertreter - Alleinvertretungsvertrag oftmals gewünscht - Provisionsanspruch - Ausgleichszahlung bei vorzeitiger Kündigung
Kommissionär (commission agent) „eigener Name und fremde Rechnung"	- Einkaufs- und/oder Verkaufskommissionär - Selbsteintrittsrecht und Pfandrecht an der Kommissionsware - Konsignationslager (Warenlager im Außenhandel) - Provisionsanspruch
Handelsmakler (commercial broker) „fremder Name und fremde Rechnung"	- tätigt Einzelgeschäftsabschlüsse - erhält Courtage - erstellt Schlussnote bei Geschäftsvermittlung
sonstige Außenhandelsmittler	- „cif-Agenten" (Warenspezialist als Verkaufsvertreter in Hafenstätten) - „confirming houses" (Handelshäuser, welche den Geschäftsabschluss mit Entwicklungsländern bestätigen und meist die damit einhergehenden Risiken übernehmen) - „comprador" (Einkäufer in der Funktion eines Maklers in Lateinamerika)

Abb. 4.6   Formen und Merkmale der Außenhandelsmittler

4.2.3 Außenhandelsabwicklung und Außenhandelsdokumente

Auslandsgeschäfte erfolgen unter anderen Rahmenbedingungen als nationale Handelsgeschäfte. Besonderheiten der Außenhandelsabwicklung ergeben sich aus den unterschiedlichen rechtlichen Rahmenbedingungen der beteiligten Länder sowie aus den in der Außenhandelspraxis angewendeten Handelsbräuchen. Bei der Abwicklung von Außenhandelsgeschäften können die folgenden Bereiche unterschieden werden.

(1) Kaufvertragsrechtliche Außenhandelsabwicklung

(2) Lieferseitige Außenhandelsabwicklung

(3) Zahlungsseitige Außenhandelsabwicklung

(4) Dokumentäre Außenhandelsabwicklung

(5) Außenwirtschaftsrechtliche Außenhandelsabwicklung

(6) Zollrechtliche Außenhandelsabwicklung

(7) Umsatzsteuerrechtliche Außenhandelsabwicklung

Zu (1) Kaufvertragsrechtliche Außenhandelsabwicklung
Die kaufvertragsrechtliche Außenhandelsabwicklung wird wesentlich bestimmt durch die Wahl des auf den Kaufvertrag anzuwendenden Rechts. Vereinbart werden können das nationale Recht des Exporteurs, das nationale Recht des Importeurs, das nationale Recht eines Drittlandes (z.B. Schweizer Recht) als auch das UN-Kaufvertragsrecht. Zentrale Bedeutung erlangt heutzutage das UN-Kaufvertragsrecht (UNCITRAL-Kaufvertragsrecht – United Nations Conference on Contracts for the Sale of Goods). Sofern die sachlichen Anwendungsvoraussetzungen erfüllt sind, kommt das UN-Kaufrecht „automatisch" zur Anwendung, es sei denn es wurde im Kaufvertrag explizit ausgeschlossen.

Zu (2) Lieferseitige Außenhandelsabwicklung
Die lieferseitige Außenhandelsabwicklung erfolgt durch Vereinbarung internationaler Lieferbedingungen (Incoterms – International Commercial Terms), durch welche der Transportkosten- und Gefahrenübergang sowie die Sorgfaltspflichten zwischen Exporteur und Importeur bestimmt werden. Die Incoterms sind ein international standardisierter und anerkannter Handelsbrauch. Der grenzüberschreitende Lieferverkehr ist zudem mit besonderen Anforderungen an die Verpackung und Markierung der für den Außenhandel bestimmten Waren verbunden. Der Abschluss einer Transportversicherung ist bei bestimmten Incoterms vorgeschrieben. Die Bedeutung der Transportversicherung als Bestandteil der Lieferbedingungen ergibt sich zudem aufgrund der größeren Transportentfernung und der damit einhergehenden Transportrisiken.

Zu (3) Zahlungsseitige Außenhandelsabwicklung
Die zahlungsseitige Außenhandelsabwicklung bezieht sich auf die Vereinbarung von Zahlungsbedingungen. Festzulegen sind dabei der Zahlbetrag, der Zeitpunkt der Zahlung, die

Zahlungsart (z.B. Überweisung, Bankorderscheck) sowie die Währung, in welcher die Zahlung erfolgen soll. Besondere Bedeutung im Außenhandel erlangen die dokumentären Zahlungsbedingungen. Bei den dokumentären Zahlungsbedingungen erfolgt die Zahlungsabwicklung auf der Grundlage genau spezifizierter Außenhandelsdokumente unter Mitwirkung von Banken im In- und Ausland.

Zu (4) Dokumentäre Außenhandelsabwicklung
Die dokumentäre Außenhandelsabwicklung ist integraler Bestandteil des Außenhandelsgeschäfts. Der Begriff Dokument ist aus dem Lateinischen (lat. documentum) abgeleitet und bedeutet soviel wie „beweisendes Schriftstück". Dokumente sollen die Richtigkeit und den jeweiligen Stand der Belieferung nachweisen sowie den Eigentumsübergang an der Ware und die damit verbundene Zahlungsverpflichtung regeln.

Zu (5) Außenwirtschaftsrechtliche Außenhandelsabwicklung
Die außenwirtschaftsrechtliche Außenhandelsabwicklung betrifft die Frage, ob und unter welchen Bedingungen Güter eingeführt oder ausgeführt werden dürfen. Die außenwirtschaftsrechtlichen Bestimmungen werden im deutschen Außenwirtschaftsrecht geregelt durch das Außenwirtschaftsgesetz (AWG) und durch die Außenwirtschaftsverordnung (AWV). Das deutsche Außenwirtschaftsgesetz folgt dem „Freiheitsprinzip mit Einschränkungsvorbehalt". Nach § 1 des AWG ist der Außenwirtschaftsverkehr mit fremden Wirtschaftsgebieten grundsätzlich frei. Er kann jedoch in Abhängigkeit von der Art der Ware sowie der beteiligten Länder verboten sein oder einer Genehmigung durch staatliche Behörden vorbehalten bleiben.

Zu (6) Zollrechtliche Außenhandelsabwicklung
Die zollrechtliche Außenhandelsabwicklung betrifft die Überprüfung, ob und in welcher Höhe Zölle im grenzüberschreitenden Warenverkehr von den Zollbehörden erhoben werden. Maßgeblich für die zollrechtliche Beurteilung sind das Europäische Zollrecht sowie das angemeldete Zollverfahren (z.B. Ausfuhr, Einfuhr). Das Hoheitsgebiet der Mitgliedsstaaten der Europäischen Union gilt zollrechtlich als Gemeinschaftsgebiet. Zölle existieren in der Europäischen Union gegenwärtig nur in Form von Einfuhrzöllen, welche erhoben werden können bei Wareneinfuhren aus Nicht-Mitgliedsstaaten der Europäischen Union.

Zu (7) Umsatzsteuerrechtliche Außenhandelsabwicklung
Die umsatzsteuerrechtliche Außenhandelsabwicklung betrifft die Frage, ob die Umsatzsteuer im Land des Exporteurs erhoben wird (Ursprungslandprinzip) oder im Land des Importeurs (Bestimmungslandprinzip). Ferner wird unterschieden zwischen der Besteuerung des innergemeinschaftlichen Warenverkehrs (Warenverkehr zwischen den Mitgliedsstaaten der Europäischen Union) und dem Warenverkehr mit Drittstaaten. Im innergemeinschaftlichen Warenverkehr zwischen Unternehmen ist die innergemeinschaftliche Lieferung im Grundsätzlichen von der Umsatzsteuer befreit (Nettofakturierung). Voraussetzung dafür ist, dass sowohl der Lieferant als auch der Erwerber über eine Umsatzsteueridentifikationsnummer (USt.-Id. Nr.) verfügt. Aus Sicht des die Ware empfangenden Landes liegt dann ein innergemeinschaftlicher Erwerb vor. Die im Bestimmungsland zu verrechnende Umsatzsteuer wird dann als Erwerbsteuer bezeichnet. Beim kommerziellen Warenimport aus einem Nicht-Mitglieds-

staat der Europäischen Union wird die Einfuhrumsatzsteuer erhoben, wohingegen der Warenexport von der Umsatzsteuer befreit ist.

Bei der Außenhandelsabwicklung spielen **Außenhandelsdokumente** eine zentrale Rolle. Dies hängt damit zusammen, dass neben dem Exporteur und Importeur in aller Regel auch Dritte an der Abwicklung von Außenhandelsgeschäften beteiligt sind. Dies betrifft hinsichtlich des Warenverkehrs Spediteure, Transport- und Logistikunternehmen und im Hinblick auf den Zahlungsverkehr sowie die Zahlungssicherung Banken im In- und Ausland. Hinzu kommen die außenwirtschafts- und zollrechtliche Außenhandelsabwicklung bei der Ausfuhr und Einfuhr seitens der inländischen und ausländischen Behörden sowie die damit in Verbindung stehenden Meldepflichten.

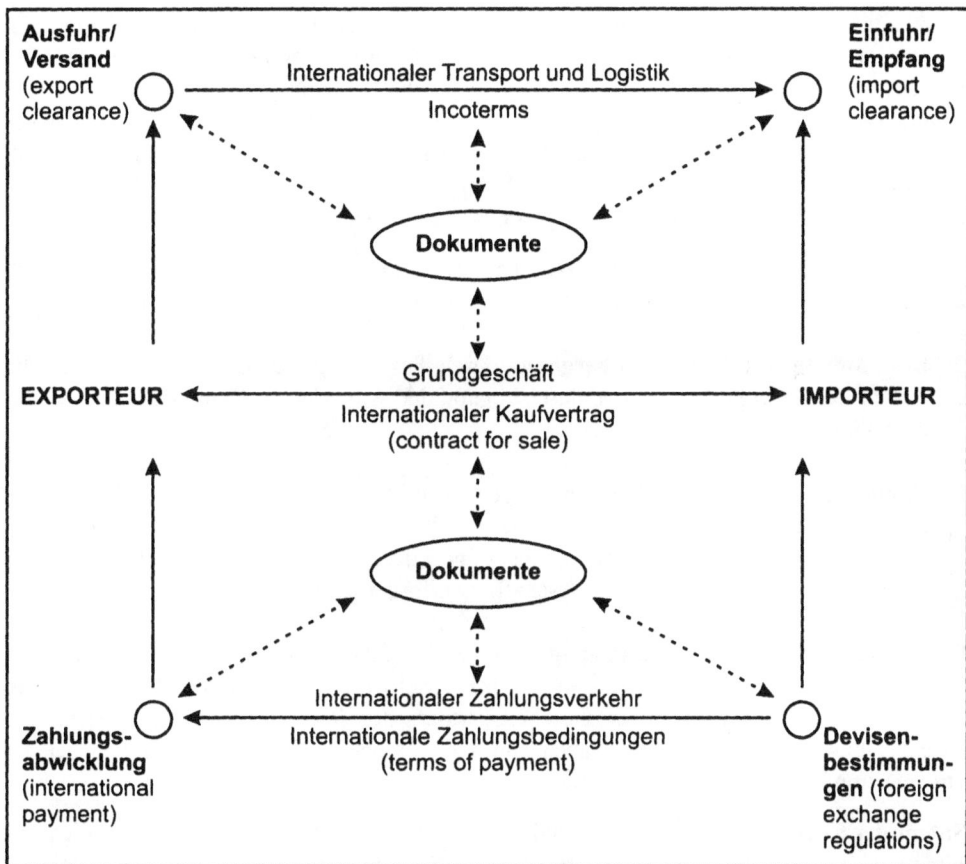

Abb. 4.7 Dokumente in der Außenhandelsabwicklung (Quelle: Büter 2007, S. 239)

Welche Dokumente für die Außenhandelsabwicklung benötigt werden, ergibt sich aus den kaufvertragsrechtlichen Vereinbarungen, den internationalen Liefer- und Zahlungsbedingungen sowie aus den Ein- und Ausfuhrbestimmungen der beteiligten Länder. In der Außenhandelspraxis erfolgt die **Einteilung der Dokumente** nach dem zu Grunde liegenden kaufmännischen Verwendungszweck. Danach wird unterschieden zwischen Transport-, Lager- und Versicherungsdokumenten sowie zwischen Handels- und Zolldokumenten.

4.2.4   Liefer- und Zahlungsbedingungen im Außenhandel

Die Lieferbedingungen (terms of delivery) und die Zahlungsbedingungen (terms of payment) sind wesentliche Bestandteile einer internationalen Kaufvertragsvereinbarung. Zu den wichtigsten **Bestandteilen der Lieferbedingungen** zählen die Vereinbarung über die Liefermenge, Lieferqualität, Lieferzeit, Kostenübernahme und Gefahrtragung, Verpackung und Markierung sowie die Transportversicherung (Büter 2007, S. 201 f.).

Maßgeblich für die Verteilung der Transportkosten und des Gefahrenübergangs bei der Belieferung sind im Außenhandel die „**International Commercial Terms (Incoterms)**". Die Incoterms stellen keine Rechtsnorm dar. Ihre rechtliche Bedeutung ergibt sich aus der Anerkennung der Incoterms als international anerkannter Handelsbrauch in der Außenhandelspraxis. Die Incoterms beziehen sich dabei lediglich auf den Waren- und nicht auf den Dienstleistungshandel oder den Handel mit immateriellen Eigentumsrechten. Durch die Vereinbarung von Incoterms in einem Kaufvertrag sollen drei Zwecke erfüllt werden:

1. **Aufteilung der Transportkosten** durch Festlegung des Übergabeortes der Ware, ab welchem der Käufer (K) die Transportkosten vom Verkäufer (V) übernimmt.

2. **Bestimmung des Gefahrenübergangs** durch Festlegung des Ortes, an welchem die Gefahr des Untergangs oder der Beschädigung der Ware vom Verkäufer auf den Käufer übergeht.

3. **Festlegung von Sorgfaltspflichten**, welche die Vertragsparteien für die ordnungsgemäße Lieferabwicklung zu erfüllen haben. Dies betrifft beispielsweise die Warenverpackung, die Warenprüfung, die Benachrichtigungs- und Informationspflichten, die Besorgung der Transportversicherung sowie die Beschaffung erforderlicher Dokumente.

Die Incoterms sind in vier **Klauselgruppen** unterteilt. Insgesamt gibt es dreizehn Incoterm-Klauseln. Die Entscheidung für eine Incoterm-Klausel ist abhängig von den Interessenlagen und der Verhandlungsstärke der Geschäftspartner, der Wahl des Transportweges, der Zweckmäßigkeit und nicht zuletzt auch von der Kompetenz der Vertragsparteien bei der Organisation internationaler Transporte.

Sofern der Transportkostenübergang und der Gefahrenübergang räumlich und zeitlich zusammenfallen, spricht man von **Einpunktklauseln**. Fallen Transportkosten- und Gefahrenübergang auseinander, so handelt es sich um so genannte **Zweipunktklauseln**. Die Incoterms können branchen- und länderübergreifend angewendet werden. Um sie verbindlich zu vereinbaren, reicht die Nennung der Kurzform.

Kurz-form	Export frei-machung	Import frei-machung	Trans-port-vertrag	Lieferort	Gefah-renüber-gang V zu K	Kosten-übergang V zu K
EXW	K	K	K	Werk des Verkäufers	Lieferort	
FCA	V	K	K	Ort der Übergabe an den Fracht-führer	Lieferort	
FAS	V	K	K	Längsseite Schiff im Verschif-fungshafen	Lieferort	
FOB	V	K	K	Schiff im Verschif-fungshafen	Schiffsreling	
CFR	V	K	V	Schiff im Verschif-fungshafen	Schiffs-reling	Bestim-mungshafen
CIF	V	K	V	Schiff im Verschif-fungshafen	Schiffs-reling	Bestim-mungshafen
CPT	V	K	V	Ort der Übergabe an ersten Frachtführer	Lieferort	Bestim-mungsort
CIP	V	K	V	Ort der Übergabe an ersten Frachtführer	Lieferort	Bestim-mungsort
DAF	V	K	V	Bestim-mungsort an der Grenze	Bestimmungsort	
DES	V	K	V	Schiff im Bestim-mungshafen	Schiff im Bestimmungshafen	
DEQ	V	K	V	Kai des Bestim-mungshafens	Kai des Bestimmungsha-fens	
DDU	V	K	V	Bestim-mungsort	Bestimmungsort	
DDP	V	V	V	Bestim-mungsort	Bestimmungsort	

Abb. 4.8 Incoterms in Kurzform (Quelle: Incoterms 2000; Internationale Handelskammer)

Neben den Lieferbedingungen sind auch die **Zahlungsbedingungen** kaufvertraglich zu vereinbaren. Festzulegen ist dabei der Zahlungsbetrag, der Zeitpunkt der Zahlung, die Art des Zahlungstransfer (Überweisung, Scheck, Wechsel) sowie die Währung, in welcher die Zahlung erfolgen soll. Durch die Vereinbarung der Zahlungsbedingungen wird die Finanzlast zwischen dem Exporteur und dem Importeur aufgeteilt sowie das Zahlungsrisiko des Exporteurs bestimmt.

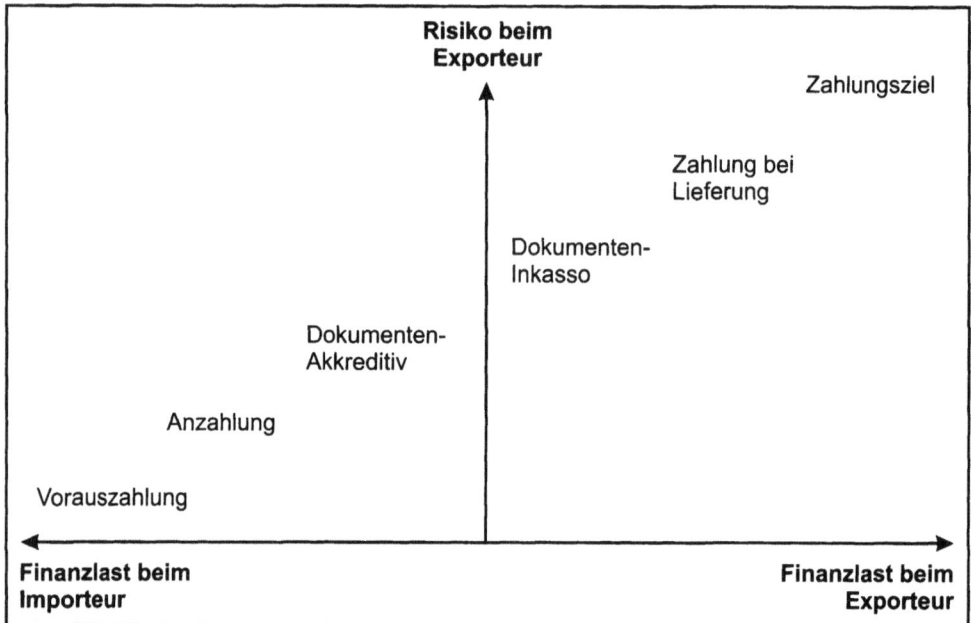

Abb. 4.9   Zahlungsbedingungen im Außenhandel

Bei den Zahlungsbedingungen im Außenhandel wird im Allgemeinen unterschieden zwischen nicht-dokumentären und dokumentären Zahlungsbedingungen (Büter 2007, S. 275 f.):

- **Nicht-dokumentäre Zahlungsbedingungen** werden auch als ungesicherte Zahlungsbedingungen bezeichnet. Hierzu zählen die Vorauszahlung, die Anzahlung, die Zahlung bei Lieferung und die Vereinbarung eines Zahlungsziels. Bei Spezialanfertigungen kann der Exporteur sein Zahlungsrisiko durch Vereinbarung von Anzahlungen bzw. Ratenzahlungen reduzieren. Die Zahlung bei Lieferung ist im Außenhandel aufgrund des meist größeren Handelsvolumens und der Höhe der Transportkosten unüblich.

- **Dokumentäre Zahlungsbedingungen** werden auch als „Zug-um-Zug Geschäfte" sowie als gesicherte Zahlungsbedingungen bezeichnet. Die Zahlungsabwicklung erfolgt hierunter Einschaltung von Banken im In- und Ausland. Der Kaufpreis wird erst nach Vorlage der vereinbarten Außenhandelsdokumente bezahlt („Zug-um-Zug Geschäftsabwicklung").

Zu den dokumentären Zahlungsbedingungen zählen:

(1) das Dokumenteninkasso und

(2) das Dokumentenakkreditiv.

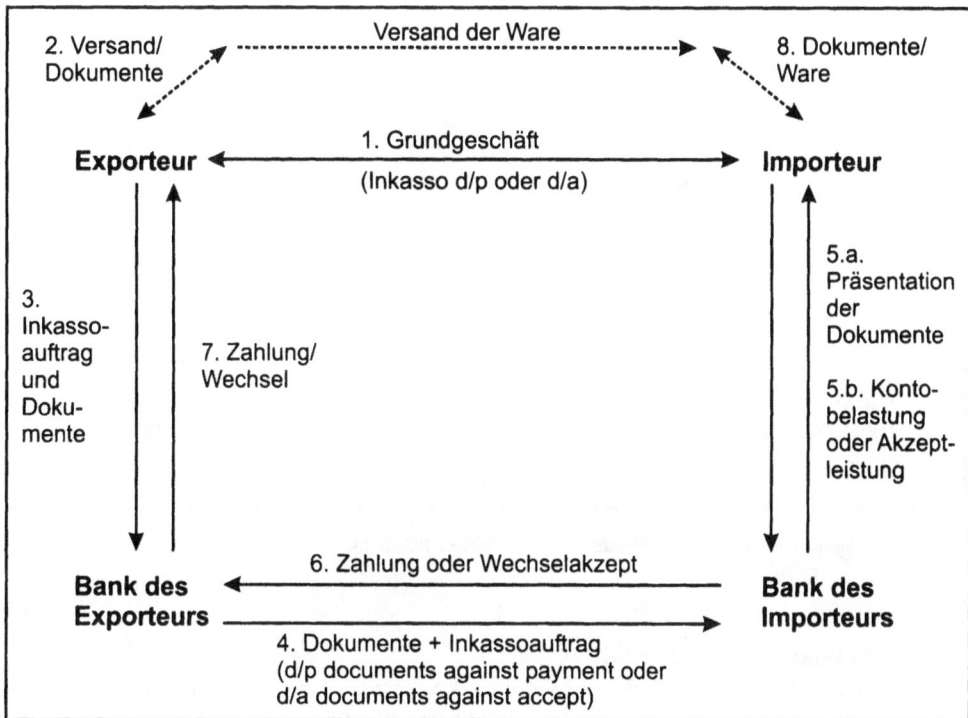

Abb. 4.10 *Ablauf beim Dokumenteninkasso (Quelle: Büter 2007, S. 280)*

Zu (1) Das Dokumenteninkasso

Das Dokumenteninkasso ist ein „Zug-um-Zug Geschäft", bei welchem dem Importeur die für den Eigentumsübergang erforderlichen Dokumente unter Mitwirkung von Banken erst gegen Zahlung des Kaufpreises (Dokumente gegen Zahlung) oder gegen Akzeptierung eines Wechsels (Dokumente gegen Akzept) übergeben werden. Die Initiative zum Dokumenteninkasso geht vom Exporteur aus. Durch den Versand der Ware erhält der Exporteur die erforderlichen Dokumente (z.B. Transportdokumente), durch welche er die Erfüllung seiner kaufvertraglichen Pflichten nachweist. Die erforderlichen Dokumente reicht der Exporteur dann zusammen mit dem Inkassoauftrag bei seiner Bank ein. Die Abwicklung des Dokumenteninkasso folgt internationalem Handelsbrauch. Maßgeblich dafür sind die „Einheitlichen Richtlinien für Dokumenteninkassi" („Uniform Rules for Collection – URC"). Es sind mehrere Varianten des Dokumenteninkassos zu unterscheiden.

```
5. Versand/          Versand der Ware                    10. Dokumente/
   Dokumente  ---------------------------------->          Ware

                       1. Grundgeschäft
      Exporteur  <--------------------------->  Importeur
                   mit Akkreditivvereinbarung

 4. Avi-                    abstraktes und                    8. Konto-
 sierung                    bedingtes                         belastung
              9. Zahlung    Schuldversprechen   2. Akkreditiv- gegen
                                                auftrag        Dokumente
 6. Doku-
 mente

                  7. Dokumente gegen Zahlung
   Bank des  <--------------------------------->  Bank des
   Exporteurs <--------------------------------   Importeurs
                  3. Akkreditiveröffnung
                  (letter of credit)
```

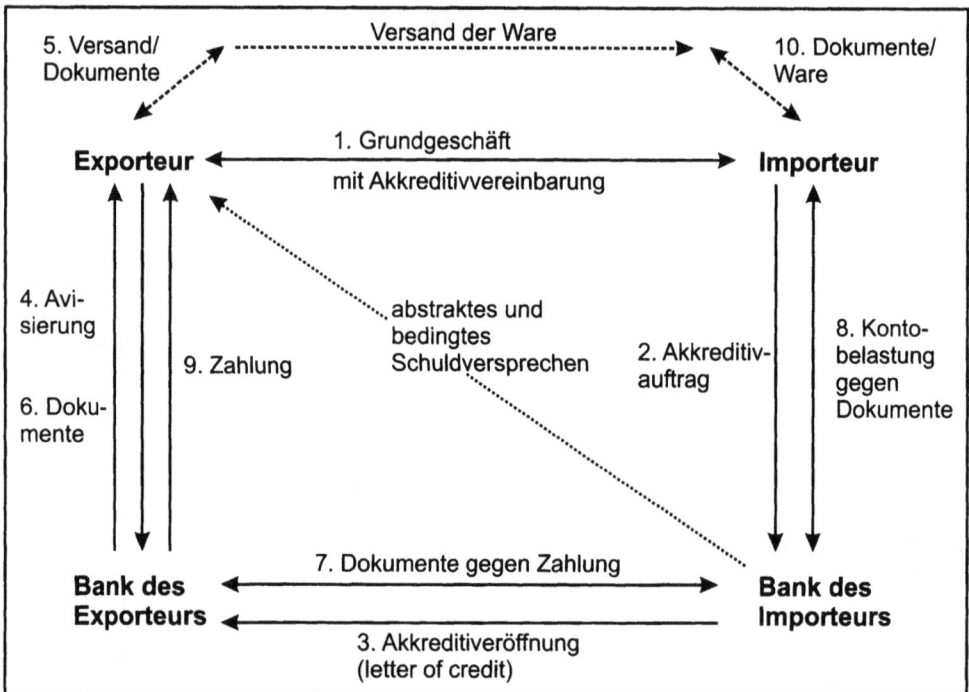

Abb. 4.11   *Ablauf beim Dokumentenakkreditiv (Quelle: Büter 2007, S. 286)*

Zu (2) Das Dokumentenakkreditiv

Das Dokumentenakkreditiv (Letter of Credit - L/C) ist ein abstraktes und bedingtes Zahlungsversprechen der Akkreditivbank im Auftrag und für Rechnung des Importeurs (Bestellers) zur Zahlung des Kaufpreises an den Exporteur (Begünstigter) bei Übergabe der akkreditivkonformen Dokumente. Dokumentenakkreditive sind abstrakt, d.h. neben der Zahlungsverpflichtung des Importeurs besteht ein vom zugrunde liegenden Kaufvertrag (Grundgeschäft) unabhängiges Zahlungsversprechen der Akkreditivbank. Dokumentenakkreditive sind bedingte Geschäft, d.h. die Bedingung für die Zahlung des Kaufpreises durch die Akkreditivbank ist die Vorlage der im Akkreditivauftrag genau spezifizierten Dokumente. Dem Exporteur dient das Dokumentenakkreditiv als Zahlungssicherheit. Da der Exporteur das Dokumentenakkreditiv bereits vor dem Warenversand erhält, kann er es als Kreditsicherheit zur Finanzierung seines Exportgeschäftes nutzen. Es sind verschiedene Abwicklungsformen des Dokumentenakkreditivs zu unterscheiden. Maßgeblich dafür sind die „Einheitlichen Richtlinien und Gebräuche für Dokumentenakkreditive" („Uniform Rules for Customs and Practice for Documentary Credits – UCP"). Die Zahlungssicherheit ist beim Dokumentenakkreditiv höher als beim Dokumenteninkasso. Ebenso verhält es sich jedoch auch mit den Gebühren, welche die Banken für die Abwicklung von Dokumentenakkreditiven abrechnen.

4.3 Kooperationsentscheidungen

4.3.1 Einleitender Überblick

Der Begriff Kooperation ist ein Oberbegriff für verschiedene Formen einer freiwilligen Zusammenarbeit zwischen ansonsten rechtlich selbstständigen Unternehmen. Eine **internationale Kooperation** ist immer dann gegeben, wenn die Kooperationspartner in unterschiedlichen Ländern domizilieren. Es sind **vielfältige Kooperationsformen** zu unterscheiden. Aus institutioneller Sicht stellen Kooperationen eine Koordination zwischen Markt und Hierarchie dar:

- **Externalisierung** bedeutet eine Regelung über den Markt, d.h. über unternehmensfremde Geschäftspartner, z.B. in Form internationaler Kaufverträge.

- **Internalisierung** bezieht sich demgegenüber auf eine unternehmensinterne Abwicklung, d.h. eine Regelung in der Unternehmenshierarchie selbst, z.B. in Form der Errichtung einer Auslandsgesellschaft, welche sich hundertprozentig in Besitz der Muttergesellschaft befindet.

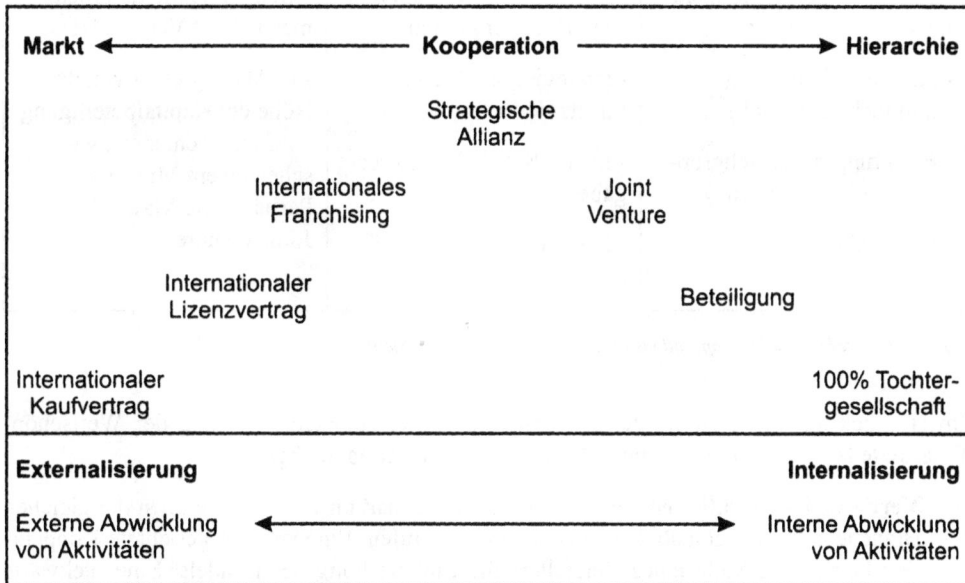

Abb. 4.12 Kooperationsformen zwischen Markt und Hierarchie (Quelle: nach Bamberger/Wrona 2004, S. 193)

Alle Formen der Kooperation stehen zwischen diesen beiden Extremen. Auch wenn die **Intensität der Kooperation** sehr unterschiedlich sein kann, so sind doch alle Unternehmenskooperationen durch eine gegenseitige Inanspruchnahme von Leistungen der Kooperationspartner untereinander gekennzeichnet. Unternehmenskooperationen führen daher einerseits dazu, dass sich der Handlungsspielraum der Kooperationspartner erweitert, wohingegen sich auf der anderen Seite die Entscheidungsautonomie der einzelnen Kooperationspartner durch die Kooperation reduziert. Dieser Zusammenhang wird als **„Paradoxon der Kooperation"** bezeichnet (Boettcher 1974, S. 42; Bamberger/Wrona 2004, S. 192).

Kooperationen lassen sich nach verschiedenen Kriterien systematisieren. Entsprechend ihrem Intensitätsgrad werden Kooperationen eingeteilt in vertragsfreie Kooperationen, Vertragskooperationen ohne Kapitalbeteiligung und Vertragskooperationen mit Kapitalbeteiligung. Die konkrete Gestaltung einer Kooperation, d.h. die so genannte **„Kooperationsarchitektur"**, ergibt sich durch eine Kombination zahlreicher Kriterien, welche auch zur weiteren Systematisierung von Kooperationen herangezogen werden können. Zu den wichtigsten **Gestaltungskriterien internationaler Kooperationen** zählen die Kooperationsrichtung, die Herkunft der Kooperationspartner, die Dauer der Kooperation, die Anzahl der Kooperationspartner und die Verteilung der Machtverhältnisse zwischen den Kooperationspartnern.

Internationale Kooperationsformen		
Vertragsfreie Kooperation	**Vertragskooperation ohne Kapitalbeteiligung**	**Vertragskooperation mit Kapitalbeteiligung**
- stillschweigende Kooperationen	- Exportkooperationen und Importkooperationen	- Gemeinschaftsunternehmen („Joint Venture")
- Absichtserklärungen (mündlich/schriftlich)	- strategische Allianzen („Netzwerke")	- in Abhängigkeit von der Höhe der Kapitalbeteiligung wird unterschieden zwischen einem Minoritäts-, Paritäts- und Majoritäts Joint Venture
- Erfahrungsaustauschgruppen („ERFA-Gruppen")	- internationale Lizenzvergabe	
- Kartellabsprachen	- internationales Franchising	

Abb. 4.13   *Internationale Kooperationsformen aus institutioneller Sicht*

Im Hinblick auf die Stellung der Kooperationspartner zueinander entlang der Wertschöpfungskette lassen sich die folgenden **Kooperationsrichtungen** abgrenzen:

- **Vertikale Kooperationen** betreffen die Zusammenarbeit von Unternehmen der gleichen Branche auf unterschiedlichen Wertschöpfungsstufen. Eine vorwärtsgerichtete Kooperation betrifft aus Sicht eines Herstellers die Einbeziehung des Handels. Eine rückwärts gerichtete Kooperation betrifft aus Sicht eines Herstellers die Zusammenarbeit mit Zulieferern.

- **Horizontale Kooperationen** beziehen sich auf die Zusammenarbeit zwischen Unternehmen der gleichen Branche und gleichen Wertschöpfungsstufe. Dies bedeutet, dass bestehende oder potentielle Wettbewerber zusammenarbeiten. Horizontale Kooperationen sind häufig motiviert durch so genannte „economies of scope". Dabei handelt es sich um Verbundeffekte, welche sich bspw. ergeben durch eine Verbreiterung der Produkt- bzw. Leistungspalette.

- **Konglomerate Kooperationen** betreffen die Zusammenarbeit zwischen Unternehmen unterschiedlicher Wertschöpfungsstufen und unterschiedlicher Branchen. Sie werden deshalb auch als komplementäre bzw. diagonale Kooperationen bezeichnet. Bedeutung erlangen konglomerate Kooperationen vor allem in jenen Bereichen, deren Märkte durch technologische Entwicklungen zusammenwachsen.

Im Hinblick auf die **Herkunft der Kooperationspartner** wird unterschieden zwischen einer Inländerkooperation mit gebietsansässigen Unternehmen und einer internationalen Kooperation mit nicht im Domizilland ansässigen Unternehmen. Bezüglich der **Dauer der Kooperation** wird unterschieden zwischen dauerhaft angelegten Kooperationen (z.B. strategischen Allianzen) und projektbezogenen Kooperationen (Ad-hoc-Kooperationen), welche nur für die Dauer eines Projektes bestehen. Nach der **Anzahl der Partner** wird unterschieden zwischen bilateralen Kooperationen und multilateralen Kooperationen (Netzwerkkooperationen mit mehr als zwei Kooperationspartnern). In Bezug auf die **Verteilung der Machtverhältnisse** wird unterschieden zwischen partnerschaftlichen Kooperationen (Gleichberechtigung der Kooperationspartner) und dominanten Kooperationen (Führerschaft eines Kooperationspartners). Wichtigstes Motiv einer Kooperation ist die Schaffung eines gemeinsamen Wettbewerbsvorteils **(joint competitive advantage)** für die kooperierenden Unternehmen. Kooperationen gelten dann als stabil, wenn sie für alle Kooperationspartner mit einem nachhaltigen Nutzen verbunden sind **(win-win-situation)**.

4.3.2 Vertragsfreie Kooperationen

Vertragsfreie Kooperationen können sowohl informell (z.B. durch mündliche Vereinbarung) als auch formell (z.B. durch schriftliche Absichtserklärung) erfolgen. Allen vertragsfreien Kooperationen gemeinsam ist, dass aus ihnen letztlich **keine rechtliche Bindungswirkung** für die Kooperationspartner hervorgeht. Zu den wichtigsten vertragsfreien Kooperationen zählen die Absichtserklärung sowie verschiedene Formen des Erfahrungsaustausches zwischen Unternehmen:

- **Absichtserklärungen:** Eine Absichtserklärung ist die einfachste und unverbindlichste Möglichkeit einer Unternehmenskooperation. Sie ist grundsätzlich formlos und beinhaltet keine rechtliche Verpflichtung. Weit verbreitet sind beispielsweise mündliche Absichtserklärungen im Anschluss an einen erfolgreichen Geschäftsabschluss. Absichtserklärungen sind gegenseitige Willenbekundungen. Sie können auch schriftlich festgehalten werden in einem „letter of intent". Absichtserklärungen beruhen in der Regel auf persönlichen Kontakten. Die Bedeutung von Absichterklärungen ist interkulturell unterschiedlich. Absichterklärungen sind nicht notwendigerweise schwächer als vertragliche Vereinbarungen.

- **Erfahrungsaustauschgruppen:** Eine Erfahrungsaustauschgruppe (ERFA-Gruppe) besteht aus Mitgliedern verschiedener Unternehmen, welche ihre Kenntnisse und Erfahrungen im Hinblick auf ein spezielles Anliegen bzw. einen Ländermarkt austauschen.

Erfahrungsaustauschgruppen können durch die Unternehmen selbst eingerichtet werden. Internationale Erfahrungsaustauschgruppen sind institutionell häufig verankert bei Industrieverbänden, bei den Industrie- und Handelskammern (IHK´n) sowie bei den Auslandshandelskammern (AHK´n).

Es gibt zahlreiche weitere Formen vertragsfreier Kooperation, welche allgemein auch unter dem Begriff **„gentlemen´s agreement"** diskutiert werden. Derartige Kooperationen werden in der Regel formlos abgesprochen. Sofern sie zu Wettbewerbsverzerrungen führen, sind sie verboten. Sie unterliegen den jeweiligen gesetzlichen Bestimmungen gegen Wettbewerbsbeschränkung (antitrust legislation) der betroffenen Länder. Vertragsfreie Kooperationen können, sofern sie erfolgreich sind, eine Grundlage für weitere Formen der vertraglichen Zusammenarbeit bieten.

4.3.3   Vertragskooperationen ohne Kapitalbeteiligung

Wird die Kooperation durch einen Vertrag abgesichert, so gewinnt sie dadurch an Stabilität. Zu den wichtigsten Formen internationaler Vertragskooperation ohne Kapitalbeteiligung gehören:

(1) die Außenhandelskooperationen,

(2) die strategischen Allianzen,

(3) die internationale Lizenzvergabe und

(4) das internationale Franchising.

Zu (1) Außenhandelskooperationen
Außenhandelskooperationen können entweder als Exportkooperationen oder als Importkooperationen bzw. auch in einer Kombination von beidem bestehen.

Exportkooperationsformen	Importkooperationsformen
- Exportgemeinschaft einfacher Stufe: Einzelne Exportaufgaben werden in Zusammenarbeit wahrgenommen. - Exportgemeinschaft höherer Stufe: Sowohl die Akquisition als auch die Abwicklung von Exportgeschäften werden in Kooperation wahrgenommen. - Exportkartell: Vereinbarung zwischen Unternehmen, um einen Wettbewerbsvorteil zu erreichen.	- Import/Einkaufskooperationen: Sie bestehen häufig in Form einer Einkaufsgenossenschaft bzw. Einkaufsverbundgruppe. Die Organisation und Bezahlung der Einkäufe wird von der Kooperationszentrale wahrgenommen (Zentralregulierung). - Import-/Einkaufskartell: Grundlage ist eine Vereinbarung über den gemeinsamen Einkauf von Waren. Meist besteht eine Verpflichtung zum Warenbezug (Kartellzwang).

Abb. 4.14 Export und Importkooperationsformen

Exportkooperationen ermöglichen Kosteneinsparungen. Die mit dem Export verbundenen Risiken können zwischen den Kooperationspartnern aufgeteilt werden. **Importkooperationen** verfolgen das Ziel, durch Bündelung der Einkäufe auf internationalen Märkten Preisvorteile des Großeinkaufs (economies of large scale buying) für die Kooperationspartner zu erreichen. Sofern Export- oder Importkartelle zu Wettbewerbsverzerrungen führen, sind sie verboten.

Zu (2) Strategische Allianzen
Eine strategische Allianz ist eine langfristig angelegte Kooperation ohne Kapitalbeteiligung zwischen mehreren Unternehmen. Die Kooperation besteht im gegenseitigen Austausch von Leistungen und Know-how. Strategische Allianzen werden auch als „**Netzwerke**" bezeichnet.

Vorteile strategischer Allianzen	Nachteile strategischer Allianzen
- Kosteneinsparungen durch Nutzung gemeinsamer Ressourcen	- Abstimmungs- und Kontrollprobleme
- Marktvorteile durch gegenseitige Nutzung von Beschaffungs- oder Vertriebssystemen	- Gefahr des Trittbrettfahrerverhaltens
- keine Kapitalbeteiligung	- Problem des Know-how Abfluss
- Durchsetzung gemeinsamer Standards	- Kooperationspartner ist meist Mitwettbewerber
- gegenseitiger Wissens- und Erfahrungsaustausch	- mangelnde Kooperationsbereitschaft der Allianzpartner
	- wettbewerbsrechtliche Beschränkungen

Abb. 4.15   Vor- und Nachteile strategischer Allianzen

Strategische Allianzen können vielfältig motiviert sein. Zu nennen sind hier vor allem ressourcenorientierte-, kostenorientierte- und marktorientierte Motive sowie Zeitmotive (Müller-Stewens/Hillig 1992, S. 65 f.). Je nachdem welche Motivlage(n) vorherrscht bzw. vorherrschen, lassen sich verschiedene **Typen strategischer Allianzen** benennen:

- Eine **Volumenallianz** soll eine Vergrößerung bzw. qualitative Erweiterung des Leistungsangebots bewirken. Damit können sowohl Größenkostenersparnisse (economies of scale) verbunden sein als auch qualitative Ausweitungen des Angebots (economies of scope) zum Zwecke einer verbesserten Marktbearbeitung.

- Eine **Markterschließungsallianz** verfolgt das Ziel, einen schnellen und wirkungsvollen Marktzutritt für die Kooperationspartner zu ermöglichen. Ermöglicht wird dies in der Regel durch die Nutzung gemeinsamer Ressourcen (z.B. in der internationalen Marktkommunikation).

- Eine **Risikoteilungsallianz** liegt vor, wenn sich die Risiken durch die Kooperation auf die Kooperationspartner verteilen lassen. Derartige Allianzen finden sich beispielsweise bei internationalen Großprojekten (z.B. im Anlagenbau in Entwicklungsländern oder im Bereich der Forschung und Entwicklung).

- Eine **Komplementärallianz** liegt vor, wenn die kooperierenden Unternehmen ergänzende Ressourcen gegenseitig nutzen (z.B. gegenseitige Nutzung von Vertriebskanälen in einem ausländischen Zielmarkt).

Zu (3) Internationale Lizenzvergabe

Bei der Lizenzvergabe gewährt ein Lizenzgeber (licensor) einem Lizenznehmer (licensee) durch Lizenzvertrag (license contract) Nutzungsrechte an einem immateriellen Wirtschaftsgut. Internationale Lizenzvergabe liegt dann vor, wenn der Lizenzgeber und der Lizenznehmer in unterschiedlichen Ländern domizilieren (Büter 2007, S. 93). **Gegenstand der Lizenzvergabe** sind immaterielle Wirtschaftsgüter in Form gewerblicher Schutzrechte. Hierzu gehören:

- **Patente (patents):** Durch Patente erhält der Erfinder ein zeitlich befristetes Exklusivrecht zur Nutzung und Verwertung seiner Erfindung gegen Zahlung einer Patentgebühr.

- **Gebrauchsmuster und Geschmacksmuster (spezial designs):** Diese stellen gewissermaßen „kleine Patente" dar, sofern sie als gewerbliche Schutzrechte registriert sind. Sie betreffen geschmackliche Besonderheiten oder Merkmale von Gebrauchsgegenständen, die ihr Erscheinungsbild besonders prägen.

- **Marken und Warenzeichen (brand names):** Sie betreffen die Zeichen und Namen zur Unterscheidung der Produkte eines Unternehmens von denen anderer. Ihre Nutzung ist ausschließlich dem Inhaber vorbehalten.

- **Urheberrechte (copyrights):** Beziehen sich auf individuelle künstlerische, literarische oder wissenschaftliche Schöpfungen.

- **sonstiges rechtlich geschütztes technisches und kaufmännisches Know-how:** Dies kann sich beispielsweise beziehen auf bestimmte Betriebs- und Geschäftsgeheimnisse wie besondere kommerzielle und technische Kenntnisse. Die Schutzwürdigkeit nicht patentierten „Know-hows" ist international unterschiedlich geregelt.

Lizenzverträge sind in der Regel längerfristige Verträge. Sie können grundsätzlich frei vereinbart werden. Der Lizenzgeber haftet für den rechtlichen Bestand des dem Lizenznehmer eingeräumten gewerblichen Schutzrechts. Bei der internationalen Lizenzvergabe ergeben sich insbesondere die folgenden **Gestaltungsmöglichkeiten**:

- **Geltungsbereich der Lizenz:** Die Lizenzvergabe ist immer sachlich, räumlich und zeitlich zu begrenzen. Lizenzen können vergeben werden als Produktionslizenz (Herstellungslizenz), Vertriebslizenz (Handelslizenz) sowie als Markenlizenz. Bei Produktionslizenzen beinhaltet die Lizenzvergabe die Übergabe des erforderlichen Know-hows, z.B. durch Bereitstellung der technischen Dokumentation und Produktionsbeschreibungen. Vertriebs- bzw. Markenlizenzen erfordern die Übergabe des Warenzeichens sowie aller hierzu erforderlichen Vorlagen und Displays an den Lizenznehmer.

- **Umfang der Lizenz:** Eine einfache bzw. nicht-exklusive Lizenz liegt vor, wenn der Lizenznehmer ein einfaches Nutzungsrecht erhält, ohne die Möglichkeit der Weitergabe der Lizenz gegenüber Dritten. Der Lizenzgeber hat in diesem Fall weiterhin die Möglichkeit, die Lizenz ohne Gebietsschutz an andere Lizenznehmer zu vergeben. Bei der ausschließlichen bzw. exklusiven Lizenz erfolgt die Lizenzvergabe unter Gebietsschutz, d.h. der Lizenzgeber vergibt für das jeweilige Land bzw. für eine Region nur eine Lizenz. Die ausschließliche Lizenz ermöglicht dem Lizenznehmer in der Regel, Unterlizenzen zu vergeben.

- **Form der Lizenzgebühr:** Als Entgelt für die Überlassung der Lizenz kann eine Pauschalgebühr (lump sum) oder eine variable Lizenzgebühr (royalties) vereinbart werden. Sofern zwischen dem Lizenzgeber und Lizenznehmer gegenseitig Lizenzen ausgetauscht werden, so wird dies als Gegenlizenz (cross-license) bezeichnet.

Vorteile der Lizenzvergabe	Nachteile der Lizenzvergabe
- schnelle Internationalisierung möglich	- schwierige Partnersuche
- Einsparung von Managementressourcen	- komplexe Vertragsgestaltung
- geringer Kapitalbedarf	- Kontrollprobleme
- Umgehung von Markteintrittsbarrieren	- potentielle Wettbewerbsbeziehungen zwischen Lizenzgeber und Lizenznehmer
- Einsparung von Transportkosten	
- Vermeidung spezifischer Außenhandelsrisiken	- Zielkonflikte bei Qualität und Preis
	- Fehleinschätzungen des ausländischen Marktpotenzials
- Vermeidung von Direktinvestitionsrisiken	

Abb. 4.16 Vor- und Nachteile der Lizenzvergabe

Zu (4) Internationales Franchising

Beim Franchising räumt ein Franchisegeber (franchisor) dem Franchisenehmer (franchisee) auf der Grundlage eines Franchisevertrages (franchise contract) das Recht ein, sein Unternehmens- und Vertriebskonzept gegen Zahlung einer Franchisegebühr (franchise fee) zu nutzen. Während die Lizenzvergabe schwerpunktmäßig den Investitionsgütersektor betrifft, wird das Franchising überwiegend im Konsumgüterbereich angewendet.

Es sind verschiedene **Varianten von Franchiseverträgen** zu unterscheiden:

- **Produktfranchise:** Die Leistung des Franchisegebers besteht hier in der Übertragung der produktionstechnischen Kenntnisse und Erfahrungen. Eine Produktfranchise schließt meist ein Vertriebsfranchise mit ein.

- **Vertriebsfranchise:** Der Schwerpunkt liegt hier im Verkauf der vom Franchisegeber produzierten Waren. Der Franchisegeber stellt seinen Markennamen, sein Warenzeichen und Firmenlogo zur Verfügung und gewährt Unterstützung bei Werbe- und Verkaufs-förderungsmaßnahmen.

- **Dienstleistungsfranchise:** Das Dienstleistungsfranchise betrifft die Art und Weise, wie eine Dienstleistung angeboten werden soll. Der Franchisegeber übermittelt hierzu sein betriebliches Dienstleistungskonzept.

Die einzelnen Franchisevarianten können miteinander kombiniert werden. Je detaillierter ein Franchisesystem konzipiert ist, desto einheitlicher ist der Marktauftritt und desto enger ist der Handlungsrahmen des Franchisenehmers.

Abb. 4.17 *Vertragsstrukturen des internationalen Franchising (Quelle: Zentes et al. 2006, S. 272)*

Die Internationalisierung des Franchisings kann direkt und indirekt erfolgen (Büter 2007, S. 100). Beim **direkten Auslandsfranchising** vergibt der Franchisegeber einzelne Indivi-dual-Franchisen an ausländische Franchisenehmer. Es sind daher zahlreiche internationale

Franchiseverträge erforderlich. **Indirektes Auslandsfranchising** ist dann gegeben, wenn der Franchisegeber für einen ausländischen Zielmarkt eine Generalfranchise vergibt. Im Unterschied zum direkten Auslandsfranchise ist hier nur ein internationaler Franchisevertrag mit dem Generalfranchisenehmer erforderlich. Der Generalfranchisenehmer ist dann verantwortlich für die Auswahl und Kontrolle der Subfranchisenehmer im betrachteten Zielmarkt.

Der Generalfranchisenehmer kann ein ausländischer Vertragspartner, ein Joint Venture oder eine Tochtergesellschaft sein. Handelt es sich bei dem ausländischen Generalfranchisenehmer um einen Vertragspartner, so wird auch von **Master-Franchising** gesprochen (Zentes et al 2006, S. 272). Da beim indirekten Auslandsfranchising lediglich ein internationaler Vertrag vereinbart werden muss, ist der Organisations- und Kontrollaufwand deutlich reduziert.

Vorteile des Franchising	Nachteile des Franchising
- schnelle Internationalisierung bei nur geringem Ressourcenbedarf	- Gefahr der Imitation und des Know-how Abflusses
- Risikoaufteilung zwischen Franchisegeber und Franchisenehmer	- unterschiedliche rechtliche Rahmenbedingungen, zum Beispiel bei der internationalen Produkthaftung
- Kostenvorteile durch Produktstandardisierung und Verbundeinkauf	- hoher Zwang zur Standardisierung
- Gebietsschutz des Franchisenehmers	- intensive Kontrolle und Steuerung des Franchisesystems erforderlich
- Nutzung lokaler Expertise des Franchisenehmers	- begrenzte Einflussnahmemöglichkeiten auf den Franchisenehmer
- Unterstützung in der Betriebsführung des Franchisenehmers	

Abb. 4.18   *Vor- und Nachteile des Franchisings*

4.3.4   Joint Venture

Ein Joint Venture ist ein auf vertraglicher Grundlage geschaffenes **Gemeinschaftsunternehmen,** welches von zwei oder mehreren Kooperationspartnern getragen wird und auf einer Kapitalbeteiligung beruht. Durch ein Joint Venture können auf Auslandsmärkten Zielsetzungen verfolgt werden, deren Realisierung für das einzelne Unternehmen nicht möglich wären. Da internationale Joint Ventures immer auf einer Kapitalbeteiligung beruhen, sind sie immer auch mit einer **Direktinvestitionen** verbunden. Joint Ventures stellen zugleich die intensivste Form der Kooperation dar.

Partner Industrieland		**Partner Entwicklungs-/ Schwellenland**
- Kapital - Know-how - Spezialisten		- Arbeitskräfte - Rohstoffe - Produktionsstätten

Gründung: 30%   70%

Übernahme: 100%

Entwicklung der Kapitalbeteiligung beim "Fade-out Joint Venture"

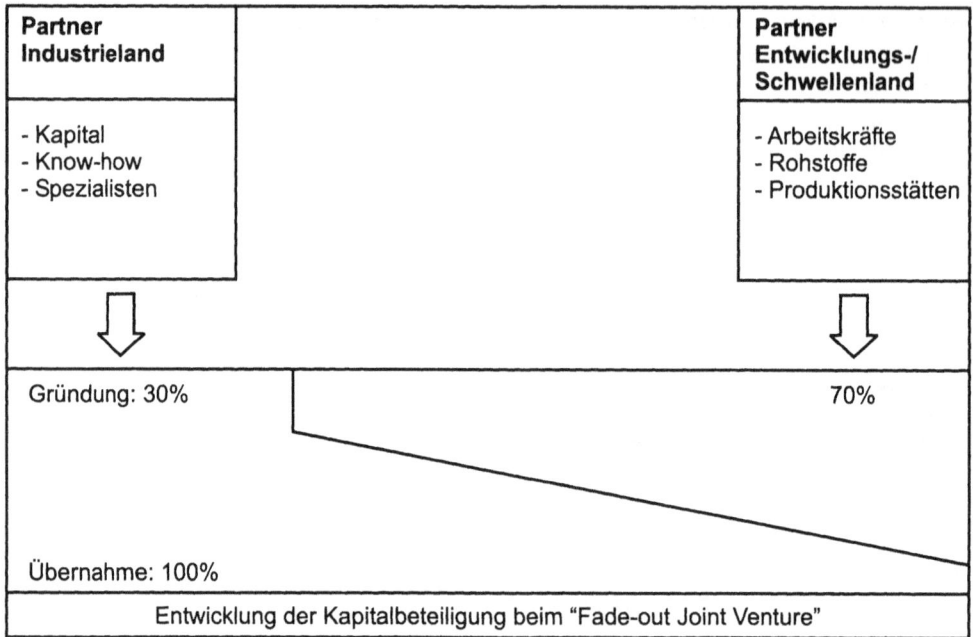

Abb. 4.19 *Struktur eines „Fade-out Joint Venture"*

In Entwicklungs- und Schwellenländern kann ein Markteintritt oftmals nur durch ein Joint Venture erfolgen. Das ausländische Kooperationspartnerunternehmen befindet sich dabei nicht selten in Staatseigentum, so dass durch Gründung eines Joint Venture eine **„public-private-partnership"** auf Kapitalbasis entsteht. Der Kooperationspartner aus dem Industrieland wird dabei meist verpflichtet Standortinvestitionen vorzunehmen und entsprechendes Know-how bereitzustellen. Im Gegenzug erhält er die Möglichkeit, die am Standort befindliche Infrastruktur zu nutzen. In dem Maße, wie der Kooperationspartner aus dem Industrieland standortgebundene Investitionen tätigt, vergrößert sich seine Kapitalbeteiligung. Wie vielfältige Beispiele aus der Automobilindustrie belegen, wird als Ziel dabei oftmals eine vollständige Übernahme angestrebt. Ein Joint Venture, bei welchem die Kapitalbeteiligung eines Joint Venture Partners schrittweise abnimmt zugunsten des anderen Joint Venture Partners und welches schließlich in eine vollständige Übernahmen mündet, wird als **„fade-out Joint Venture"** bezeichnet.

Zentrale **Merkmale eines Joint Ventures** sind die anteilige Risikoübernahme der Kooperationspartner sowie die Verminderung des Kapitalbedarfs im Vergleich zu einem alleinigen Engagement. Zentrale Probleme von Joint Ventures ergeben sich durch die Schwierigkeiten bei der Wahl des Joint Venture Partners sowie im Rahmen der Zuweisung der Verantwortlichkeiten, Kompetenzen und der damit verbundenen Kontrollmöglichkeiten. Joint Ventures führen immer zu einer Einschränkung der unternehmerischen Dispositionsmöglichkeiten der Kooperationspartner. Es gibt vielfältige Gestaltungsmöglichkeiten für die Errichtung eines Joint Venture.

Kriterien	Ausprägungsformen
Herkunft der Partner	bilaterale Joint Venture, multilaterale Joint Venture
Anzahl der Partner	zwei oder mehrere
Kapitalbeteiligung	Majorität-, Paritäts-, Minoritäts Joint Venture, „Fade-out Joint Venture"
Kooperationsrichtung	horizontales-, vertikales-, komplementäres- oder heterogenes Joint Venture
Kooperationsschwerpunkt	Produktion, Vertrieb, Forschung und Entwicklung, funktionsübergreifende Joint Venture
Kooperationsdauer	projektbezogenes Joint Venture, dauerhaftes Joint Venture
Kooperationsmanagement	gleichgewichtige Einflussnahme, Dominanz eines Partners
Kooperationsmotive	freiwillige Joint Venture, durch Investitionsvorschriften des Gastlandes erzwungenes Joint Venture

Abb. 4.20   Gestaltungsmöglichkeiten eines Joint Venture (Büter 2007, S. 106)

4.4   Direktinvestitionsentscheidungen

4.4.1   Einleitender Überblick

Direktinvestitionen (foreign direct investment) sind grenzüberschreitende Kapitalinvestitionen mit dem Ziel der Einflussnahme auf die Geschäftspolitik eines ausländischen Unternehmens. Sie sind abzugrenzen von **Portfolioinvestitionen** (portfolio investment), welche in Form des Erwerbs ausländischer Wertpapiere einen eher kurzfristigen und daher spekulativen Charakter haben. Beide Bereiche sind nicht hinreichend voneinander abgrenzbar, denn der Erwerb ausländischer Wertpapiere kann sowohl eine Direktinvestition als auch eine Portfolioinvestition darstellen.

Aufgrund einer Empfehlung der OECD (Organization for Economic Cooperation and Development) wird von einer Direktinvestition ausgegangen ab einer Beteiligung von mehr als 10 Prozent am ausländischen Unternehmenskapital. Die **Direktinvestitionsannahme** (10 Prozentregel) ist international anerkannt für die statistische Abgrenzung von Direktinvestitionen und Portfolioinvestitionen. Eine **unmittelbare Direktinvestition** liegt vor, wenn eine „direkte Kapitalverflechtung" zwischen einem inländischen und einem ausländischen Unternehmen besteht. Von einer **mittelbaren Direktinvestition** wird gesprochen, wenn ein Unternehmen eine Kapitalbeteiligung an einem ausländischen Unternehmen unterhält, welches seinerseits an weiteren Unternehmen beteiligt ist.

Aus **außenwirtschaftsrechtlicher Sicht** werden die folgenden Arten von Direktinvestitionen unterschieden:

- Errichtung (Gründung) einer Tochtergesellschaft bzw. Niederlassung im Ausland,

- Kauf (Erwerb) von Beteiligungen an ausländischen Unternehmen,

- Ausstattung ausländischer Unternehmen mit Gegenständen des Anlagevermögens,

- Gewährung von Krediten an ausländische Unternehmen.

Nach der **Richtung der Direktinvestitionstätigkeit** wird unterschieden zwischen Direktinvestitionsexport (outward FDI) und Direktinvestitionsimport (inward FDI). Direktinvestitionen sind meldepflichtig und werden in der Zahlungsbilanzstatistik erfasst. Die Zahlungsbilanzstatistik erfasst jedoch nur die Stromgrößen, d.h. den sich in einer Abrechnungsperiode ergebenden Saldo aus den **Direktinvestitionszuflüssen** (FDI inflow) und den **Direktinvestitionsabflüssen** (FDI outflow). Für statistische Zwecke werden ergänzend auch die **Direktinvestitionsbestände** (FDI stocks) ausgewiesen. In zeitlicher Hinsicht können sich Direktinvestitionsentscheidungen beziehen auf:

- **Erstinvestitionsentscheidungen**, welche das erstmalige investive Engagement in ein ausländisches Unternehmen betreffen.

- **Folgeinvestitionsentscheidungen** umfassen alle Investitionsentscheidungen, welche sich auf ein bereits bestehendes Direktinvestitionsengagement beziehen. Hierzu gehören bspw. Erhaltungsinvestitionen, Rationalisierungsinvestitionen, Erweiterungsinvestitions- sowie Diversifikationsinvestitionen.

- **Desinvestitionsentscheidungen** betreffen den Abbau bzw. die Reduzierung des in ausländischen Unternehmen investierten Kapitals (z.B. durch Verkauf von Beteiligungen).

Eine Direktinvestition kann einhergehen mit internem oder externem Unternehmenswachstum:

- **Internes internationales Unternehmenswachstum (greenfield investment)** liegt vor, wenn ein Unternehmen mit eigenen Ressourcen eine Niederlassung bzw. eine Tochtergesellschaft im Ausland errichtet (organisches Unternehmenswachstum).

- **Externes internationales Unternehmenswachstum (brownfield investment)** bezieht sich auf die Beteiligung bzw. Übernahme eines anderen bereits existierenden Unternehmens im Zielland (anorganisches Unternehmenswachstum).

In der **Außenwirtschaftstheorie** gibt es mehrere Ansätze (Direktinvestitionstheorien), die verschiedenen Motive für Direktinvestitionen in einem übergreifenden Erklärungsansatz zu integrieren. Bei Direktinvestitionen erlangen Länderrisiken eine besondere Bedeutung. Zu den speziellen **Länderrisiken bei Direktinvestitionen** zählen die Risiken des Eigentumsentzugs und die Dispositionsrisiken. Die **Risiken des Eigentumsentzugs** betreffen die teilweise oder vollständige Enteignung, Beschlagnahme und Verstaatlichung des ausländischen Investitionsobjektes. Sie werden auch als CEN-Risiken (confiscation, expropriation, nationalization) bezeichnet. Die **Dispositionsrisiken** bestehen in Form staatlicher Auflagen und Gesetze, durch welche die unternehmerische Handlungsfreiheit sowie Verfügungsgewalt über das ausländische Investitionsobjekt eingeschränkt oder gar verhindert wird.

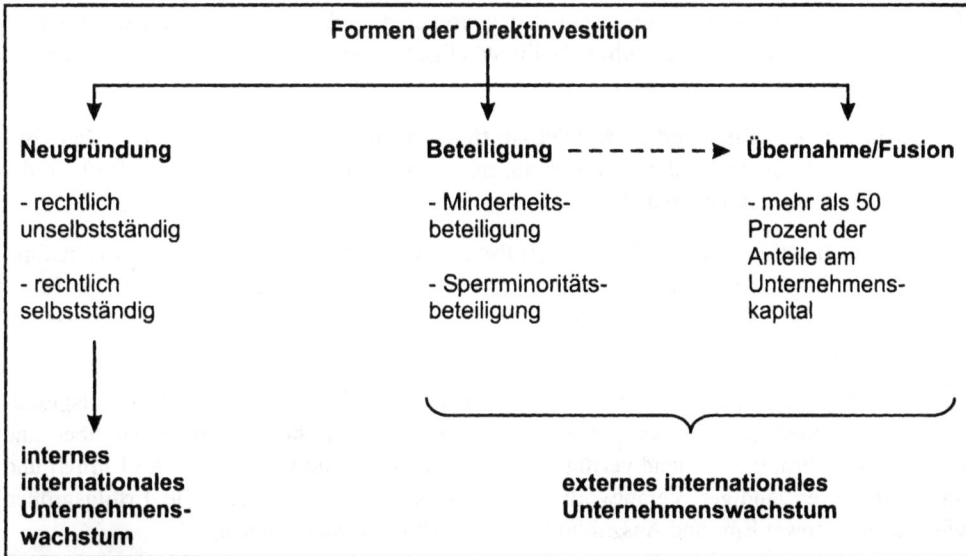

Formen der Direktinvestition

Neugründung	Beteiligung – – – – – – – ▶	Übernahme/Fusion
- rechtlich unselbstständig	- Minderheitsbeteiligung	- mehr als 50 Prozent der Anteile am Unternehmenskapital
- rechtlich selbstständig	- Sperrminoritätsbeteiligung	

internes internationales Unternehmenswachstum

externes internationales Unternehmenswachstum

Abb. 4.21 Formen der Direktinvestition

Direktinvestitionsentscheidungen zählen zu den anspruchsvollsten Unternehmensführungsaufgaben. Sie sind mit verbesserten Marktchancen aber auch höheren Risiken und mithin mit dem Erfordernis internationaler Managementkompetenz verbunden. Hinsichtlich der Motive lassen sich Direktinvestitionen wie folgt einteilen:

- **Beschaffungsorientierte Direktinvestitionen** dienen der Erschließung und Sicherung des Zugangs zu ausländischen Ressourcen, insbesondere Rohstoffen.

- **Produktionsorientierte Direktinvestitionen** bezwecken vor allem die Ausnutzung von Kostenunterschieden in der Produktion zwischen verschiedenen Ländern.

- **Absatzorientierte Direktinvestitionen** dienen der Verbesserung der Marktchancen im Ausland durch Präsenz vor Ort.

- **Wettbewerbsorientierte Direktinvestitionen** dienen einerseits der Sicherung einer Marktposition auf einem ausländischen Markt und andererseits der Abwehr potentieller Wettbewerber durch Präsenz vor Ort.

Direktinvestitionsentscheidungen sind **strategische Entscheidungen**, die ihrem Wesen nach mit einer längerfristigen Zielsetzung verbunden sind. Die konkrete Umsetzung einer Direktinvestitionsentscheidung kann jedoch auch kurzfristig erfolgen.

4.4.2   Neugründung

Eine Neugründung (business start up) bedeutet **internes Unternehmenswachstum** und erfordert immer einen vielfältigen Ressourcentransfer (Finanzkapital, Humankapital und Know-how) ins Ausland.

Aus **rechtlicher Sicht** wird unterschieden zwischen unselbstständigen Betriebsstätten im Ausland (branches) und rechtlich selbstständigen Tochtergesellschaften (subsidiaries, daughter companies):

- **Rechtlich unselbstständige Betriebsstätten** sind in der Regel nur kleinere Betriebs-, Serviceeinrichtungen oder Repräsentanzen. Sie unterliegen unmittelbar der Haftung der sie betreibenden Gesellschaft.

- **Rechtlich selbstständige Tochtergesellschaften** firmieren in einer eigenen Rechtsform des jeweiligen Gastlandes (Auslandsgesellschaft). Sie müssen eine eigene Bilanz sowie Gewinn- und Verlustrechnung erstellen, welche im konsolidierten Jahresabschluss des Konzerns zu konsolidieren ist.

Eine rechtliche selbständige Tochtergesellschaft im Ausland wird auch als **Auslandsgesellschaft** bezeichnet. Eine Auslandsgesellschaft ist eine **juristische Einheit**, da sie über eine eigene Rechtsform im Gastland verfügt. Sie ist ferner auch eine **wirtschaftliche Einheit** und damit ein eigenständiger Verantwortungsbereich, welchem wirtschaftliche Erfolgsgrößen wie Gewinne sowie Ein- und Auszahlungen zugerechnet werden können.

Eine Auslandsgesellschaft kann sich auf die Erfüllung einzelner betrieblicher Funktionen beschränken. Es ist aber auch möglich, dass eine Auslandsgesellschaft mehrere oder unter Umständen alle betrieblichen Funktionsbereiche umfasst. Demnach lassen sich die folgenden **Formen von Auslandsgesellschaften** unterscheiden:

- **Vertriebstochtergesellschaften** sollen die Absatzmöglichkeiten sowie das Serviceangebot im Gastland verbessern. Die Produktion verbleibt in der Regel im Stammland. Es erfolgt ein Export der Waren von der Muttergesellschaft zur ausländischen Vertriebsgesellschaft. Ein Exportverstärkungseffekt ist dann gegeben, wenn sich das Exportvolumen durch die Gründung der ausländischen Vertriebstochtergesellschaften erhöht.

- **Produktionstochtergesellschaften** verlagern die Produktion ganz oder teilweise ins Ausland. Wurde der ausländische Zielmarkt zuvor exportseitig bearbeitet, so führt dies in der Regel dazu, dass ein Teil der Exporte ersetzt wird durch die Produktion vor Ort. Ein Exportsubstitutionseffekt ist dann gegeben, wenn sich das Exportvolumen durch die Produktionsverlagerung bezogen auf das Zielland reduziert.

- **Auslandsgesellschaften mit einer Mehrzahl von Funktionsbereichen** bedeuten ein umfassendes Unternehmensengagement im Ausland. Dies ist oftmals dann gegeben, wenn der ausländische Zielmarkt schwerpunktmäßig sowohl als Beschaffungs-, Produktions- und Absatzmarkt dient. Damit einhergehend ist in der Regel auch eine größere Übertragung von Entscheidungskompetenzen an die Auslandsgesellschaft verbunden.

Vorteile einer Neugründung	Nachteile einer Neugründung
- eigene Gestaltungsmöglichkeiten - umfangreiche Einfluss- und Kontrollmöglichkeiten - unabhängige Präsenz im Zielmarkt - Imagevorteile gegenüber Lieferanten, Kunden und Wettbewerbern	- zeitintensiv (Standortsuche, Standortaufbau, Standortentwicklung) - kostenintensiv (Gründungskosten, Erstinvestitionen) - umfangreicher Ressourcentransfer erforderlich - vielfältige Direktinvestitionsrisiken

Abb. 4.22   *Vor- und Nachteile einer Neugründung*

In **zeitlicher Hinsicht** kann unterschieden werden zwischen der **Gründungsphase** einer Auslandsgesellschaft (Standortwahl, Rechtsformwahl, Kapitalausstattung, Personalausstattung, Festlegung von Berichts-, Kontroll- und Steuerungsinstrumenten zur Muttergesellschaft) und der **Aufbau-/Entwicklungsphase** einer Auslandsgesellschaft (Geschäftsentwicklung, Finanzentwicklung, Personalentwicklung, Positionierung der Tochtergesellschaft im Gastland, Entwicklung der Mutter-Tochter-Beziehungen).

Aus **wettbewerbspolitischer Sicht** tritt bei einer Neugründung einer Tochtergesellschaft im Ausland ein neuer Wettbewerber mit einer eigenen Gesellschaft in einen ausländischen Markt ein. Im Unterschied dazu ändert sich bei einer Beteiligung bzw. Übernahme eines ausländischen Unternehmens zunächst nur die Eigentümerstruktur bzw. der Eigentumsstatus der Gesellschaft.

4.4.3   Beteiligung und Übernahme

Beteiligung und Übernahme bedeuten externes Unternehmenswachstum. International betrachtet geht es dabei um den Erwerb von Kapitalanteilen an einem ausländischen Unternehmen. Nach dem Umfang der Beteiligung werden die folgenden **Beteiligungsquoten** unterschieden:

- Eine **Minderheitsbeteiligung** liegt vor, wenn die Kapitalbeteiligung an einem anderen Unternehmen unter 50 Prozent liegt. Bei einer Kapitalbeteiligung an einem ausländischen Unternehmen von weniger als 10 Prozent wird von einer Portfolioinvestition gesprochen.

- Eine **Sperrminoritätsbeteiligung** ist dann gegeben, wenn die Kapitalbeteiligung so groß ist, dass eine Änderung der Firmensatzung (company statutes) verhindert werden kann. Die Höhe der Sperrminorität ist von Land zu Land unterschiedlich geregelt. In Deutschland liegt eine Sperrminorität dann vor, wenn ein Anteilseigner mehr als 25 Prozent der stimmberechtigten Anteile in seinem Besitz hat.

- Eine **Mehrheitsbeteiligung (Übernahme)** liegt vor, wenn mehr als 50 Prozent der Kapitalanteile an einem anderen Unternehmen erworben wurden. Durch eine Mehrheitsbeteiligung kann ein Anteilseigner einen herrschenden Einfluss auf die Gesellschaft ausüben.

Kriterium	Formen			
Umfang der Beteiligung	Minderheits- beteiligung	Sperrminori- tätsbeteiligung	Mehrheits- beteiligung	100%-ige Übernahme
Käuferinteresse	strategische Investitionen		Finanzinvestitionen	
Integrationsrichtung	horizontale Integration	vertikale Integration	konglomerate Integration	
Finanzierung	Eigenkapital	Aktientausch	Fremdkapital	
Kooperationsbereitschaft	freundliche Übernahme		feindliche Übernahme	

Abb. 4.23   *Beteiligungs-/Übernahmeformen*

Mit der Beteiligung bzw. Übernahme können sowohl strategische Interessen als auch Finanzinteressen verfolgt werden. **Strategische Interessen** liegen dann vor, wenn der Käufer eine langfristige unternehmenspolitische Zielsetzung mit der Beteiligung/Übernahme verfolgt. Motive für eine **Finanzinvestition** ergeben sich vor allem dann, wenn ein Unternehmen als unterbewertet eingestuft wird. Käufer eines solchen Unternehmens sind dann meist daran interessiert, dass erworbene Unternehmen kurzfristig zu restrukturieren, um es anschließend weiter zu veräußern.

Im Hinblick auf die Wertschöpfungsbeziehungen zwischen den beteiligten Unternehmen können die folgenden **Integrationsrichtungen** bei einer Beteiligung/Übernahme unterschieden werden:

- Eine **horizontale Integration** betrifft Unternehmen der gleichen Branche sowie gleichen Wertschöpfungsstufe. Im Vordergrund stehen dabei meist wettbewerbsorientierte Motive.

- Eine **vertikale Integration** betrifft Geschäftsbeziehungen zwischen Unternehmen in aufeinander folgenden Wertschöpfungsstufen. Die **Vorwärtsintegration** ist absatzmarktorientiert. Die Beteiligung bzw. Übernahme ist daher auf Vertriebsunternehmen bzw. auf den Handel ausgerichtet. Die **Rückwärtsintegration** ist beschaffungsmarktorientiert. Sie richtet sich an Lieferanten bzw. Zulieferunternehmen.

- Eine **konglomerate Integration** liegt vor, wenn keinerlei leistungswirtschaftliche Verflechtung zwischen den Unternehmen zuvor bestanden hat.

Im Angloamerikanischen wird der Handel mit Unternehmensbeteiligungen (Mehrheitsbeteiligungen ab 50 %) bis hin zur kompletten Übernahme von Unternehmen mit dem Begriff **„Mergers & Acquisitions (M & A)"** beschrieben.

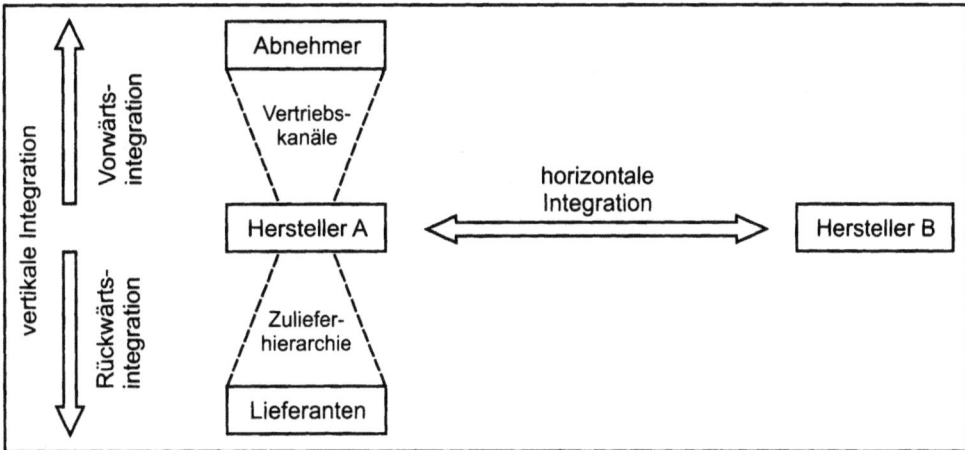

Abb. 4.24 *Wertschöpfungsbeziehungen und Integrationsrichtung*

Ein solcher **Übernahmeprozess** beginnt chronologisch mit einer Übernahmeidee seitens eines Initiators und findet seinen Abschluss mit der Beendigung der Integrationsmaßnahmen. Der Erfolg eines Übernahmeprozesses ist durch eine fortlaufende Kontrolle sicherzustellen. Aus idealtypischer Sicht können die folgenden drei **Übernahmephasen** unterschieden werden (Jansen 2002, S. 164; Stahl 2001, S. 71 f.). Einzelne Teilschritte können sich dabei zeitlich überlagern:

1. Die **Premerger-Phase** geht der eigentlichen Übernahme bzw. Verschmelzung voraus. Sie umfasst die Analyse der unternehmenseigenen Ausgangssituation und der erwarteten Umweltbedingungen. Es muss eine Entscheidung getroffen werden, entweder zugunsten einer unternehmensinternen Weiterentwicklung (organisches Unternehmenswachstum) oder einer unternehmensexternen Weiterentwicklung (anorganisches Unternehmenswachstum). Entscheidet sich das Unternehmen für unternehmensexternes Wachstum, so ist die Formulierung einer entsprechenden Übernahmestrategie erforderlich. Damit verbunden ist auch die Aufgabenstellung, eventuelle Übernahmenkandidaten zu identifizieren und diese soweit möglich, einer ersten Bewertung zu unterziehen.

2. Die **Transaktionsphase** umfasst die Kontakt- und Verhandlungsaufnahme einschließlich der Bewertung und Preisfindung des Zielunternehmens. Sie erfolgt oft unter Beteiligung von M & A Dienstleistern (Investmentbanken und Wirtschaftsprüfern). Besondere Bedeutung erlangt dabei die Bewertung der rechtlichen, strategischen, finanziellen und kulturellen Eignung der Übernahmekandidaten, welche auch als **„due diligence"** (Sorgfältigkeitsprüfung) bezeichnet wird. Die Transaktionsphase endet mit dem Abschluss des Übernahmevertrages und der öffentlichen Bekanntmachung der Übernahme.

```
 ⟩   Premerger-Phase   ⟩   ⟩   Transaktionsphase   ⟩   ⟩   Postmerger-Phase   ⟩

 ┌─────────────────────┐
 │  Formulierung der   │
 │  Übernahmestrategie │
 └─────────────────────┘
      ┌─────────────────────┐
      │  Kandidatenauswahl  │
      └─────────────────────┘
           ┌───────────────┐
           │   Bewertung   │
           └───────────────┘
                ┌─────────────────────┐
                │    Verhandlung      │
                │  Vertragsabschluss  │
                └─────────────────────┘
                     ┌───────────────┐
                     │  Integration  │
                     └───────────────┘
                          ┌──────────────┐
                          │   Kontrolle  │
                          └──────────────┘
```

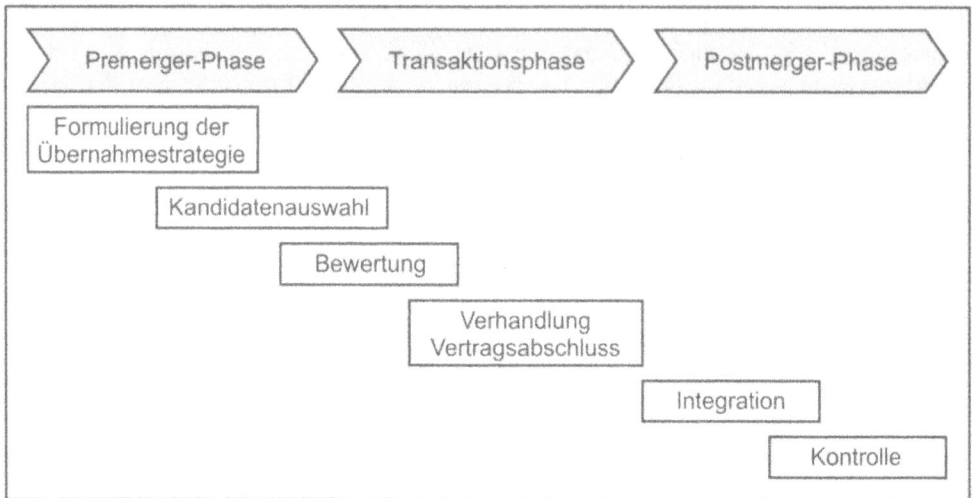

Abb. 4.25 *Übernahmephasen*

3. Die **Postmerger-Phase** bezieht sich auf die konkrete Umsetzung bzw. Implementierung der mit der Übernahme verfolgten Strategie. Je nach strategischer Zielsetzung kann dabei unterschieden werden zwischen vollständiger Integration, partieller Integration oder Autonomie. Die erforderlichen Integrationsmaßnahmen beinhalten sowohl unternehmensinterne Veränderungen (z.B. organisatorische und personalpolitische Anpassungen) als auch unternehmensexterne Veränderungen (z.B. Kundenintegration, Veränderungen der Zulieferbeziehungen). Um den angestrebten Erfolg der Übernahme zu gewährleisten, ist eine fortlaufende Kontrolle der Umsetzung der Integrationsmaßnahmen und ihrer Auswirkungen erforderlich.

Je nach Kooperationsbereitschaft des Übernahmekandidaten kann die Übernahme als **freundliche Übernahme** (friendly takeover) oder **feindliche Übernahme** (hostile takeover) ausgelegt werden. Bei der freundlichen Übernahme arbeitet der Übernahmekandidat mit dem Käufer zusammen, um einen angestrebten Übernahmeerfolg herbeizuführen. Bei einer feindlichen Übernahme versucht der Übernahmekandidat durch verschiedene Abwehrmaßnahmen (z.B. Ausnutzung von Informationsvorteilen, Aktienrückkaufprogramme), die Übernahme zu verhindern.

Die Grenzen zwischen einer **Übernahme** (acquisition) und einer **Fusion** (merger) sind fließend. Von einer Fusion (Unternehmensverschmelzung) wird dann gesprochen, wenn sich zwei oder mehrere zuvor wirtschaftlich und rechtlich selbständige Unternehmen unter einem Dach zusammenschließen und ihr vorhandenes Betriebsvermögen vereinen (Jansen 2001, S. 44 f.). Im Hinblick auf den Verbleib des Vermögens lassen sich zwei **Fusionsformen** voneinander abgrenzen:

• Bei der **Fusion durch Aufnahme** (merger by absorption) wird ein Unternehmen (übertragende Gesellschaft) vollständig in ein anderes Unternehmen (übernehmende Gesellschaft) integriert. Die übertragende Gesellschaft überträgt dazu ihr Vermögen auf die übernehmende Gesellschaft.

- Bei einer **Fusion durch Neugründung** (merger by establishment) verlieren beide beteiligten Unternehmen ihre rechtliche Eigenständigkeit, indem sie eine neue Gesellschaft etablieren, auf welche das Betriebsvermögen der fusionierenden Unternehmen übergeht.

Beide Fusionsformen zeichnen sich dadurch aus, dass nach Abschluss der Fusion nur noch ein wirtschaftlich und rechtlich selbständiges Unternehmen besteht.

Vorteile einer Übernahme	Nachteile einer Übernahme
- schneller Zugang zum Auslandsmarkt	- Auffinden geeigneter Übernahmekandidaten
- Möglichkeit zur Nutzung komplementärer Ressourcen des Übernahmekandidaten	- Kooperationsbereitschaft des Zielunternehmens
- bestehende Kunden- und Lieferantenbeziehungen können genutzt werden	- schwierige Verhandlungen
- Synergieeffekte (Kosteneinsparungsmöglichkeiten insbesondere im Vertriebs- und/oder Produktionsbereich)	- Kaufpreiszahlung mit eventueller Übernahmeprämie
- Economies of Scope (Verbundvorteile)	- Integrationsprobleme des gekauften Unternehmens
- Möglichkeit des Technologie- und Know-how Erwerbs	- Pfadabhängigkeit, d.h. die bisherigen wirtschaftlichen Strukturen beeinflussen die weitere Entwicklung

Abb. 4.26 *Vor- und Nachteile einer Übernahme*

4.4.4 Internationaler Intra-Firmenhandel

Direktinvestitionen sind die Voraussetzung für das Entstehen des internationalen Intra-Firmenhandels (international intrafirm trade). Internationaler Intra-Firmenhandel ist grenzüberschreitender Handel zwischen international verbundenen Unternehmen (**related party trade**). Von einem verbundenen Unternehmen wird aus Sicht der OECD immer dann ausgegangen, wenn eine Gesellschaft mehr als 10% der stimmberechtigten Anteile besitzt. Internationaler Intra-Firmenhandel liegt beispielsweise vor, wenn eine Muttergesellschaft Waren an ihre ausländischen Tochtergesellschaften liefert oder aber auch Dienstleistungen für sie erbringt. Aus Sicht der Muttergesellschaft handelt es sich dann um einen Waren- bzw. Dienstleistungsexport an ein im internationalen Konzern verbundenes Unternehmen (Intra-Firmenexport). Aus Sicht des die Leistung empfangenden Unternehmens handelt es sich um einen Intra-Firmenimport.

Zu den wichtigsten Bestimmungsgründen des internationalen Intra-Firmenhandels zählen die Folgenden (Büter 2007, S. 114):

- **Beschaffungswirtschaftliche Gründe** sind dann gegeben, wenn beispielsweise die Muttergesellschaft Rohstoffe, Ersatzteile oder andere Ressourcen von einem anderen international verbundenen Unternehmen importiert.

- **Produktionswirtschaftliche Gründe** ergeben sich insbesondere bei Vorliegen einer international komplementären Produktion, in welcher einzelne Produktionsstufen eines Produktes in verschiedenen Ländern erfolgen. Durch Intra-Firmenexporte bzw. Intra-Firmenimporte erfolgt dann die länderübergreifende Aufeinanderabstimmung (Konfiguration) der Produktion.

- **Absatzwirtschaftliche Gründe** sind insbesondere dann gegeben, wenn Fertigprodukte an ein anderes international verbundenes Unternehmen exportiert werden, welches den Vertrieb dieser Produkte im Zielland wahrnimmt.

In der Außenhandelsstatistik wird nicht unterschieden, ob es sich um einen grenzüberschreitenden Handel zwischen unternehmensfremden Einheiten handelt (**inter-organisatorischer Außenhandel**) oder um Handelsbeziehungen zwischen international verbundenen Unternehmen (**intra-organisatorischer Außenhandel**). Über die Bedeutung des internationalen Intra-Firmenhandels am **Welthandel** existieren daher nur grobe Schätzungen. Allgemein wird davon ausgegangen, dass die zunehmende Internationalisierung der Wirtschaft durch Direktinvestitionen zu einer deutlichen Zunahme des internationalen Intra-Firmenhandels führt.

Das so genannte „**inter-company business**" kann sich generell beziehen auf den Warenhandel, den Dienstleistungshandel als auch auf den Handel mit Lizenzen und Know-how. Für den internationalen Intra-Firmenhandel sind Transferpreise zu bestimmen. Internationale Transferpreise sind Verrechnungspreise für den grenzüberschreitenden Austausch von Lieferungen und Leistungen zwischen verbundenen Unternehmen. Die Festlegung internationaler Transferpreise ist ein eigenständiges Entscheidungsproblem der internationalen Preispolitik (vgl. hierzu Kapitel 7.3.4 „Internationale Transferpreise").

Fragen und Aufgaben zur Wiederholung

1. Definieren Sie die folgenden Begriffe und erläutern Sie die Unterschiede der jeweiligen Begriffspaare:

   a) direkter Export   -   direkter Vertrieb
   b) Dokumenteninkasso   -   Dokumentenakkreditiv
   c) Volumenallianz   -   Komplementärallianz
   d) Vorwärtsintegration   -   Rückwärtsintegration
   e) Direktinvestition   -   Portfolioinvestition

2. Mittels welcher Kriterien lassen sich unterschiedliche Formen des Auslandsmarkteintritts systematisieren?

3. Inwiefern unterscheidet sich das Investitionsgüterexportgeschäft vom Konsumgüterexportgeschäft (Erläutern Sie Ihre Aussagen jeweils anhand eines selbst gewählten Beispiels)?

4. Erläutern sie die verschiedenen Formen von Außenhandelsmittlern? Warum stellen Außenhandelsmittler keine eigene Handelsstufe dar?

5. Beschreiben Sie die verschiedenen Bereiche, welche bei der Abwicklung von Außenhandelsgeschäften zu beachten sind.

6. Welches Recht kann auf internationale Kaufverträge grundsätzlich angewendet werden und welche Bedeutung erlangt das UN-Kaufvertragsrecht in diesem Zusammenhang?

7. Welchen Zwecken dient die Vereinbarung von Incoterms in einem internationalen Kaufvertrag?

8. Was versteht man unter einem „gentlemen's agreement" und für welche Zwecke werden derartige Vereinbarungen häufig geschlossen?

9. Inwiefern unterscheiden sich Exportgemeinschaften einfacher Stufe von Exportgemeinschaften höherer Stufe?

10. Welche Formen von Importkooperationen gibt es und welche Zielsetzungen können damit verfolgt werden?

11. Welche Voraussetzungen müssen für eine internationale Lizenzvergabe gegeben sein und worauf ist bei der Gestaltung des Lizenzvertrages besonders zu achten?

12. Worin liegen die wesentlichen Unterschiede zwischen der internationalen Lizenzvergabe und dem internationalen Franchising?

13. Wann spricht man von einem Joint Venture und welche Gestaltungsmöglichkeiten eines Joint Ventures können unterschieden werden?

14. Unter welchen Bedingungen kommt es bei der Gründung eines Joint Ventures zu einem „public-private-partnership" und welche Besonderheiten ergeben sich in diesem Zusammenhang bei einem „fade-out Joint Venture"?

15. Welche Arten von Direktinvestitionen sind aus außenwirtschaftsrechtlicher Sicht zu unterscheiden?

16. Nennen und erläutern Sie verschiedene Motive und Risiken, welche mit Direktinvestitionsentscheidungen verbunden sein können.

17. Welche Formen von Auslandsgesellschaften gibt es und wie ist die Neugründung einer Auslandsgesellschaft im Unterschied zur Beteiligung bzw. Übernahme aus wettbewerbspolitischer Sicht einzuschätzen?

18. Erläutern Sie an einem selbst gewählten Beispiel die Unterschiede zwischen einer strategischen Investition und einer Finanzinvestition im Rahmen einer internationalen Unternehmensübernahme.

19. Welche idealtypischen Phasen können bei internationalen Unternehmensübernahmen unterschieden werden und was wird in diesem Zusammenhang mit dem Begriff „due diligence" verbunden?

20. Welche Wechselbeziehungen bestehen zwischen Direktinvestitionen und dem Außenhandel?

21. Nennen Sie die wichtigsten Bestimmungsgründe des internationalen Intra-Firmenhandels und erläutern Sie diese jeweils anhand eines selbst gewählten Beispiels.

22. Unterscheiden Sie zwischen dem inter-organisatorischen und dem intra-organisatorischen Außenhandel und nennen Sie jeweils ein Beispiel dafür.

5 Internationale Funktionsbereichs- entscheidungen

5.1 Internationale Wertschöpfung

Der Begriff **Wertschöpfung** bezieht sich in der Betriebswirtschaftslehre auf die von einem Unternehmen erbrachte Eigenleistung. Sie ergibt sich aus der Differenz zwischen dem Verkaufswert der erstellten Leistungen und dem Wert der vom Unternehmen bezogenen Leistungen. Die einzelnen Teilaktivitäten eines Unternehmens, welche zur Wertschöpfung beitragen, sind dabei wie Glieder an einer Kette aneinander gereiht. Deshalb wird auch von **Wertschöpfungskette** (value added chain) gesprochen. Aus volkswirtschaftlicher Sicht ergibt sich die Wertschöpfung als Summe aller Wertschöpfungsbeiträge einer inländischen Wirtschaft.

Es gibt verschiedene Modelle zur Abbildung einer betrieblichen Wertschöpfungskette. Eines der bekanntesten Modelle geht auf Porter zurück. Porter (Porter 2000, S. 75 f.) unterscheidet bei den einzelnen betrieblichen Teilaktivitäten entlang der Wertschöpfungskette zwischen **unterstützenden Aktivitäten** (Infrastruktur des Unternehmens, Personalmanagement, Technologie und Beschaffung) und den so genannten **Basisaktivitäten** (unternehmensinterne Logistik, Produktion, unternehmensexterne Logistik, Marketing und Service).

Internationale Wertschöpfung ist immer dann gegeben, wenn einzelne oder auch mehrere Aktivitäten der Wertschöpfungskette über staatliche Grenzen hinweg erbracht werden. Bei der Betrachtung der internationalen Wertschöpfung geht es nicht nur darum, zwischen der im Inland und Ausland erbrachten Wertschöpfung zu unterscheiden. Erforderlich ist es auch, die Wertschöpfungsbeziehungen zwischen den bearbeiteten Auslandsmärkten im internationalen Unternehmensverbund zu erfassen. Der Internationalisierungsgrad eines Unternehmens steigt mit dem Umfang der im Ausland erbrachten Wertschöpfung.

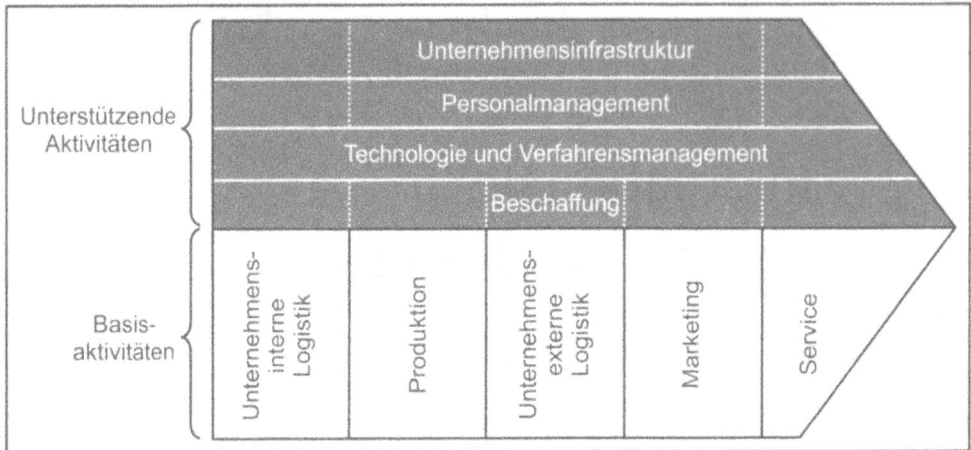

Abb. 5.1   *Wertschöpfungskette nach Porter (Porter 2000, S. 78)*

An der betrieblichen Wertschöpfung sind verschiedene betriebliche Funktionsbereiche beteiligt. Die Führungsfunktionen wie Planung, Entscheidung, Durchführung und Kontrolle, bilden eine Querschnittsfunktion zu den betrieblichen Funktionsbereichen, wie Beschaffung, Produktion, Absatz, Finanzen und Personal. Deswegen werden in diesem Kapitel bedeutende **internationale Funktionsbereichsentscheidungen** behandelt. Entsprechend dem Charakter eines Lehrbuches kann dabei nur eine Auswahl erfolgen und selbst diese erhebt lediglich den Anspruch, die wichtigsten Entscheidungsbereiche der behandelten Funktionsbereiche zu benennen und in ihren Grundzügen darzustellen.

5.2   Internationale Beschaffungsentscheidungen

5.2.1   Grundlagen und Problemstellung

Die **Beschaffung** (procurement) erfüllt in der betrieblichen Wertschöpfungskette (supply chain) eine Versorgungsfunktion, indem sie die für die Betriebsprozesse benötigten Inputfaktoren verfügbar macht. Bei Industrieunternehmen soll die Versorgung mit Einsatzstoffen für die Produktion (Roh-, Hilfs-, Betriebsstoffe, Halbfertigerzeugnisse, Dienstleistungen) und bei Handelsunternehmen die Belieferung mit Handelswaren sichergestellt werden.

Der Begriff Beschaffung wird häufig als Oberbegriff interpretiert, welcher den Einkauf umfasst. Der **Einkauf** (purchasing) bezieht sich in dieser Hinsicht auf die Durchführung des eigentlichen Versorgungsvorgangs (Anfrage, Bestellung, Einkaufsabwicklung und Kontrolle). Im Rahmen des **„Supply Chain Managements"** (Wertkettenmanagement) nimmt die Beschaffung eine Schlüsselfunktion ein für die Verbindung der einzelnen Wertschöpfungsprozesse.

Internationale Beschaffung liegt immer dann vor, wenn die Beschaffungsobjekte Staatsgrenzen überschreiten. Dabei wird unterschieden zwischen der:

- Beschaffung von unternehmensfremden Geschäftspartnern und der

- Beschaffung im internationalen Konzernverbund.

Der klassische Fall internationaler Beschaffung betrifft den **direkten Import**, bei welchem die Beschaffungsobjekte unmittelbar von einem ausländischen Lieferanten bezogen werden. Beim **indirekten Import** werden die aus dem Ausland stammenden Waren über einen im Inland ansässigen Importhändler bezogen. Charakteristisch für einen internationalen Konzernverbund ist es, dass sich die Produktion auf mehrere Produktionsstätten in verschiedenen Ländern verteilt. Dies führt in der Regel zu einem internationalen **Beschaffungs- und Fertigungsverbund**, mit grenzüberschreitenden Liefer- und Leistungsverflechtungen (intercompany business) zwischen der Muttergesellschaft und den Auslandsgesellschaften.

Zu den wichtigsten **Bestimmungsgründen internationaler Beschaffung** gehören die Folgenden:

- **Nichtverfügbarkeit der benötigten Waren im Inland:** Absolute Nichtverfügbarkeit besteht in Deutschland bei einer Vielzahl von Rohstoffen, wie beispielsweise Aluminium, Phosphat und Titan. Relative Nichtverfügbarkeit liegt vor, wenn die benötigten Waren im Inland nur in unzureichender Menge und Qualität vorhanden sind.

- **Senkung der Beschaffungskosten** durch niedrigere Einkaufspreise im Ausland infolge geringerer Faktorkosten (Löhne, Rohstoffe, Materialien) sowie günstigerer Produktionsbedingungen im Ausland.

- **Verbreiterung der Beschaffungsobjektbasis** durch größere Auswahl bei den Produkten und Sortimenten.

- **Erhöhung der Beschaffungsflexibilität** durch Gewinnung neuer ausländischer Lieferanten und damit Reduzierung von Abhängigkeiten vom inländischen Beschaffungsmarkt.

- **Möglichkeit des Zugangs zu neuen Technologien:** Durch den Aufbau von Lieferbeziehungen zu innovativen Unternehmen im Ausland können neue Technologien auch für den heimischen Markt strategisch nutzbar gemacht werden.

- **Außenhandelspolitische Gründe** für internationale Beschaffung sind dann gegeben, wenn sich durch den Warenimport aus einem bestimmten Land handelspolitische Schranken öffnen, in deren Folge neue Absatzmärkte erschlossen werden können.

Demgegenüber sind die folgenden **Risiken internationaler Beschaffung** zu beachten:

- **Qualitätsrisiken** bestehen vor allen Dingen bei neuen Lieferanten, deren Leistungsfähigkeit noch nicht ausreichend nachgewiesen werden konnte.

- **Versorgungsrisiken** bestehen in der Gefahr des Überschreitens von Lieferzeiten, womit eine „Just-in-time Belieferung" nicht mehr möglich ist. Ebenso kann es auch durch abweichende Liefermengen zu Versorgungsengpässen kommen.

- **Transportrisiken** ergeben sich vor allem aufgrund der größeren Transportentfernung und des meist erforderlichen Wechsels des Transportmittels. Zeitverzögerungen bei der Belieferung können auch transportseitig bedingt sein.

- **Steigende Lieferantenpreise** infolge einer Veränderung der Konditionen oder höherer Herstellungskosten sowie Transportkosten können erhoffte Kosteneinsparungen ausländischer Beschaffung zunichte machen.

- **Wechselkursschwankungen** stellen ein zweiseitiges Risiko dar. Ist die Fakturierungswährung bei einem ausländischen Warenbezug eine Fremdwährung, so kann dies in Abhängigkeit von der Wechselkursentwicklung zu einem höheren oder auch niedrigeren Beschaffungspreis in Euro führen. Es gibt jedoch zahlreiche Sicherungsmöglichkeiten.

- **Local-Content Bestimmungen** sind landesspezifische Vorschriften, durch welche bei einer Auslandsproduktion der Wertschöpfungsanteil der aus dem Gastland zu beziehenden Vorleistungen festgelegt wird. Local-Content Bestimmungen zwingen Unternehmen mit Auslandsproduktion dazu, Vorleistungen in der geforderten Höhe im Gastland zu beschaffen.

5.2.2   Entscheidungsbereiche internationaler Beschaffungsplanung

Entscheidungen über die internationale Gestaltung der Beschaffungsplanung sind von einer Vielzahl von Einzelentscheidungen abhängig. Eine unternehmensindividuelle Beschaffungsplanung ergibt sich aus einer Kombination der jeweils getroffenen Einzelentscheidungen. Zu den **strategischen Entscheidungen internationaler Beschaffungsplanung** gehören die Folgenden.

(1) Entscheidung über Eigenfertigung oder Fremdbezug

(2) Entscheidung über die örtliche Herkunft der Beschaffungsobjekte

(3) Entscheidung über die Anzahl der Lieferanten

(4) Entscheidung über die internationale Beschaffungsorganisation

Zu (1) Entscheidung über Eigenfertigung oder Fremdbezug
Die Interdependenz produktionswirtschaftlicher und beschaffungswirtschaftlicher Entscheidungen wird besonders deutlich bei der Festlegung der Fertigungstiefe. Dabei geht es darum zu entscheiden, welche Bereiche der betrieblichen Leistungserstellung unternehmensintern erfolgen sollen (Eigenfertigung) und welche Bereiche auf unternehmensfremde Dritte ausgelagert werden sollen (Fremdbezug).

- **Eigenfertigung (insourcing)** ist eine Entscheidung zu Gunsten der Nutzung unternehmensinterner Ressourcen. Eigenfertigung bedeutet Internalisierung, d.h. Organisation wirtschaftlicher Aktivität in der Unternehmenshierarchie.

- **Fremdbezug (outsourcing)** ist eine Entscheidung zu Gunsten der Beschaffung der benötigten Güter von unternehmensexternen Lieferanten. Fremdfertigung bedeutet Externalisierung und damit Organisation wirtschaftlicher Aktivität über den Markt. Erfolgt der Fremdbezug aus dem Ausland, so wird dies auch als **„offshoring"** bezeichnet.

- **Mischformen aus Eigenfertigung und Fremdbezug** sind dann gegeben, wenn bestimmte Güter sowohl selbst erstellt als auch fremdbezogen werden (selektives Entscheiden). In einem internationalen Unternehmen mit mehreren Auslandsgesellschaften ist eine solche Mischform die Regel. Erforderlich ist es dann, das Verhältnis zwischen eigengefertigten und zugekauften Mengen für das Gesamtunternehmen und für die einzelnen Auslandsgesellschaften zu bestimmen.

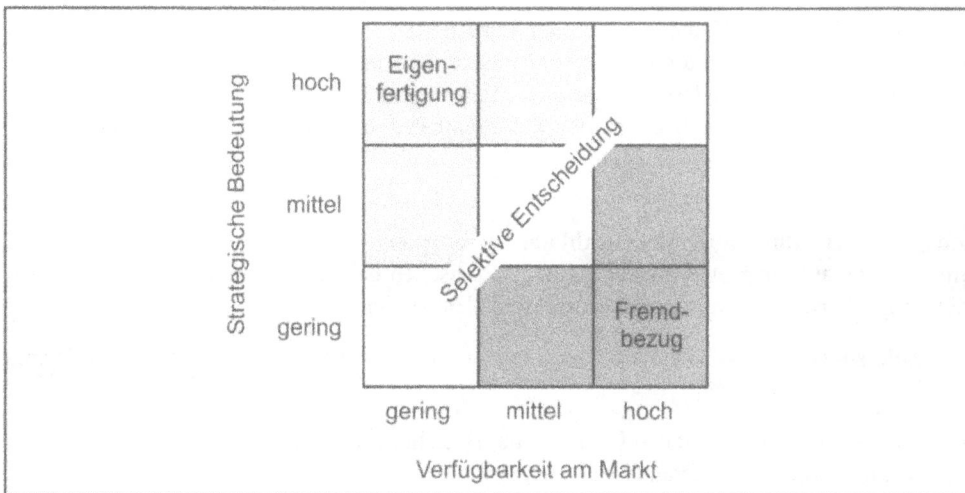

Abb. 5.2   Make or Buy Entscheidung

Bei der Entscheidung über Eigenfertigung oder Fremdbezug (**make or buy decision**) gilt der Grundsatz, dass eine Verringerung der Fertigungstiefe mit einer Vergrößerung der Beschaffungstiefe einhergeht und umgekehrt. Diese Entscheidung ist insbesondere abhängig von der strategischen Bedeutung der Beschaffungsobjekte und ihrer Verfügbarkeit am Markt. Eine Entscheidung zu Gunsten der **Eigenfertigung** ist insbesondere dann zweckmäßig, wenn das Beschaffungsobjekt eine hohe strategische Bedeutung hat und ein Fremdbezug mit einer hohen Unsicherheit und Abhängigkeit vom Lieferanten verbunden wäre. Ein Fremdbezug ist demgegenüber dann sinnvoll, wenn für die Beschaffungsobjekte eine hohe Verfügbarkeit am Markt gegeben ist. Der **Fremdbezug** ermöglicht dann eine Konzentration auf das Kerngeschäft, welche mit einer Erhöhung der strategischen und operativen Flexibilität des Unternehmens verbunden ist. **Selektives Entscheiden** bedeutet, dass die Entscheidung zwischen

Eigenfertigung und Fremdbezug von Fall zu Fall, in Abhängigkeit von den jeweiligen regionalen Gegebenheiten (z.B. der ausländischen Tochtergesellschaften) zu treffen ist.

Zu (2) Entscheidung über die örtliche Herkunft der Beschaffungsobjekte

Hinsichtlich der örtlichen Herkunft der Beschaffungsobjekte wird unterschieden zwischen:

- **Local sourcing** (lokale und regionale Beschaffung),

- **Domestic sourcing** (inländische Beschaffung) und

- **Global sourcing** (internationale/globale Beschaffung).

Die Entscheidung über die örtliche Herkunft der Beschaffungsobjekte impliziert eine Entscheidung über die Auswahl internationaler Beschaffungsmärkte. Dabei kann weitergehend differenziert werden zwischen einer **Beschaffung in Produktionsländern** (Ländern in dem das Unternehmen eigene Produktionsstätten unterhält), einer **Beschaffung in Absatzländern** (Länder, welche durch Exporte bearbeitet werden oder in denen eine eigene Vertriebstochtergesellschaft besteht) und einer **Beschaffung in Drittländern** (Länder in denen keine unternehmenseigene Niederlassung besteht). Meist ergibt sich hinsichtlich der Herkunft der Beschaffungsobjekte eine Kombination aus regionaler, inländischer und ausländischer Beschaffung.

Zu (3) Entscheidung über die Anzahl der Lieferanten

Im Hinblick auf die Konkurrenzbeziehungen zwischen dem Lieferanten und Besteller können folgende Beschaffungsvarianten unterschieden werden:

- **Sole sourcing** liegt vor, wenn der Lieferant keine weiteren Besteller für seine Waren hat.

- **Single sourcing** betrifft den Fall, dass der Besteller für ein spezifisches Beschaffungsobjekt nur auf einen Lieferanten zurückgreift.

- **Dual sourcing** liegt vor bei einem Bezug der gleichen Beschaffungsobjekte von zwei Lieferanten.

- **Multiple sourcing** bezieht sich auf eine größtmögliche Verteilung der Beschaffung auf eine Vielzahl von Lieferanten.

- **Modular sourcing** ist dann gegeben, wenn ganze Baugruppen bzw. Systeme von einem oder wenigen Lieferanten (so genannten Systemlieferanten) bezogen werden.

Aus einer Entscheidung über die Anzahl der Lieferanten können vielfältige **beschaffungswirtschaftliche Zielkonflikte** entstehen. Besonders zu berücksichtigen sind die Abhängigkeitsbeziehungen, die Transaktionskosten der Beschaffung sowie die Möglichkeiten der Generierung von Vorteilen des Großeinkaufs (economies of large scale buying).

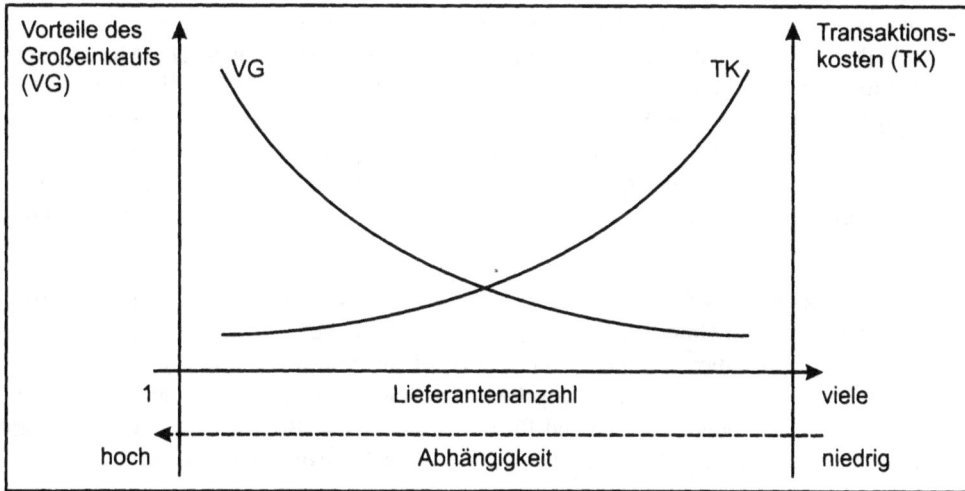

Abb. 5.3 *Zielkonflikte der Beschaffung*

Die **Transaktionskosten der Beschaffung** umfassen die Kosten der Geschäftsanbahnung und des Geschäftsabschlusses einschließlich der Transportkosten für den Warenbezug. Die **Vorteile des Großeinkaufs** ergeben sich insbesondere durch günstigere Liefer- bzw. Beschaffungskonditionen.

Zu (4) Entscheidung über die internationale Beschaffungsorganisation

In internationalen Unternehmen mit ländergeographisch gestreuten Produktionsstätten, besteht das Erfordernis einer unternehmensweiten Abstimmung der Beschaffungsaktivitäten. Erforderlich ist der Aufbau einer mehrstufigen Beschaffungsorganisation, mittels welcher die Beschaffungsaktivitäten zwischen der Muttergesellschaft und den Auslandsgesellschaften koordiniert werden können. Nach dem Grad der Zentralisierung beschaffungswirtschaftlicher Entscheidungen lassen sich drei **Grundformen der internationalen Beschaffungsorganisation** unterscheiden (Grochla E/Fieten R 1989, Sp. 210 ff.; Hungenberg 2002, S. 912):

1. **Partielle Entscheidungszentralisation:** Bei dieser Organisationsform übernimmt die Beschaffungsabteilung der Muttergesellschaft alle zentralen und übergreifenden Beschaffungs- und Bevorratungsaufgaben (ethnozentrisches Beschaffungsmanagement). Bei wichtigen Beschaffungsaufgaben behält sich die Muttergesellschaft die Zustimmung der Tochtergesellschaften vor und entwickelt entsprechende Beschaffungspläne sowie Beschaffungsstrategien. Die bei den ausländischen Tochtergesellschaften verbleibenden Beschaffungsaktivitäten beziehen sich primär auf taktische und operative Beschaffungsentscheidungen sowie auf die Wahrnehmung der hierzu erforderlichen logistischen Aufgaben. Der Vorteil der **ethnozentrischen Beschaffungsorganisation** liegt in der Bündelung der Nachfragemacht bei der Muttergesellschaft (corporate buying).

2. **Kontrollierte Entscheidungsdezentralisation:** Bei dieser Organisationsform übernimmt die Beschaffungsabteilung der Muttergesellschaft lediglich die auf sie entfallen-

den Beschaffungsaufgaben. Die Beschaffungsaktivitäten der einzelnen Auslandsgesellschaften werden weitgehend autonom von diesen wahrgenommen. Die Muttergesellschaft greift hier lediglich koordinierend und beratend ein. Der Vorteil einer solchen **polyzentrischen Beschaffungsorganisation** liegt in einer schnelleren und flexibleren Entscheidungsfindung. Eine **regiozentrische Beschaffungsorganisation** liegt dann vor, wenn das internationale Unternehmen in Ländergruppen unterteilt ist und eine Auslandsgesellschaft für die Beschaffungsaktivitäten der jeweiligen Ländergruppe verantwortlich gemacht wird.

3. **Festlegung von Hauptbedarfsträgern:** Bei dieser Organisationsform werden innerhalb des internationalen Unternehmens diejenigen ausländischen Tochtergesellschaften identifiziert, welche einen besonders hohen Bedarf an bestimmten Beschaffungsobjekten aufweisen. Diese so genannten **Hauptbedarfsträger** (lead subsidiaries) werden dann im Unternehmensverbund federführend für die internationale Beschaffung dieser Beschaffungsobjekte zuständig. Die **geozentrische Beschaffungsorganisation** ist eine Kombination aus zentraler und dezentraler Beschaffung.

Für den unternehmensinternen grenzüberschreitenden Beschaffungsverbund sind **internationale Transferpreise** zu bestimmen. Durch Kombination von Entscheidungen in den einzelnen Entscheidungsbereichen lässt sich eine Vielzahl von Beschaffungsstrategien herleiten.

5.2.3   Beschaffungswirtschaftliche Internationalisierung

Die beschaffungsseitige Internationalisierung kann verschiedene Phasen bzw. Stufen durchlaufen. Von einer **reaktiven Beschaffung** wird immer dann gesprochen, wenn der Anlass für eine grenzüberschreitende Beschaffung durch unternehmensexterne Umstände ausgelöst wird (z.B. absolute oder relative Nichtverfügbarkeit der Beschaffungsobjekte im Bedarfsland). Demgegenüber verfolgt das Unternehmen bei einer **aktiven Beschaffung** eigene beschaffungswirtschaftliche Zielsetzungen. Als Basisindikator für die beschaffungswirtschaftliche Internationalisierung dient die **beschaffungswirtschaftliche Auslandsquote**.

$$BAQ = \frac{BVA}{GBV} \cdot 100$$

mit: BAQ = Beschaffungswirtschaftliche Auslandsquote
       BVA = Beschaffungsvolumen im Ausland
       GBV = Gesamtbeschaffungsvolumen

Die beschaffungswirtschaftliche Auslandsquote kann je nach Zweckbestimmung weiter differenziert werden (z.B. hinsichtlich des Beschaffungsvolumens nach Ländermärkten oder hinsichtlich des Beschaffungsvolumens einzelner aus dem Ausland bezogener Beschaffungsobjekte).

Grundlage der beschaffungswirtschaftlichen Internationalisierung sind in der Regel bestimmte **beschaffungswirtschaftliche Konzeptionen.** Zu nennen sind hier vor allem:

(1) die Konzeption des „Global Sourcing",

(2) der internationale Zentraleinkauf und

(3) das E-Procurement.

Stufen beschaffungswirtschaftlicher Internationalisierung			
Nationale Beschaffung	**Internationale Beschaffung bei Bedarf**	**Internationale Beschaffung als Teil der Beschaffungsstrategie**	**Implementierung einer globalen Beschaffungsstrategie**
- geringer Bedarf an internationalen Beschaffungsinformationen - mangelhafte internationale Datenquellen - ausländische Produkte werden über indirekten Import bezogen	- Internationale Beschaffung erfolgt nur im Bedarfsfall - Internationale Beschaffungsinformationen müssen aufgebaut werden - Internationale Beschaffungskapazitäten sind begrenzt - meist direkter Import	- globale Betrachtung und Selektion von Beschaffungsmärkten - Internationale Beschaffungsstrategien werden aktiv eingesetzt - weltweite Beschaffung über unternehmensfremde oder unternehmenseigene Einrichtungen	- umfassende Ausnutzung weltweiter Beschaffungsquellen - weltweite Koordination der Beschaffungsaktivitäten - Einführung einer „Global Sourcing Strategie"
„reaktive Beschaffung"		„aktive Beschaffung"	

Abb. 5.4 *Stufen beschaffungswirtschaftlicher Internationalisierung*

Zu (1) Konzeption des „Global Sourcing"

Der Konzeption des „Global Sourcing" liegt eine ganzheitliche Betrachtung des Beschaffungsmanagements zu Grunde. Die Beschaffung ist danach international und strategisch ausgerichtet, um Wettbewerbsvorteile des Unternehmens auf den globalen Märkten sicherzustellen. „Global Sourcing" wird dabei nicht als isolierte Funktion angesehen, sondern erfolgt in Abstimmung mit anderen Wertschöpfungsaktivitäten.

Zu den **operativen Aufgaben** zählen die so genannten „4R" der Beschaffung. Dadurch soll sichergestellt werden, dass die Beschaffung in der richtigen Menge, zur richtigen Zeit, in der richtigen Qualität und am richtigen Ort erfolgt. Bei der Realisierung der **strategischen Aufgaben** unterscheidet Arnold (1997, S. 65 f.) die folgenden vier Zielsetzungen:

- **Innovationsfähigkeit** soll durch die Beschaffung innovativer Produkte oder Module erreicht werden.

- **Vertikale Verbundeffekte** resultieren aus der Zusammenarbeit mit ausländischen Lieferanten. Sie können sowohl zu einer Verbesserung der Informationsgrundlage beisteuern als auch einen Beitrag zur Effizienzsteigerung des Güterflusses leisten.

- **Horizontale Verbundeffekte** können sich durch eine verbesserte Abstimmung sowie durch eine Kooperation von Unternehmen auf der gleichen Wertschöpfungsstufe ergeben (z.B. durch Einkaufskooperationen).

- **Integrationsfähigkeit** betrifft die Vorteile, welche sich aus der akquisitorischen oder physischen Verbindung der Materialien ergeben können. Akquisitorische Integration betrifft strategische Beschaffungsvorteile im Hinblick auf die Produktlinien bzw. die Sortimentsgestaltung. Physische Integration kann demgegenüber mit Kosteneinsparungen einhergehen.

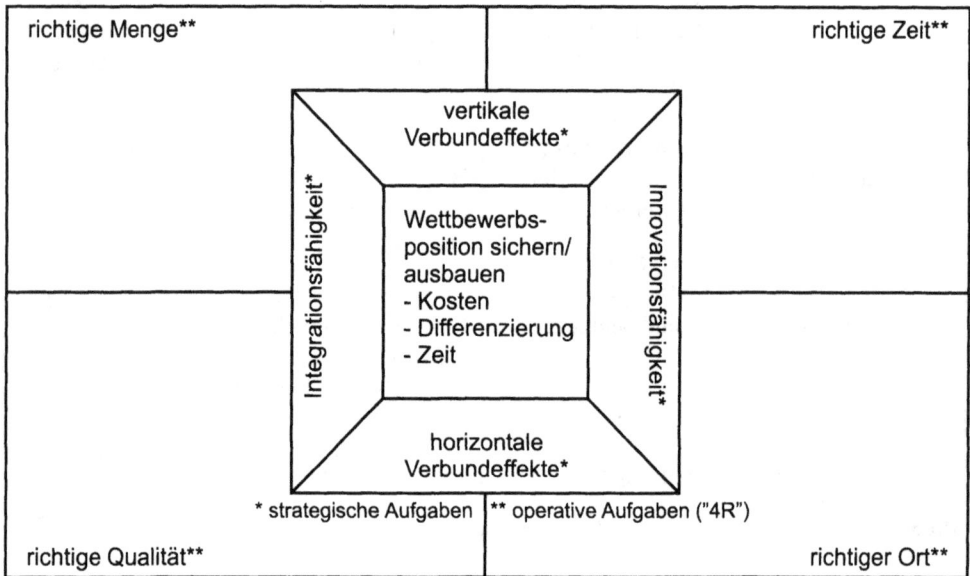

richtige Menge**   richtige Zeit**

vertikale
Verbundeffekte*

Integrationsfähigkeit*   Wettbewerbs-
position sichern/
ausbauen
- Kosten
- Differenzierung
- Zeit   Innovationsfähigkeit*

horizontale
Verbundeffekte*

* strategische Aufgaben \|** operative Aufgaben ("4R")

richtige Qualität**   richtiger Ort**

Abb. 5.5   Strategische und operative Aufgaben des „Global Sourcing" (Quelle: Arnold 1997, S. 66)

Zu (2) Internationaler Zentraleinkauf

Eine verbreitete Organisationsform internationaler Beschaffung ist der internationale Zentraleinkauf. Internationaler Zentraleinkauf zeichnet sich aus durch eine hohe Zentralisierung beschaffungswirtschaftlicher Entscheidungen. Die Einkaufszentrale ist in der Regel organisatorisch der Muttergesellschaft direkt unterstellt. Der Beschaffungsbedarf wird von den einzelnen Unternehmenseinheiten an die Einkaufszentrale übermittelt. Die Einkaufszentrale bündelt die Bestellungen und handelt diese direkt mit dem Lieferanten aus. Sie übernimmt ferner die rechnungstechnische Abwicklung der nationalen als auch internationalen Beschaffung. Durch den Zentraleinkauf lassen sich **Skaleneffekte des Großeinkaufs** (economies of large scale buying) realisieren.

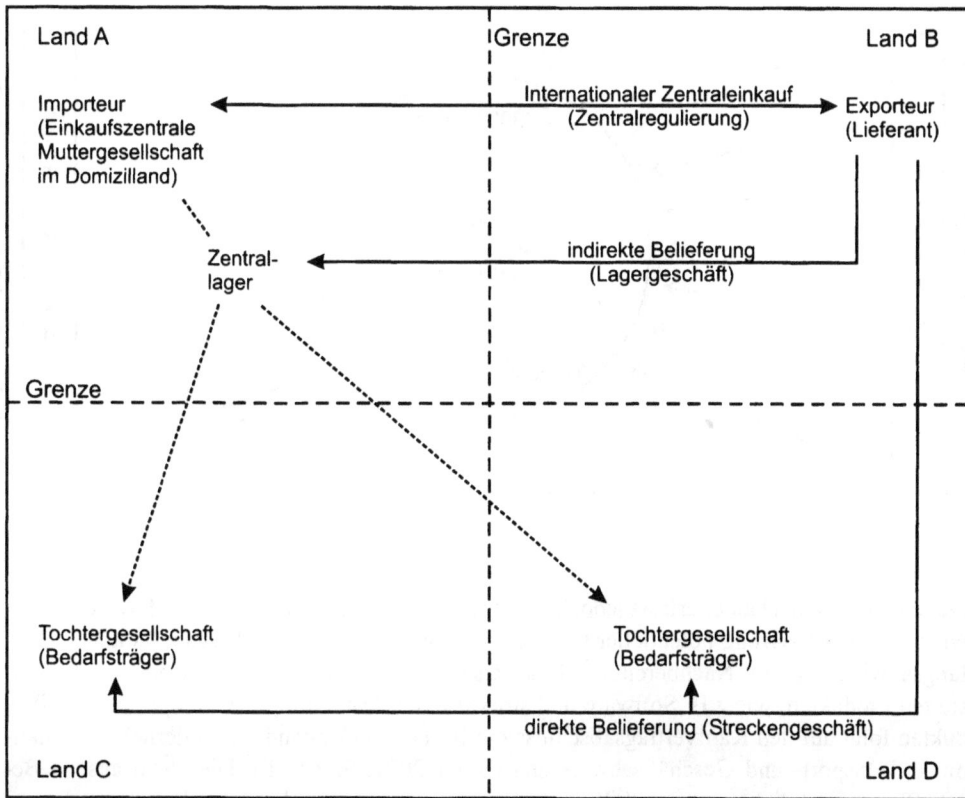

Abb. 5.6 *Internationaler Zentraleinkauf*

Die Belieferung der inländischen als auch ausländischen Unternehmenseinheiten kann sowohl in Form eines Strecken- als auch Lagergeschäfts erfolgen (Büter 2007, S. 68 f.). Beim **Streckengeschäft** werden die Beschaffungswaren vom Lieferanten direkt an die einzelnen Unternehmenseinheiten (Bedarfsträger, wie z.B. Produktionsstätten, Vertriebstochterunternehmen) versendet. Beim **Lagergeschäft** werden die Waren zunächst in ein Zentrallager übernommen, von dem aus die Einkaufszentrale den weiteren nationalen als auch internationalen Versand der Ware veranlasst.

Zu (3) E-Procurement
E-Procurement (elektronische Beschaffung) umfasst den Einsatz neuer Informations- und Kommunikationstechnologien in der Beschaffung. Von zentraler Bedeutung sind **elektronische Marktplätze**, welche auf einer virtuellen Handelsplattform meist mehrere Anbieter und Nachfrager vernetzen (B2B). Während horizontale Marktplätze branchenübergreifend ausgelegt sind, beziehen sich vertikale Marktplätze auf eine spezielle Branche. Sie stellen dabei insbesondere ab auf die Geschäftsbeziehungen zwischen Endproduzenten und Zulieferunternehmen.

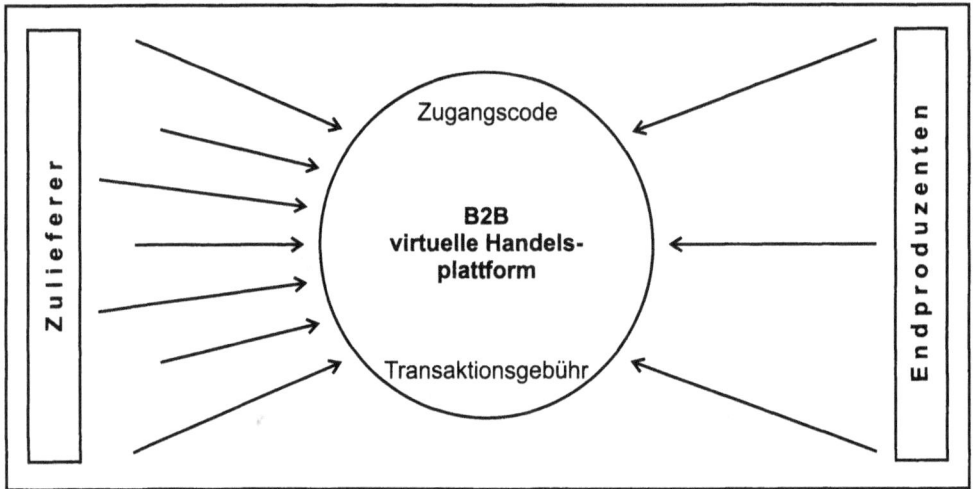

Abb. 5.7   B2B virtuelle Handelsplattform

Der elektronische Handel erfasst jedoch meist nur einzelne Teile eines Geschäftsabschlusses, wie z.B. Identifizierung potentieller Geschäftspartner, Bestellung, Auftragsbestätigung, Zahlungsabwicklung und Nachbereitung. Eine tatsächliche Warenlieferung ist nur bei digitalisierten Produkten, wie z.B. Software und strukturierten Daten möglich. Bei physischen Produkten folgt auf den Kaufvertragsabschluss die für den Außenhandel erforderliche internationale Transport- und Geschäftsabwicklung (Büter 2007, S. 171 f.). Die elektronische Beschaffung ermöglicht Zeit- und Kosteneinsparungen bei Beschaffungsaktivitäten. Ferner trägt sie zu einer größeren Transparenz der Beschaffungsmärkte bei.

5.3   Internationale Produktionsentscheidungen

5.3.1   Grundlagen und Problemstellung

Die Produktion umfasst den **Kern der betrieblichen Leistungserstellung**, d.h. die Fertigung (Herstellung bzw. Erzeugung) absatzfähiger Produkte bzw. Leistungen. Die in der Produktion eingesetzten Produktionsfaktoren stellen die Inputs dar, durch welche im Produktionsprozess mittels **Faktorkombination** (throughput) absatzfähige Produkte (outputs) erstellt werden sollen. Insoweit kann jede Produktion allgemein als ein Kombinationsprozess von betrieblichen Produktionsfaktoren zum Zwecke der Outputherstellung charakterisiert werden. Jede Produktion bzw. Leistungserstellung ist dabei eingebunden in einen vorausgegangenen Prozess der Beschaffung und einen sich anschließenden Prozess des Absatzes.

Beschaffung	Produktion	Absatz
beschaffungsseitige Inputs	Faktorkombination (throughputs)	absatzbestimmte Outputs
• Beschaffungsmärkte	• Produktionsländer	• Absatzländer
• Beschaffungsquellen	• Produktionsstätten	• Zielgruppen
• Beschaffungsobjekte	• Produktionserzeugnisse	• Produkte / Sortimente

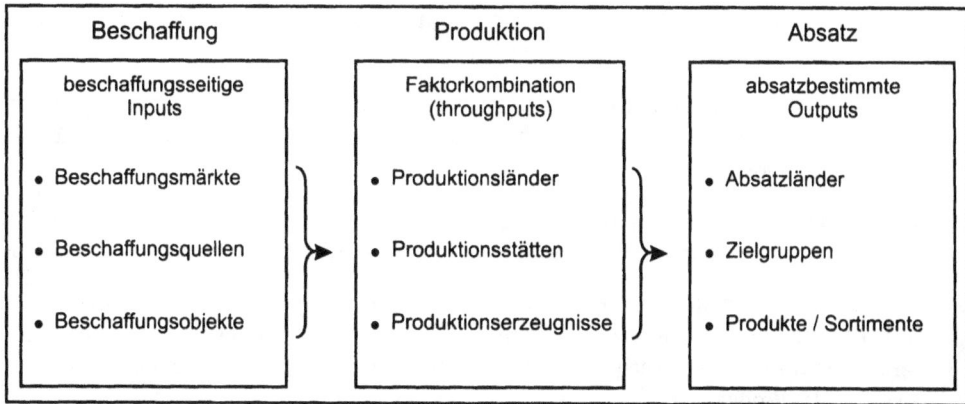

Abb. 5.8   Beschaffungs-Produktions-Absatz-Beziehungen

Auf Gutenberg zurückzuführen ist die Einteilung der **betrieblichen Produktionsfaktoren** in die Elementarfaktoren und die dispositiven Faktoren (Gutenberg 1975, S. 3 f.). Zu den **Elementarfaktoren** zählen die Folgenden:

- **Arbeitsleistung**, welche alle mit der Leistungserstellung und Leistungsverwertung verbundenen Tätigkeiten umfasst.

- **Betriebsmittel**, welche im Produktionsprozess genutzt werden, ohne in ihrer Substanz in die Produktionserzeugnisse einzugehen (z.B. Maschinen, Werkzeuge, Gebäude).

- **Werkstoffe**, welche in Form von Roh-, Hilfs- und Betriebsstoffen Bestandteil der hergestellten Produkte werden.

Während die Elementarfaktoren als Inputs in den Produktionsprozess einfließen, erfüllen die dispositiven Faktoren eine Gestaltungsfunktion. Die dispositive Arbeit bezieht sich damit auf die betrieblichen Führungsaufgaben. Bei den **dispositiven Faktoren** wird unterschieden zwischen dem originären dispositiven Faktor (Unternehmensleitung) und den derivativen dispositiven Faktoren (Planung, Organisation und Kontrolle).

Ziel der Produktion ist die Erzeugung absatzfähiger Produkte in Form von Sachgütern und/oder Dienstleistungen. Bei den Sachgütern wird aus produktionswirtschaftlicher Sicht unterschieden zwischen **Fertigerzeugnissen** (finished products) und **Halbfertigerzeugnissen** (semi-finished products). Im Hinblick auf die Häufigkeit der Wiederholung bei der Herstellung von Erzeugnissen wird unterschieden zwischen Einzel-, Mehrfach- und Massenfertigung.

Eine **internationale Produktion** liegt dann vor, wenn Teile des Produktionsprozesses (einzelne Produktionsstufen) oder die komplette Produktion grenzüberschreitend erfolgt. Internationale Produktion kann sowohl in Form der **Eigenfertigung** als auch durch **Fremdfertigung** erfolgen. Erfolgt die Produktion im Ausland durch Eigenfertigung, so ist sie immer mit einer Direktinvestition sowie einer damit einhergehenden internationalen Standortwahl verbunden.

Die zentrale **Bedeutung internationaler Produktion** ist insbesondere auf drei Aspekte zurückzuführen:

1. Internationale Produktion erfordert bei Eigenfertigung einen **umfangreichen Ressour-centransfer** in Form des Kapitaltransfers als auch des Transfers produktionswirtschaftlichen Know-hows.

2. Internationale Produktion geht einher mit vielfältigen **Konsequenzen für andere betriebliche Funktionsbereiche** (Beschaffung, Logistik, Absatz, Personal und Finanzen).

3. Internationale Produktion ist bei Eigenfertigung immer verbunden mit einer **internationalen Standortwahl**. Aus arbeitsmarktpolitischen Gründen besteht ein hoher **internationaler Standortwettbewerb** zwischen Staaten und Regionen im Hinblick auf die Ansiedlung der Produktion.

Internationale Produktion ist bei Eigenfertigung immer verbunden mit einer Direktinvestition und damit einer Standortentscheidung im Ausland.

5.3.2 Entscheidungsbereiche internationaler Produktionsplanung

Die internationale Produktionsplanung betrifft die grenzüberschreitende Aufteilung des Produktionsprogramms nach Art und Menge der zu produzierenden Güter sowie hinsichtlich ihres zeitlichen Produktionsvollzuges. Die **operative Produktionsplanung** bezieht sich auf die Produktionsdurchführungsplanung der durch die strategische Planung vorgegebenen Produktionsstätten und Produktionskapazitäten. Gegenstand der weiteren Ausführungen sind die strategischen Grundentscheidungen internationaler Produktionsplanung.

Zu den **strategischen Entscheidungen internationaler Produktionsplanung** gehören die Folgenden.

(1) Entscheidung zwischen Inlands- und/oder Auslandsproduktion

(2) Entscheidung zwischen Eigen- und/oder Fremdproduktion im Ausland

(3) Entscheidung über die internationale Produktionskonfiguration.

Zu (1) Entscheidung zwischen Inlands- und/oder Auslandsproduktion
Eine Entscheidung zwischen Inlands- und/oder Auslandsproduktion ist bei Eigenproduktion verbunden mit einer Standortwahl. Da ein Standortaufbau einhergeht mit der Schaffung von Arbeitsplätzen, besteht ein scharfer **internationaler Standortwettbewerb** im Hinblick auf die Ansiedlung der Produktion. Aus betriebswirtschaftlicher Sicht kann eine Entscheidung über nationale und/oder internationale Produktionsstandorte verbunden sein mit einem Standortaufbau, Standortabbau bzw. einer Standortverlagerung. Produktionswirtschaftliche Standortentscheidungen können lediglich einzelne Produktionsstufen betreffen als auch die komplette Produktion.

Zu den wichtigsten **Bestimmungsgründen einer Auslandsproduktion** zählen die Folgenden.

(a) Zentralisierungsgrad der Produktion

(b) Kosten der Auslandsproduktion

(c) Beschaffungswirtschaftliche Bestimmungsgründe der Auslandsproduktion

(d) Absatzwirtschaftliche Bestimmungsgründe der Auslandsproduktion

(e) Außenwirtschaftliche Bestimmungsgründe der Auslandsproduktion

(f) Risikopolitische Bestimmungsgründe der Auslandsproduktion

Zu (1a) Zentralisierungsgrad der Produktion
Der Zentralisierungsgrad der Produktion betrifft eine Entscheidung über die räumliche Verteilung der Produktionsaktivitäten (Ihde 2001, S. 85 f.; Klein 1998, S. 415 f.). Eine **zentralisierte Produktion** geht einher mit einer Konzentration der Produktionsaktivitäten auf einen Produktionsstandort **(Standorteinheit)**. Der Produktionsstandort kann sich dabei im Inland oder im Ausland befinden.

Von einer **dezentralen Produktion** wird gesprochen, wenn die Produktion auf zwei oder mehrere räumlich getrennte Produktionsstandorte verteilt ist (dislozierte Produktion). Eine dezentrale Produktion kann in Form einer Parallelproduktion oder Verbundproduktion bestehen. Eine **Parallelproduktion** liegt vor, wenn das prinzipiell gleiche Fertigungserzeugnis (Halbfertigerzeugnis oder Endprodukt) in mindestens zwei räumlich getrennten Produktionsstätten hergestellt wird **(Standortspaltung)**. Bei einer **Verbundproduktion** wird der Produktionsprozess aufgeteilt in einzelne Produktionsstufen, welche in räumlich getrennten Produktionsstätten (Inland und/oder Ausland) durchgeführt werden **(Standortteilung)**.

Eine Zentralisierung der Produktion ermöglicht **Skaleneffekte** (economies of scale), in Form einer Fixkostendegression durch eine größere Ausbringungsmenge. Eine grenzüberschreitende Dezentralisation der Produktion ermöglicht die **Nutzung lokaler Spezialisierungsvorteile**. In beiden Fällen sind die beschaffungsseitigen als auch absatzseitigen Transportkosten zu beachten, deren Höhe durch die geographische Standortwahl bzw. Standortverteilung bestimmt wird.

Zu (1b) Kosten der Auslandsproduktion
Kostenorientierte Bestimmungsgründe für eine Auslandsproduktion ergeben sich aus den **Faktorkostendifferenzen**. Zu beachten ist auch die **Faktorverfügbarkeit** vor Ort. Von zentraler Bedeutung bei arbeitsintensiver Produktion ist ein Vergleich der **Lohnstückkosten** (wage unit costs). Durch einen Vergleich der Lohnstückkosten (z.B. Lohn pro Fertigungsstunde/produzierte Stückzahl pro Fertigungsstunde) wird es möglich, Unterschiede in den Arbeitsproduktivitäten zwischen den Produktionsstandorten zu erfassen. Durch eine Auslandsproduktion erhöhen sich die **Koordinations- und Kontrollkosten**. Demgegenüber können durch eine Produktion im ausländischen Absatzmarkt **außenhandelsspezifische Kosten**, wie Transportkosten und Importzölle eingespart werden.

Oftmals besteht ein **Zielkonflikt** zwischen der Möglichkeit von Kosteneinsparungen durch Auslandsproduktion und dem angestrebten Qualitätsniveau der Produktionserzeugnisse.

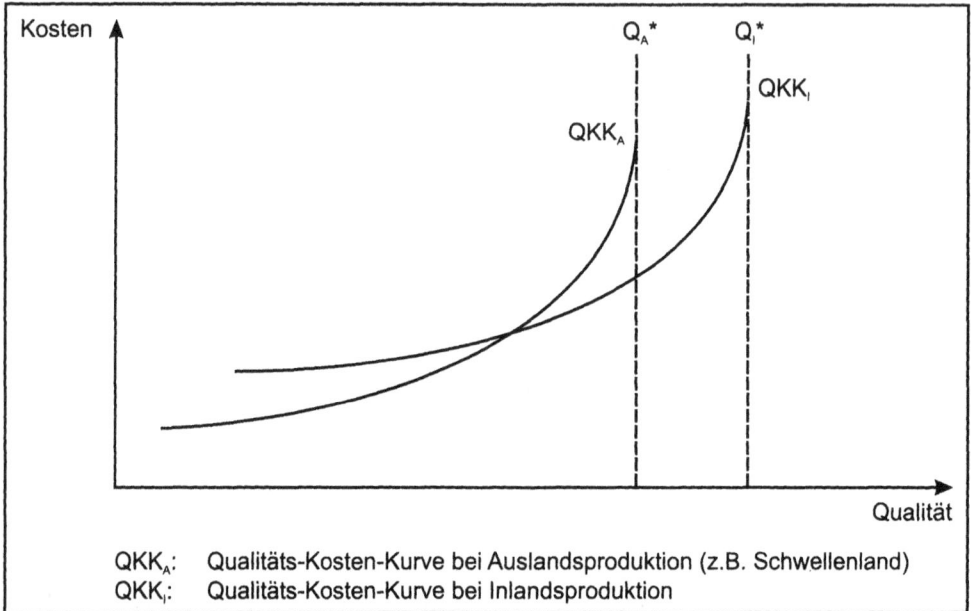

Abb. 5.9   *Qualitäts-Kosten-Kurven bei Produktion in Industrie- und Schwellenland (Perlitz 2004, S. 374).*

Zu (1c) Beschaffungswirtschaftliche Bestimmungsgründe der Auslandsproduktion
Aus beschaffungswirtschaftlicher Sicht kann der Aufbau einer Auslandsproduktion dann sinnvoll sein, wenn es darum geht, die gegebenen **lokalen Ressourcen** (Arbeitskräfte, Rohstoffe und Know-how) eines ausländischen Beschaffungsmarktes für eine Produktion vor Ort nutzbar zu machen. Ferner können auch die Beschaffungskosten aus dem Ausland und hier insbesondere die Transportkosten, den Aufbau einer Auslandsproduktion erforderlich machen. Maßgeblich für die **transportseitigen Beschaffungskosten** ist der Warenwert bezogen auf das Gewichts- und Raumverhältnis („value-to-weight and space ratio"). Ist dieses Verhältnis niedrig (wie z.B. bei Schafwolle), dann sind die Transportkosten verhältnismäßig hoch, was eine Produktion im Beschaffungsland begünstigen kann.

Zu (1d) Absatzwirtschaftliche Bestimmungsgründe der Auslandsproduktion
Absatzwirtschaftliche Bestimmungsgründe der Auslandsproduktion ergeben sich vor allem durch die **Kundennähe** im Zielland als auch durch die akquisitionsfördernde Wirkung einer Produktion vor Ort. Bei technisch erklärungsbedürftigen Produkten verbessern sich der Service und die Möglichkeiten der Instandhaltung.

Zulieferunternehmen sind aufgrund des **vertikalen Wettbewerbsdrucks** häufig veranlasst, den Endproduzenten bei einem Produktionsaufbau im Ausland zu folgen (**„follow-the-leader strategy"**). Dies ist besonders dann der Fall, wenn Endproduzenten (z.B. Automobilproduzenten) so genannte **„just-in-time Liefer- und Produktionskonzepte"** implementieren, durch welche ein gleichmäßiger und weitgehend lagerloser Materialfluss in der Fertigung angestrebt wird. Um den Belieferungsanforderungen des Endproduzenten zu entsprechen, ist es dann für Zulieferunternehmen meist erforderlich, eine Auslandsproduktion in der Nähe des Standortes des Endproduzenten im Ausland aufzubauen.

Zu (1e) Außenwirtschaftliche Bestimmungsgründe der Auslandsproduktion
Außenwirtschaftliche Bestimmungsgründe für eine Auslandsproduktion sind dann gegeben, wenn **tarifäre Handelshemmnisse** (Importzölle) als auch **nicht-tarifäre Handelshemmnisse** (z.B. Importkontingente, bürokratische Auflagen) den Export in einen ausländischen Absatzmarkt erschweren bzw. gar blockieren. Durch den Aufbau einer Produktion im Zielland können Handelshemmnisse bis hin zu Handelsblockaden überwunden werden. Der Aufbau einer ausländischen Produktion kann unter Umständen auch durch staatliche **Investitionsanreize** (z.B. Subventionen) begünstigt werden.

Zu (1f) Risikopolitische Bestimmungsgründe der Auslandsproduktion
Risikopolitische Bestimmungsgründe der Auslandsproduktion können aus zwei Perspektiven betrachtet werden. Mit dem Aufbau einer Auslandsproduktion ist einerseits immer auch eine **Risikostreuung** verbunden, da sich die Abhängigkeit der Produktion von einzelnen landesspezifischen Rahmenbedingungen (insbesondere jenen des Inlands) vermindert. Andererseits ist eine Auslandsproduktion immer mit einer Direktinvestition verbunden, bei deren Entscheidung stets auch die landesspezifischen **Direktinvestitionsrisiken** zu beachten sind.

Zu (2) Entscheidung zwischen Eigen- und/oder Fremdproduktion im Ausland
Hier geht es um die Frage, ob die Produktion im Ausland unternehmensintern erfolgen soll, d.h. durch Eigenproduktion in Form eigener ausländischer Produktionsgesellschaften oder unternehmensextern, d.h. mittels Fremdproduktion durch unternehmensfremde Dritte bzw. im Rahmen einer internationalen Unternehmenskooperation. Eine Entscheidung über die **Eigentumsform** der Produktion im Ausland impliziert auch eine Entscheidung über die **Fertigungstiefe**. Ausgehend von einem gegebenen Status Quo bedeutet eine Entscheidung zu Gunsten der Eigenproduktion, eine Vergrößerung der Fertigungstiefe (insourcing). Demgegenüber geht die Fremdfertigung einher mit einer Verringerung der Fertigungstiefe durch Auslagerung von Produktionsaktivitäten (outsourcing).

Die **Eigenproduktion im Ausland** ist immer verbunden mit dem Aufbau einer Produktionsstätte im Ausland durch Direktinvestition. Der Aufbau einer Produktionsstätte im Ausland geht einher mit einer internationalen Produktionsverlagerung, bei welcher entweder einzelne Teile oder die vollständige Produktion verlagert werden. In Abhängigkeit vom Umfang der Produktion lassen sich verschiedene **Formen von Produktionsstätten** aufzeigen. So wird unterschieden zwischen Produktionsstätten für die Montage von Bauteilen, Produktionsstätten für die Vorproduktion, Weiterverarbeitung, Endproduktion bis hin zur Komplettproduktion. Die Eigenproduktion hat im Unterschied zur Fremdproduktion vor allen Dingen den Vorteil einer verbesserten und unmittelbaren Kontrollmöglichkeit. Sie erleichtert ferner den Technologie- und Know-how-Transfer sowie die Verwertungsmöglichkeiten der produzierten Güter.

Eine Entscheidung zu Gunsten einer **Fremdproduktion im Ausland** kann erforderlich sein, wenn aus außenwirtschaftlichen Gründen der Aufbau unternehmenseigener Produktionsstätten in dem jeweiligen Gastland nicht möglich ist, bzw. nur unter besonderen Erschwernissen erfolgen kann. Aus betriebswirtschaftlicher Sicht kann die Fremdproduktion insbesondere dazu dienen Fixkosten einzusparen, denn durch die Vergabe von Produktionsaufträgen werden fixe Kosten in variable (auftragsgebundene) Kosten umgewandelt. Die Fremdproduktion ermöglicht ferner eine Konzentration auf das Kerngeschäft und trägt insgesamt zu einer Flexibilisierung des Unternehmens bei.

Zu den wichtigsten **Formen der Fremdproduktion im Ausland** zählen die Folgenden.

(a) Internationale Auftragsvergabe

(b) Internationale Produktionslizenzen

(c) Veredelungsverkehr

(d) Internationale Produktionskooperation

Zu (2a) Internationale Auftragsvergabe
Die internationale Auftragsvergabe basiert auf einem Werk- bzw. Werklieferungsvertrag. Je nach Umfang der internationalen Auftragsvergabe (contract manufacturing) kann die Produktion einzelner Fertigungsschritte (z.B. Vorproduktion, Endproduktion) oder auch die komplette Produktion ins Ausland verlagert werden. Die internationale Auftragsvergabe ist in der Regel zeitlich befristet. Sie erfordert meist eine umfangreiche Schulung und Einarbeitung. Ein wichtiger Aspekt für den Auftraggeber ist die Möglichkeit der Qualitätskontrolle vor Ort.

Zu (2b) Internationale Produktionslizenzen
Die internationale Produktionslizenz basiert auf einem Lizenzvertrag (Herstellungslizenzvertrag), durch welchen ein Produzent (Lizenzgeber) einem ausländischen Unternehmen (Lizenznehmer) das Nutzungsrecht zur Fertigung von rechtlich (z.B. durch Patente) geschützten Produkten gegen Zahlung von Lizenzgebühren einräumt. Die Produktionslizenz ist sachlich, räumlich und zeitlich zu begrenzen. Die räumliche Begrenzung bezieht sich auf die vertragliche Festlegung der Produktionsstätten des Lizenznehmers. Die sachliche Begrenzung betrifft den Umfang der Lizenzvergabe. Bei einer Produktionslizenz ist es dem Lizenznehmer nicht erlaubt, selbst als Anbieter auf dem Markt aufzutreten. Auch wird die Möglichkeit der Weiterverwertung der Lizenz gegenüber Dritten ausgeschlossen. Der zentrale Nachteil internationaler Lizenzvergabe liegt in der eingeschränkten Kontrollmöglichkeit des Lizenzgebers.

Zu (2c) Veredelungsverkehr
Der Veredelungsverkehr ist ein „Zollverfahren mit wirtschaftlicher Bedeutung", welches mit einer Zollvergünstigung bis hin zur Zollbefreiung verbunden ist (Büter 2007, S. 81 f.). Veredelung bedeutet das Verbringen von Waren über die Zollgrenze zum Zwecke der Bearbeitung, Verarbeitung oder Ausbesserung. Die Veredelung ist meist mit einem Reimport der Veredelungserzeugnisse verbunden. Nach der Richtung des Veredelungsverkehrs wird unter-

schieden zwischen aktiver und passiver Veredelung. Bei der **aktiven Veredelung** werden Waren aus einem Drittland zur Veredelung in das Gemeinschaftsgebiet der Europäischen Union eingeführt und nach Veredelung wieder ausgeführt. **Passive Veredelung** liegt vor, wenn Gemeinschaftswaren in ein Drittland zur Veredelung verbracht werden. Die im Drittland veredelten Waren werden anschließend wieder in die Europäische Union eingeführt.

Zu (2d) Internationale Produktionskooperation

Als **Mischform zwischen Eigen- und Fremdproduktion** besteht auch die Möglichkeit, eine internationale Produktionskooperation einzugehen. Die bedeutendste Form internationaler Produktionskooperation besteht in der Schaffung eines **Joint Ventures**, bei welchem sich zwei oder auch mehrere Kooperationspartner aus verschiedenen Ländern auf der Grundlage einer Kapitalbeteiligung für produktionswirtschaftliche Zwecke zusammenschließen.

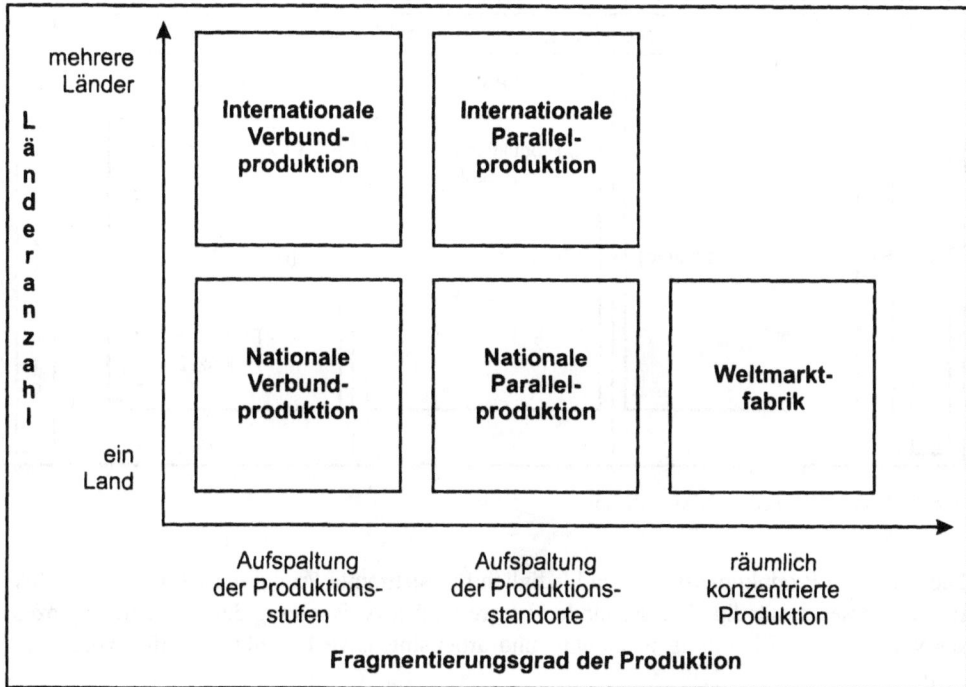

Abb. 5.10   *Formen der internationalen Konfigurationen von Produktionsstandorten (Quelle: Klein 1993, S. 39)*

Zu (3) Entscheidung über die internationale Produktionskonfiguration

Die internationale Produktionskonfiguration betrifft die Aufeinanderabstimmung des Produktionsprozesses. In Abhängigkeit von der Anzahl der Länder in denen eine Produktion erfolgt (ein Land, mehrere Länder) und dem Fragmentierungsgrad der Produktion (Aufspaltung des Produktionsprozesses in einzelne Produktionsstufen) lassen sich die folgenden Formen der internationalen Konfiguration von Produktionsstandorten unterscheiden.

(a) Internationale Verbundproduktion

(b) Internationale Parallelproduktion

(c) Weltmarktfabrik

Zu (3a) Internationale Verbundproduktion
Eine internationale Verbundproduktion besteht in der Aufspaltung eines mehrstufigen Produktionsprozesses auf mehrere Produktionsstandorte in verschiedenen Ländern (Klein H 1998, S. 431 f.). Die Entscheidung über die ländergeographische Verteilung der Produktionsstätten ist abhängig von der Teilbarkeit des Produktionsprozesses. Zu berücksichtigen sind ferner die jeweiligen standortspezifischen Besonderheiten.

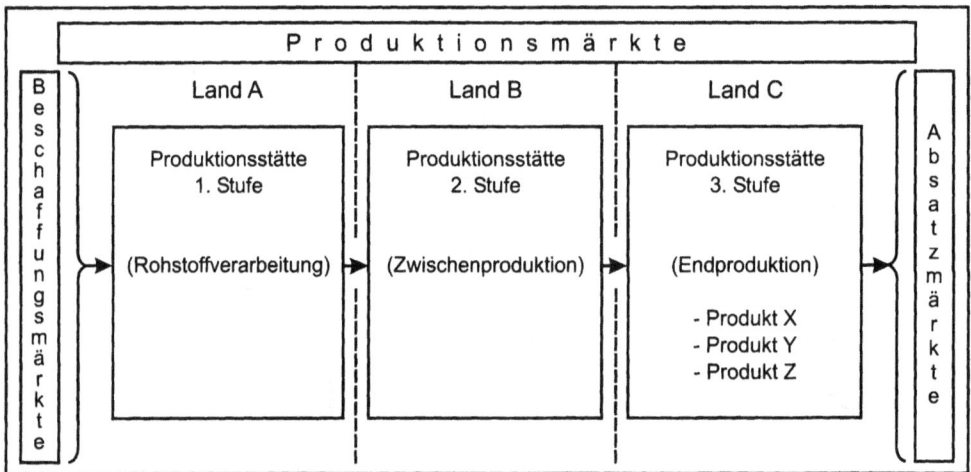

Abb. 5.11 *Internationale Verbundproduktion*

Die einzelnen Produktionsstätten sind lediglich für bestimmte Produktionsstufen des Produktionsprozesses zuständig. Bei der länderübergreifenden Aufspaltung des Produktionsprozesses wird oft eine Einteilung in kapital- und arbeitsintensive Produktionsstufen vorgenommen:

- **Downstream production** geht einher mit einer Zusammenlegung arbeitsintensiver Produktionstätigkeiten in eine Produktionsstätte. Damit verbunden ist eine Produktionsverlagerung in Niedriglohnländer.

- **Upstream production** bedeutet die Zusammenfassung kapital- sowie technologieintensiver Produktionstätigkeiten in einer Produktionsstätte. Eine solche Produktionsstätte ist meist in Industrieländern angesiedelt.

Durch internationale Verbundproduktion können **standortspezifische Lokalisierungsvorteile** genutzt werden. Der zentrale Nachteil besteht in dem hohen internationalen Koordinationsbedarf, welcher eine in der Regel umfangreiche Produktionsplanung und Produktionssteuerung erforderlich macht.

Zu (3b) Internationale Parallelproduktion

Eine internationale Parallelproduktion bedeutet eine ländergeographische Standortspaltung, d.h. die Produktion eines weitgehend gleichen Produktionserzeugnisses bzw. ähnlichen Produktspektrums erfolgt gleichzeitig in verschiedenen Ländern. Internationale Parallelproduktion geht einher mit einer vertikalen Integration der für die Herstellung eines Produktionserzeugnisses erforderlichen Produktionsstufen. Die einzelnen Produktionsstätten produzieren dabei meist für den jeweiligen nationalen Markt oder für die entsprechende Ländergruppe. Internationale Parallelproduktion ermöglicht eine Dezentralisation und führt daher auch zu einer geringeren produktionswirtschaftlichen Abhängigkeit der einzelnen Produktionsstätten untereinander.

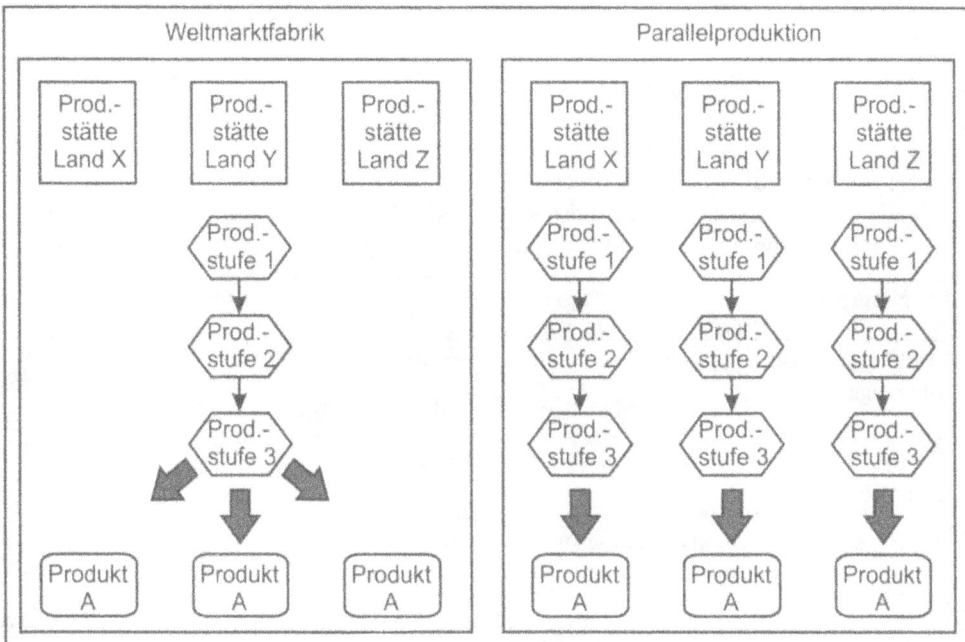

Abb. 5.12   Weltmarktfabrik versus Parallelproduktion (Quelle: Zentes 2004, S. 405)

Zu (3c) Weltmarktfabrik

Eine Weltmarktfabrik ist dann gegeben, wenn die Produktion eines Produktes in einer Produktionsstätte in einem Land erfolgt, von welchem aus der Weltmarkt bedient wird. Der Standort der Weltmarktfabrik muss dabei nicht im Inland liegen. Ein solches Produktionssystem ermöglicht eine weitgehend zentrale Koordination und Steuerung. Durch die Konzentration der Produktion an einem Standort können **Skaleneffekte** erzielt werden. Zu beachten sind jedoch die damit einhergehenden vielfältigen internationalen beschaffungs- und absatzwirtschaftlichen Verflechtungen sowie die sich dadurch ergebenden Transportkosten.

5.3.3   Produktionswirtschaftliche Internationalisierung

Die produktionswirtschaftliche Internationalisierung kann aus zwei Dimensionen betrachtet werden. Erstens im Hinblick auf die schrittweise Verlagerung von Produktionsstufen ins Ausland bis hin zur Errichtung einer kompletten Auslandsproduktion. Zweitens hinsichtlich der Anzahl ausländischer Produktionsstätten in verschiedenen Ländern und der sich daraus ergebenden globalen produktionswirtschaftlichen Verflechtungen. Von **globaler Fertigung** wird gesprochen bei einer weltweiten Koordination von Produktionsstätten innerhalb einer Unternehmensorganisation. Als Basisindikator der produktionswirtschaftlichen Internationalisierung dient die **produktionswirtschaftliche Auslandsquote**.

$$PAQ = \frac{PKA}{GPK} \cdot 100$$

mit:	PAQ	=	Produktionswirtschaftliche Auslandsquote
	PKA	=	Produktionskapazität im Ausland
	GPK	=	Gesamtproduktionskapazität

Die produktionswirtschaftliche Auslandsquote kann je nach Zweckbestimmung weiter differenziert werden, z.B. nach Produktionsländern, nach Produktionsstätten im Ausland, nach Produktionserzeugnissen für Auslandsmärkte, nach Zeitperioden sowie durch Vergleiche zwischen Produktionskapazität und Produktionsauslastung.

Ausgangspunkt	**Verlagerung von Produktionsstufen ins Ausland**		
Export kompletter Fahrzeuge "CBU" (completely build up)	1. Stufe Auslandsmontage "CKD" (completely-knocked down)	2. Stufe Auslandsmontage "SKD" (semi-knocked down)	3. Stufe komplette Auslandsproduktion "lead plant"
Export	"Push-Prinzip"		"Pull-Prinzip"

Abb. 5.13 Typische Phasen produktionswirtschaftlicher Internationalisierung am Beispiel der Automobilindustrie

Die produktionswirtschaftliche Internationalisierung kann am Beispiel der **Internationalisierung der Automobilproduktion** aufgezeigt werden. Ausgangspunkt eines schrittweisen Aufbaus der Auslandsproduktion ist meist ein erfolgreiches Exportgeschäft, bei welchem zunächst komplette Fahrzeuge in das Zielland geliefert werden. Werden komplette Fahrzeuge exportiert, so wird dies bezeichnet als **"CBU"** (completely build up) oder **"BUX"** (build up export). Darauf aufbauend erfolgt der Aufbau der Montage (screwdriver manufacturing) im Ausland meist über mehrere Stufen.

Die **Auslandsmontage** ist dadurch gekennzeichnet, dass zunächst vorgefertigte Fahrzeugsätze (Bausätze, Fahrzeugteile) durch die Muttergesellschaft zusammengestellt und zur Montage an die ausländischen Produktionsstätten geliefert werden. Nach dem Umfang der zur Montage gelieferten Fahrzeugsätze wird unterschieden zwischen CKD-Montage und SKD-Montage:

- **CKD-Montage** bedeutet, dass sämtliche Einzelteile, welche für die Herstellung des Erzeugnisses erforderlich sind, zur ausländischen Produktionsstätte geliefert werden.

- **SKD-Montage** unterscheidet sich von der CKD-Montage dadurch, dass der Umfang der gelieferten Teile geringer ist, weshalb eine bestimmte Teilproduktion bereits im Ausland erfolgt.

Die im SKD-Satz nicht mehr enthaltenen Teile der Produktion, werden als „local content" bezeichnet. Der **„local content"** stellt den im Gastland erzielten Wertschöpfungsanteil dar. Einige Schwellen- und Entwicklungsländer erlassen so genannte „local content regulations", mit welchen der im Gastland zu beziehende Mindestwertschöpfungsanteil staatlich vorgeschrieben wird. Eine CKD-Montage ist dann nicht möglich.

Während bei der CKD-Montage und der SKD-Montage die Belieferung der ausländischen Produktionsstätten durch die Muttergesellschaft veranlasst wird (**„Push-Prinzip"**), erfolgt die Materialversorgung bei kompletter Auslandsproduktion im Rahmen des internationalen Produktionsverbundes weitgehend eigenverantwortlich durch die Produktionsstätte vor Ort (**„Pull-Prinzip"**). Der Aufbau einer kompletten Auslandsproduktion ist verbunden mit einer rechtlich selbständigen Auslandsgesellschaft. Die höchste Fabrikationsstufe der Auslandsproduktion stellt eine so genannte **„lead plant"** dar.

Aus unternehmensstrategischer Sicht unterscheidet Ferdows (Ferdows 1989, S. 8 f.) in Abhängigkeit vom Ausmaß an technischen Aktivitäten am Standort und dem Motiv der Auslandsproduktion **sechs Typen von Produktionsstätten**:

- **„Offshore-plants"** sollen die Ausnutzung kostengünstiger Inputfaktoren des Gastlandes ermöglichen. Das eingesetzte produktionstechnische Know-how ist jedoch nur sehr niedrig, weshalb lediglich anspruchslose Güter produziert bzw. weiterverarbeitet werden.

- **„Outpost-plants"** übernehmen nur in geringem Umfang eigene Fertigungsaufgaben. Ihr wesentlicher Zweck besteht darin, Informationen und technisches Know-how an den ausländischen Standorten von Konkurrenten oder Kunden zu erwerben.

- **„Server-plants"** beliefern Regionen mit länderspezifischen Produkten, um Transportkosten einzusparen bzw. um Handelsbarrieren zu umgehen. Ihr wesentliches Ziel besteht darin, eine größere Marktnähe zu erreichen.

- **„Source-plants"** dienen ebenfalls der Ausnutzung kostengünstiger Inputfaktoren des Gastlandes. Im Unterschied zu „offshore-plants" besitzen sie jedoch eine größere Eigenständigkeit in der Ausübung ihrer Aktivitäten, insbesondere im Hinblick auf die Entwicklung einzelner Teile oder Produktionsprozesse.

- **„Contributor-plants"** verfolgen primär das Ziel einen regionalen Markt zu beliefern. Im Unterschied zu „source-plants" haben sie jedoch einen höheren Autonomiegrad und größere strategische Bedeutung innerhalb des Unternehmens.

- **„Lead-plants"** stellen die höchste Entwicklungsstufe der Auslandsproduktion dar. Ihnen kommt eine Führungsfunktion im internationalen Produktionsverbund zu. Es ist möglich, dass ein international operierendes Unternehmen über mehrere so genannte „lead-plants" verfügt.

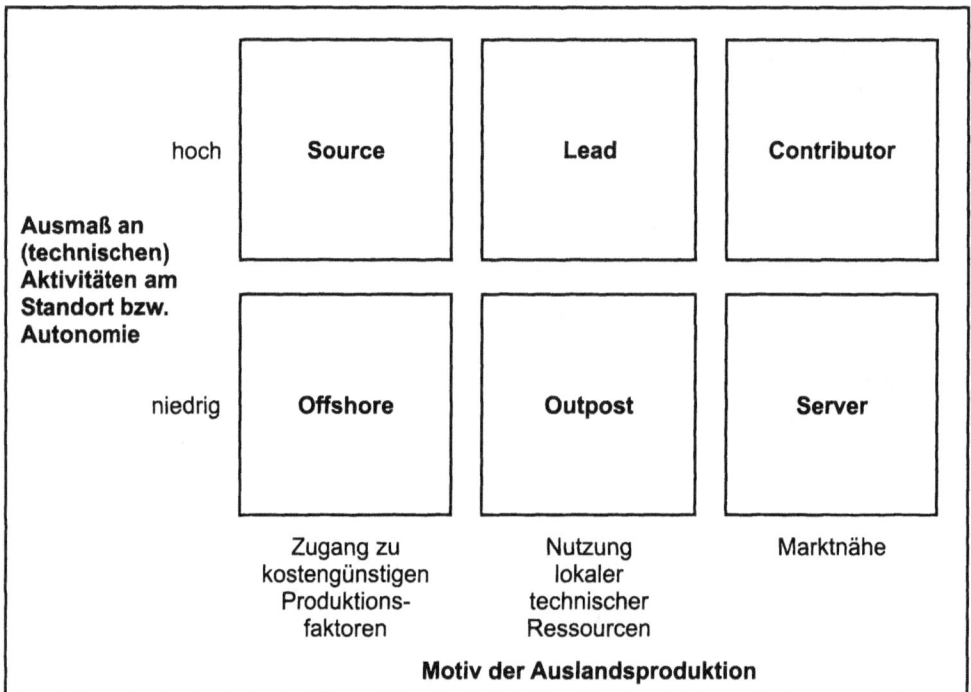

Abb. 5.14   *Typen von Produktionsstätten (Quelle: Ferdows 1989, S. 8)*

Sofern der Export den Ausgangspunkt einer schrittweisen produktionswirtschaftlichen Internationalisierung bildet, so ist dies oft verbunden mit einem **Exportsubstitutionseffekt** (Büter 2007, S. 110 f.). Die schrittweise Verlagerung der Produktion ins Ausland geht einher mit einer sukzessiven Ersetzung des zuvor bestehenden Exports im betrachteten Auslandsmarkt. Aus volkswirtschaftlicher Sicht geht die Internationalisierung der Produktion einher mit einer **internationalen Arbeitsteilung** (international division of labour), d.h. einer Spezialisierung einzelner Länder auf die Produktion jener Güter, bei welchen sie Kostenvorteile in der Produktion aufweisen.

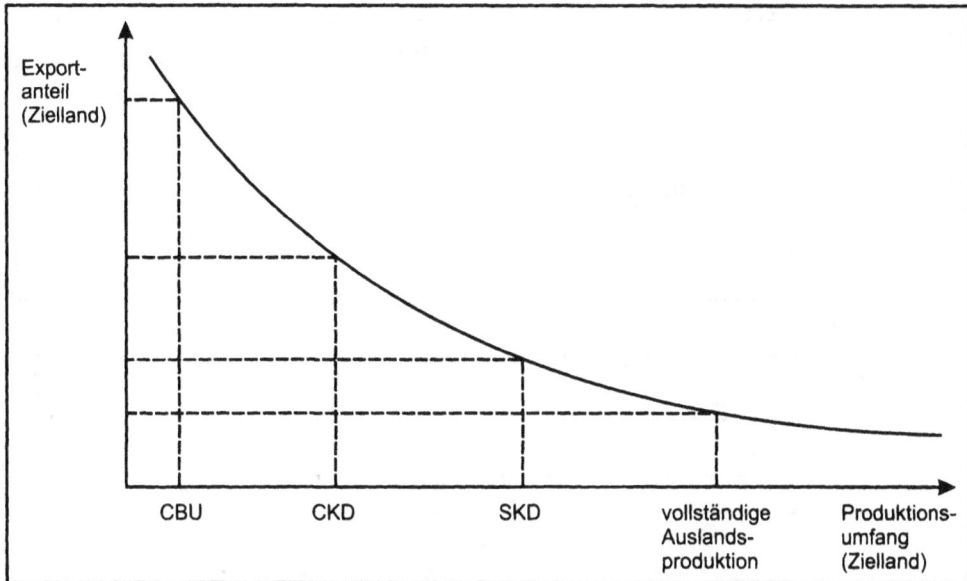

Abb. 5.15 Exportsubstitutionseffekt bei Produktionsverlagerung im Zielland

5.4 Internationale Absatzentscheidungen

5.4.1 Grundlagen und Problemstellung

Der Begriff Absatz bezieht sich auf die **entgeltliche Verwertung** der erstellten betrieblichen Leistungen auf dem Markt. In der betrieblichen Wertschöpfung gehört der Absatz neben der Beschaffung und Produktion zu den so genannten Kernfunktionen einer Unternehmung. Absatzwirtschaftliche Entscheidungen im funktionellen Sinne betreffen alle Entscheidungen zur Bewältigung der betrieblichen Leistungsverwertung. Der Absatz geht immer einher mit einer **rechtlichen Transformation**, das heißt einer Übertragung des Eigentumsrechts an der zugrunde liegenden Leistung auf den Abnehmer. Der angloamerikanische Begriff **Marketing** ist umfassender als der Begriff Absatz (Absatzwirtschaft). Marketing wird heutzutage im weiteren Sinne als marktorientierte Unternehmensführung aufgefasst. Wird dabei lediglich auf die Beziehungen eines Unternehmens zum Absatzmarkt abgestellt, so können die Begriffe Absatz (Absatzwirtschaft) und Marketing synonym verwendet werden.

Marketingpolitisches Instrumentarium			
Produktpolitik	**Preispolitik**	**Distributionspolitik**	**Kommunikations- politik**
- Produktqualität - Sortimentspolitik - Markenpolitik - Service - ...	- Preis - Kredite - Rabatt - Skonto - ...	- Distributionskanäle - Distributionsorgane - Distributionslogistik - E-Commerce - ...	- Werbung - persönlicher Verkauf - Verkaufsförderung - Öffentlichkeitsarbeit - ...

Produktmix → Preismix → Distributionsmix → Kommunikationsmix

Marketingmix

Märkte

Weltmarkt   Ländergruppenmärkte   Ländermarktsegmente
    Ländermärkte   länderübergreifende Marktsegmente

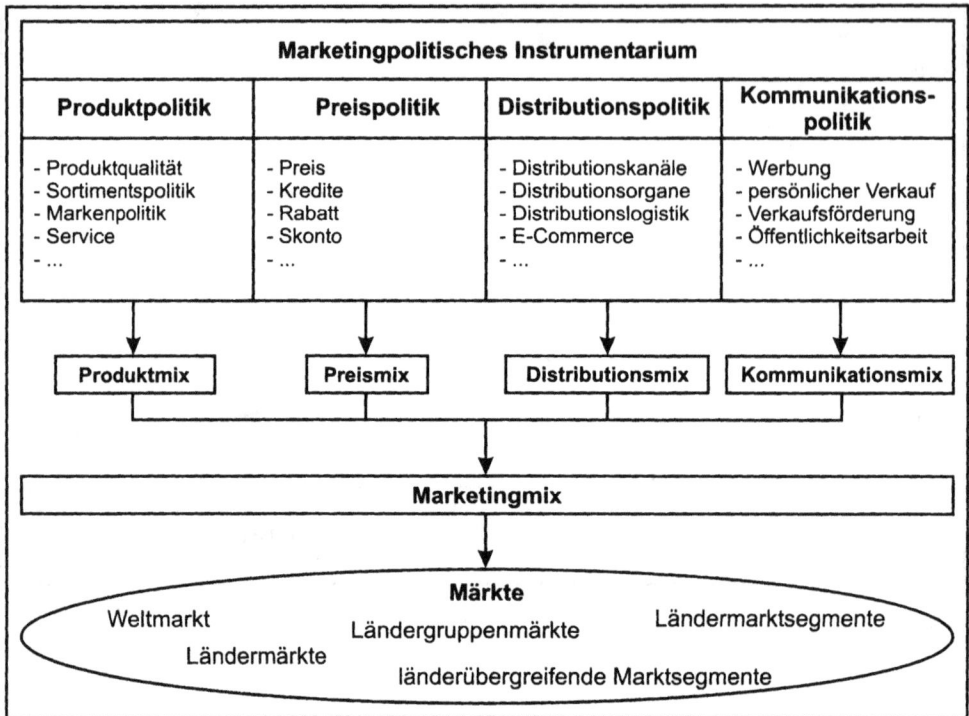

Abb. 5.16 Marketingpolitisches Instrumentarium

Die Unterschiede zwischen nationalem und internationalem Absatz ergeben sich durch die unterschiedlichen politischen, rechtlichen, ökonomischen und kulturellen Rahmenbedingungen zwischen dem Inlandsmarkt und den ausländischen Absatzmärkten. **Internationale Absatzentscheidungen** sind ein integraler Bestandteil internationaler Unternehmensführung. Sie umfassen sowohl Entscheidungen über die Auswahl ausländischer Absatzmärkte, über die Markteintritts- bzw. Marktbearbeitungsform als auch über die zielgerichtete Kombination des absatz- bzw. marketingpolitischen Instrumentariums, welches auch als **Marketingmix** bezeichnet wird.

Eine wichtige Voraussetzung der Auslandsmarktbearbeitung ist die **Auslandsmarktforschung**. Ihre Aufgabe besteht in der Bereitstellung marktbezogener Informationen zur Planung, Umsetzung und Erfolgskontrolle des Auslandsengagements. Bei der **Sekundärforschung** (desk research) werden vorhandene Informationsquellen dem Untersuchungszweck entsprechend ausgewertet. **Primärforschung** (field research) bezieht sich demgegenüber auf die Gewinnung neuer Daten, z.B. durch Befragung, Beobachtung und Experimente. Je nach Herkunft der Daten wird noch unterschieden zwischen **unternehmensinterner Datenerhebung** (z.B. durch Auswertung von Daten des Rechnungswesens) und **unternehmensexterner Datenerhebung** (z.B. durch Marktforschungsinstitute).

	unternehmensinterne Daten	unternehmensexterne Daten
Sekundärforschung (desk research)	- Umsatzstatistiken	- Länderdaten
	- Auftragsstatistiken	- Branchendaten
	- Messeberichte	- Marktstrukturdaten
	- Projektdokumentationen	- außenwirtschaftliche und zoll-rechtliche Informationen
Primärforschung (field research)	- zweckgebundene innerbe-triebliche Datenerhebung	- Datenerhebung durch Markt-forschungsinstitute
	- Mitarbeiterbefragung	- Zielgruppenanalyse
	- Befragung von Kunden	- Kaufverhalten
	- interne Überprüfung der Exportvoraussetzungen	- Risikoanalyse

Abb. 5.17   Kategorien auslandsmarktbezogener Daten

Bezugspunkt internationaler Absatzentscheidungen ist die **Abgrenzung des relevanten Marktes**. Dies kann aus verschiedenen Blickwinkeln erfolgen. Grundlage bilden die drei Marktdimensionen:

1. Die **sachliche Marktdimension** erfasst die Güter und die zwischen ihnen bestehenden Substitutionsbeziehungen (z.B. zwischen Butter und Margarine).

2. Die **räumliche Marktdimension** bezieht sich auf den Ort des Zusammentreffens von Angebot und Nachfrage (z.B. lokaler-, regionaler-, nationaler- und internationaler Markt).

3. Die **zeitliche Marktdimension** betrifft den Zeitpunkt bzw. Zeitraum des Zusammentreffens von Angebot und Nachfrage (z.B. saisonaler Markt).

Märkte können dabei **angebotsseitig** (z.B. Anzahl und Größe der Anbieter, Art und Umfang des Angebots) und/oder **nachfrageseitig** (z.B. Nachfragersegmente, Kunden- und Zielgruppen) abgegrenzt werden. Zentrale Bedeutung in der internationalen Unternehmensführung erlangt die räumliche Marktabgrenzung. Dabei gilt der Grundsatz, dass je geringer die Markteintrittsbarrieren für Unternehmen in einem betrachteten Ländermarkt sind, desto ungenauer die räumliche Marktabgrenzung infolge des potentiellen Markteintritts neuer Wettbewerber.

Marktdimensionen

sachlich

zeitlich

angebotsseitige
Marktabgrenzung

nachfrageseitige
Marktabgrenzung

räumlich

angenommene
Kausalbeziehung:

Marktstruktur ⟶ Marktverhalten ⟶ Marktergebnis

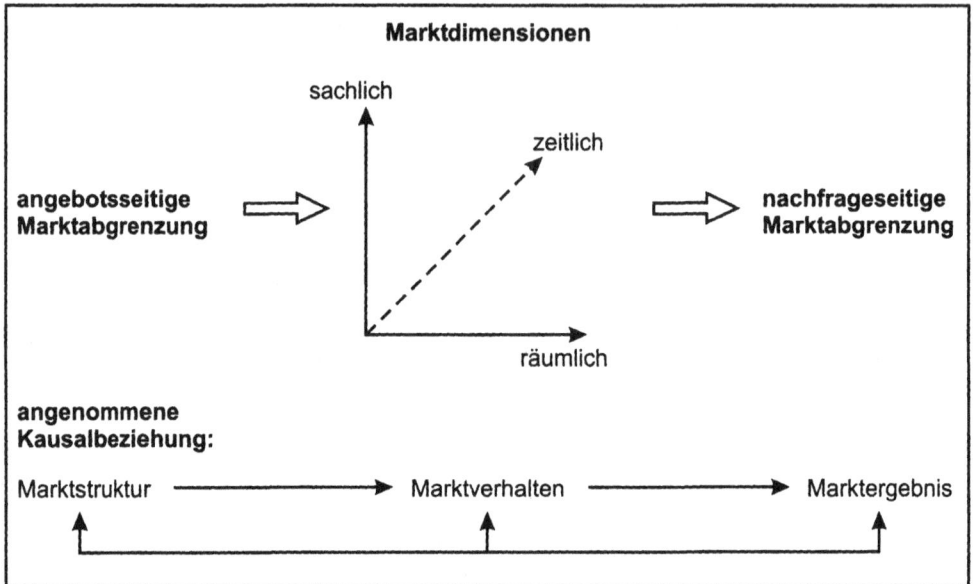

Abb. 5.18   Marktdimensionen und angenommene Kausalbeziehung

Bei der Analyse der Marktentwicklung und der Wettbewerbsbedingungen wird oft eine Kausalbeziehung zwischen **Marktstruktur, Marktverhalten und Marktergebnissen** (Structure-Conduct-Performance-Konzept) unterstellt. Dabei wird davon ausgegangen, dass eine gegebene Marktstruktur, das Marktverhalten und mithin die Marktergebnisse bestimmt. Diese Kausalbeziehung ist jedoch nicht zwingend, denn es existieren in der Praxis auch wechselseitige Beziehungen und Rückkopplungen.

Eine grundlegende Rolle bei der Entwicklung von Absatz- bzw. Marketingstrategien spielt die **Produkt-Markt-Matrix**. Je nachdem, welche Kombinationen man wählt, erhält man unterschiedliche Marktbearbeitungsstrategien:

- Bei der **Marktdurchdringung** (Marktpenetration) wird versucht, das bestehende Produkt auf dem bestehenden Markt durch den gezielten Einsatz absatzpolitischer Instrumente (z.B. Preissenkung) interessanter zu machen. Ziel ist es, den eigenen Marktanteil im bestehenden Markt zu erhöhen.

- Die **Markterweiterung** ist die typische Export- bzw. Internationalisierungsstrategie. Der Kundenkreis wird erweitert um neue ausländische Absatzmärkte. Der relevante Markt wird dadurch räumlich ausgedehnt.

- Bei der **Differenzierung** wird versucht, durch Produktvariation (d.h. durch Änderung einer oder mehrer Eigenschaften eines bereits bestehenden Produkts) oder durch Produktinnovation (d.h. durch Entwicklung eines neuen Produkts) Marktanteile auf den bestehenden Absatzmärkten zu gewinnen.

- Die **Diversifikation** geht einher mit einer Risikostreuung. Sie bezieht sich auf das Angebot neuer Produkte (Produktinnovationen) in bisher noch nicht erschlossenen Absatzmärkten. Zwischen der Produktvariation und Produktinnovation bestehen fließende Übergänge.

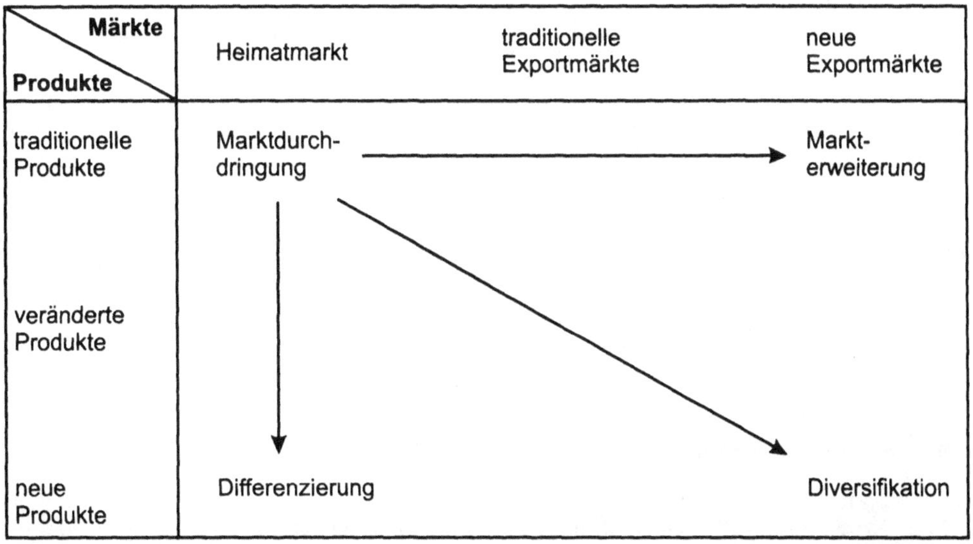

Märkte / Produkte	Heimatmarkt	traditionelle Exportmärkte	neue Exportmärkte
traditionelle Produkte	Marktdurchdringung	⟶	Markterweiterung
veränderte Produkte			
neue Produkte	Differenzierung		Diversifikation

Abb. 5.19   Produkt-Markt-Matrix

In Abhängigkeit von der Diversifikationsrichtung wird unterschieden zwischen einer **horizontalen Diversifikation** (die Produkte stehen in einem sachlichen Zusammenhang), einer **vertikalen Diversifikation** (die Produkte beziehen sich auf eine vor- oder nachgelagerte Produktionsstufe) und einer **lateralen Diversifikation** (zwischen den Produkten besteht kein oder nur ein geringer sachlicher Bezug).

Die aus der Produkt-Markt-Matrix abgeleiteten Strategien werden auch als **Wachstumsstrategien** bezeichnet. Internationales Unternehmenswachstum ist meist schwerpunktmäßig verbunden mit der Erschließung neuer ausländischer Absatzmärkte.

5.4.2   Entscheidungsbereiche internationaler Absatzplanung

Die internationale Absatzplanung betrifft Entscheidungen über die in der Zukunft liegenden Absatzmengen und Umsätze auf ausländischen Märkten. Grundlage der internationalen Absatzplanung bildet die **Entscheidung zwischen Standardisierung und Differenzierung**. Soll bzw. kann ein Unternehmen einen ausländischen Absatzmarkt standardisiert bearbeiten (d.h. mit den bestehenden absatzpolitischen Strategien und Instrumenten), oder ist es erforderlich differenziert vorzugehen (d.h. angepasst an die Besonderheiten des ausländischen Absatzmarktes)?

Ausgangspunkt dieser Überlegungen bildet die auf Levitt zurückgehende **Konvergenzthese**, wonach sich die Weltmärkte zunehmend annähern im Hinblick auf die Konsumentenpräferenzen (Levitt 1983, S. 92 f.). Dadurch wird es möglich bzw. aus Gründen der Wettbewerbsfähigkeit sogar erforderlich, internationale Absatzmärkte mit einem standardisierten Marketingprogramm zu bearbeiten.

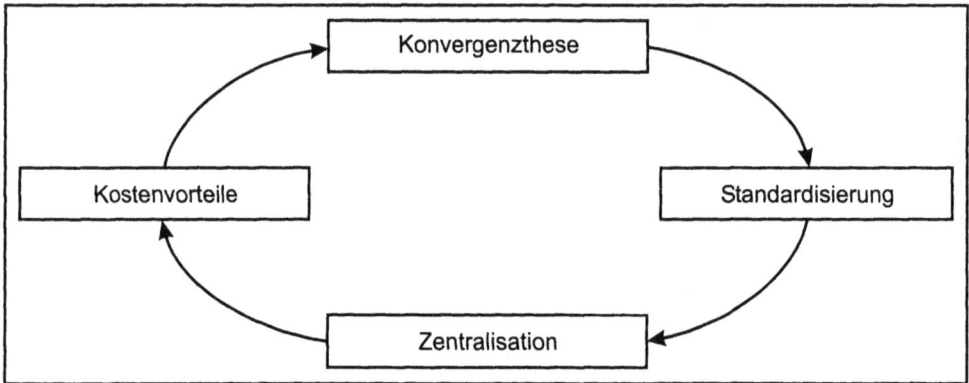

Abb. 5.20   *Die Konvergenzthese im internationalen Marketing*

In der Extremposition bedeutet **Standardisierung im internationalen Absatzmarketing:** „All business is global". Standardisierung ist verbunden mit zentraler Koordination, wohingegen Differenzierung mit einer dezentralen Koordination einhergeht. Standardisierung führt zu Kosteneinsparungen und ermöglicht mithin Preisvorteile.

Die Konvergenzthese wird jedoch auch vielfältig kritisiert. Dabei wird darauf verwiesen, dass die **Grenzen der Standardisierung** insbesondere dort gegeben sind, wo kulturelle Wertvorstellungen (z.B. hinsichtlich der Farbe, Form und Symbolik eines Produktes) oder auch rechtliche Aspekte (z.B. Produkthaftungsrecht) sowie technische Normen (z.B. unterschiedliche Produktnormen) eine auslandsmarktspezifische Anpassung erforderlich machen.

In der extremen Gegenposition bedeutet **Differenzierung im internationalen Absatzmarketing:** „All business is local". Die Entscheidung zwischen Standardisierung und Differenzierung wird jedoch in Bezug auf einzelne absatzwirtschaftliche Instrumente und im Hinblick auf verschiedene Ländermärkte in der Regel unterschiedlich ausfallen. Diese auch als **Kontingenzansatz** bezeichnete Sichtweise folgt dem Grundsatz: „All business is glocal".

Gründe für eine Standardisierung	Gründe für eine lokale Anpassung
- universelle Kundenbedürfnisse	- regional unterschiedliche Kundenbedürfnisse
- Bedeutung international agierender Kunden	
	- regional unterschiedliche Vertriebsstrukturen
- Kapital-, Investitions- und Technologieintensität	
	- regional unterschiedliche Marktstrukturen
- Druck zur Kostensenkung (Nutzung von Skaleneffekten)	- gesetzliche Anforderungen in den einzelnen Ländern
- international agierende Mitwettbewerber	- Existenz von Substituten

Abb. 5.21   Gründe für eine Standardisierung und lokale Anpassung

Im Vordergrund der Absatzplanung steht die Planung des Marketingmix. Als **Marketingmix** wird allgemein die zielgerichtete Kombination der Marketinginstrumente verstanden. Es geht darum festzulegen, welche Marketinginstrumente mit welcher Intensität und in welcher zeitlichen Abfolge zur Auslandsmarktbearbeitung eingesetzt werden sollen. Ausgangspunkt der Marketingmixentscheidungen sind die unternehmenspolitischen Zielsetzungen für die jeweiligen ausländischen Absatzmärkte. Aus diesen lassen sich Unterziele für die einzelnen Marketinginstrumente ableiten.

Die Einteilung der Marketinginstrumente orientiert sich meist an einem **Vier-Instrumente-Ansatz**, welcher die folgenden Entscheidungsbereiche betrifft.

(1) Produktpolitische Entscheidungen

(2) Preispolitische Entscheidungen

(3) Distributionspolitische Entscheidungen

(4) Kommunikationspolitische Entscheidungen

Zu(1) Produktpolitische Entscheidungen
Gegenstand der Produktpolitik sind alle Entscheidungen, welche die Einführung neuer Produkte betreffen (Produktinnovation), die Veränderung bestehender Produkte (Produktvariation) oder die Herausnahme eines Produktes aus einem Markt (Produktelimination).

Produktpolitik	Grundsatzstrategien	
	Standardisierung	**Differenzierung**
gleiches Produkt (Übertragung)	Übertragung der bisherigen Produktkonzeption auf die Auslandsmärkte	------------
verändertes Produkt (Adaption)	Entwicklung einer neuen Produktvariante für den Weltmarkt (internationale Produktvariation)	Länderspezifische Anpassung der bisherigen Produktkonzeption (internationale Produktdifferenzierung)
neues Produkt (Kreation)	Entwicklung eines neuen Produkts für den Weltmarkt (globale Produktinnovation)	Entwicklung neuer Produkte für die einzelnen Auslandsmärkte (länderspezifische Produktinnovation/Produktdiversifikation)

Abb. 5.22 Internationale produktpolitische Grundsatzstrategien (Quelle: nach Berndt et al. 1997, S. 56 f.)

Zwischen der Produktvariation und Produktinnovation besteht ein fließender Übergang, da eine entsprechend weit reichende Produktvariation ein Produkt grundlegend verändern kann, so dass es als neues Produkt wahrgenommen wird. Unter Berücksichtigung der Entscheidung zwischen Standardisierung und Differenzierung lassen sich die in der Abbildung dargestellten **internationalen produktpolitischen Grundsatzstrategien** unterscheiden.

Produktpolitischer Differenzierungsbedarf ergibt sich immer dann, wenn rechtliche Bestimmungen, technische Normen sowie landeskulturelle Wertvorstellungen eine Anpassung erforderlich machen. Im Unterschied zu gesetzlichen Bestimmungen und Produktnormen, welche einen produktpolitischen Anpassungsbedarf klar definieren, sind landeskulturelle Gründe für eine Produktanpassung schwieriger zu ermitteln. Sie ergeben sich aus der Berücksichtigung unterschiedlicher Wertvorstellungen im Nachfrageverhalten der Abnehmer und nicht zuletzt auch durch Unterschiede in der Landessprache.

Eine Möglichkeit der Produktanpassung besteht in der so genannten „**built in flexibility**", mittels welcher die erforderlichen Anpassungen auf den Abnehmer übertragen werden. Das Produkt selbst ist dabei standardisiert, aber so konzipiert, dass erforderliche landesspezifische Anpassungen leicht vorgenommen werden können. Beispiele hierfür finden sich bei elektronischen Geräten, bei welchen durch Adapter das Produkt auf unterschiedliche Netzspannungen umgestellt werden kann.

| schwach
('culture free')

↑

Kultur-
abhängigkeit

↓

stark
('culture bound') | Computer (Hardware)
Luftfahrtgesellschaften
Photographische Ausrüstungen
Schwermaschinen
Werkzeugmaschinen
Verbraucherelektronik
Computer (Software)   'high tech'
Langlebige Haushaltsgüter
Eisenwaren
Weine / Spirituosen
Soft-Drinks
Tabakwaren
Papierwaren   'high touch'
Kosmetika   'high interest'
Bier
Haushaltsreiniger
Toilettenartikel
Verlagsprodukte
Food-Artikel
Süßigkeiten / Konfekt
Textilien | groß

↑

Standardisierungs-
potential

↓

klein |

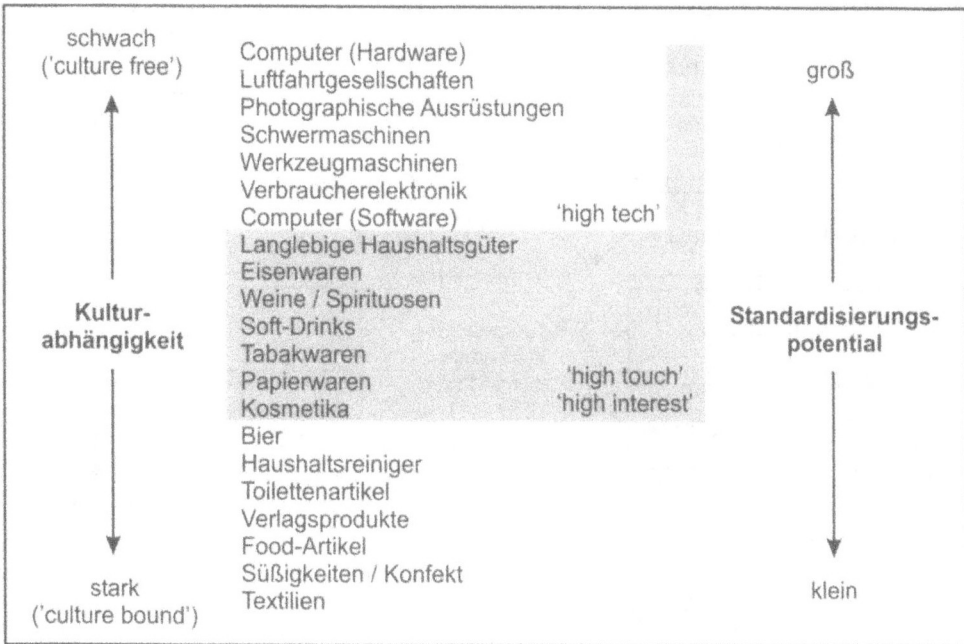

Abb. 5.23   Kulturgebundenheit und Standardisierungspotential von Produkten (Quelle: Meffert/Bolz 1998, S. 183)

Produktpolitisch bedeutsam ist, dass die Wahrnehmung landeskultureller Unterschiede auch abhängig ist von der Produktart selbst. Im Hinblick auf die **Kulturabhängigkeit von Produkten** wird generell unterschieden zwischen kulturfreien Gütern (culture-free-products) und kulturgebundenen Güter (culture-bound-products). Diese Unterscheidung ist graduell zu sehen, wobei davon ausgegangen wird, dass das Standardisierungspotenzial bei Investitionsgütern und „Hightech-Produkten" am größten ist. Das geringste Standardisierungspotenzial besteht bei kurzlebigen Konsumgütern und bei einer Mehrzahl von Dienstleistungen.

Zu (2) Preispolitische Entscheidungen
Die **internationale Preispolitik** umfasst alle Entscheidungen über die Preise der angebotenen Produkte auf Auslandsmärkten. Von **Kontrahierungspolitik** wird dann gesprochen, wenn neben der Preispolitik im engeren Sinne auch weitere, die internationalen Geschäftsbeziehungen betreffende Konditionen, wie die Liefer- und Zahlungsbedingungen sowie die Exportkreditpolitik in die Vertragsverhandlungen miteinbezogen werden.

Faktoren der Preisdifferenzierung		Faktoren der Preisstandardisierung

Marktfaktoren
- Kundenverhalten/ -präferenzen
- Wettbewerbssituation
- Kostensituation

Externe Faktoren
- Inflation/Wechselkurse
- Vorschriften/ Zölle & Abgaben

Optimale Preise! Preisangleichung? Zukünftige Entwicklungen

Externe Faktoren
- Abbau von Handelshemmnissen
- Sinkende Transportkosten
- Aktive Händler/Graue Importe/Global Sourcing

Unternehmenspolitik
- Verbesserung der Kommunikation/Information
- Zunehmende Marken-Globalisierung/ -Standardisierung

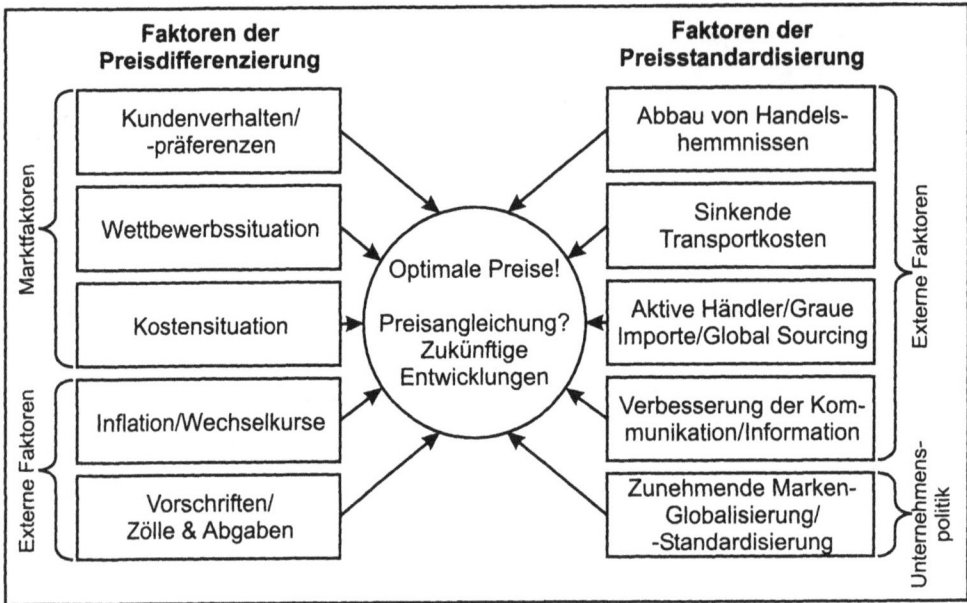

Abb. 5.24 Preisdifferenzierung versus Preisstandardisierung (Quelle: Simon/Dolan 1997, S. 168)

Grundlage preispolitischer Entscheidungen ist das **magische Dreieck der Preispolitik** (Kosten, Nachfrage, Wettbewerb). International sind die folgenden preispolitischen Einflussgrößen zu berücksichtigen:

1. **Kostenorientierte Einflussgrößen** internationaler Preisfindung ergeben sich vor allem in Form spezifischer Kosten der Auslandsmarktbearbeitung. Hierzu gehören insbesondere die Produktanpassungskosten, die Transportkosten, die Kosten der internationalen Zahlungsabwicklung und Zahlungssicherung sowie die Kosten der Wechselkurssicherung. Zu berücksichtigen sind ferner kalkulatorische Risikozuschläge im Auslandsgeschäft.

2. **Nachfrageorientierte Einflussgrößen** auf die internationale Preisfindung ergeben sich durch eine unterschiedliche Kaufkraft und Kaufbereitschaft der jeweils betrachteten Auslandsmärkte. Ein unmittelbar nachfrageseitiger Einfluss auf die Preispolitik kann auch durch staatliche Preisvorschriften (in Form staatlich festgelegter Mindest-, Höchst- oder Festpreise) hervorgerufen werden.

3. **Wettbewerbsorientierte Einflussgrößen** ergeben sich aus den Wettbewerbsbedingungen des ausländischen Zielmarktes (z.B. Anzahl, Größe und preispolitisches Marktverhalten der Mitwettbewerber) als auch aus den unternehmensinternen preispolitischen Strategien. Preispolitische Wettbewerbsstrategien können bestehen in einer aktiven Preispolitik (d.h. bewusste Preisüber- bzw. Preisunterbietung der Mitwettbewerber) oder in einer adaptiven Preispolitik (d.h. Preisanpassung an den bzw. die Mitwettbewerber).

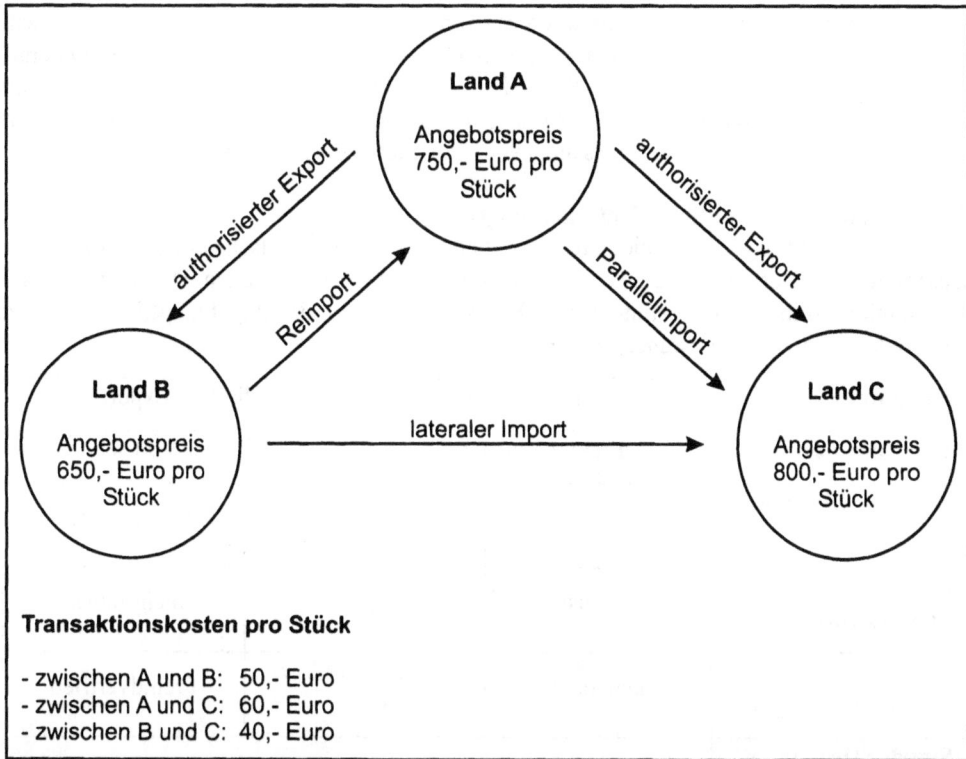

Abb. 5.25   Formen „grauer Märkte"

Im Zentrum internationaler preispolitischer Entscheidungen geht es um die Frage, ob und inwieweit die Preise über alle Absatzmärkte hinweg standardisiert oder differenziert werden sollen. **Internationale Preisstandardisierung** bedeutet, dass ein Unternehmen länderübergreifend einen weitgehend einheitlichen Preis für ein Produkt (Leistungsangebot) festsetzt. Der internationalen Preisstandardisierung sind jedoch aufgrund der oben aufgeführten Einflussgrößen enge Grenzen gesetzt. Demgegenüber ist eine **internationale (ländergeographische) Preisdifferenzierung** dann gegeben, wenn der Preis den jeweiligen auslandsmarktspezifischen Bedingungen angepasst wird. Eine internationale Preisdifferenzierung ist für ein Unternehmen dann problematisch, wenn sie zur Entstehung so genannter „grauer Märkte" führt.

„Graue Märkte" können dann entstehen, wenn die Preise für die prinzipiell gleichen Produkte zwischen den Ländermärkten stark abweichen und die Transportkosten niedrig sind sowie eine hohe Preistransparenz besteht. Sind diese Bedingungen gegeben, dann können die vom Unternehmen autorisierten bzw. beabsichtigten Handelsbeziehungen durch Parallel-, Re- und laterale Importgeschäfte unterlaufen werden. Der **Arbitragegewinn** eines Graumarktgeschäfts ergibt sich aus der Preisdifferenz zwischen den Ländermärkten abzüglich der Transaktionskosten. Die Transaktionskosten umfassen die Kosten der Geschäftsanbahnung und des Geschäftsabschlusses (z.B. Informations-, Vertrags- und Transportkosten). Zielsetzung der internationalen Preispolitik muss es dann sein, einen **Preiskorridor** zu bestimmen, in welchem die Preise länderspezifisch voneinander abweichen können, ohne einen Güterarbitrage wirtschaftlich zu motivieren. Nach Simon/Dolan (Simon/Dolan 1997, S. 162 f.) hängt die Entscheidung zwischen Standardisierung und Differenzierung der Preispolitik ab von externen Faktoren, Marktfaktoren als auch von der Unternehmenspolitik selbst.

Zu (3) Distributionspolitische Entscheidungen
Distributionspolitische Entscheidungen beziehen sich auf alle Entscheidungen, welche im Zusammenhang mit dem Weg eines Produktes zum Endabnehmer stehen. Die internationale Distributionspolitik hat eine strategische Dimension, da sie in der Regel langfristig angelegt ist und den Internationalisierungsprozess maßgeblich beeinflusst.

Form des Exports	direkter Export		indirekter Export	
Form des Vertriebs	direkter Vertrieb		indirekter Vertrieb	
Tiefe des Distributionssystems	nullstufig	einstufig	mehrstufig	
Breite des Distributionssystems	eingleisig	zweigleisig	mehrgleisig	
Eigentumsstatus der Distributionsorgane	Eigenvertrieb	kooperativer Vertrieb	Fremdvertrieb	
Sitz der Distributionsorgane	Inland		Ausland	

Abb. 5.26 Merkmale internationaler Distributionssysteme

Direkter und indirekter Export unterscheiden sich durch die Mittelbarkeit der Geschäfts- und Vertragsbeziehungen zum ersten ausländischen Abnehmer. Ein **direkter Export** liegt immer dann vor, wenn ein inländisches Unternehmen seine Waren ohne Einschaltung eines inländischen Zwischenhändlers auf der Grundlage direkter Vertragsbeziehung an einen ausländischen Abnehmer verkauft. Dabei ist es unerheblich, ob der ausländische Abnehmer ein Zwischenhändler, Weiterverarbeiter oder Endabnehmer ist.

Die Unterscheidung zwischen direktem und indirektem Vertrieb bezieht sich demgegenüber auf die Mittelbarkeit des Verkaufs zum Endabnehmer. **Direktvertrieb** liegt dann vor, wenn ein Hersteller seine Waren ohne Einschaltung von Zwischenhändlern an den Endabnehmer verkauft. Die **Tiefe des Distributionskanals** betrifft die Anzahl der eingeschalteten Zwischenhändler bis zum Endabnehmer. Demgegenüber bezieht sich die **Breite des Distributionskanals** auf die Frage, ob die Ware lediglich über einen Distributionskanal, oder über zwei bzw. mehrere Distributionskanäle verkauft werden soll.

eingleisiger Vertrieb	mehrgleisiger Vertrieb		
inländisches Unternehmen	inländisches Unternehmen		
Exporthändler			
		Importhändler	Großhändler
			Fachhändler
Endabnehmer	Großkunde	Endabnehmer	Endabnehmer
indirekter Export indirekter Vertrieb	direkter Export direkter Vertrieb	direkter Export indirekter Vertrieb	direkter Export indirekter Vertrieb

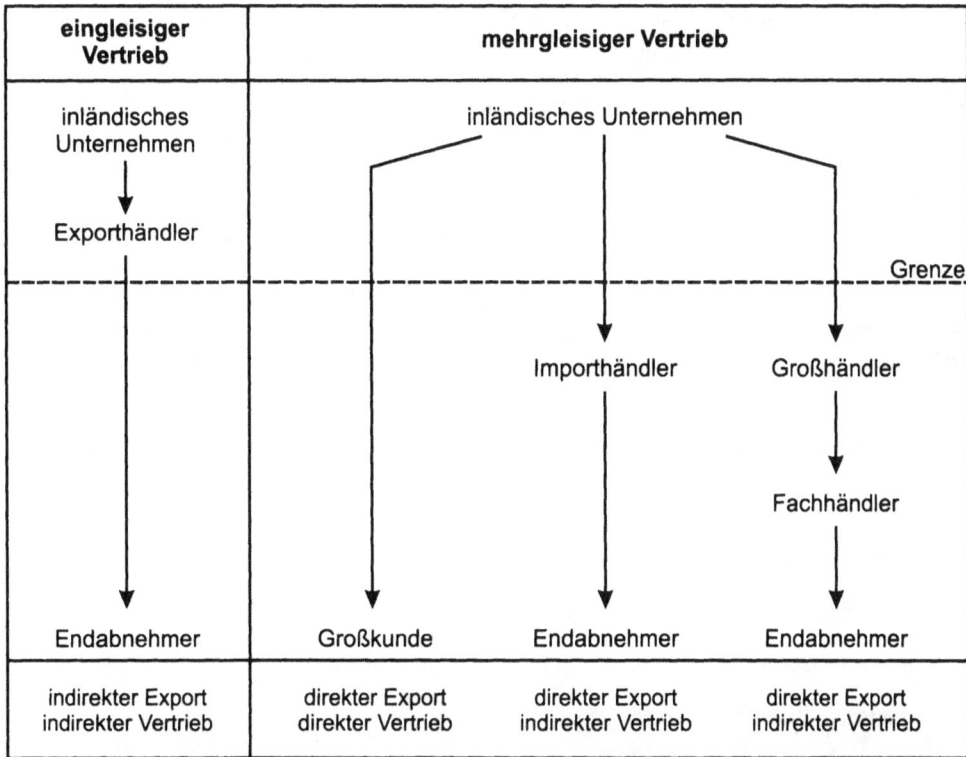

Abb. 5.27 Internationale Distributionsformen

Internationale Distributionskanalentscheidungen sind von einer Vielzahl von Kriterien abhängig. Konkrete Entscheidungen können immer nur einzelfallbezogen vor dem Hintergrund der jeweiligen auslandsmarktspezifischen Rahmenbedingungen erfolgen. Zu den wichtigsten **Entscheidungskriterien der Distributionswegewahl** gehören:

- **produktbezogene Kriterien:** Erklärung- und Servicebedürftigkeit, Transport- und Lagerfähigkeit,

- **abnehmerbezogene Kriterien:** geographische Streuung und Zahl der Abnehmer, durchschnittliches Kaufvolumen je Abnehmersegment,

- **konkurrenzbezogene Kriterien:** Anzahl, Marktmacht und Verhalten der Mitwettbewerber,

- **distributionsbezogene Kriterien:** Verfügbarkeit von Distributeuren nach Art, Anzahl, Kooperationsbereitschaft und Standortverteilung,

- **rechtliche und wirtschaftspolitische Kriterien:** Handelsbeschränkungen, gesetzliche Vertriebsvorbehalte und administrative Hemmnisse,

- **anbieterbezogene Kriterien:** quantitative und qualitative Verfügbarkeit unternehmenseigener Distributionsorgane.

Eine **Standardisierung** der internationalen Distributionspolitik ist dann besonders günstig, wenn die anvisierten Auslandsmärkte über ähnliche Distributionsstrukturen verfügen.

Zu (4) Kommunikationspolitische Entscheidungen

Gegenstand der Kommunikationspolitik ist die bewusste Gestaltung der auf die in- und ausländischen Absatzmärkte gerichteten Informationen eines Unternehmens zum Zweck der Verhaltensbeeinflussung aktueller und potentieller Käufer. **Das kommunikationspolitische Instrumentarium** umfasst die Werbung (advertisement), den persönlichen Verkauf (personal selling), die Verkaufsförderung (sales promotion) und die Öffentlichkeitsarbeit (public relations).

Richten sich Kommunikationsmaßnahmen an Empfänger im Ausland, so sind verschiedene auslandsmarktbezogene **Kommunikationsbarrieren** zu beachten. Hierzu zählen insbesondere:

- kulturelle und sprachliche Unterschiede,

- unterschiedliche rechtliche Regelungen,

- unterschiedliche Verfügbarkeit von Kommunikationsmedien,

- unterschiedliche Käuferstrukturen und

- unterschiedliches Kaufverhalten.

Eine **standardisierte Kommunikationspolitik** wäre dann gegeben, wenn Kommunikationsmaßnahmen über Ländergrenzen hinweg einheitlich gestaltet sind. Möglichkeiten für eine Standardisierung der Kommunikationspolitik bestehen dann, wenn die Zielgruppen (cross-cultural-target-groups) nachfragerelevante Ähnlichkeiten aufweisen. Dies ist am ehesten noch im Investitionsgüterbereich möglich. Im Konsumgüterbereich ist das Standardisierungspotenzial zum Beispiel bei Werbemaßnahmen in der Regel sehr gering.

Eine standardisierte Kommunikation ist jedoch auch dann gegeben, wenn das Firmenlogo, der Markenname sowie das Warenzeichen unabhängig vom Ländermarkt verwendet werden, wie dies bei einigen bekannten „Weltmarken" der Fall ist. Grenzen einer standardisierten Kommunikationspolitik ergeben sich immer dann, wenn aufgrund der sprachlichen Unterschiede eine Übersetzung (z.B. von Werbebotschaften) erforderlich ist. Aufgrund kultureller und sprachlicher Unterschiede zählt die Kommunikationspolitik zu den Bereichen, bei denen eine **auslandsmarktspezifische Differenzierung** in der Regel erforderlich ist.

In der Kommunikationspolitik auf Auslandsmärkten ist der **Herkunftslandeffekt** („Country-of-origin Effekt") zu beachten (Büter 2007, S. 174 f.). Die Länderherkunft, das so genannte **„Made in…"** wird oft als Anhaltspunkt für die Qualität der Produkte sowie teilweise auch für das Unternehmensimage selbst herangezogen. Infolgedessen kommt es in der Regel zu einer Stereotypenbildung, die zu Vorurteilen im positiven wie negativen Sinn führen kann. Kommunikationspolitisch wird der Herkunftslandeffekt erklärt auf der Grundlage des so

genannten **„Halo-Effekts"** (engl. halo - Heiligenschein), welcher die Bedeutung eines allgemein gewonnenen Eindrucks für einen speziellen Wert beschreibt. Aus der Konsumenten-
forschung ist bekannt, dass je geringer die Kenntnis über ein spezielles Produkt ist, desto
eher erfolgt ein Rückgriff auf allgemeine Eindrücke. Dies kann sich beispielsweise dadurch
äußern, dass ein US-Amerikaner einen allgemein positiven Eindruck von Bayern gewonnen
hat, ohne jemals dort gewesen zu sein. Er kauft in den USA bayrisches Bier. Je nach Aus-
gangslage kann es darum gehen, den Herkunftslandeffekt auf Auslandsmärkten kommunikationspolitisch eher herauszustellen oder nach Möglichkeit abzuschwächen. Neben dem Herkunftslandeffekt spielt heutzutage auch die Firmenherkunft des Produktes, das so genannte
„Made by …", eine zentrale Rolle. In einigen Bereichen ist der Herkunftslandeffekt durch
globale Handelsmarken (global branding) ersetzt worden.

5.4.3 Absatzwirtschaftliche Internationalisierung

Die absatzwirtschaftliche Internationalisierung bildet in der Regel den Ausgangspunkt eines
internationalen Unternehmensengagements. Als Basisindikator der absatzwirtschaftlichen
Internationalisierung dient die **Auslandsumsatzquote**.

$$AUQ = \frac{ALU}{GEU} \cdot 100$$

mit: AUQ = Auslandsumsatzquote
ALU = Auslandsumsatz
GEU = Gesamtumsatz

Die Auslandsumsatzquote kann je nach Zweckbestimmung weiter differenziert werden, z.B.
nach Absatzländern, nach Abnehmersegmenten im Ausland oder nach Absatzprodukten.

Im Hinblick auf die mit der absatzwirtschaftlichen Internationalisierung verbundenen Motive
kann unterschieden werden zwischen einer reaktiven und aktiven Exportentwicklung (Büter
2007, S. 64 f.):

- Bei einer **reaktiven Exportentwicklung** sind die absatzwirtschaftlichen Aktivitäten
  schwerpunktmäßig auf den Heimatmarkt ausgerichtet. Aus dem Ausland eingehende
  Aufträge werden jedoch in Abhängigkeit von der Kapazitätsauslastung bearbeitet. Eine
  Motivation zum Aufbau des Exportgeschäfts besteht jedoch nicht bzw. noch nicht. Die
  Exportabwicklung erfolgt im Konsumgüterbereich meist durch indirekten Export. Im
  Investitionsgüterbereich stehen sporadisch durchgeführte Direktexportgeschäfte im Vor-
  dergrund.

- Bei einer **aktiven Exportentwicklung** verfolgen Unternehmen aus eigenem Antrieb
  heraus den Aufbau bzw. die Weiterentwicklung des Exportgeschäfts. Die aktive Exportentwicklung ist verbunden mit einer Zunahme ausländischer Absatzmärkte und damit
  einhergehend auch mit einem Zuwachs der mit dem Exportgeschäft verbundenen Mana-
  gementanforderungen. Das Exportgeschäft wird dabei oftmals durch die Gründung von
  Vertriebstochterunternehmen im Ausland unterstützt. Die Motive hierzu können vielfäl-

tig sein. Generell betrachtet lassen sich kosten-, nachfrage- als auch wettbewerbsorientierte Exportmotive unterscheiden. Darüber hinaus können auch Aspekte der Risikostreuung sowie Imageaspekte eine aktive Exportentwicklung begründen.

Stufen absatzwirtschaftlicher Internationalisierung			
Inlandsabsatz	**Export als Zusatzgeschäft**	**Strategische Exportorientierung**	**Globales Marketing**
- Heimatmarkt-orientierung - kein eigenes Exportengagement - gegebenenfalls indirekter Export	- Auslandsaufträge werden bearbeitet - keine bzw. kaum produktbezogene Anpassung - gegebenenfalls direkter Export	- ziellandbezogenes Exportmarketing - Export- bzw. Auslandsabteilung - ausländische Vertriebstochterunternehmen	- weltweiter Absatz - Nutzung globaler Standardisierungsmöglichkeiten - zahlreiche Auslandsgesellschaften
„reaktive Export-/Abatzentwicklung"		„aktive Export-/Absatzentwicklung"	

Abb. 5.28   Stufen absatzwirtschaftlicher Internationalisierung

Von **globalem Marketing** wird dann gesprochen, wenn ein Unternehmen eine große Vielzahl ausländischer Märkte bedient und die Möglichkeiten einer länderübergreifenden Standardisierung ihres absatzpolitischen Instrumentariums weitgehend ausschöpft. Auslandsmärkte werden dabei nicht nur durch Exporte bedient, sondern auch durch Produktionsstätten im Ausland.

Exportgeschäfte sind oft die Voraussetzung für Direktinvestitionen. Direktinvestitionen können das Exportgeschäft verstärken oder unter Umständen auch ersetzen:

- Ein **Exportverstärkungseffekt** liegt dann vor, wenn durch Direktinvestitionen in Form von Vertriebstochtergesellschaften die Vertriebsmöglichkeiten und insbesondere auch der Service im ausländischen Zielmarkt verbessert werden und dies mit einem Anstieg des Exportvolumens einhergeht. Die Produktion verbleibt dabei im Grundsätzlichen im Heimatland.

- Ein **Exportsubstitutionseffekt** ist dann gegeben, wenn die Direktinvestition im Zielland mit einer Produktionsverlagerung einhergeht, welche zu einem Rückgang des zuvor bestehenden Exportgeschäfts führt.

Der Zusammenhang zwischen der absatzwirtschaftlichen Internationalisierung durch Exporte und der Auslandsproduktion wird besonders deutlich bei der Betrachtung des auf Vernon zurückgehenden **internationalen Produktlebenszyklus** (Vernon/Wells 1996, S. 119 f.). Der internationale Produktlebenszyklus kann durch verschiedene Phasen abgebildet werden. In der Innovationsphase wird ein neues Produkt zunächst schwerpunktmäßig im Innovationsland abgesetzt und dann schrittweise auch in andere Länder exportiert. Der Export in andere Länder stellt den Beginn des **internationalen Handelszyklus** dar.

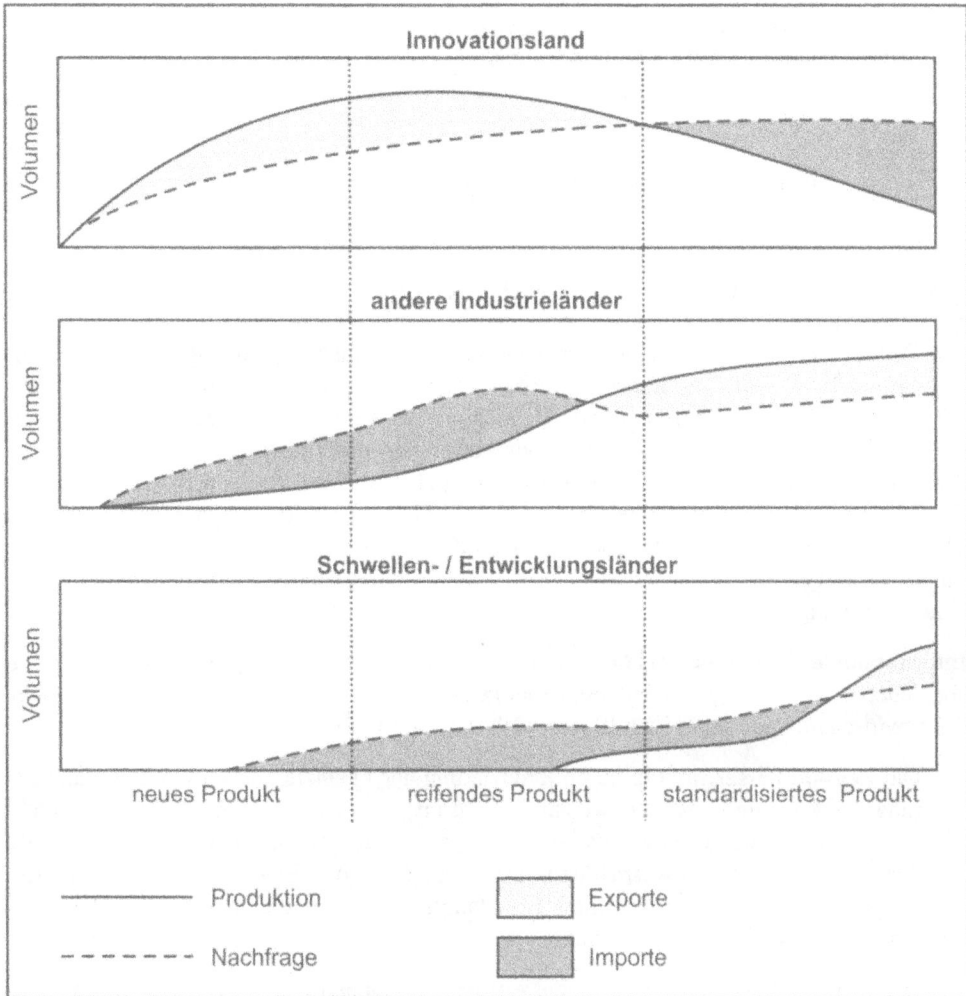

Abb. 5.29 *Internationaler Produktlebenszyklus nach Vernon/Wells*

Das Innovationsland genießt zunächst einen komparativen Vorteil in Form eines technologischen Vorsprungs. Dieser komparative Vorteil geht jedoch mit zunehmendem Reifegrad des Produktes und zunehmender Massenproduktion bei wachsender internationaler Nachfrage schrittweise verloren. Die Produktion wird vom Innovationsland teilweise durch Direktinvestitionen in ausländische Absatzländer verlagert. Auch die Produktion von Produktimitationen nimmt, insbesondere in den Schwellenländern, im Zeitablauf zu.

Der internationale Handelszyklus verliert mit zunehmender Standardisierung und weltweiter Massenproduktion an Bedeutung. Schließlich findet die Produktion des Produktes nicht nur in anderen Industrieländern und Schwellenländern sondern auch in Entwicklungsländern statt. Da in einigen dieser Länder mitunter Produktionskostenvorteile genutzt werden können, kann es dazu kommen, dass das Innovationsland schließlich zum Importeur des Produktes wird. Der internationale Produktlebenszyklus kann für viele Produkte, z.B. Taschenrechner, Büromaschinen empirisch bestätigt werden.

5.5   Internationale Finanzentscheidungen

5.5.1   Grundlagen und Problemstellung

Der Begriff **Finanzierung** umfasst im weitesten Sinne alle Entscheidungen betreffend die Ausstattung bzw. Änderung des betrieblichen Kapitals (Kapitalbeschaffung und Kapitalumschichtung). Bei der bilanzorientierten Betrachtungsweise ergibt sich die Finanzierung aus der Passivseite (Mittelherkunft), wobei zwischen Eigen- und Fremdfinanzierung unterschieden wird. Die zweckorientierte Mittelverwendung (**Investition**) steht auf der Aktivseite der Bilanz, wobei üblicherweise eine Unterscheidung zwischen Anlage- und Umlaufvermögen erfolgt. Finanzierung und Investition sind durch Zahlungsströme miteinander verbunden. Die Finanzierung beginnt immer mit einer Einzahlung. Am Anfang der Investition steht immer eine Auszahlung.

Internationale Finanzentscheidungen sind aus dem unternehmensspezifischen Zielsystem abgeleitet und unterliegen damit dem **Oberziel des Gewinnstrebens**. Als eigenständige finanzwirtschaftliche Ziele gelten (Sperber 1999, S. 142 f.):

- Die **Rentabilitätserhöhung** durch Reduzierung der Finanzierungskosten und Maximierung des Kapitalertrages. Dies beinhaltet im internationalen Unternehmen die Berücksichtigung internationaler Kapitalbeschaffungs- als auch Kapitalanlagemöglichkeiten auf den internationalen Finanzmärkten. Dabei sind sowohl Eigen- und Fremdfinanzierungsmöglichkeiten in kurz-, mittel- bzw. langfristiger Hinsicht vor dem Hintergrund internationaler Risiken abzustimmen.

- Die **Liquiditätssicherung**, d.h. die Aufrechterhaltung der ständigen Zahlungsbereitschaft. Dies erfordert im internationalen Unternehmen die Abstimmung der laufenden Einnahmen und Ausgaben sowohl auf der Ebene des Gesamtunternehmens als auch auf der Ebene der einzelnen Auslandsgesellschaften.

- Die **Bewahrung der finanziellen Unabhängigkeit** des internationalen Unternehmens durch Beschränkung des Einflusses einzelner Fremdkapitalgeber auf die Unternehmenspolitik. Dies kann geschehen durch eine möglichst breite Verteilung der Fremdfinanzierungsquellen und Nutzung verschiedener Finanzierungsinstrumente auf den internationalen Finanzmärkten.

- Die **Gewährleistung eines bestimmten Sicherheitsniveaus**. Dies erfordert eine Analyse der unternehmensspezifischen Risiken im internationalen Umfeld (z.B. Zinsrisiken, Währungsrisiken, politische Länderrisiken) mit dem Ziel, geeignete Maßnahmen zur Risikovermeidung bzw. Risikobewältigung zu ergreifen.

Die **Besonderheiten des internationalen Finanzmanagements** ergeben sich einerseits aus den grenzüberschreitenden finanzwirtschaftlichen Verflechtungen des international operierenden Unternehmens und andererseits aus den nicht beeinflussbaren politischen, rechtlichen und sozioökonomischen Rahmenbedingungen der jeweiligen Länder. Zu den wichtigsten **finanzwirtschaftlichen Rahmenbedingungen internationaler Unternehmen** zählen:

- unterschiedliche Währungen und die Wechselkursentwicklung,

- unterschiedliche Zinsniveaus und Inflationsraten,

- unterschiedliche Strukturen und Ergiebigkeiten der lokalen Kapital- und Kreditmärkte,

- unterschiedliche Gesellschaftsformen und Steuergesetze sowie

- spezifische Risiken des internationalen Kapitalverkehrs (z.B. Konvertierungsrisiken).

Internationale Finanzierungsanlässe sind vielfältig. Sie betreffen neben der Finanzierung von Auslandsgesellschaften (Direktinvestitionen) auch die Außenhandelsfinanzierung sowie die Finanzierung internationaler Großprojekte. Im Vordergrund der weiteren Ausführungen stehen internationale Finanzentscheidungen im Zusammenhang mit Auslandsgesellschaften.

Die **internationale finanzwirtschaftliche Aufgabenstellung** besteht dabei darin, die finanzpolitische Einheit im internationalen Konzernverbund unter Beachtung der internationalen finanzwirtschaftlichen Rahmenbedingungen zu erhalten. Internationale Finanzentscheidungen müssen sowohl für die Muttergesellschaft als auch für die Auslandsgesellschaften getroffen werden. Die Auslandsgesellschaften firmieren in einer eigenen Rechtsform (legal form), weshalb sie als eigenständige Gesellschaften gelten und deshalb zunächst eigenständig für ihre Liquiditätspolitik verantwortlich sind. Diese „dezentrale Liquiditätsverantwortung" ist charakteristisch für internationale Unternehmen (Pausenberger 1985, S. 58).

Die **finanzpolitische Autonomie von Auslandsgesellschaften** ist jedoch in vielen Bereichen eingeschränkt. Hinzuweisen ist hier vor allem auf die folgenden Aspekte:

1. Die Muttergesellschaft stattet die Auslandsgesellschaft mit Eigenkapital aus. Bei der Beurteilung der Kreditwürdigkeit der Auslandsgesellschaft steht die Muttergesellschaft für den finanziellen Rückhalt im internationalen Unternehmensverbund (financial backing).

2. Einschränkungen der finanziellen Autonomie von Auslandsgesellschaften ergeben sich durch Entscheidungen über die Verwendung des Gewinns der Auslandsgesellschaft (z.B. Gewinnabführungsverträge). Eine Gewinnabführung hat unmittelbare Auswirkungen auf Liquidität und die Innenfinanzierungsmöglichkeiten der Auslandsgesellschaft.

3. Einschränkungen ergeben sich ferner durch die Vereinbarung internationaler Transferpreise (international transfer pricing), d.h. der Preise für den grenzüberschreitenden Waren- und Dienstleistungsverkehr zwischen der Muttergesellschaft und den Auslandsgesellschaften.

Internationale Finanzentscheidungen können dazu beitragen, bestimmte restriktive Regelungen einzelner Länder zumindest teilweise zu unterlaufen (Büschgen 1997, S. 463). Ferner können finanzielle Transaktionen im internationalen Unternehmen auch das Ziel verfolgen, finanzpolitisch relevante Standortvorteile einzelner Länder zu nutzen. Dies wird in der Öffentlichkeit häufig kontrovers diskutiert. International operierende Unternehmen sollten daher bei finanziellen Führungsentscheidungen sowohl ihre Unternehmensinteressen als auch die Interessen des Gastlandes durch eine Politik der so genannten **„good-citizenship-policy"** zum Ausgleich bringen.

5.5.2   Entscheidungsbereiche internationaler Finanzplanung

Die internationale Finanzplanung umfasst alle Dispositionen, die aufgrund einer finanziellen Vorschau zur Deckung eines erwarteten Kapitalbedarfs in einem internationalen Unternehmen getroffen werden. Zu den wichtigsten Entscheidungsbereichen der internationalen Finanzplanung gehören die Folgenden.

(1) Internationale Kapitalbeschaffung

(2) Internationales Cash Management

(3) Internationale Kapitalstrukturgestaltung

Zu (1) Internationale Kapitalbeschaffung
Internationale Kapitalbeschaffung liegt dann vor, wenn Kapitalgeber und Kapitalnehmer in unterschiedlichen Ländern domizilieren. Auch Unternehmen, welche ansonsten lediglich Inlandsgeschäfte abwickeln, können Kapital im Ausland beschaffen. Internationale Unternehmen mit Auslandsgesellschaften haben jedoch in der Regel einen leichteren Zugang zu ausländischen bzw. internationalen Finanzierungsquellen. Vom Standpunkt der Finanzierungsquelle einer konzernzugehörigen Gesellschaft mit eigener Rechtsform (z.B. Auslandsgesellschaft) werden die folgenden Finanzierungsformen unterschieden.

(a) Innenfinanzierung

(b) konzerninterne Außenfinanzierung

(c) konzernexterne Außenfinanzierung

Zu (1a) Innenfinanzierung
Bei der Innenfinanzierung erfolgt die Kapitalbeschaffung einer Gesellschaft aus dem Umsatzprozess, also intern durch das Unternehmen selbst. Die bedeutendste Kennzahl der Innenfinanzierung ist der **Cashflow**. In allgemeiner Definition wird der Cashflow errechnet, indem man zum Gewinn einer betrachteten Periode die Abschreibungen sowie die Zuweisungen zu den Rückstellungen (z.B. Pensionsrückstellungen) addiert.

Innenfinanzierung einer Auslandsgesellschaft bedeutet demnach, dass sich die ausländische Tochtergesellschaft aus dem selbst erwirtschafteten Cashflow (also durch thesaurierte Gewinne, Abschreibungen und Rückstellungen) finanziert (Büschgen 1997, S. 481). Die Höhe der Abschreibungen als auch die Möglichkeiten der Bildung von Rückstellungen sind abhängig von den jeweiligen landesrechtlichen Bestimmungen. Bestehen staatliche Einschränkungen des Gewinntransfers an die Muttergesellschaft (z.B. der Höhe nach), so erhöht sich dadurch der Innenfinanzierungsanteil. Die Innenfinanzierung einer Auslandsgesellschaft hat den zentralen Vorteil, dass sie währungskonform zur Direktinvestition erfolgt.

Zu (1b) Konzerninterne Außenfinanzierung
Eine konzerninterne Außenfinanzierung liegt vor, wenn einer Auslandsgesellschaft mit eigener Rechtsform Kapital durch die Muttergesellschaft oder durch eine zwischengeschaltete Finanzierungsgesellschaft (d.h. „von außen") zugeführt wird. Der Kapitaltransfer an die Auslandsgesellschaft kann als Einlage (Eigenkapital) erfolgen oder durch die Vergabe eines Darlehens (Fremdkapital). Erfolgt der Kapitaltransfer als Einlage der Muttergesellschaft, so wird dies auch als **„financial backing"** bezeichnet. In beiden Fällen ist die Absicht der Finanzmittelzuführung an die Auslandsgesellschaft direkt erkennbar, weshalb man auch von einer **„offenen konzerninternen Außenfinanzierung"** spricht. Der wesentliche Vorteil der konzerninternen Außenfinanzierung besteht darin, dass sich die Abhängigkeit des internationalen Konzernverbundes von externen Finanzierungsinstitutionen verringert.

Die konzerninterne Außenfinanzierung kann durch die außenwirtschaftlichen Rahmenbedingungen der beteiligten Länder (z.B. Kapitalverkehrsbeschränkungen) sowie durch risikopolitische Überlegungen des Unternehmens (z.B. Wechselkursrisiken) beeinflusst werden. Es existieren vielfältige Varianten der **internationalen Intra-Firmenkreditvergabe** (Blattner 1997, S. 390). Die Kreditierung einer Auslandsgesellschaft kann durch **direkte Kreditgewährung** als auch durch indirekte Kreditgewährung erfolgen. Bei der **indirekten Kreditgewährung** (back-to-back loan) tätigt die Muttergesellschaft eine Einlage bei ihrer Geschäftsbank oder auch bei einer anderen Bank, welche den Kredit an die Auslandsgesellschaft ausgibt. Vorteile der indirekten Kreditierung können liegen in der Umgehung von Devisenkontrollen, der Übertragung von Wechselkursrisiken auf die kreditgebende Bank sowie in steuerlicher Hinsicht.

Eine **„verdeckte konzerninterne Außenfinanzierung"** ist dann gegeben, wenn die internationalen Transferpreise für den Waren- und Dienstleistungsverkehr zwischen den Gesellschaften im Konzernverbund, bewusst zu niedrig oder zu hoch angesetzt werden (siehe auch Kapitel 7.3.4 „internationale Transferpreise"). Sind beispielsweise die internationalen Transferpreise niedriger angesetzt als die Marktpreise, so erhöht sich der finanzielle Spielraum für die Gesellschaft, welche die Waren bzw. Dienstleistungen von anderen Gesellschaften empfängt. Dadurch können auch Gewinne in Niedrigsteuerländer transferiert werden, was jedoch den steuergesetzlichen Regelungen der internationalen Transferpreisgestaltung widerspricht.

```
┌──────────────────────────────────────────────────────────────────────┐
│  ┌──────────────────────┐       direkte          ┌────────────────────┐│
│  │ Muttergesellschaft   │──────Kreditgewährung───▶│ Tochtergesellschaft││
│  │ Land A               │                         │ Land B             ││
│  └──────────────────────┘                         └────────────────────┘│
│           ┆                                                 ▲           │
│           ┆                                                 ┆           │
│           ┆ Einlage                                         ┆           │
│           ┆                                                 ┆           │
│           ▼                                                 ┆           │
│  ┌──────────────────────┐                                  ┆           │
│  │ Bank                 │        back-to-back loan          ┆           │
│  │ Land A               │─ ─ ─ ─(indirekte Kreditierung─ ─ ─┘           │
│  └──────────────────────┘        durch Muttergesellschaft)               │
└──────────────────────────────────────────────────────────────────────┘
```

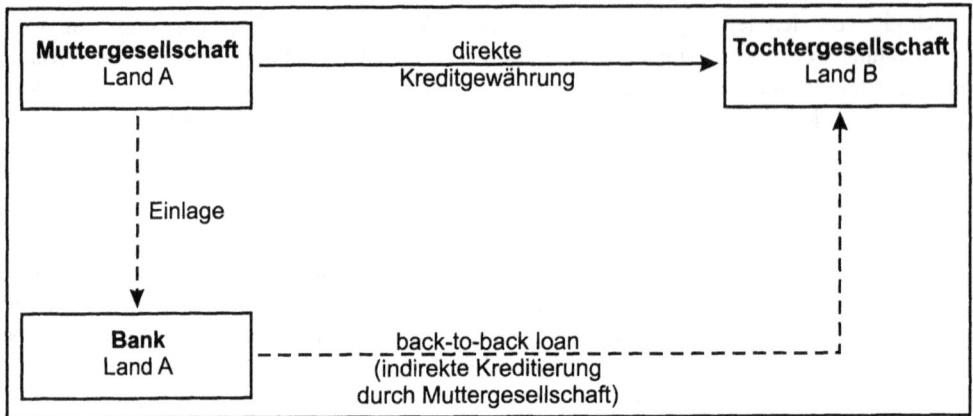

Abb. 5.30   *Kreditgewährung im internationalen Unternehmensverbund*

Zu (1c) Konzernexterne Außenfinanzierung

Eine konzernexterne Außenfinanzierung ist dann gegeben, wenn finanzielle Mittel von externen Kapitalgebern (d.h. von nicht zum Konzernverbund gehörenden Gesellschaften) stammen. Dies kann geschehen durch **Eigenkapitalaufnahme**, z.B. durch Beteiligung neuer Eigenkapitalgeber beispielsweise bei einem Joint Venture oder über die Börse. Eine Eigenkapitalaufnahme über die Börse ist für eine Auslandsgesellschaft jedoch nur dann möglich, wenn die Auslandsgesellschaft selbst börsennotiert ist, was in aller Regel nicht der Fall ist. Von zentraler Bedeutung bei der konzernexternen Außenfinanzierung ist deshalb die **Fremdkapitalaufnahme**. Im Vordergrund steht die Frage, wer Träger der Fremdkapitalaufnahme sein soll:

- Eine **unmittelbare Fremdkapitalaufnahme** im Gastland ist dann gegeben, wenn die betroffene Auslandsgesellschaft die Kapitalbeschaffung (z.B. durch Kredite bei einer vor Ort ansässigen Bank) selbst vornimmt.

- Eine **mittelbare Fremdkapitalaufnahme** liegt dann vor, wenn eine andere Einheit des internationalen Konzernverbundes (meist die Muttergesellschaft) Träger der Kapitalbeschaffung ist. Es muss dann entschieden werden, wie der Kapitaltransfer zur Auslandsgesellschaft erfolgen soll. Die Weiterleitung des Kapitals an die Auslandsgesellschaft kann als Eigen- oder Fremdkapital erfolgen.

Innenfinanzierung	- durch Gewinnthesaurierung	
	- durch Abschreibungen	
	- durch Rückstellungen	
Konzerninterne Außenfinanzierung	Eigenkapitalzuführung	- Kapitaleinlage der Muttergesellschaft
		- Kapitaleinlage einer zwischengeschalteten Finanzierungsgesellschaft
	Fremdkapitalzuführung	- Firmenkredit der Muttergesellschaft
		- Firmenkredit einer zwischengeschalteten Finanzierungsgesellschaft
		- verdeckte konzerninterne Außenfinanzierung (z.B. mittels Transferpreisgestaltung)
Konzernexterne Außenfinanzierung	Eigenkapitalaufnahme	- Beteiligung lokaler Eigenkapitalgeber (z.B. Joint Venture)
		- Beteiligung ausländischer Eigenkapitalgeber
	Fremdkapitalaufnahme	- lokaler Fremdkapitalgeber
		- ausländischer Fremdkapitalgeber (insbesondere Nutzung internationaler Finanzmärkte)

Abb. 5.31   Finanzierungsalternativen einer Auslandsgesellschaft

Als wesentliche **Vorteile einer lokalen Fremdkapitalaufnahme** gelten eine verbesserte Integration der Auslandsgesellschaft in das Gastland sowie geringe Kapitaltransferkosten. Durch lokale Fremdkapitalaufnahme werden Auslandsgesellschaften veranlasst, ihre Kreditwürdigkeit eigenständig aufzubauen. Eine lokale Fremdkapitalaufnahme geht einher mit einer Diversifizierung der Fremdfinanzierungsquellen. Je diversifizierter die Fremdfinanzierungsquellen, desto geringer die finanzielle Abhängigkeit des Konzernverbundes von einzelnen Fremdkapitalgebern. Erfolgt die Fremdkapitalaufnahme in der Währung des Gastlandes, so stehen den lokalen Umsatzerlösen die Zins- und Tilgungslasten in lokaler Währung gegenüber, wodurch sich das Währungsrisiko insgesamt reduzieren lässt.

Bei einer Entscheidung betreffend die lokale Fremdkapitalbeschaffung sind allerdings das lokale Zinsniveau und die Ergiebigkeit der lokalen Finanzmärkte zu beachten. Sofern das lokale Zinsniveau zu hoch ist bzw. die benötigten finanziellen Mittel nicht in ausreichender Menge über den lokalen Finanzmarkt bezogen werden können, so erfolgt meist eine **zentrale Fremdkapitalaufnahme** durch die Muttergesellschaft oder durch eine von ihr gesteuerte

Finanzierungsgesellschaft. Von grundlegender Bedeutung in diesem Zusammenhang sind die internationalen Finanzmärkte, welche wegen ihres Ursprungs in Europa auch als **Euromärkte** bezeichnet werden (siehe auch Kapitel 5.5.3). **Internationale Finanzmärkte** ermöglichen durch eine Vielzahl von Finanzprodukten eine großvolumige Kapitalbeschaffung für Unternehmen zu günstigen Finanzierungskonditionen.

Zu (2) Internationales Cash Management
Das internationale Cash Management ist Bestandteil der kurzfristigen Finanzplanung. Die zentrale Zielsetzung besteht in der Liquiditätssicherung und in der Effizienzsteigerung des Zahlungsverkehrs. Erforderlich dazu ist die Kontrolle der Kassenbestände und der kurzfristigen Zahlungsdispositionen (Sperber 1999, S. 164 f.). Durch Cash Management sollen Finanzüberschüsse und Finanzdefizite durch zentrale Steuerung im internationalen Unternehmensverbund ausgeglichen werden. Im Angloamerikanischen wird auch vom **Treasury Management** gesprochen. Die in diesem Aufgabenbereich leitenden Manager werden daher auch als Treasurer („Schatzmeister") bezeichnet.

Es existieren verschiedene **Cash Managementsysteme**, welche insbesondere von Kreditinstituten zur Unterstützung für das internationale Finanzmanagement angeboten werden. Die Besonderheiten des internationalen Cash Managements ergeben sich durch die Berücksichtigung der Transferbedingungen des grenzüberschreitenden Zahlungsverkehrs sowie durch unterschiedliche Währungen und unterschiedliche Zinsniveaus. Internationales Cash Management erfordert eine zentrale Kontrolle der Kassenbestände (Cash Concentration, Cash Pooling) und ist meist verbunden mit einer grenzüberschreitenden Aufrechnung der konzerninternen Forderungen und Verbindlichkeiten (Clearing, Netting).

- Beim **Cash Pooling** (Cash Concentration) erfolgt eine zentrale Verwaltung der Kassenbestände. Dazu werden die Salden von Zahlungsverkehrskonten der einzelnen Unternehmenseinheiten gegen ein Zielkonto konsolidiert. Die Konsolidierung dient dem Ausgleich von Finanzüberschüssen bzw. Finanzdefiziten zwischen den einzelnen Unternehmenseinheiten im internationalen Unternehmensverbund. Cash Pooling hat zur Folge, dass sich das Volumen des kurzfristigen Kreditbedarfs im Gesamtunternehmen reduziert. Es schafft ferner die Voraussetzung für eine optimierte Anlage überschüssiger Mittel auf den internationalen Finanzmärkten

- Beim **Clearing** (Netting) geht es um die Aufrechnung der konzerninternen Forderungen und Verbindlichkeiten zu einem bestimmten Stichtag. Konzerninterne Forderungen und Verbindlichkeiten ergeben sich vor allem aus den gegenseitigen Liefer- und Leistungsverflechtungen im internationalen Unternehmensverbund. Clearing führt dazu, dass nicht jeder einzelne offene Posten ausgeglichen werden muss. Lediglich die Salden („Netto-Salden"), welche sich zwischen den einzelnen Unternehmenseinheiten zu einem Stichtag ergeben, erfordern einen Zahlungsverkehr. Bilaterales Clearing liegt vor, wenn zwei Gesellschaften ihre gegenseitig bestehenden Forderungen und Verbindlichkeiten saldieren. Multilaterales Clearing ist dann gegeben, wenn alle konzernzugehörigen Gesellschaften die zwischen ihnen bestehenden „Netto-Salden" über ein zentrales Clearing House (z.B. Muttergesellschaft oder konzernzugehörige Finanzierungsgesellschaft) abwickeln.

- Das **Devisen Netting** ist eine besondere Form des Clearings im internationalen Unternehmen. Es dient der Reduzierung der Währungstransaktionskosten und des Wechselkursrisikos. Beim Devisen Netting nehmen die Unternehmenseinheiten der jeweiligen Länder Zahlungen als auch Gutschriften nur in der eigenen Währung ("Standortwährung") vor (Steiner M 1995, S. 390). Dies bedeutet beispielsweise, dass die US-Auslandsgesellschaft die US-$ Verbindlichkeiten für alle Unternehmenseinheiten begleicht und gleichzeitig auch alle US-$ Einzahlungen vereinnahmt. Im Rahmen des zentralen Clearings werden dann die Ansprüche der Unternehmenseinheiten untereinander aufgerechnet, wobei lediglich die Salden in der jeweils betroffenen Währung an einem bestimmten Stichtag ausgeglichen werden.

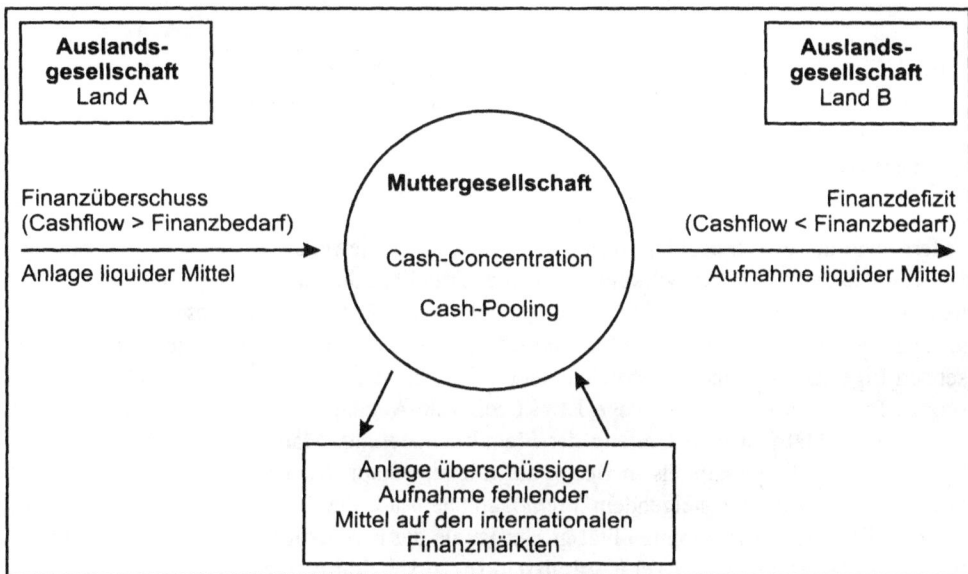

Abb. 5.32 *Internationaler Finanzausgleich im Konzernverbund (Quelle: nach Perlitz 2004, S. 471)*

Das Cash Management im internationalen Unternehmensverbund wird zudem beeinflusst von der Ausgestaltung des Zahlungsverkehrs für die Liefer- und Leistungsverflechtungen bzw. der auszugleichenden Salden zwischen den verbundenen Unternehmenseinheiten im In- und Ausland (Büter 2007, S. 342):

- **Leading** (to lead – voraneilen) bedeutet eine Beschleunigung des Zahlungsverkehrs, d.h. eine Zahlung vor Fälligkeit.

- **Lagging** (to lag – zeitlich verzögern, hinausschieben) geht einher mit einem zeitlichen Hinausschieben bereits fälliger Zahlungen.

Leading und Lagging werden vor allem zur Feinabstimmung im internationalen Cash Management verwendet. Lagging ist nicht vertragskonform, was jedoch nicht bedeutet, dass es bei kurzfristigen finanziellen Engpässen nicht praktiziert wird.

Zu (3) Internationale Kapitalstrukturgestaltung
Bei der internationalen Kapitalstrukturgestaltung geht es um Entscheidungen betreffend die
langfristige Finanzplanung im internationalen Unternehmen (Büschgen 1997, S. 463 f.). Die
Kapitalstruktur kann durch die folgenden **Kapitalstrukturkennzahlen** (Leverage Ratios)
ausgedrückt werden.

$$VG = \frac{FK}{EK}$$	$$FKQ = \frac{FK}{GK}$$
$$EKQ = \frac{EK}{GK}$$	$$KH = \frac{GK}{EK}$$
mit: VG = Verschuldungsgrad, FKQ = Fremdkapitalquote, EKQ = Eigenkapitalquote, KH = Kapitalhebel, FK = Fremdkapital, EK = Eigenkapital, GK = Gesamtkapital	

Abb. 5.33   *Kennzahlen der Kapitalstruktur*

Sofern eine dieser Kennzahlen vorliegt, lassen sich die jeweils anderen daraus berechnen.
Die Kapitalstruktur hat Auswirkungen auf die Liquidität, die Beurteilung der Kreditwürdigkeit und auch auf die errechenbare Eigenkapitalrentabilität sowohl des Gesamtunternehmens
als auch seiner Teileinheiten. Die **Eigenkapitalrentabilität** drückt die Verzinsung des eingesetzten Eigenkapitals aus. Sie errechnet sich als prozentualer Anteil des Gewinns am eingesetzten Eigenkapital. Der **Leverage Effekt** zeigt die Abhängigkeit auf zwischen der Eigenkapitalrentabilität und dem Umfang der Fremdfinanzierung. Man spricht auch von der Hebelwirkung des Fremdkapitals in Bezug auf die Eigenkapitalrentabilität. Die Hebelwirkung
besteht darin, dass bei steigendem Fremdkapitaleinsatz die Eigenkapitalrentabilität steigt
solange die Gesamtkapitalrentabilität größer ist als die Fremdkapitalverzinsung. Im internationalen Unternehmen sind zwei **Kapitalstrukturentscheidungen** zu treffen:

- Erstens muss es darum gehen, eine Entscheidung betreffend die Kapitalstruktur des
  Gesamtunternehmens zu treffen.

- Zweitens ist es erforderlich, eine Entscheidung über die Einheitlichkeit bzw. Unterschiedlichkeit der Kapitalstruktur der einzelnen Unternehmenseinheiten im In- und Ausland zu treffen.

Eine **einheitliche Kapitalstruktur im internationalen Unternehmensverbund** bedeutet,
dass alle Unternehmenseinheiten einen weitgehend gleichen Verschuldungsgrad aufweisen.
Die These von der Einheitlichkeit der Kapitalstruktur (Mirror Effekt) wird dadurch begründet, dass die Muttergesellschaft ihre Vorstellungen von einer soliden Finanzierung auch auf
ihre Auslandstochtergesellschaften übertragen sollte (Pausenberger 1995, Sp. 626). Unter
Umständen mag es jedoch sinnvoll bzw. gar erforderlich sein, für Auslandsgesellschaften
eine abweichende Kapitalstruktur anzustreben.

Wesentliche **Gründe für abweichende Kapitalstrukturen in Auslandsgesellschaften**
können liegen in spezifischen Auslandsrisiken, in Beschränkungen des Kapitalverkehrs als

auch in steuerlichen Gründen. Allgemein gilt, dass sich die Investitionsrisiken im Ausland durch eine Reduzierung der Eigenkapitalquote (d.h. des Verhältnisses zwischen Eigenkapital und Gesamtkapital) verringern lassen. Umgekehrt können Beschränkungen des internationalen Kapitalverkehrs dazu führen, dass im Gastland erwirtschaftete Gewinne nicht an die Muttergesellschaft abgeführt werden dürfen. Wird der Gewinn der Auslandsgesellschaft thesauriert, so wirkt sich dies erhöhend auf die Eigenkapitalquote der betroffenen Gesellschaft aus. Der Verschuldungsgrad der Auslandsgesellschaft reduziert sich entsprechend.

Ist die **Eigenkapitalquote einer Auslandsgesellschaft** zu gering, so ist diese in ihren finanziellen Handlungsmöglichkeiten eingeschränkt. Um die finanziellen Handlungsmöglichkeiten aufrecht zu erhalten bzw. zu erhöhen werden dann oftmals Patronatserklärungen von der Muttergesellschaft gegenüber den Gläubigern der Auslandsgesellschaft vergeben.

Eine **Patronatserklärung** (letter of awareness, comfort letter) ist eine Erklärung der Muttergesellschaft zum Zwecke der Besicherung von Forderungen gegen ihre Auslandsgesellschaft, mittels welcher sie bestimmte Maßnahmen oder Unterlassungen in Aussicht stellt (Büter 2007, S. 375 f.). Patronatserklärungen finden vor allem dann Anwendung, wenn einer Auslandsgesellschaft keine anderen Sicherungsmöglichkeiten mehr bleiben. Patronatserklärungen sind an keine Form gebunden. Generell wird unterschieden zwischen „weichen Patronatserklärungen" und „harten Patronatserklärungen".

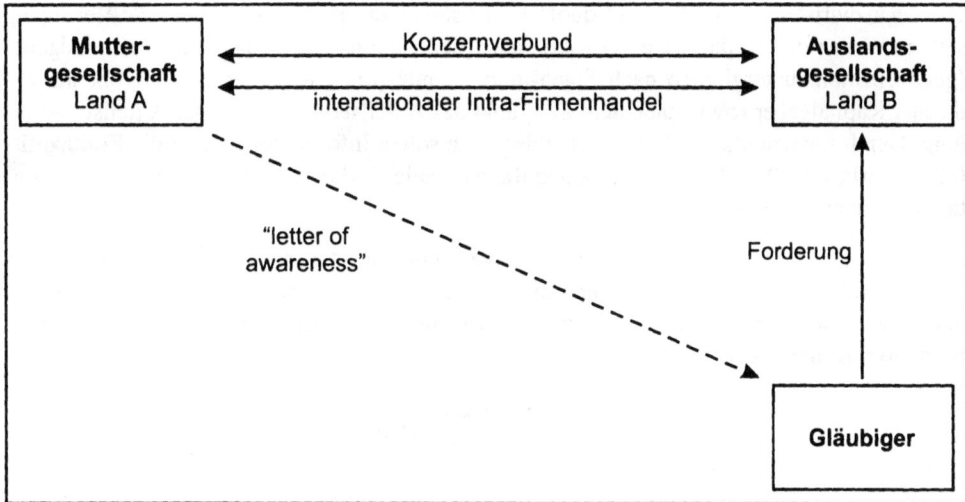

Abb. 5.34 *Patronatserklärung (Quelle: Büter 2007, S. 376)*

- „**Weiche Patronatserklärungen**" beinhalten lediglich eine „moralische Verpflichtung" der Muttergesellschaft, für die Verbindlichkeiten ihrer Auslandsgesellschaft einzustehen. Sie haben keinen verbindlichen Rechtscharakter und sind daher als Kreditsicherheiten nicht geeignet.

- „**Harte Patronatserklärungen**" begründen demgegenüber eine rechtsverbindliche Haftungserklärung der Muttergesellschaft für die Verbindlichkeiten ihrer Auslandsgesell-

schaft einzustehen. Für die Muttergesellschaft ergibt sich dadurch eine Eventualverbind-
lichkeit. Die rechtliche Auslegung von Patronatserklärungen ist schwierig.

Zu beachten ist, dass eine Formulierung in einer Fremdsprache nicht mit dem Inhalt einer
direkten Übersetzung übereinstimmen muss und die rechtliche Auslegung der Verbindlichkeit von Patronatserklärungen von Land zu Land unterschiedlich sein kann.

5.5.3   Finanzwirtschaftliche Internationalisierung

Die finanzwirtschaftliche Internationalisierung beschreibt die Bedeutung ausländischer Quel-
len des Eigen- und Fremdkapitals am Gesamtunternehmenskapital. Als Basisindikator der
finanzwirtschaftlichen Internationalisierung dient die **finanzwirtschaftliche Auslandsquote**.

$$FAQ = \frac{KAB}{GGK} \cdot 100$$

mit: FAQ   =   Finanzwirtschaftliche Auslandsquote
         KAB   =   Kapitalanteile in ausländischem Besitz
         GGK   =   Gesamtgesellschaftskapital

Die finanzwirtschaftliche Auslandsquote kann, sofern entsprechende Daten zur Verfügung
stehen, weiter differenziert werden, z.B. nach der Nationalität ausländischer Kapitalgeber
(gegebenenfalls untergliedert nach Eigen- und Fremdkapital), nach der Anteilsgröße ausländischer Kapitalgeber sowie nach dem Zeitpunkt des Anteilserwerbs bzw. der Anteilsentwick-
lung. Durch finanzwirtschaftliche Auslandsquoten sollen Informationen über die **Finanzmit-
telherkunft**, d.h. über die Bedeutung und die nationale Herkunft des Eigen- und Fremdkapitals gewonnen werden.

Davon zu unterscheiden ist die **Finanzmittelverwendung**, d.h. die **Investition** des Kapitals
in das Vermögen. Sie zeigt an, wo und in welcher Form das Kapital investiert bzw. verwendet wurde. Die internationale Finanzmittelverwendung kann erfasst werden durch die **Auslandsinvestitionsquote**.

$$AIQ = \frac{BKA}{GGK} \cdot 100$$

mit: AIQ   =   Auslandsinvestitionsquote
         BKA   =   Beteiligungskapital im Ausland
         GGK   =   Gesamtgesellschaftskapital

Bei der Ermittlung der Auslandsinvestitionsquote ergeben sich, ebenso wie bei der Ermittlung der finanzwirtschaftlichen Auslandsquote, **vielfältige Bewertungs- und Abgrenzungs-
probleme**, z.B. im Hinblick auf die Währungsumrechnung und die Inflationsbereinigung
sowie das Domizilland. Die Auslandsinvestitionsquote kann bei entsprechender Datenlage
weiter differenziert werden, z.B. nach Ländern oder einzelnen Beteiligungen im Ausland.

Die finanzwirtschaftliche Internationalisierung steht in enger **Wechselbeziehung zu anderen betrieblichen Wertschöpfungsbereichen.** Allgemein gilt, dass je größer der Außenhandel ist, desto größer ist – spiegelbildlich - das Volumen des internationalen Zahlungsverkehrs für das betrachtete Unternehmen. Je umfangreicher die Auslandsproduktion für ein Unternehmen, desto größer wird in der Regel die Auslandsinvestitionsquote. Die Entwicklung der finanzwirtschaftlichen Auslandsquote ist auch abhängig von der Rechtsform. Sofern ein Unternehmen börsennotiert ist und die internationalen Finanzmärkte zur Finanzierung nutzt, führt dies in der Regel zu einem Anstieg der finanzwirtschaftlichen Auslandsquote.

Von grundlegender Bedeutung im Rahmen der internationalen Finanzierung sind die **internationalen Finanzmärkte**, welche aufgrund ihrer regionalen Entstehung in Europa auch als Euromärkte bezeichnet werden. **Euromärkte** zeichnen sich dadurch aus, dass auf ihnen Gläubiger-Schuldner-Beziehungen in einer Währung außerhalb ihres Ursprungslandes entstehen (z.B. Euro-Dollarmarkt, Euro-Yenmarkt). Euromärkte sind Fremdwährungsmärkte außerhalb des jeweiligen währungspolitischen Hoheitsgebietes. Die Euromärkte unterliegen bisher keinerlei Kontrollen durch nationale oder internationale Währungsbehörden. Als traditionelle Zentren gelten die Bankplätze London, Luxemburg, New York sowie verschiedene „Offshorezentren" in der Karibik und in Asien. In Bezug auf die Fristigkeit und die Finanzierungsangebote werden die Euromärkte in verschiedene **Euromarktsegmente** unterteilt.

Euromärkte		
Eurogeldmarkt	**Eurokreditmarkt**	**Eurokapitalmarkt**
- Eurotagesgeld	- Eurofestzinskredite	- Euroaktienmärkte
- Eurotermingeld	- Euro Roll-over-Kredite	- Euroanleihenmärkte (z.B. Floating-Rate-Bonds)
- Eurogeldmarktpapiere	- Eurobereitstellungskredite	

Abb. 5.35 Euromärkte

Die Übergänge zwischen den Euromarktsegmenten sind fließend. So sind der Eurogeldmarkt und der Eurokreditmarkt vor allem durch den Roll-over-Kredit verbunden. Beim **Roll-over-Kredit** wird der Zinssatz nicht für die gesamte Kreditlaufzeit festgelegt, sondern nach Ablauf der Zinsperiode (Roll-over-Termin) für die jeweils folgende Zinsperiode angepasst. Der Eurokapitalmarkt und der Eurokreditmarkt sind durch die Floating-Rate-Bonds miteinander verknüpft. **Floating-Rate-Bonds** sind langfristige Schuldverschreibungen mit variablem Zinssatz. Am Eurokapitalmarkt werden Aktien und Anleihen multinationaler Unternehmen und internationaler Bankenkonsortien platziert.

5.6   Internationale Personalentscheidungen

5.6.1   Grundlagen und Problemstellung

Die Hauptaufgaben des **Personalmanagements** (Human Ressource Managements) bestehen in der Bereitstellung, dem Einsatz und der Entwicklung des Personals. In der betrieblichen Wertschöpfung wird dem Personalmanagement eine unterstützende bzw. flankierende Funktion zugeschrieben.

Nationales und internationales Personalmanagement beziehen sich prinzipiell auf die gleichen personalwirtschaftlichen Aufgaben (Festing/Kabst/Weber 2003, S. 166 f.). Der höhere **Komplexitätsgrad des internationalen Personalmanagements** besteht in der Berücksichtigung der verschiedenen länderspezifischen personalwirtschaftlichen Rahmenbedingungen sowie in der Integration von Mitarbeitern unterschiedlicher Länderherkunft einschließlich der Problematik der Auslandsentsendung.

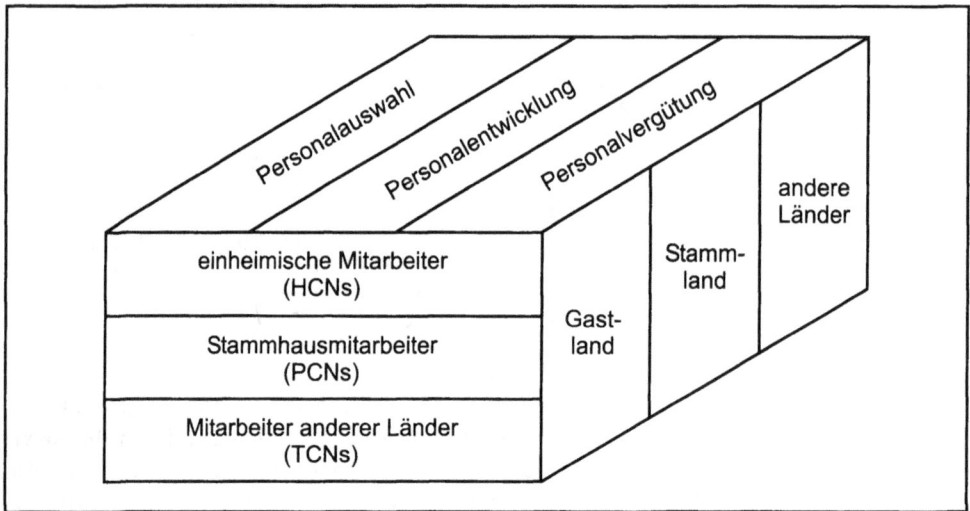

Abb. 5.36   *Dimensionen des internationalen Personalmanagements (Quelle: nach Festing et al. 2003, S. 167)*

Internationales Personalmanagement kann durch die folgenden **drei Dimensionen** beschrieben werden:

1.   Die **personalwirtschaftliche Funktion** umfasst die einzelnen Aufgabenbereiche des Personalmanagements. Hierzu gehören insbesondere die Personalbeschaffung und Personalauswahl sowie Personalentwicklung und Personalvergütung. .

2. Die **Länderkategorien** betreffen die für das internationale Personalmanagement relevanten landesspezifischen Rahmenbedingungen. Es wird unterscheiden zwischen den Rahmenbedingungen des Heimatlandes, Gastlandes und Drittlandes.

3. Die **Mitarbeiterherkunft** stellt ab auf die Nationalität der Mitarbeiter. In einem internationalen Unternehmen wird unterschieden zwischen Mitarbeitern des Stammlandes (Host Country Nationals, HCN's), Mitarbeitern des Gastlandes (Parent Country Nationals, PCN's) und Mitarbeitern aus Drittländern (Third Country Nationals, TCN's).

Internationale Personalentscheidungen können durch eine Vielzahl unternehmensexterner und unternehmensinterner Einflussfaktoren beeinflusst werden:

Unternehmensexterne Einflussfaktoren ergeben sich insbesondere durch die individual- und kollektivrechtlichen Regelungen des Arbeitsrechts des jeweiligen Landes. Das **individuelle Arbeitsrecht** bezieht sich auf die arbeitsvertraglichen Regelungen (employment contract) zwischen dem Arbeitgeber und Arbeitnehmer. Das **kollektive Arbeitsrecht** umfasst die rechtlichen Regelungen zwischen Arbeitgeberorganisationen und Gewerkschaften (industrial relations). Unternehmensexterne Einflussfaktoren ergeben sich ferner durch die ökonomischen **Arbeitsmarktbedingungen** des betroffenen Landes (z.B. quantitative und qualitative Verfügbarkeit von Arbeitskräften, Lohnniveau) als auch durch die Landeskultur und die damit verbundene Einstellung zur Arbeit.

Unternehmensinterne Einflussfaktoren können bestehen in **Betriebsvereinbarungen** (industrial agreement), welche für einzelne Teile des Unternehmens (z.B. Auslandsgesellschaften) geschlossen worden sind. Als unternehmensinterne Einflussfaktoren gelten ferner die mit der Internationalisierung verbundenen Zielsetzungen und Strategien, welche im Rahmen der Personalbeschaffung, Personalentwicklung sowie bei der Personalvergütung zu berücksichtigen sind.

5.6.2 Entscheidungsbereiche internationaler Personalplanung

Aufgabe der internationalen Personalplanung ist es, Mitarbeiter auf ihre Tätigkeiten an internationalen Schnittstellen des Unternehmens vorzubereiten. Von zentraler Bedeutung ist dabei die Auslandsentsendung von Führungskräften. Zu den **strategischen Entscheidungen internationaler Personalplanung** zählen die Folgenden.

(1) Entscheidung über die internationale Personalbeschaffung

(2) Entscheidung über die internationale Personalentwicklung

(3) Entscheidung über die internationale Personalvergütung

Zu (1) Entscheidung über die internationale Personalbeschaffung
Hauptaufgabe der internationalen Personalbeschaffung ist die Deckung des Personalbedarfs für internationale Geschäftstätigkeiten in qualitativer, quantitativer, zeitlicher und räumlicher Hinsicht. Die Personalbeschaffung kann sowohl durch unternehmensinterne als auch unternehmensexterne Rekrutierung erfolgen:

- **Unternehmensinterne Rekrutierung** bedeutet die Deckung des Personalbedarfs durch bereits im Unternehmen tätige Mitarbeiter. Sie ist meist verbunden mit einer Personalbewegung in Form einer unternehmensinternen Ausschreibung, Beförderung oder Versetzung. Kurzfristig ist es jedoch auch möglich den Personalbedarf ohne Personalbewegung zu decken (z.B. durch Arbeitszeitverlängerung). Vorteile unternehmensinterner Rekrutierung ergeben sich durch die geringeren Einarbeitungskosten sowie durch die vorhandenen Unternehmenskenntnisse des Mitarbeiters. Unternehmensinterne Rekrutierung stellt für die Mitarbeiter einen Leistungsanreiz dar. Sie ist oftmals Teil einer mitarbeiterbezogenen Karriere- und Laufbahnplanung.

- **Unternehmensexterne Rekrutierung** bedeutet die Anwerbung von Mitarbeitern auf dem Arbeitsmarkt. Dies ist insbesondere dann erforderlich, wenn die benötigten Qualifikationen im Unternehmen nicht vorhanden sind bzw. nicht zeitnah entwickelt werden können. Bei der unternehmensexternen Rekrutierung von Fach- und Führungskräften werden oftmals Personalberater (headhunter) eingeschaltet. Durch unternehmensexterne Rekrutierung können dem Unternehmen neue Erfahrungen und Ideen zugeführt werden.

Ein weiterer Aspekt der internationalen Personalbeschaffung betrifft die **Herkunft der Mitarbeiter**. Mitarbeiter können sowohl Angehörige des Stammlandes, des Gastlandes als auch eines Drittlandes sein. Die Personalbeschaffung erfolgt überwiegend auf dem nationalen Arbeitsmarkt. Eine grenzüberschreitende Rekrutierung von Personal ist in der Regel nur bei Fach- und Führungskräften gegeben. Maßgeblich für die Besetzung internationaler Führungspositionen sind die internationalen personalstrategischen Grundorientierungen.

Zu (2) Entscheidung über die internationale Personalentwicklung

Gegenstand der Personalentwicklung sind Maßnahmen zur Entwicklung und Verbesserung der Leistungsfähigkeit sowie der Leistungsbereitschaft der Mitarbeiter. Durch Personalentwicklung sollen insbesondere die folgenden Funktionen erfüllt werden:

- **Motivationsfunktion:** Für die Mitarbeiter sollen Weiterentwicklungsmöglichkeiten und damit Anreize im Unternehmen geschaffen werden.

- **Versorgungsfunktion:** Für das Unternehmen geht es darum, den benötigten Personalbedarf durch Qualifikation und Weiterentwicklung der Mitarbeiter zu decken.

- **Abstimmungsfunktion:** Die individuellen Zielsetzungen und Entwicklungspotentiale der Mitarbeiter sollen mit den unternehmensspezifischen Interessen und Möglichkeiten in Einklang gebracht werden.

Die internationale Personalentwicklung stellt insbesondere ab auf die Personalentwicklungsmöglichkeiten von Führungskräften durch **Auslandsentsendung (Expatriierung)**. Zu den wichtigsten **Zielen der Auslandsentsendung** gehören (Scherm/Süß 2001, S. 238):

- die Entwicklung internationaler Managementfähigkeiten der Entsandten,

- die Steuerung und Kontrolle der Auslandsgesellschaften sowie

- der Wissenstransfer zwischen den inländischen und ausländischen Unternehmenseinheiten.

Die Auslandsentsendung ist ein Beitrag zur Sicherung einer einheitlichen Unternehmensführung im internationalen Unternehmen. Unter dem Aspekt der Bedeutung der Entsendung als Instrument der Personalentwicklung und als Instrument zur Steuerung und Kontrolle von Auslandsgesellschaften können vier **Typen von Entsendungsstrategien** unterschieden werden (Mayrhofer 1996, S. 242 f.):

1. Die **Entwicklungs- oder Nachwuchsstrategie** stellt das Ziel der Personalentwicklung in den Vordergrund. Förderungswürdige Führungsnachwuchskräfte werden von der Muttergesellschaft in eine ausländische Tochtergesellschaft entsandt, um die jeweilige Landes- und Unternehmenskultur kennen zu lernen und um persönliche Kontakte aufzubauen.

2. Die **Senior- oder High-Potential Strategie** kombiniert sowohl Steuerungs- und Kontrollziele als auch personalwirtschaftliche Entwicklungsziele miteinander. Entsandt werden jene Stammhausdelegierten, welche für das Gesamtunternehmen von strategischer Bedeutung sind. Die Auswahl der entsandten Mitarbeiter ist weniger an den Anforderungen der jeweiligen Auslandsgesellschaft orientiert als vielmehr am langfristigen Entwicklungspotential der Entsandten. Die Voraussetzung dafür ist eine langfristig orientierte und systematische Personalentwicklung.

3. Die **Isolations- oder Abstellgleisstrategie** verfolgt weder Steuerungs- und Kontrollziele noch Entwicklungsziele. Sie dient lediglich dazu, Mitarbeiter aus dem bisherigen Führungskreis im Stammland „abzuschieben". Dazu werden diese Mitarbeiter in Auslandsgesellschaften entsandt, denen nur ein geringes Entwicklungspotential zugeschrieben wird.

4. Die **Wachhund- oder Trouble-Shooting Strategie** besteht darin, Mitarbeiter primär zu Steuerungs- und Kontrollzwecken ins Ausland zu entsenden. Grundlegende Bedeutung erlangt diese Strategie insbesondere in der Aufbauphase von Auslandsgesellschaften sowie in Krisenzeiten. Demnach geht es hierbei vor allem um die Besetzung von Schlüsselpositionen in der Geschäftsleitung der Auslandsgesellschaft mit Stammhausdelegierten.

		Bedeutung des Steuerungs- und Kontrollziels	
		gering	hoch
Bedeutung des Personal-entwicklungsziels	hoch	Entwicklungs- oder Nachwuchs-Strategie	Senior-Management oder High-Potential-Strategie
	gering	Isolations- oder Abstellgleis-Strategie	Wachhund- oder Trouble-Shooting-Strategie

Abb. 5.37   Typologie von Entsendungsstrategien

Die Auslandsentsendung betrifft einen Auslandsaufenthalt im Gastland über einen Zeitraum von mehreren Monaten bis zu mehreren Jahren. Sie ist zu unterscheiden von einer kurzfristigen Geschäftsreise (business trip). Während bei einer Auslandsentsendung arbeitsvertragliche Regelungen zu treffen sind, ist dies bei Geschäftsreisen nicht erforderlich. In idealtypischer Sicht lassen sich die folgenden **Phasen der Auslandsentsendung** voneinander abgrenzen (Welge/Holtbrügge 1998, S. 197 f.):

- **Auswahlphase:** Hier geht es darum, die besonderen Anforderungsprofile der Auslandsentsendung mit den Überlegungen geeigneter Kandidaten abzustimmen, um vor diesem Hintergrund eine personalpolitische Auswahlentscheidung zu treffen.

- **Vorbereitungsphase:** Die für die Auslandsentsendung ausgewählte Person soll durch sprachliche Vorbereitung, interkulturelles Training und Landeskundeunterricht auf die Auslandsentsendung vorbereitet werden.

- **Einsatzphase:** Noch vor der konkreten Entsendung sind die erforderlichen arbeitsvertraglichen Regelungen zu treffen. Festzulegen sind dabei sowohl die Dauer der Auslandsentsendung, die Entgeltgestaltung als auch die spezifischen Aufgaben und Kompetenzen für den Entsendeten. Der Auslandseinsatz bedeutet für den Entsendeten einen **kulturellen Anpassungsprozess**, welcher verschiedene Entwicklungsverläufe annehmen kann.

- **Repatriierungsphase:** Die Repatriierung betrifft die Rückkehr des Entsandten in das Heimatland sowie die Möglichkeiten seiner Reintegration in das Stammhaus. Aus Sicht des Unternehmens kann das Bereitstellen einer Wiedereinstiegsposition problematisch sein. Für den Betroffenen können sich kulturelle als auch unternehmensspezifische Anpassungsprobleme der Wiedereingliederung ergeben.

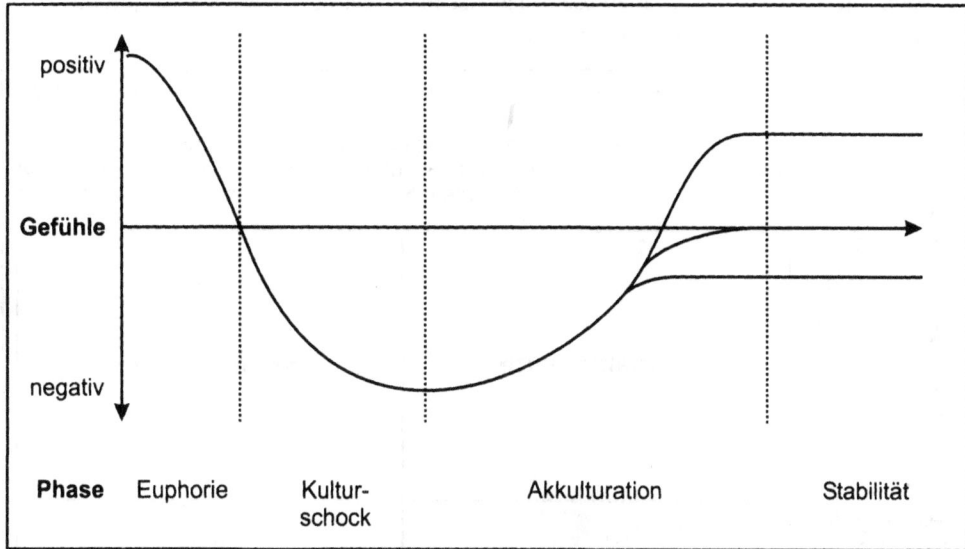

Abb. 5.38 Phasenmodell der kulturellen Anpassung (Hofstede 2001, S. 295)

Im Hinblick auf die Problematik der Reintegration von Führungskräften in die Muttergesellschaft können vier **Typen von Stammhausdelegierten** unterschieden werden (Borg/Harzing 1996, S. 288 f.):

- **Eingebürgerte** (naturalized) sind Führungskräfte, welche nur einmal entsandt werden, sich schnell an die Bedingungen des Gastlandes anpassen und dort häufig persönliche und familiäre Bindungen knüpfen. Bei diesem Typ von Stammhausdelegierten tritt das Problem der Reintegration nicht auf, da sie meist im Ausland verbleiben. Allerdings findet auch nur ein sehr begrenzter Transfer der im Ausland erworbenen Erfahrungen in andere Unternehmensbereiche statt.

- **Lokale** (locals) sind Führungskräfte, welche nach einer einmaligen Auslandentsendung wieder in die Muttergesellschaft zurückkehren und dort verbleiben. Während des Auslandseinsatzes werden meist enge Beziehungen zur Muttergesellschaft aufrechterhalten, so dass eine Reintegration nur geringe Probleme bereitet.

- **Nicht-Sesshafte** (unsettled) kehren häufig erst nach mehreren aufeinander folgenden Auslandsentsendungen wieder in ihr Herkunftsland zurück. Aufgrund ihrer hohen Entsendebereitschaft mit Erfahrungen in mehreren Auslandsgesellschaften, werden sie häufiger und länger in ausländische Tochtergesellschaften entsandt als für die Personalentwicklung notwendig wäre. Nicht-Sesshafte verursachen daher häufig die größten Reintegrationsprobleme.

- **Kosmopoliten** (cosmopolititians) sind Führungskräfte, welche mehrere Auslandseinsätze absolvieren und anschließend im Ausland verbleiben oder die Unternehmung verlassen. Die Loyalität zur Muttergesellschaft ist meist geringer, weshalb das Problem der Reintegration oft nicht relevant wird.

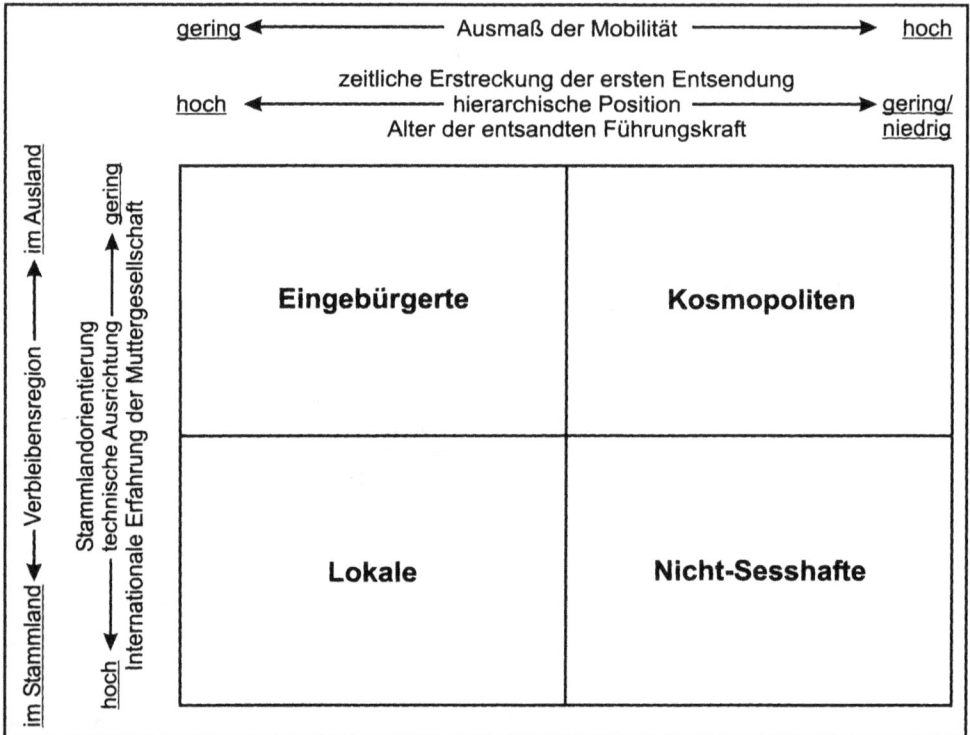

Abb. 5.39 Typen von Stammhausdelegierten (Quelle: Welge/ Holtbrügge 1998, S. 208)

Zu (3) Entscheidung über die internationale Personalvergütung

Die internationale Personalvergütung betrifft vor allem die Entgeltpolitik gegenüber Fach- und Führungskräften. Prinzipiell sind die folgenden **Grundmodelle internationaler Entgeltpolitik** zu unterscheiden:

- Bei der **stammlandorientierten Entgeltpolitik** orientiert sich die Entgeltpolitik an den Konditionen des Domizillandes. Die Gestaltung von Kompensationspaketen wird von der Muttergesellschaft vorgegeben.

- Bei der **gastlandorientierten Entgeltpolitik** erfolgt ein weitgehender Verzicht auf länderübergreifende Regelungen. Die Entgeltpolitik orientiert sich an Vergütungen der jeweiligen Gastländer.

- Bei der **geozentrischen Entgeltpolitik** wird ein weitgehend einheitlicher Gestaltungsrahmen für die Bezahlung von Fach- und Führungskräften vorgegeben. Dieser erlangt weltweite Verbindlichkeit.

Eine Entscheidung über die internationale Entgeltpolitik ist vor allem abhängig vom Internationalisierungsgrad des Unternehmens und der strategischen Ausrichtung der Personalpolitik in den Auslandsgesellschaften.

Die internationale Personalvergütung betrifft ferner die Festlegung des Entgelts für die in das Ausland entsandten Mitarbeiter (Expatriates). Im Vordergrund der Gehaltsfindung stehen die folgenden Faktoren: (1) der Wert der Stelle, welcher durch eine Stellenbeschreibung ermittelt werden kann, (2) der Marktwert, dessen Grundlage ein Gehaltsvergleich ist und (3) die Mitarbeiterleistung, welche durch eine Leistungsbeurteilung zu erfassen ist.

Darauf aufbauend orientiert sich die **Gehaltsfindung für Expatriates** meist an einer Nettovergleichsrechnung, bei welcher das bisherige Gehalt als Grundlage dem zukünftigen Gehalt nach Steuern gegenübergestellt wird. Darüber hinaus werden bei der Gehaltsfindung für Expatriates oftmals folgende Größen berücksichtigt (Festing et al 2003, S. 186 f.):

- **Kaufkraftausgleich**: Durch einen Kaufkraftausgleich sollen die Kosten des gewohnten Lebensstandards im Heimatland mit jenen des Entsendungslandes kompensiert werden. Als Orientierungspunkt gelten die landesspezifischen Preisindizes für die Lebenshaltungskosten. Sofern die Lebenshaltungskosten im Gastland niedriger sind als im Heimatland, so entfällt der Kaufkraftausgleich. Besonders problematisch ist der Kaufkraftausgleich in Hochinflationsländern.

- **Auslandszulage**: Durch eine Auslandszulage sollen zwei Zielsetzungen verfolgt werden. Sie soll einen finanziellen Anreiz für die Entsendung darstellen (Mobilitätszulage). Darüber hinaus soll durch die Auslandszulage auch ein Ausgleich für veränderte und möglicherweise erschwerte Lebens- und Arbeitsbedingungen erfolgen (Erschwerniszulage).

- **Zusatzleistungen**: Meist werden auch Zusatzleistungen im Rahmen eines Kompensationspaketes gewährt. Dabei handelt es sich um Erstattungen für Mehraufwendungen, welche durch die Auslandstätigkeit entstehen. Dies betrifft insbesondere Umzugskosten, Mietkostenzuschüsse, Schulgelder für Kinder und Kostenerstattungen für Heimflüge. Die Höhe der Zusatzleistungen variiert in Abhängigkeit von der hierarchischen Position des Entsandten. Ihre Höhe ist ferner abhängig vom Entsendungsland.

Eines der wichtigsten Ziele bei der Gehaltsfindung für Expatriates liegt in der Mitarbeitermotivation. Die Summe aller Gehaltskomponenten einschließlich der gewährten Zusatzleistungen (fringe benefits) ergibt das Kompensationspaket. Das Kompensationspaket für Expatriates ist meist deutlich höher als das für Mitarbeiter der gleichen Hierarchieebene auf nationaler Ebene.

5.6.3   Personalwirtschaftliche Internationalisierung

Die personalwirtschaftliche Internationalisierung ist abhängig vom Umfang und von der Form des Auslandsengagements. Je höher der Auslandsumsatz und je mehr Auslandsgesellschaften bestehen, desto größer wird in der Regel der Anteil ausländischer Mitarbeiter an der Belegschaft und desto bedeutender wird der internationale Fach- und Führungskräftetransfer durch Auslandsentsendung. Als Basisindikator für die personalwirtschaftliche Internationalisierung dient die **personalwirtschaftliche Auslandsquote**.

$$PWQ = \frac{AAM}{GZB} \cdot 100$$

mit: PWQ   =   Personalwirtschaftliche Auslandsquote
        AAM   =   Anzahl ausländischer Mitarbeiter
        GZB   =   Gesamtzahl der Beschäftigten

Je nach Zielsetzung kann die personalwirtschaftliche Auslandsquote weiter differenziert werden, z.B. Mitarbeiter nach Länderherkunft, Anzahl ausländischer Mitarbeiter nach Betriebsstätten, Anzahl ausländischer Mitarbeiter nach Geschäftsbereichen oder Hierarchieebenen. Dadurch wird es möglich, eine Vielzahl personalwirtschaftlicher Kennzahlen der Internationalisierung abzubilden.

Im Rahmen der personalwirtschaftlichen Internationalisierung können verschiedene idealtypische Gestaltungsalternativen unterschieden werden (Welge/Holtbrügge 1998, S. 211 f.):

- **Internationales Personalmanagement** zeichnet sich aus durch eine ethnozentrische Besetzungspolitik, bei welcher Führungspositionen in Auslandsgesellschaften primär mit Mitarbeitern des Stammhauses besetzt werden. Personalwirtschaftliche Grundsätze und Regelungen zum Beispiel bei der Leistungsbeurteilung oder Entgeltfindung werden weitgehend von der Muttergesellschaft vorgegeben.

- **Multinationales Personalmanagement** berücksichtigt die lokalen Gegebenheiten des Gastlandes und die Eigenständigkeit von Auslandsgesellschaften in personalwirtschaftlichen Entscheidungen. Führungspositionen in Auslandsgesellschaften werden überwiegend mit Angehörigen des Gastlandes besetzt.

- **Globales Personalmanagement** verfolgt das Ziel einer weltweiten Standardisierung personalwirtschaftlicher Grundsätze und Regelungen, z.B. bei der Personalauswahl, Personalentwicklung und Entgeltgestaltung. Die Nationalität der Führungskräfte spielt bei der Stellenbesetzung nur eine untergeordnete Rolle.

- **Transnationales Personalmanagement** basiert auf der Überlegung einer Netzwerkorganisation auf deren Grundlage eine weltweite Integration und Koordinierung von Personalressourcen angestrebt wird. Die Besetzung von Führungskräften ist abhängig vom Beitrag des jeweiligen Mitarbeiters zur Aufgabenerfüllung der weltweiten Aktivitäten in der Netzwerkorganisation.

	International	Multinational	Global	Transnational
Unternehmungs-kultur	ethnozentrisch	polyzentrisch	geozentrisch	synergetisch
Nationalität der Führungs-kräfte	Inländer	Gastlandange-hörige und we-nige Inländer	Inländer und im Inland ausgebil-dete Gastland-angehörige	ohne Bedeutung ("beyond pass-port")
Entsendungs-ziele	Know-how-Transfer, Kom-pensation feh-lender Gast-land- Führungs-kräfte	Kontrolle, Schutz vor un-gewollter Know-how-Diffusion	weltweite Koordination	weltweite Koordination, Integration, Personal- und Organisations-entwicklung
Anforderungs-merkmale	technische und kaufmännische Kenntnisse, ausreichende Englischkennt-nisse	kulturelle Sensi-bilität für das Gastland und Kenntnis der Gastland-sprache	Offenheit für fremde Kultu-ren, Durchsetz-ungsvermögen, sehr gute Englischkennt-nisse	interkulturelle Flexibilität, um-fangreiche Aus-landserfahrung, Kenntnis mehre-rer Sprachen
Anforderungen an die Mobilität	ohne große Bedeutung	Bereitschaft zu längeren Aus-landsaufent-halten	Bereitschaft zu häufigen Aus-landsreisen	Bereitschaft zu längeren Aus-landsaufent-halten und häufigen Ortswechseln
Führungskräfte-Typ	Funktions-spezialist	Gastland-spezialist	"one world"-Manager	transnationaler Grenzgänger
Vorbereitung	keine	kurz und lan-desspezifisch	kurz und lan-desübergreifend	kontinuierlich und landes-übergreifend
Entgelt-gestaltung	stammhaus-orientiert	gastland-orientiert	unternehmungs-einheitliche Regelung	gesamtunter-nehmungsorien-tiert (hybrid)
Re-Integration	teilweise schwierig	sehr schwierig	weniger schwierig	"professionally easy"

Abb. 5.40 Gestaltungsalternativen internationaler Personalpolitik (Welge/Holtbrügge 1998. S. 213)

Eine weitere Konsequenz der personalwirtschaftlichen Internationalisierung ergibt sich neben dem Anspruch nach Internationalisierung der Führungskräfte aus der zunehmenden kulturellen Vielfalt aller Mitarbeitergruppen. Die damit zusammenhängenden Anforderungen an das Personalmanagement werden unter dem Oberbegriff **„Diversity Management"** zusammengefasst. Die allgemeine Zielsetzung des „Diversity Managements" besteht darin, die multikulturelle und soziologische Vielfalt der Mitarbeiter zu beachten und Chancengleichheit für alle Beteiligten herzustellen. „Diversity Management" verfolgt dabei einerseits die Absicht Diskriminierung von Mitarbeitern unterschiedlicher nationaler Herkunft, Hautfarbe, Alter und Geschlecht zu vermeiden und andererseits, die sich aus der Multikulturalität und soziologischen Vielfalt ergebenden Eigenarten, als strategische Ressource für das Unternehmen nutzbar zu machen.

Es sind mehrere **Konzeptionen des „Diversity Managements"** zu unterscheiden. Prinzipiell wird dabei unterschieden zwischen unternehmensinternen und unternehmensexternen Maßnahmen. Unternehmensintern geht es insbesondere um eine diversitätsorientierte Personalrekrutierung und Personalentwicklung sowie die Schaffung entsprechender Anreizsysteme und die Förderung multikultureller Teamarbeit. Unternehmensextern werden Imagevorteile für das Unternehmen angestrebt. Die Maßnahmen des „Diversity Managements" richten sich daher auch an Lieferanten und Kunden.

Fragen und Aufgaben zur Wiederholung

1. Was wird unter internationaler Wertschöpfung verstanden und welche Wertschöpfungs-beziehungen lassen sich generell unterscheiden?

2. Nennen und erläutern Sie die wichtigsten Bestimmungsgründe für eine internationale Beschaffung.

3. Diskutieren Sie mögliche Zielkonflikte internationaler Beschaffungsplanung und zeigen Sie auf, inwiefern sich diese durch Eigenfertigung oder Fremdbezug reduzieren lassen.

4. Was wird mit der Konzeption des Global Sourcing verbunden und welche strategischen Aufgabenstellungen ergeben sich daraus für ein Unternehmen?

5. Beschreiben Sie die Organisationsform des internationalen Zentraleinkaufs und erläutern Sie die Abwicklung beim Strecken- und Lagergeschäft.

6. Nennen Sie die wichtigsten Bestimmungsgründe für eine internationale Produktion und erläutern Sie mögliche Risiken, die sich durch eine Auslandsproduktion für das Unternehmen ergeben können.

7. Was wird unter internationaler Verbundproduktion verstanden und welche Besonderheiten ergeben sich beim „downstream production" im Unterschied zum „upstream production"?

8. Diskutieren Sie die Möglichkeiten und Grenzen einer so genannten Weltmarktfabrik.

9. Beschreiben Sie typische Phasen der produktionswirtschaftlichen Internationalisierung am Beispiel der Automobilindustrie.

10. Erläutern Sie die Grundannahmen der Konvergenzthese im internationalen Marketing.

11. Unter welchen Bedingungen kommt es zu einem Exportverstärkungseffekt und wodurch kann sich ein Exportsubstitutionseffekt ergeben?

12. Beschreiben Sie den internationalen Produktlebenszyklus und erläutern Sie, inwieweit dieser einen Beitrag zur Erklärung der absatzwirtschaftlichen Internationalisierung von Unternehmen bieten kann.

13. In welchen Bereichen ist die finanzpolitische Autonomie von Auslandsgesellschaften eingeschränkt?

14. Systematisieren Sie verschiedene Finanzierungsmöglichkeiten einer Auslandsgesellschaft und unterscheiden Sie dabei zwischen der Innen- und Außenfinanzierung.

15. Wann spricht man von einer verdeckten konzerninternen Außenfinanzierung?

16. Worum geht es beim internationalen Cash Management und an welche Voraussetzungen ist dieses geknüpft?

17. Was ist eine Patronatserklärung und welche Formen von Patronatserklärungen können generell unterschieden werden?

18. Erläutern Sie verschiedene Gründe für abweichende Kapitalstrukturen zwischen der Muttergesellschaft und den Auslandsgesellschaften.

19. Was sind die besonderen Merkmale von Euromärkten und welche Euromarktsegmente lassen sich unterscheiden?

20. Beschreiben und erläutern Sie verschiedene Dimensionen des internationalen Personalmanagements.

21. Welche Ziele können mit einer Auslandsentsendung verfolgt werden und welche Entsendungsstrategien lassen sich generell unterscheiden?

22. Welche Grundmodelle der internationalen Entgeltpolitik können unterschieden werden?

23. Worauf ist bei der Gehaltsfindung für die in das Ausland entsandten Mitarbeiter besonders zu achten?

24. Welche Zielsetzungen werden mit der Konzeption des „Diversity Managements" verbunden und welche unternehmensinternen bzw. unternehmensexternen Maßnahmen können hierzu ergriffen werden?

6 Internationale Organisationsentscheidungen

6.1 Grundlagen und Problemstellung

Der Begriff Organisation kann sich beziehen auf eine Institution, wie z.B. eine Unternehmung **(institutioneller Organisationsbegriff)** oder auf die Tätigkeit des Organisierens **(funktioneller Organisationsbegriff)**. Im Sinne des letzteren zählt Organisation zu den Kernaufgaben der Unternehmensführung. Die Internationalisierung führt zu einer Zunahme der Einflussfaktoren, welche bei der organisatorischen Gestaltung zu berücksichtigen sind. Zu den **internationalisierungsbedingten Einflussfaktoren** zählen unternehmensexterne als auch unternehmensinterne Faktoren. Unternehmensexterne Einflussfaktoren bestehen in Form der politischen, rechtlichen, ökonomischen und kulturellen Rahmenbedingungen der bearbeiteten Auslandsmärkte. Unternehmensinterne Einflussfaktoren ergeben sich durch die Internationalisierungsziele und -strategien, die zur Verfügung stehenden internationalen Ressourcen als auch durch die Art und Intensität des Auslandsengagements.

Unter dem Gesichtspunkt der Art und Weise wie organisatorische Regelungen entstehen, wird unterschieden zwischen formaler und informaler Organisation:

- Die **formale Organisation** umfasst die durch das Unternehmen bewusst gestalteten Regelungen zur Festlegung der Organisationsstruktur und der Arbeitsabläufe. Die formale Organisation ist meist schriftlich festgehalten in Organigrammen und in Arbeitsablaufplänen.

- Die **informale Organisation** bezieht sich auf die zwischenmenschlichen Beziehungen in einem Unternehmen. Sie basiert auf menschlichen Eigenschaften, wie Sympathie und gemeinsamen Interesse sowie auf dem inoffiziell anerkannten sozialen Status der Mitglieder des Unternehmens.

Der Einfluss der formalen und informalen Organisation ist in einem internationalen Unternehmen insbesondere abhängig von **landekulturellen Einflüssen**. Durch informale Organisation (Selbstorganisation) können je nach Situation Schwächen der formalen Organisation ausgeglichen werden. Es sind zwei **Varianten der formalen Organisation** zu unterscheiden:

- Die **statutatorische Organisation** betrifft die Wahl der Rechtsform des Gesamtunternehmens mit welcher die juristischen und kapitalmäßigen Beziehungen zwischen den Unternehmensteilen im Inland und Ausland festgelegt werden. International existieren verschiedene Rechtsformen und Modelle zur Regelung der Unternehmensverfassung, deren Zweckmäßigkeit unter dem Schlagwort **„Corporate Governance"** diskutiert werden. Beim Aufbau einer ausländischen Tochtergesellschaft muss eine Rechtsform gewählt werden, die den gesetzlichen Bestimmungen des jeweiligen Gastlandes entspricht. Die Wahl der Rechtsform für eine Auslandsgesellschaft ist ein Spezialproblem im Rahmen des internationalen Standortaufbaus, auf welches im Folgenden nicht weiter eingegangen wird.

- Die **operationale Organisation** betrifft die Aufgabenverteilung und Festlegung der Entscheidungskompetenzen und mithin der Verantwortungsbereiche im Unternehmensverbund. Sie umfasst die **Aufbauorganisation** (Strukturorganisation), durch welche die hierarchische Stellung im Unternehmen bestimmt wird, als auch die **Ablauforganisation** (Prozessorganisation), welche die zeitliche Anordnung von Aufgaben und deren räumliche und sachliche Zuordnung zu den Unternehmenseinheiten und Arbeitsplätzen bestimmt.

Die operationale Organisationsstruktur (Aufbauorganisation) kann in der zweiten Hierarchieebene im Hinblick auf die **Art der Spezialisierung** differenziert werden nach der Verrichtung (funktionale Organisationsstruktur), nach Objekten (divisionale Organisationsstruktur), nach Regionen (regionale Organisationsstruktur) sowie nach Kunden (Key-Account-Organisationsstruktur). Jede Organisation ist durch Leitungs- und Kommunikationsbeziehungen gekennzeichnet. Beim **Einliniensystem** ist jede Stelle nur mit einer vorgesetzten Instanz verbunden. Das Einliniensystem basiert auf dem „Prinzip der Einheit der Aufgabenstellung". Demgegenüber besteht beim **Mehrliniensystem** das „Prinzip der Doppel- bzw. Mehrfachunterstellung". Durch Kombination der einzelnen organisatorischen Gestaltungsmöglichkeiten resultieren verschiedene Grundformen der Organisation, welche auch als **Primärorganisation** (Basisorganisation) bezeichnet werden. Die Primärorganisation bildet die Grundstruktur eines Unternehmens ab. Davon zu unterscheiden ist die **Sekundärorganisation**, welche sich auf die hierarchieübergeifenden und hierarchieergänzenden Organisationseinheiten (z.B. internationale Arbeitskreise) bezieht.

Je mehr **Hierarchieebenen** eine Organisationsstruktur aufweist, desto größer ist ihre organisatorische Gliederungstiefe. Die Leitungsspanne (Kontrollspanne) kennzeichnet die Anzahl der Stellen, welche einer Organisationsinstanz zugeordnet sind. Je geringer die Gliederungstiefe ist, desto größer ist die Leitungsspanne. Demnach sind flache Organisationsstrukturen durch eine geringe Gliederungstiefe und hohe Leitungs- bzw. Kontrollspanne gekennzeichnet. Bei steilen Organisationsstrukturen verhält es sich umgekehrt.

Im Rahmen der **Entscheidung über die internationale Organisationsstruktur** eines Unternehmens ist die organisatorische Stellung des Auslandsgeschäfts im Vergleich zum Inlandsgeschäft festzulegen. Es sind **zwei Grundformen internationaler Organisationsstrukturen** zu unterscheiden:

- **Differenzierte Organisationsstrukturen** sind gekennzeichnet durch eine organisatorische Trennung zwischen dem Inlands- und Auslandsgeschäft.

- **Integrierte Organisationsstrukturen** geben die organisatorische Trennung zwischen dem Inlands- und dem Auslandsgeschäft auf.

In der Unternehmenspraxis existieren häufig Mischformen der oben genannten idealtypischen Organisationsstrukturen, welche auch als **hybride Organisationsstrukturen** bezeichnet werden.

Mit der Entscheidung über die internationale Organisationsstruktur sollen zwei **organisatorische Zielsetzungen** verfolgt werden. Sichergestellt werden soll einerseits die externe Effektivität und andererseits die interne Effizienz:

- Bei der **Sicherung der externen Effektivität** geht es darum, durch die Organisation eine möglichst optimale Ausschöpfung der Wettbewerbsfähigkeit des Unternehmens auf ausländischen Märkten zu erreichen.

- Bei der **Sicherung der internen Effizienz** geht es darum, die Organisation so zu gestalten, dass eine möglichst optimale Nutzung und Verteilung der unternehmensinternen Ressourcen und Potenziale erreicht wird.

Internationale Organisationsentscheidungen betreffen die bewusste organisatorische Gestaltung der grenzüberschreitenden arbeitsteiligen Aufgaben. Sie beziehen sich sowohl auf Entscheidungen hinsichtlich der **internationalen Organisationsstruktur** als auch im Hinblick auf die Möglichkeiten zur **Steuerung von Auslandsgesellschaften**. Durch die sich ständig verändernden internationalen Rahmenbedingungen ergibt sich ein organisatorischer Anpassungsbedarf, weshalb internationale Unternehmen verstärkt mit Fragen des **organisatorischen Wandels** konfrontiert werden.

6.2 Internationale Organisationsstrukturen

6.2.1 Differenzierte Organisationsstrukturen

Bei den differenzierten bzw. segregierten Organisationsstrukturen wird für das Auslandsgeschäft eine eigenständige organisatorische Einheit geschaffen (Macharzina/Wolf 2005, S. 969 f.). Damit verbunden ist eine organisatorische Zweigleisigkeit. Dies bedeutet, dass das Inlandsgeschäft und das Auslandsgeschäft innerhalb der Unternehmensorganisation getrennt werden. Man spricht daher auch von so genannten „dichotomen Organisationsstrukturen". Zu den differenzierten Organisationsstrukturen zählen die Folgenden.

(1) Exportabteilung

(2) „International Division"

(3) Auslandsholding

Zu (1) Exportabteilung

Die Schaffung einer Exportabteilung bildet in der Regel den Beginn einer organisatorischen Regelung des Auslandsgeschäfts. Erforderlich ist die Schaffung einer Exportabteilung immer erst dann, wenn das Unternehmen regelmäßig als **Direktexporteur** tätig wird. Der Direktexporteur steht in einer direkten Vertrags- und Geschäftsbeziehung mit einem ausländischen Abnehmer. Dem Direktexporteur obliegt damit die kaufmännische Anbahnung und Abwicklung des Exportgeschäfts. Er ist ferner verantwortlich für die umsatzsteuer- und zollrechtliche Abwicklung einschließlich der damit verbundenen außenwirtschaftlichen Meldepflichten. Zu den klassischen **Aufgaben einer Exportabteilung** gehören:

- die **Exportanbahnung** (Angebotserstellung und Exportkalkulation, Exportvertrieb, Kaufvertragsabschluss, Aufbereitung von auslandsmarktbezogenen Länder- und Kundendaten, Marktbeobachtung und Kundenbetreuung) und

- die **Exportabwicklung** (Kreditwürdigkeitsprüfung, Verpackung und Markierung von Exportwaren, Versandabwicklung und Transportdisposition, Transportversicherung, Dokumentenbeschaffung für die zahlungs- und zolltechnische Exportabwicklung, außenwirtschaftliche Meldepflichten).

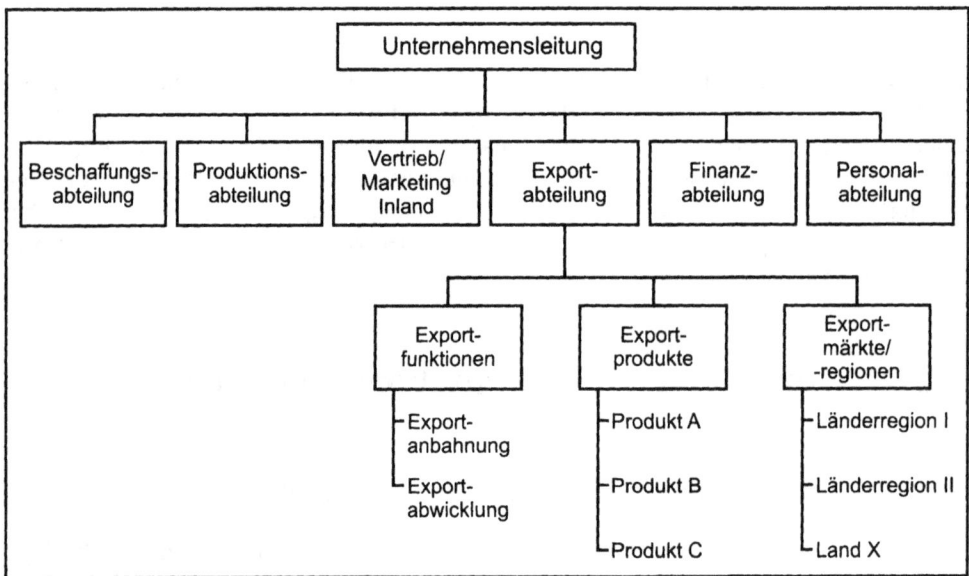

Abb. 6.1 Organisation mit Exportabteilung

Der zentrale Vorteil einer eigenständigen Exportabteilung besteht in der klaren Trennung zwischen Inlands- und Auslandsgeschäft und der damit einhergehenden verbesserten Ressourcenzuordnung und Erfolgskontrolle. Die organisatorische Trennung des Exportgeschäfts vom Inlandsgeschäft kann jedoch auch zu Abkopplungstendenzen führen, die sich in Konflikten und Auseinandersetzungen zwischen den Organisationseinheiten äußern.

Zu (2) „International Divison"

Mit wachsender Internationalisierung nimmt die **Diversifikation der Auslandsaktivitäten** zu. Neben dem klassischen Exportgeschäft werden auch andere Formen des Auslandsengagements ergriffen, wie z.B. Importgeschäfte, internationale Kooperationen, internationale Auftragsvergabe. Unter diesen Bedingungen kommt es häufig zur Entstehung einer so genannten „International Divison", welche sich oft aus einer zuvor bestehenden Exportabteilung heraus entwickelt. Die „International Division" (Auslandsabteilung) wird organisatorisch zuständig für das gesamte Auslandsengagement des Unternehmens. Je nach Art der Spezialisierung des Inlandsgeschäfts kann die „International Division" eingebunden sein in eine funktionale, objekt- bzw. produktbezogene Organisationsstruktur oder auch in eine Organisationsstruktur nach Regionen.

Im Unterschied zur Exportabteilung, deren Aufgaben in der Anbahnung und Abwicklung des Exportgeschäftes liegen, können der „International Division" auch ausländische Tochtergesellschaften (Vertriebs- und Produktionsstätten) fachlich unterstellt werden. Ebenso wie die Exportabteilung handelt es sich bei der „International Division" jedoch um eine **unselbstständige Organisationseinheit** im Unternehmen.

Eine „International Division" kann in Abhängigkeit von den betriebsindividuellen Voraussetzungen auch als **Profitcenter** eingerichtet werden. Voraussetzung hierfür ist, dass für die „International Division" eine separate Ressourcenzuordnung möglich ist und ein eigener Periodenerfolg ermittelt werden kann. Der Vorteil des Profitcenter-Konzepts liegt insbesondere in der Motivation für die betroffene Organisationseinheit, da eine direkte Gewinnorientierung und damit Erfolgshonorierung für die am Auslandsgeschäft Beteiligten ermöglicht wird.

Zu (3) Auslandsholding

Im Unterschied zur Exportabteilung und der „International Division" handelt es sich bei einer Auslandsholding um eine **rechtlich selbstständige Unternehmenseinheit**, welche aus der Muttergesellschaft ausgegliedert worden ist bzw. eigens zu diesem Zweck gegründet wurde. Allgemein betrachtet versteht man unter einer Holding ein Unternehmen, welches Beteiligungen an mehreren anderen Unternehmen hält (so genannte „Effektenverwaltungsgesellschaft"). Holdinggesellschaften nehmen keine operativen Aufgaben wahr und treten daher in dieser Hinsicht auch nicht selbst auf dem Markt mit einem eigenen Leistungsangebot in Erscheinung (Kutschker/Schmid 2002, S. 585 f.). Von einer **Auslandsholding** spricht man immer dann, wenn die Holdinggesellschaft ihren Sitz außerhalb des Domizillandes der Muttergesellschaft hat.

Nach der Zielsetzung, welche mit der Auslandsholding verbunden ist, lassen sich verschiedene **Varianten von Holdinggesellschaften** abgrenzen:

- Die **Finanzholding** wird überwiegend aus steuerlichen Gründen errichtet. Zu den zentralen Aufgaben der Finanzholding gehören der Erwerb, die Verwaltung und die Ertragskontrolle von Beteiligungen an ausländischen Gesellschaften. Um diese Aufgaben organisatorisch wahrzunehmen, werden zwischen der Auslandsholding und den ausländischen Tochtergesellschaften Gewinnabführungsverträge vereinbart.

- Die **Managementholding** trifft demgegenüber auch geschäftspolitische Grundsatzentscheidungen für die ihr unterstellten ausländischen Tochtergesellschaften. Neben finanzpolitischen Gründen können auch risikopolitische Aspekte ausschlaggebend für die Gründung einer Managementholding sein. Risikopolitische Aspekte können sich beispielsweise ergeben aus Haftungsfragen der Muttergesellschaft gegenüber den ausländischen Tochtergesellschaften.

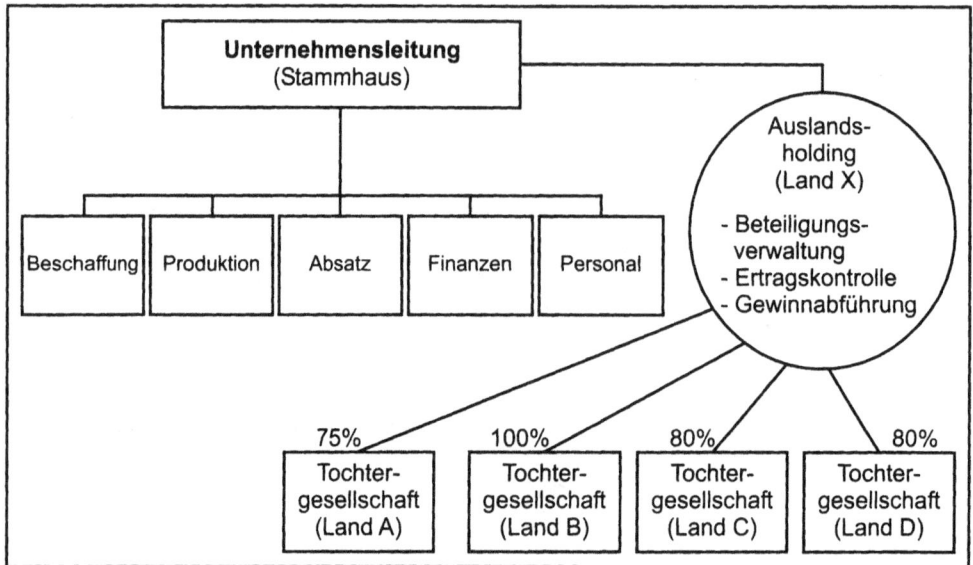

Abb. 6.2 *Organisationsstruktur mit Finanzholding im Ausland*

Auslandsholdinggesellschaften entstehen häufig durch Ausgliederung einer bereits existierenden rechtlich selbstständigen Gesellschaft (**„spin-off"**). Sofern steuerliche Gründe ausschlaggebend für die Etablierung einer Auslandsholding sind, befinden sie sich häufig an **„off-shore-Finanzplätzen"**. Hierbei handelt es sich um Örtlichkeiten, welche unter gesellschaftsrechtlichen und insbesondere steuerrechtlichen Gesichtspunkten als besonders liberal eingestuft werden. Zu den so genannten „Steuerparadiesen" gehören in Europa beispielsweise „Lichtenstein" und die „Isle of Man".

6.2.2   Integrierte Organisationsstrukturen

Je größer der Umfang internationaler Geschäftsaktivitäten, desto höher der Komplexitätsgrad der zu organisierenden Aufgaben. An die Stelle zuvor bestehender differenzierter Organisationsstrukturen treten dann häufig integrierte Organisationsstrukturen. Bei den integrierten Organisationsstrukturen ist das Inlands- und Auslandsgeschäft nach einem gemeinsamen Gliederungsprinzip organisatorisch zusammengefügt (Kutschker/Schmid 2002, S. 490 f.). Nach der Anzahl der berücksichtigten Gliederungsprinzipien wird unterschieden zwischen eindimensional und mehrdimensional integrierten Organisationsstrukturen.

Bei den **eindimensional integrierten Organisationsstrukturen** basiert die Gliederung der Organisation in der zweiten Hierarchieebene lediglich auf einem Gliederungsprinzip. Bei den **mehrdimensional integrierten Organisationsstrukturen** (Grid-Strukturen) werden bei der Gliederung der Organisation in der zweiten Hierarchieebene zwei oder mehrere Gliederungsprinzipien zugrunde gelegt. Häufig existieren in der Unternehmenspraxis Mischformen der oben benannten eher idealtypischen Organisationsstrukturen. Diese werden auch als **hybride Organisationsstrukturen** bezeichnet.

Eindimensional integrierte Organisationsstrukturen	Mehrdimensional integrierte Organisationsstrukturen	Hybride Organisationsstrukturen
(1) Integrierte Funktionalstruktur (2) Integrierte Objekt- bzw. Divisionalstruktur (3) Integrierte Regionalstruktur (4) Integrierte Key-Account Organisationsstruktur	(5) Internationale Matrixorganisation (6) Internationale Tensororganisation	(7) Mischformen idealtypischer Organisationsstrukturen

Abb. 6.3 Typen integrierter Organisationsstrukturen im Überblick

Zu (1) Integrierte Funktionalstruktur

Bei der integrierten Funktionalstruktur wird das Inlands- und Auslandsgeschäft in einer nach betrieblichen Funktionsbereichen untergliederten Organisationsstruktur zusammengefasst. Funktionale Organisationsstrukturen basieren auf einer Verrichtungsgliederung, welche zur Schaffung betrieblicher Funktionsbereiche (z.B. Beschaffung, Produktion, Absatz, Finanzen, Personal) führt. Die einzelnen Funktionsbereiche erhalten eine weltweite Zuständigkeit.

Der zentrale Vorteil integrierter Funktionalstrukturen besteht in der Vermeidung der Doppelarbeit in den einzelnen Funktionsbereichen. Geeignet sind sie insbesondere bei geringer Produktdifferenzierung. Durch die Zusammenführung nationaler und internationaler Aufgabenstellungen vergrößert sich jedoch auch die **Kontroll- und Leitungsspanne** in den Funktionsbereichen. Zentrale Nachteile integrierter Funktionalstrukturen bestehen in der stärkeren Zentralisation, infolge eines erhöhten Koordinationsaufwandes und der damit einhergehenden stärkeren Formalisierung betrieblicher Abläufe.

Zu (2) Integrierte Objekt- bzw. Divisionalstruktur

Das Gliederungskriterium für die Integration des Inlands- und Auslandsgeschäfts bilden hier Objekte. Objekte sind dabei in erster Linie Produkte bzw. Produktgruppen, die auch als „**Divisionen**" bezeichnet werden können. Die einzelnen Objektbereiche bzw. Divisionen können auch als **Profitcenter** konzipiert werden, indem ihnen die Verantwortlichkeit für den bearbeiteten Gewinn zugewiesen wird.

```
┌─────────────────────────────────────────────────────────────────────┐
│                        ┌───────────────────────┐                      │
│                        │  Unternehmensleitung  │                      │
│                        └───────────────────────┘                      │
│                                                                       │
│   ┌──────────────────┐    ┌──────────────────┐   ┌──────────────────┐│
│   │  Produktgruppe 1 │    │  Produktgruppe 2 │   │  Produktgruppe 3 ││
│   └──────────────────┘    └──────────────────┘   └──────────────────┘│
│                                                                       │
│   ┌───────┐ ┌─────────┐   ┌───────┐ ┌─────────┐  ┌───────┐ ┌────────┐│
│   │ Inland│ │ Ausland │   │ Inland│ │ Ausland │  │ Inland│ │ Ausland││
│   └───────┘ └─────────┘   └───────┘ └─────────┘  └───────┘ └────────┘│
└─────────────────────────────────────────────────────────────────────┘
```

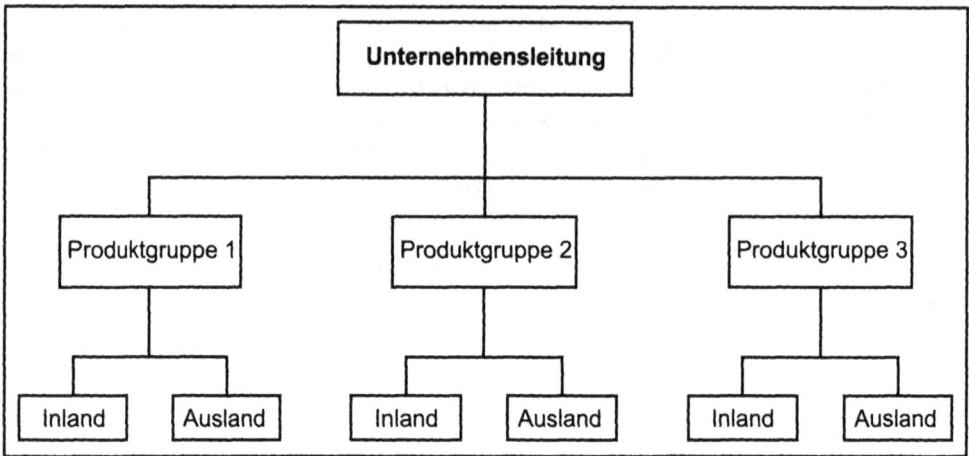

Abb. 6.4   *Integrierte Objekt- bzw. Divisionalstruktur*

Integrierte Objekt- bzw. Divisionalstrukturen finden sich vornehmlich bei Unternehmen mit größerer Produktdifferenzierung im Ausland. Sie verbessern die Möglichkeiten zur Durchsetzung produktspezifischer Auslandsstrategien. Sofern die einzelnen Objektbereiche bzw. Divisionen als Profitcenter organisiert sind, ist damit auch eine größere Anreizwirkung verbunden. Die zentralen Nachteile liegen in der Gefahr des Gegeneinanderarbeitens der einzelnen Objektbereiche (Divisionen). Damit verbundenen ist auch eine unzureichende Ausnutzung möglicher Synergieeffekte zwischen den einzelnen Divisionen.

Zu (3) Integrierte Regionalstruktur
Eine integrierte Regionalstruktur liegt dann vor, wenn die in- und ausländischen Geschäftsaktivitäten in einer nach geographischen Gesichtspunkten gegliederten Organisationsstruktur zusammengefasst sind. Die Untergliederung kann sich dabei zunächst eher grob nach Kontinenten oder den Welthandelsregionen orientieren. Häufig zu finden ist das **Triade-Konzept** (Europa, Nordamerika, Südostasien). Nach Bedarf kann dann auch eine weitere regionale Untergliederung erfolgen z.B. nach **Ländergruppen** oder einzelnen Staaten.

Integrierte regionale Strukturen sind vor allen Dingen dann zu finden, wenn die Produkte relativ homogen und standardisiert sind. Die regionale Untergliederung verbessert die Möglichkeiten zur Anpassung der Unternehmenspolitik an die politischen, rechtlichen und insbesondere auch kulturellen Besonderheiten der jeweiligen Regionen bzw. Ländermärkte. Durch die regionale Untergliederung des Unternehmens wird jedoch der Wissenstransfer zwischen den jeweils regional zuständigen Unternehmenseinheiten erschwert. Damit verbunden ist auch die Gefahr von Doppelarbeiten sowie der eingeschränkten Ausschöpfung von Globalisierungsvorteilen.

Zu (4) Integrierte Key-Account Organisationsstruktur
Integrierte internationale Key-Account Organisationsstrukturen zeichnen sich dadurch aus, dass für die großen Schlüsselkunden (key customers) jeweils ein zentraler Ansprechpartner

(Key-Account Manager) im Unternehmen bestimmt wird, welcher im Außenverhältnis zum jeweiligen Schlüsselkunden verantwortlich für alle bestehenden Geschäftsbeziehungen zeichnet. Sofern ein Key-Account Manager eine weltweite Ergebnisverantwortung erlangt, wird er auch als Global-Account-Manager bezeichnet. Das organisatorische Grundproblem internationaler Key-Account Organisationsstrukturen besteht darin, dass die unternehmensinterne Durchsetzung des mit dem jeweiligen Schlüsselkunden abgestimmten Leistungstransfers häufig eine funktions-, projekt- sowie auch länderübergreifende Weisungsbefugnis des Key-Account Managers (KAM) erfordert. Diese ist jedoch in der Unternehmenspraxis in der Regel so nicht gegeben.

Zur unternehmensinternen Durchsetzung des mit dem Schlüsselkunden abgestimmten Leistungstransfers werden zwei **Formen des Internationalen Key-Account Managements** unterschieden:

- **KAM-Führungsgremium** (International Steering Committee - ISC) bestehend aus den Linienverantwortlichen (Bereichsleitern) der einzelnen Ressorts. Der Key-Account Manager berichtet dem KAM-Führungsgremium. Das KAM-Führungsgremium ist verantwortlich für die unternehmensinterne Umsetzung des zwischen dem Key-Account Manager und dem Großkunden („Schlüsselkunden") abgestimmten Leistungs- und Zahlungsverkehrs.

- **Internationaler Geschäftsentwicklungsdirektor** (Business Development Director - BDD), welcher funktions- und projektübergreifend leitungsbefugt gegenüber den Linienverantwortlichen ist. Der BDD ist Mitglied der Geschäftsleitung. Die „Key-Account Manager" berichten an den Business Development Director, welcher die unternehmensinterne Durchsetzung sicherstellt.

Die Organisationsform des KAM-Führungsgremiums findet sich vornehmlich in größeren Unternehmen, in welchen die jeweiligen Linienverantwortlichen (Bereichsleiter) über eine größere Unabhängigkeit verfügen. Demgegenüber wird die Organisationsform des Business Development Directors besonders dann bevorzugt, wenn eine Person aus der Geschäftsleitung diese Aufgabenstellung übernimmt. Insgesamt erfreuen sich internationale Key-Account-Organisationsstrukturen zunehmender Beliebtheit, da sie zu einer Verbesserung der Geschäftsbeziehungen zu wichtigen weltweiten Geschäftskunden (Global Accounts) beitragen.

```
                          ┌─────────────────────────┐
                          │   Unternehmensleitung   │- - - - - - - - - - ┐
                          └─────────────────────────┘                    │
                                                                 ┌──────────────────────┐
                                                                 │ "International Business│
                                                                 │  Development Director" │
                                                                 └──────────────────────┘

   ┌──────────────────┐  ┌──────────────────┐  ┌──────────────────┐
   │ Geschäftsbereich 1│  │ Geschäftsbereich 2│  │ Geschäftsbereich 3│
   │ (Inland / Ausland)│  │ (Inland / Ausland)│  │ (Inland / Ausland)│
   └──────────────────┘  └──────────────────┘  └──────────────────┘

         ( "Key-Account        ( "Key-Account        ( "Key-Account
           Manager" )            Manager" )            Manager" )
```

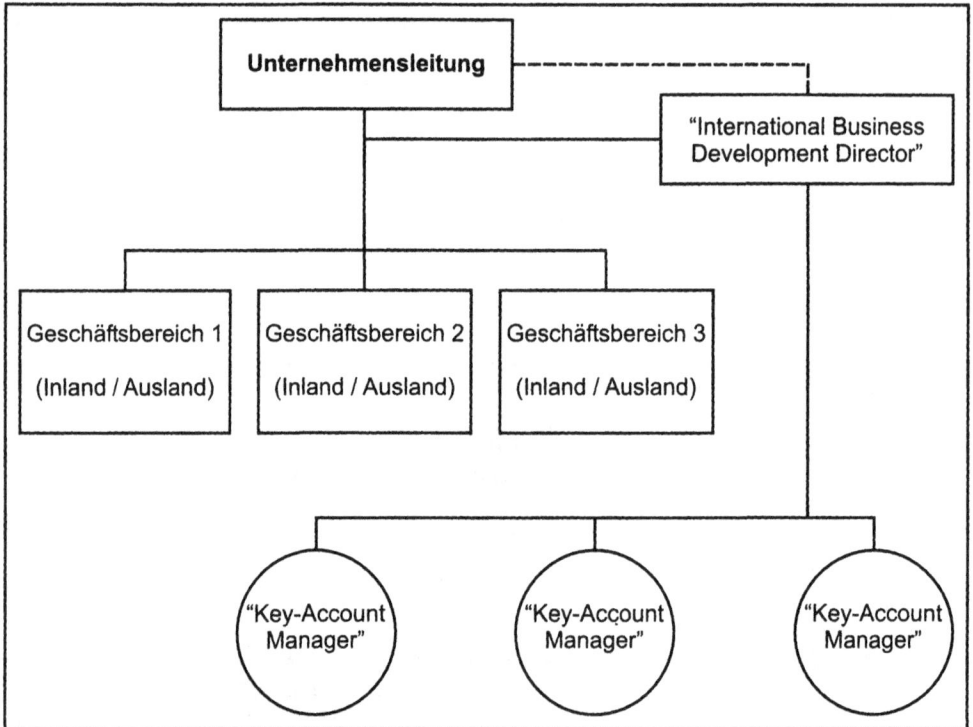

Abb. 6.5   *Key-Account Organisationsstruktur mit International Business Development Director*

Zu (5) Internationale Matrixorganisation

Bei der internationalen Matrixorganisation handelt es sich um eine **zweidimensionale Organisationsstruktur**. Dies bedeutet, dass die Organisation in der zweiten Hierarchieebene auf zwei Gliederungsprinzipien basiert. In internationalen Unternehmen mit heterogenem Produktprogramm überwiegt dabei eine Gliederung nach Produktsparten und Regionalsparten. Durch eine solche Organisationsstruktur sollen die Vorteile einer international ausgerichteten Produktstruktur mit jenen einer internationalen Regionalstruktur verbunden werden. Neben der zweidimensionalen **Linienorganisation** besteht dabei oftmals auch eine **Stabsorganisation** (z.B. für die Bereiche Planung, Personal, Finanzen und Rechnungswesen). Die Stäbe haben dabei keine unmittelbaren Entscheidungs- und Weisungsbefugnisse gegenüber der Linienorganisation. Die Aufgabe der Stäbe besteht in der Entscheidungsvorbereitung und Unterstützung der Linienorganisation bei der Erfüllung ihrer Leitungsaufgaben. Die Matrixorganisation führt dazu, dass sich die organisatorischen Zuständigkeiten in der Linienorganisation an den jeweiligen Matrixschnittstellen überlagern. Bei der Matrixorganisation handelt es sich daher um eine spezielle Form des **Mehrliniensystems.**

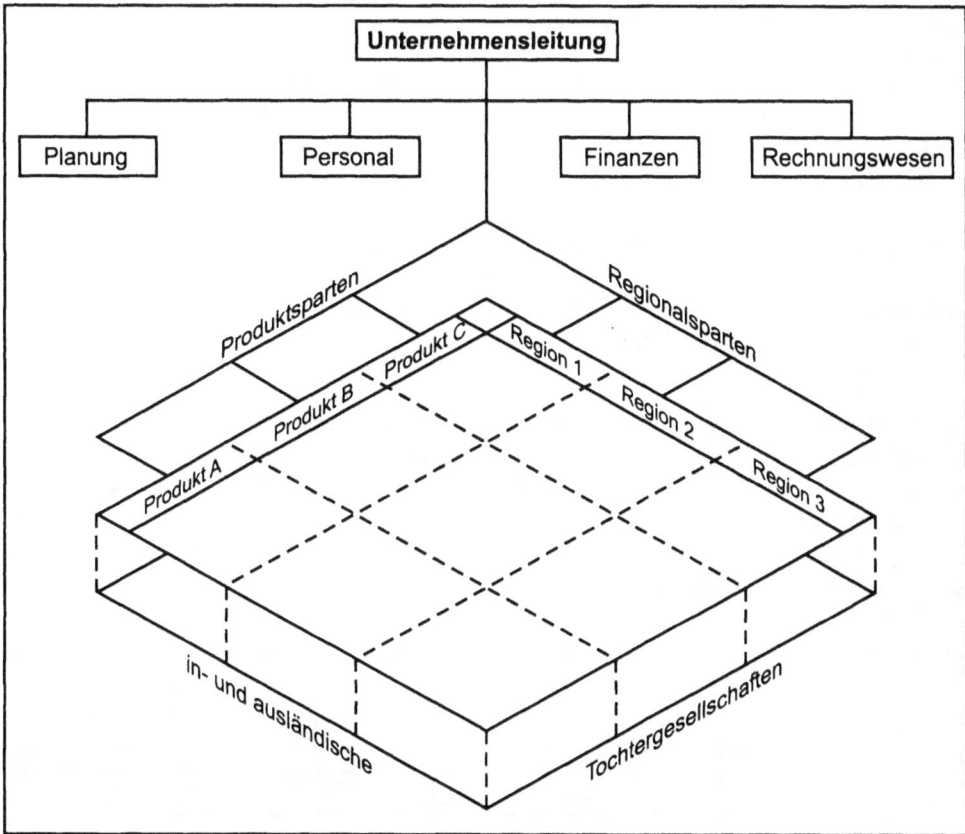

Abb. 6.6 *Internationale Matrixorganisation*

Matrixorganisationen haben eine hohe Koordinationswirkung. Sie ermöglichen eine umfangreiche Betrachtungsweise von internationalen Aufgabenstellungen, bei welchen das Wissen und die Erfahrungen von Spezialisten optimal ausgeschöpft werden kann. Der **Vorteil** einer verbesserten Problemlösungs- und Innovationsfähigkeit durch die Matrixorganisation ist jedoch verbunden mit einem erforderlichen Abstimmungszwang an den jeweiligen Schnittstellen organisatorischer Zuständigkeiten (Kutschker/Schmid 2002, S. 512).

Die zentralen **Probleme von Matrixstrukturen** bestehen in dem erhöhten Informations-, Kommunikations- und Abstimmungsbedarf, welcher mit längeren Entscheidungsprozessen einhergehen kann. An den Schnittstellen der organisatorischen Zuständigkeiten bestehen häufig unklare Unterstellungsverhältnisse. Dies kann in Folge von Machtkämpfen zu suboptimalen Entscheidungen ("schlechten Kompromissen") führen. Ein weiteres Problem der Matrixorganisation wird zudem in einem erhöhten Bedarf an qualifizierten Fach- und Führungskräften gesehen.

Zu (6) Internationale Tensororganisation

Die Tensororganisation ist eine Weiterentwicklung der Matrixorganisation. Bei ihr werden gleichzeitig drei Organisationskriterien in der Organisationsstruktur abgebildet. Dies betrifft beispielsweise eine organisatorische Untergliederung nach betrieblichen Funktionen, nach Regionen (Ländermärkten) und nach Produkten. Durch eine solche **dreidimensionale Organisationsstruktur** soll eine Verknüpfung zwischen der Produktzuständigkeit mit gleichzeitiger regionaler Verantwortlichkeit und einer beratenden sowie faktisch weisungsbefugten funktional strukturierten Unternehmenszentrale hergestellt werden. Tensororganisationsstrukturen sind vor allem bei großen **multinationalen Unternehmen** („Multinational Enterprise, MNE") zu finden. Für die Entscheidungsträger ergibt sich das Erfordernis eines intensiven bereichsübergreifenden Informationsaustausches.

Zu (7) Mischformen idealtypischer Organisationsstrukturen

In der Unternehmenspraxis existieren meist **Mischformen**, die von den zuvor beschriebenen idealtypischen Grundformen abweichen (Macharzina/Wolf 2005, S. 491). Der Grund dafür liegt in der **Dynamik des Internationalisierungsprozesses** selbst. Durch die Internationalisierung und die mit ihr einhergehenden räumlichen, sachlichen und zeitlichen Veränderungen kommt es zu situationsbedingten Anpassungen der zuvor bestehenden Organisationsstruktur.

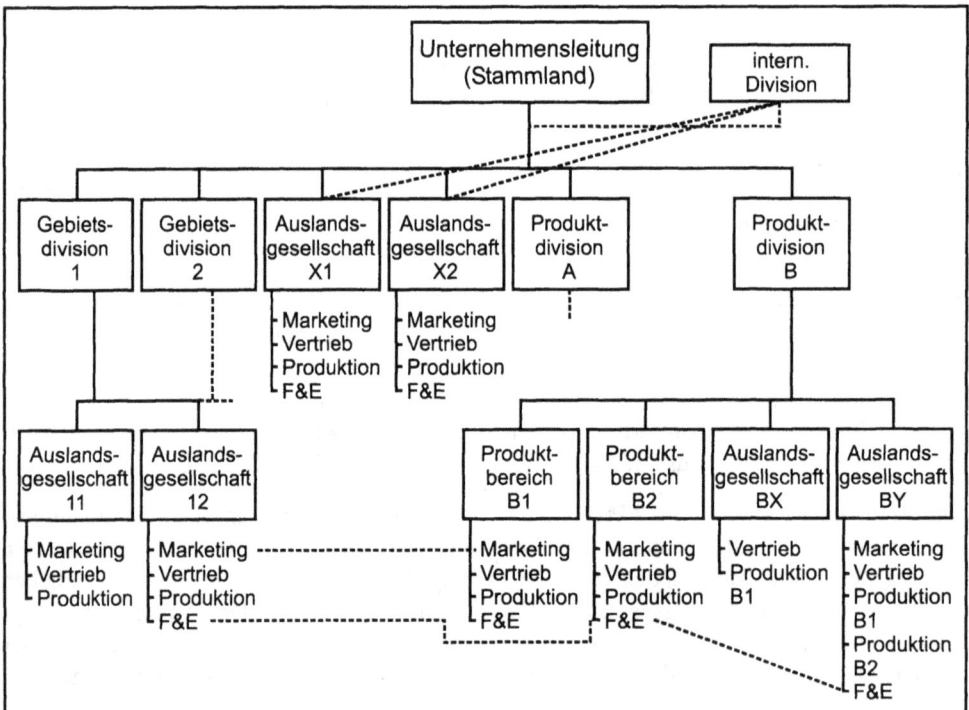

Abb. 6.7 *Hybride Organisationsstruktur (Quelle: nach Kieser/Kubicek 1992, S. 286)*

Hybride Organisationsstrukturen finden sich vornehmlich bei größeren, global ausgerichteten Unternehmen, deren Unternehmensabläufe einen hohen Komplexitätsgrad aufweisen. Sie sind dadurch gekennzeichnet, dass sie die zuvor bestehende Organisationsstruktur und die mit ihr verbundenen quasi „korsetthaften" Restriktionen teilweise zugunsten situationsangepasster sowie unternehmensindividueller organisatorischer Lösungen aufheben. So kann beispielsweise bei der Gründung einer ausländischen Tochtergesellschaft zunächst festgelegt werden, dass die Tochtergesellschaft direkt der Geschäftsführung unterstellt wird und damit nicht an eine bereits schon existierende „International Division" berichtet. Ebenso können auch besondere Umstände des Gastlandes oder die Neueinführung eines Produktes eine abweichende Organisationsstruktur erforderlich machen.

Das Problem besteht darin, dass der hybriden Organisation der organisatorische Integrationsmechanismus verloren geht. Dies kann zu einer Verselbständigung bzw. Isolierung der betroffenen organisatorischen Subsysteme führen. Je umfangreicher hybride Organisationskonzepte implementiert werden, desto uneinheitlicher wird die Organisationsstruktur. Nicht nur für Außenstehende sondern auch unternehmensintern geht die Transparenz der Organisationsstruktur schrittweise verloren. Durch hybride Organisationsstrukturen kann situationsbedingt und zeitlich befristet eine größere Flexibilität erreicht werden. Gleichwohl ist zu erkennen, dass ein fortschreitender Ausbau hybrider Organisationsstrukturen letztlich auf das Erfordernis einer grundlegenden Reorganisation hinweist.

6.2.3 Sekundäre Organisationsstrukturen

Durch die Aufbauorganisation wird in einem Unternehmen die primäre Organisationsstruktur (Basisorganisation) geschaffen. Die zuvor behandelten Organisationsstrukturen zählen zu den so genannten **primären Organisationsstrukturen**. Häufig kommt es jedoch dazu, dass bestimmte Aufgaben bzw. Probleme durch die in der Regel stark hierarchisch aufgebaute primäre Organisationsstruktur nicht hinreichend beachtet bzw. gelöst werden können. Dann besteht die Notwendigkeit die bestehende Primärstruktur durch eine **sekundäre Organisationsstruktur** (Sekundärstruktur) zu ergänzen. Sekundärstrukturen werden durch das Unternehmen bewusst gestaltet. Sie ergänzen bzw. überlagern die bestehende primäre Organisation und zählen daher zur formalen Organisation, obgleich sie in der Organisationsstruktur (so insbesondere im Organigramm) in der Regel nicht abgebildet sind. Meist werden Sekundärstrukturen anfänglich nur zeitlich befristet eingesetzt, weshalb sie auch als Temporärstrukturen bezeichnet werden. Zu den Sekundärstrukturen zählen:

(1) Projektorganisationsstrukturen und

(2) sonstige Formen von Sekundärstrukturen.

Zu (1) Projektorganisationsstrukturen
Das bekannteste und bedeutendste Beispiel für eine Sekundärstruktur ist die Projektorganisation. Der Begriff **Projekt** ist durch seinen inflationären Gebrauch in der Unternehmenspraxis stark verwässert. Es macht jedoch keinen Sinn, jede erdenkliche Aufgabenstellung im Unternehmen als Projekt zu definieren. Als Projekt im Sinne des Deutschen Normenausschusses

gilt vielmehr ein Vorhaben, welches im Wesentlichen durch die Einmaligkeit der Bedingungen in ihrer Gesamtheit gekennzeichnet ist, so insbesondere durch:

- klare Zielvorgabe,

- zeitliche, finanzielle, personelle und andere Begrenzungen,

- Abgrenzung gegenüber anderen Aufgaben bzw. Vorhaben sowie eine

- projektspezifische Organisation.

Sachlich ist dabei zu unterscheiden zwischen der **unternehmensinternen Projektorganisation** und **unternehmensübergreifenden Projektgesellschaften**. Alle Fragen, welche sich im Zusammenhang mit der Planung und Durchführung von Projekten sowohl national als auch international stellen, werden unter dem Schlagwort **Projektmanagement** behandelt (Dülfer/Jöstingsmeier 2008, S. 7 f.). Im internationalen Geschäft erlangt das Projektmanagement besondere Bedeutung bei komplexen länderübergreifenden Aufgaben, wie beispielsweise Spezialanfertigungen im Investitionsgütersektor sowie im industriellen Anlagenbau.

Internationale unternehmensinterne Projekte können sowohl initiiert sein durch die Muttergesellschaft als auch durch die Auslandsgesellschaften. Erforderlich für den Aufbau einer unternehmensinternen Projektorganisation ist die Bereitstellung der benötigten personellen, sachlichen sowie finanziellen Ressourcen. Projektbeteiligte sind dabei jene Stellen bzw. Unternehmenseinheiten, welche von der spezifischen Problemstellung des Projektes betroffen sind bzw. zu dessen Lösung fachkompetent beitragen können.

In Abhängigkeit davon, welche Entscheidungskompetenzen und welche Weisungsbefugnisse dem Projektleiter eingeräumt werden, lassen sich **drei Grundformen unternehmensinterner Projektorganisation** unterscheiden:

1. Die **Projektkoordination**, welche auch als Stabsprojektorganisation bezeichnet wird, ist dadurch gekennzeichnet, dass der Projektleiter lediglich eine Abstimmungs- bzw. Koordinationsaufgabe für das Projekt übernimmt. Die Projektmitarbeiter verbleiben in der jeweiligen Linieninstanz und wirken lediglich auf Teilzeitbasis am Projektvorhaben mit. Die Stelle des Projektleiters ist als Stabsstelle ausgestattet, weshalb der Projektleiter gegenüber den Projektmitarbeitern nicht in der Linie weisungsbefugt ist. Die Organisationsform der Projektkoordination ist daher auf kleinere Projekte beschränkt.

2. Die **reine Projektorganisation**, welche auch als „Task-Force Organisation" bezeichnet wird, gilt als Gegenmodell zur Projektkoordination. Sie ist dadurch gekennzeichnet, dass die Projektmitarbeiter für die Dauer des Projektes aus der Basisorganisation herausgelöst werden und in der Regel auf Vollzeitbasis für das jeweilige Projekt tätig sind. Es entsteht daher eine zeitlich befristete selbständige Projektstruktur, bei welcher dem Projektleiter die erforderlichen Entscheidungs- und Weisungsbefugnisse übertragen werden.

3. Die **Matrix-Projekt-Organisation** ist dadurch gekennzeichnet, dass für Projekte eine eigene Linieneinheit gebildet wird. Diese wird durch eine andere organisatorische Strukturdimension (z.B. nach Funktionsbereichen) ergänzt. Die untergeordneten Stellen sind dann beiden Linienverantwortlichen unterstellt (Prinzip der Doppelunterstellung). Die

mit der Matrixorganisation verbundenen Vor- und Nachteile gelten auch für die Matrix-Projekt-Organisation.

Große internationale Projekte werden nicht selten in mehrere Teilprojekte aufgeteilt. Zur Koordination der einzelnen Teilprojekte ist es dann erforderlich, einen **Lenkungsausschuss** zu etablieren. Die Leiter der Teilprojekte berichten dann an den Vorsitzenden des Lenkungsausschusses, welcher für die Gesamtkoordination verantwortlich ist und die erforderliche Abstimmung mit dem Auftraggeber vornimmt. Der Vorsitzende des Lenkungsausschusses berichtet der Unternehmensleitung bzw. ist nicht selten auch Mitglied dieser.

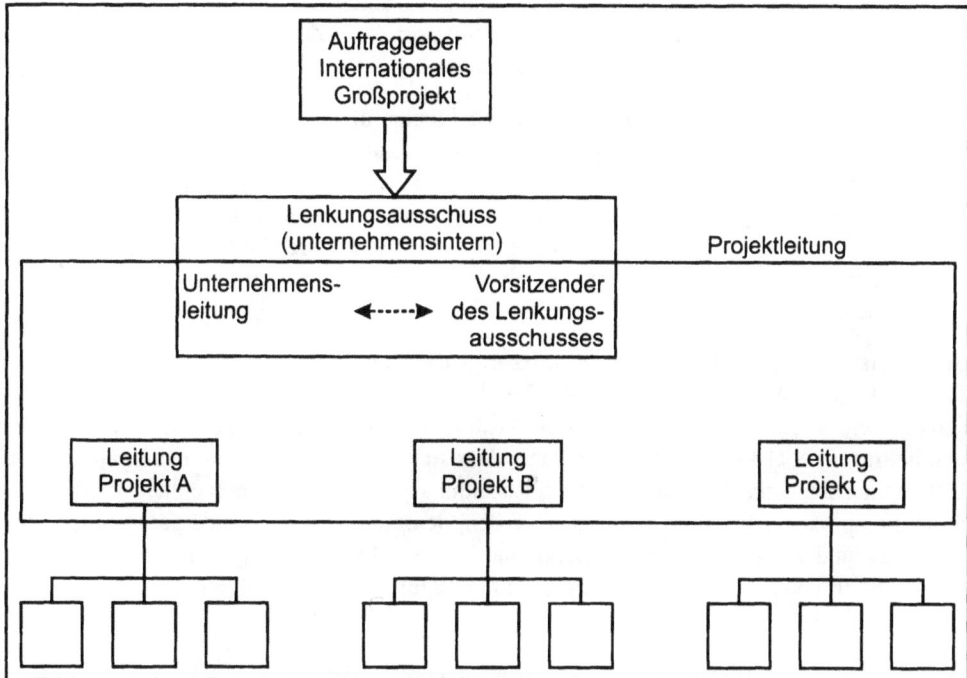

Abb. 6.8 *Internationale Projektorganisation mit Lenkungsausschuss*

Die internationale Projektorganisation stellt hohe Anforderungen an die Projektbeteiligten. Neben fachlichen Kompetenzen spielt dabei insbesondere auch die interkulturelle Kompetenz eine entscheidende Rolle. Der **Projekterfolg** wird generell bestimmt durch das Ausmaß der Realisierung der zuvor festgelegten Projektziele, welche jedoch oft nicht metrisch messbar sind.

Zu (2) Sonstige Formen von Sekundärstrukturen

Neben den Projektorganisationsstrukturen existieren auch vielfältige sonstige Formen von Sekundärstrukturen. Die allgemeine Zielsetzung der Sekundärgruppen besteht darin, die Aufmerksamkeit auf jene Aspekte zu lenken, welche in der Primärorganisation nicht hinreichend abgebildet werden. Zu den sonstigen Formen internationaler Sekundärstrukturen zählen insbesondere Arbeitskreise, Erfahrungsaustauschgruppen und Kompetenzzentren:

- Durch **internationale Arbeitskreise** (workshops) wird meist ein Informationsaustausch angestrebt, auf dessen Grundlage Lösungsalternativen bis hin zu konkreten Lösungsvorschlägen erarbeitet werden sollen. Meist beruhen internationale Arbeitskreise auf dem Prinzip der Selbstorganisation, d.h. es existiert keine formale Verteilung von Zuständigkeiten.

- Durch **internationale Erfahrungsaustauschgruppen** (ERFA-Gruppen) soll insbesondere ein Informations- und Weiterbildungsverbund zwischen den Beteiligten geschaffen werden. Internationale Erfahrungsaustauschgruppen beziehen sich oftmals auf bestimmte Länder oder Welthandelsregionen. Sie können unternehmensintern eingerichtet werden. Nicht selten ist der Fall, dass sie organisatorisch in Zusammenarbeit mit einem Industrieverband oder einer Wirtschaftskammer eingerichtet werden.

- Durch **internationale Kompetenzzentren** (center of excellence) soll der Wissenserwerb, die Wissensentwicklung und die Wissensnutzung hinsichtlich einer speziellen Aufgaben- bzw. Problemstellung im Unternehmensverbund verbessert werden. Internationale Kompetenzzentren können durch einzelne Unternehmenseinheiten (z.B. F&E Abteilung, Auslandsgesellschaften) abgebildet werden. Durch Nutzung moderner Kommunikationsmöglichkeiten kann jedoch auch weltweit eine virtuelle Vernetzung von Wissensspezialisten erfolgen.

Sekundärstrukturen haben eine **Unterstützungsfunktion**, indem sie insbesondere dem Informations- und Wissenstransfer dienen. Damit einhergehend können sie auch zu einer besseren bereichs- und länderübergreifenden Abstimmung unternehmenspolitischer Zielsetzungen beitragen. Nicht selten kommt es dazu, dass sich Sekundärstrukturen dauerhaft in einer Unternehmensorganisation etablieren. Entscheidungsprozesse im Unternehmen können dadurch komplizierter und intransparenter werden, denn die in der Sekundärorganisation vorhandenen und ausgetauschten Informationen stellen „Insiderwissen" dar. Infolge dessen bleiben bestimmte Entscheidungsprozesse nur noch für die „Insider" durchschaubar.

6.2.4   Internationale Netzwerkstrukturen

Die klassischen Organisationsstrukturen sind hierarchisch aufgebaut. Die Heterogenität und Dynamik internationaler Rahmenbedingungen führt zu erhöhten Markt- und Wettbewerbsanforderungen. Durch Netzwerkstrukturen sollen zusätzliche Unternehmensressourcen mobilisiert werden. Im Vordergrund steht das Ziel, neue strategische Wettbewerbspositionen zu identifizieren und zu nutzen (Kutschker /Schmid 2002 S. 518 f.; Borchardt 2006, S. 281 f.). Zu unterscheiden sind intraorganisatorische und interorganisatorische Netzwerke:

- **Intraorganisatorische Netzwerke** (unternehmensinterne Netzwerke) betreffen die Kooperationsbeziehungen zwischen der Muttergesellschaft und den Auslandsgesellschaften. Als Beispiel für ein intraorganisatorisches Netzwerk dient die **Konzeption eines transnationalen Unternehmens**. Dieses zeichnet sich dadurch aus, dass die Unternehmensentscheidungen und Ressourcen nicht in der Unternehmenszentrale konzentriert werden, sondern "transnational" verteilt sind auf Kompetenzzentren. Durch transnationale Unternehmen soll ein Beitrag dazu geleistet werden, globale Effizienzanforderungen mit lokalem Anpassungsbedarf zu verbinden, um dadurch das Dilemma zwischen Standardisierung und Differenzierung zu überwinden.

- **Interorganisatorische Netzwerke** (unternehmensexterne Netzwerke) beziehen sich auf unternehmensübergreifende Kooperationen von mehr als zwei rechtlich selbstständigen Unternehmen. Unternehmensexterne Netzwerke entstehen durch geschäftliche Beziehungen. Sie beinhalten Absprachen und Kooperationen zwischen den Beteiligten. Es erfolgt jedoch keine Kapitalbeteiligung. Interorganisatorische Netzwerke werden auch als **strategische Allianzen** bezeichnet. Es handelt sich demnach eher um kooperative denn kompetitive Beziehungen „zwischen Markt und Hierarchie".

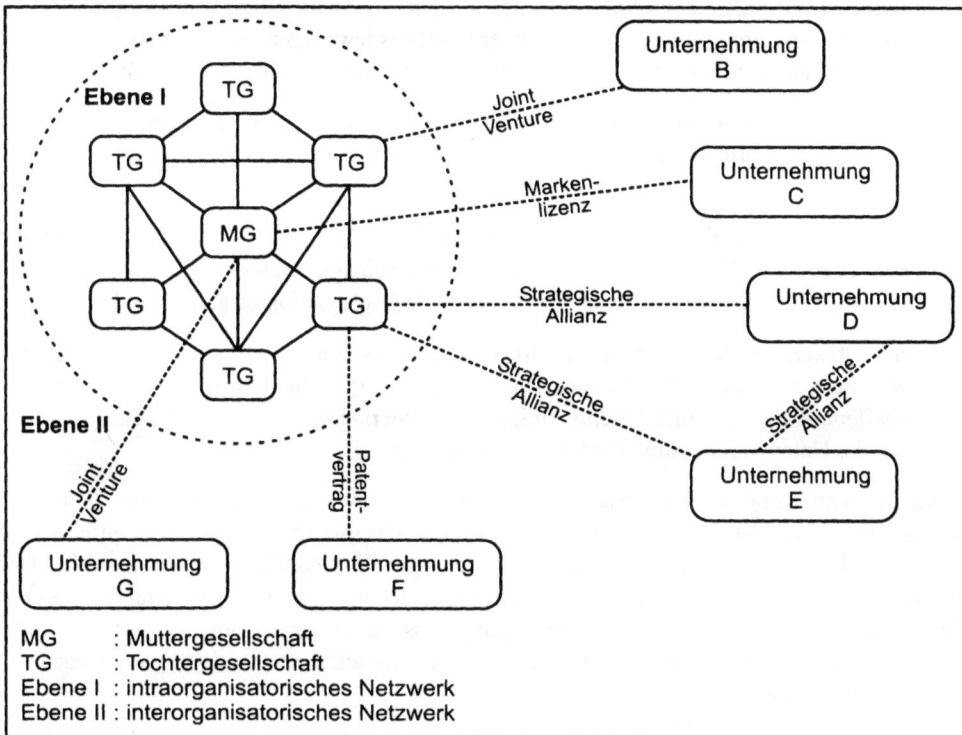

Abb. 6.9 *Intra- und interorganisatorische Netzwerkstrukturen (Quelle: Kutchker/Schmidt 2002, S. 530)*

Netzwerkstrukturen sind weniger durch die formale Organisation begründet als vielmehr durch die Beziehungen der einzelnen Teileinheiten zueinander. Sie können daher eine formale Organisation nicht ersetzen, jedoch ergänzen, beziehungsweise überlagern. Während interorganisatorische Netzwerke bereits vielfach existieren, sind intraorganisatorische Netzwerke bisher kaum verbreitet. Grundsätzlich ist es möglich, interorganisatorische und intraorganisatorische Netzwerkstrukturen miteinander zu verbinden.

Eine Weiterentwicklung der Netzwerkstrukturen sind so genannte **virtuelle Netzwerke** (Borchardt 2006, S. 278 f.). Sie sind meist zeitlich befristet und konzentrieren sich auf die

Nutzung komplementärer Ressourcen in einzelnen Wertschöpfungsbereichen (z.B. F&E, Produktentwicklung). Der dazu erforderliche Informationsaustausch erfolgt virtuell (z.B. virtuelles Büro).

6.2.5   Einflussfaktoren der Organisationsstrukturwahl

Durch Kombination der verschiedenen organisatorischen Gestaltungselemente und Dimensionen lässt sich eine nahezu beliebig große Vielzahl unternehmensindividueller Organisationsstrukturen schaffen. Eine so genannte „richtige" bzw. „optimale" Organisationsstruktur kann jedoch nicht allgemeingültig abgeleitet werden. Vielmehr ist zu erkennen, dass reale Organisationsstrukturen immer vor dem Hintergrund des jeweiligen unternehmensindividuellen Kontextes und damit situationsbedingt zu beurteilen und zu interpretieren sind.

Wesentlich in diesem Zusammenhang sind die Wechselbeziehungen zwischen der **Unternehmensstrategie und der Organisationsstruktur**. Dabei stehen sich zwei Ansichten gegenüber:

1. Die **„Structure follows Strategy"** These, welche auf den US-Amerikaner Chandler (1962) zurückgeht, geht davon aus, dass die Unternehmensstrategie (neben anderen Einflussfaktoren) einen wesentlichen Einfluss auf die Organisationsstrukturwahl hat.

2. Die **„Strategy follows Structure"** Ansicht steht als Gegenthese zu der von Chandler formulierten Aussage. Sie verdeutlicht, dass die durch die Organisationsstruktur geschaffene Aufgaben- und Machtverteilung im Unternehmen, die Entscheidungsfindung über die Unternehmensstrategie wesentlich bestimmt.

Beide Ansichten sind nicht unabhängig voneinander und verdeutlichen, dass die Unternehmensstrategie und die Organisationsstruktur sich wechselseitig bedingen und aufeinander einwirken. Die Unternehmensstrategie ist ein wichtiger Einflussfaktor bei der Wahl der Organisationsstruktur. Gleichzeitig gilt eine strategiegerechte Organisationsstruktur als wesentliche Voraussetzung einer erfolgreichen Strategieumsetzung. Eine Änderung der Unternehmensstrategie erfordert ein anderes Verhalten und mithin auch eine Änderung der Organisationsstruktur (Hinterhuber 2004, S. 108 f.).

Welche Organisationsstrukturen zu welchen Internationalisierungsstrategien passen bzw. diese unterstützen, wird nicht zuletzt maßgeblich bestimmt vom Ausmaß der internationalen Geschäftsaktivitäten selbst. Wenngleich auch in diesem Zusammenhang immer der unternehmensindividuelle Kontext zu beachten ist, so lassen sich dennoch gewisse Plausibilitätsüberlegungen hierzu ableiten. Als nach wie vor bedeutsam gilt dabei das von Stopford und Wells (1972) formulierte „Struktur-Stadien-Modell", welches **idealtypische Entwicklungsstufen internationaler Organisationsstrukturen** formuliert. Die Entwicklung der internationalen Organisationsstruktur wird in diesem Modell in Abhängigkeit gesehen von der Produktdiversifizierung (Anzahl der auf Auslandsmärkten verkauften Produktarten) und der Bedeutung des Auslandsgeschäfts für das Unternehmen gemessen am Anteil des Auslandsumsatzes am Gesamtumsatz.

Produktdiversifizierung im Ausland

Integrierte
Produktdivision

Internationale
Matrixorganisation

alternative
Entwicklungs-
pfade

"International
Division"

(segregiertes
Organisationsmodell)

Integrierte
Regionaldivision

Anteil des Auslandsumsatzes am Gesamtumsatz

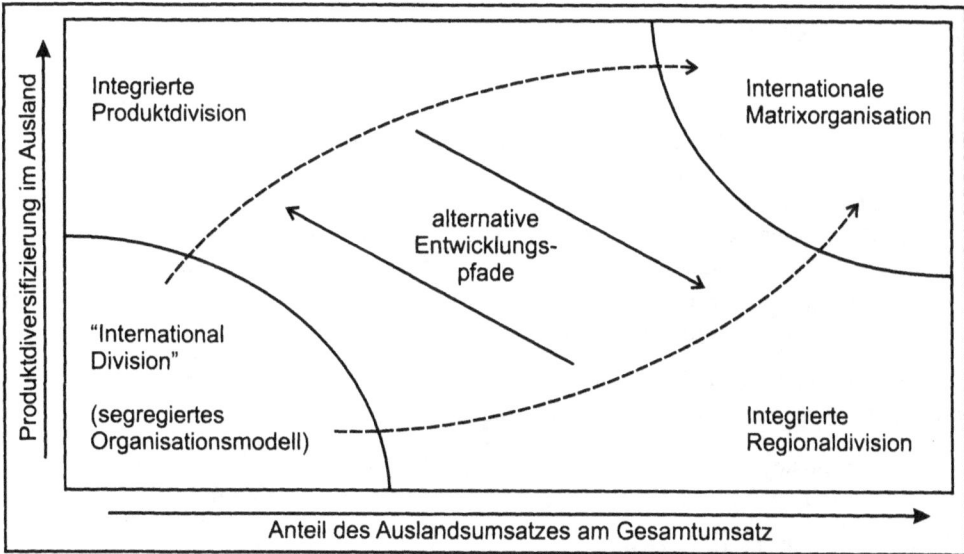

Abb. 6.10   Struktur-Stadien-Modell nach Stopford/Wells (1972)

Im Anfangsstadium der Internationalisierung, also bei geringer Produktdiversifizierung im Ausland und nur geringem Anteil des Auslandsumsatzes am Gesamtumsatz, wird im idealtypischen Modell eine **segregierte Organisationsstruktur**, z.B. in Form einer „International Division" bevorzugt. Mit wachsender Bedeutung internationaler Geschäftsaktivitäten wird die Organisationsstruktur den gegebenen Veränderungen angepasst. Steigt der Anteil des Auslandsumsatzes ohne dass sich die Produktdifferenzierung im Ausland wesentlich erhöht, so wird eine **integrierte Regionalstruktur** als vorteilhaft angesehen. Kommt es hingegen durch die Einführung neuer Produkte im Ausland zu einer größeren Produktdiversifikation bei weitgehend gleich bleibenden Auslandsumsätzen, so begünstigt dies die Schaffung einer **integrierten Produktdivision**. Steigt sowohl die Produktdiversifikation im Ausland als auch der Anteil des Auslandsumsatzes, so wird die organisatorische Aufgabenstellung dadurch zunehmend komplexer. Im idealtypischen Modell empfiehlt sich dann eine **Matrixorganisation**.

Das von Stopford und Wells formulierte „Struktur-Stadien-Modell" liefert auf der Grundlage empirischer Ergebnisse eine nachvollziehbare und auch lerntheoretisch verständliche Darstellung idealtypischer Organisationsstrukturen im Rahmen der Internationalisierung von Unternehmen. Eine allgemeingültige Erklärung von Organisationsstrukturen internationaler Unternehmen ist damit jedoch nicht möglich. In neueren Untersuchungen werden auch **weitere Einflussfaktoren** der Organisationsstruktur identifiziert. Hierzu zählen insbesondere der Anteil der Auslandsproduktion sowie die Änderung der Produktionstechnologie, das Gesellschaftsrecht und die Landeskultur der Gastländer.

6.3   Steuerung von Auslandsgesellschaften

6.3.1   Zentralisierung und Dezentralisierung

Die Frage der Steuerung von Auslandsgesellschaften erlangt in der internationalen Unternehmensführung grundlegende Bedeutung. Dabei geht es um die Abstimmung und Koordination der **Mutter-Tochter-Beziehungen**. Dies umfasst Entscheidungen über die organisatorische Stellung und die strategischen Rollen von Auslandsgesellschaften sowie über die einzusetzenden Steuerungsinstrumentarien.

Die **organisatorische Stellung von Auslandsgesellschaften** in der Unternehmensorganisation ist abhängig von mehreren Organisationsdimensionen:

- Die **organisatorische Gliederungstiefe** betrifft die Hierarchieebene, welche einer Auslandsgesellschaft in der Unternehmensorganisation zugewiesen wird.

- Die **Kontroll-/Leitungsspanne** betrifft die Anzahl der einer Organisationsinstanz (z.B. dem Leiter der ausländischen Vertriebsgesellschaft) direkt unterstellten Mitarbeiter.

- Der **Differenzierungsgrad** betrifft die Unterschiedlichkeit (Auffächerung) der Unternehmensorganisation in organisatorische Teileinheiten (z.B. Vertriebs- und/oder Produktionsgesellschaften).

Auslandsgesellschaften können verkleinerte Abbildungen der Muttergesellschaft sein. Es ist aber auch möglich, dass Auslandsgesellschaften lediglich Teilfunktionen (z.B. Beschaffung, Vertrieb und Service) wahrnehmen. Deshalb ist es erforderlich festzulegen, welche **Hierarchieebene** Auslandsgesellschaften in der Organisation einnehmen sollen. Es ist durchaus möglich, dass einzelne Auslandsgesellschaften unterschiedliche Hierarchieebenen in der Organisationsstruktur einnehmen. Organisationsstrukturen mit wenigen Hierarchieebenen werden als flache Organisation bezeichnet. Je mehr Organisationsebenen bestehen, desto steiler ist die Organisationsstruktur. Insgesamt gilt, dass je größer die Anzahl der Hierarchieebenen (Gliederungstiefe) und je geringer die Kontroll-/Leitungsspanne, desto größer ist der **Differenzierungsgrad** eines Unternehmens. Der **Koordinationsbedarf** ergibt sich durch die internationale Arbeitsteilung, das heißt den Differenzierungsgrad des Auslandsengagements im internationalen Unternehmen.

Werden Entscheidungen von übergeordneten Einheiten auf untergeordnete Instanzen verlagert, so spricht man von **Entscheidungsdezentralisation**. Demgegenüber ist eine **Entscheidungszentralisation** immer dann gegeben, wenn organisatorisch übergeordnete Instanzen die Entscheidungsautorität für unterstellte Unternehmenseinheiten wahrnehmen. Es hängt also davon ab, in welchem hierarchischen Verhältnis die betrachteten Unternehmenseinheiten zueinander stehen. Dezentrale Entscheidungen in internationalen Unternehmen sind jene Entscheidungen, die auf der Ebene der Auslandsgesellschaften getroffen werden, wohingegen zentrale Entscheidungen jene Bereiche betreffen, die weiterhin von der Muttergesellschaft entschieden werden.

Vorteile einer Entscheidungszentralisation in der Muttergesellschaft	Nachteile einer Entscheidungszentralisation in der Muttergesellschaft
- vergleichsweise geringer Koordinations- und Abstimmungsbedarf zwischen Mutter- und Tochtergesellschaft	- kann zur Überlastung der Entscheidungsträger führen, da sich die Kontroll- und Leitungsspanne vergrößert
- begünstigt eine Vereinheitlichung der Unternehmensziele und der Unternehmenspolitik	- oftmals bestehen Informationsdefizite, welche die Qualität zentral gefällter Entscheidungen negativ beeinflussen
- reduziert den Entscheidungsbedarf, da Grundsatzentscheidungen von der Muttergesellschaft zentral gefällt werden	- bedeutet eine geringere Anreiz- bzw. Motivationswirkung für die Verantwortlichen in den Auslandsgesellschaften
- vereinfacht die Organisationsstruktur durch länderübergreifende Ressortbildung in der Muttergesellschaft	- geht einher mit einer geringeren organisatorischen Flexibilität, da häufiger Nachfragen an die Muttergesellschaft erforderlich sind
- kann grundlegenden organisatorischen Wandel beschleunigen, da die Entscheidungskompetenz und Verantwortlichkeit auf wenige Entscheidungsträger konzentriert ist	- die Gefahr von Fehlentscheidungen bei plötzlichen Marktveränderungen vergrößert sich aufgrund der größeren Distanz zwischen der Muttergesellschaft und den ausländischen Tochtergesellschaften

Abb. 6.11   Vor- und Nachteile der Entscheidungszentralisation in der Muttergesellschaft

Während **Entscheidungsdezentralisation** mit einer Übertragung von Entscheidungskompetenzen an eine Auslandsgesellschaft einhergeht, bedeutet **Entscheidungsdelegation** die Abtretung einer ganz spezifischen Entscheidung. Je größer die Entscheidungskompetenzen einer Auslandsgesellschaft sind, desto höher ist ihre **Autonomie**. In der Unternehmenspraxis existieren häufig Mischformen zwischen Entscheidungszentralisation und Entscheidungsdezentralisation.

6.3.2   Rollen ausländischer Tochtergesellschaften

Um den Stellenwert von Auslandsgesellschaften zu bestimmen, kann ihnen in Anlehnung an die soziologische **Rollentheorie** eine spezifische Rolle innerhalb des Unternehmens zugewiesen werden. Mit der Rollenzuweisung verbunden sind verschiedene strategische Zielsetzungen zur internationalen Koordination und Prozessgestaltung des Unternehmens. Es gibt verschiedene **Rollentypologien**. Sie unterscheiden sich hinsichtlich der berücksichtigten Kriterien der Rollenzuteilung und der daraus gefolgerten Überlegungen. Die Rollentypologie von Bartlett/Ghoshal (1987) orientiert sich bei der Rollenzuweisung an den Kriterien der „strategischen Bedeutung des Auslandsmarktes" und der „Kompetenz der ausländischen

Tochtergesellschaft". Daraus ergeben sich in idealtypischer Form die folgenden vier Rollen-zuteilungen:

1. Der **„Strategic Leader"** operiert in einem strategisch wichtigen Auslandsmarkt und verfügt über hohe Kompetenz und bedeutende Ressourcen. Dies ermöglicht eine Über-tragung von Führungs- und Koordinationsaufgaben auf die Auslandsgesellschaft.

2. Der **„Contributor"** arbeitet in einem strategisch weniger bedeutsamen Auslandsmarkt, verfügt jedoch über eine hohe Kompetenz. Dies ermöglicht eine Dezentralisation von Entscheidungen. Die Auslandsgesellschaft soll ihre Kompetenzen und Ressourcen je-doch strategisch unterstützend für das gesamte Unternehmen einbringen.

3. Der **„Implementer"** operiert in einem strategisch unbedeutenden Auslandsmarkt und kann mit seinen bestehenden Kompetenzen und Ressourcen keinen wesentlichen Beitrag für das Gesamtunternehmen leisten. Der Auslandsgesellschaft kommt daher eine ausfüh-rende Rolle zu, weshalb wichtige Entscheidungen bei der Muttergesellschaft verbleiben.

4. Die Rolle des **„Black Hole"** kommt jenen Auslandsgesellschaften zu, welche in einem strategisch bedeutsamen Auslandsmarkt operieren; jedoch über keine besonderen Kom-petenzen bzw. Ressourcen verfügen. Erforderlich ist dann eine Überprüfung von Mög-lichkeiten mit dem Ziel, entweder Kompetenzen bzw. Ressourcen in der Auslandsgesell-schaft aufzubauen oder sie dorthin zu transferieren.

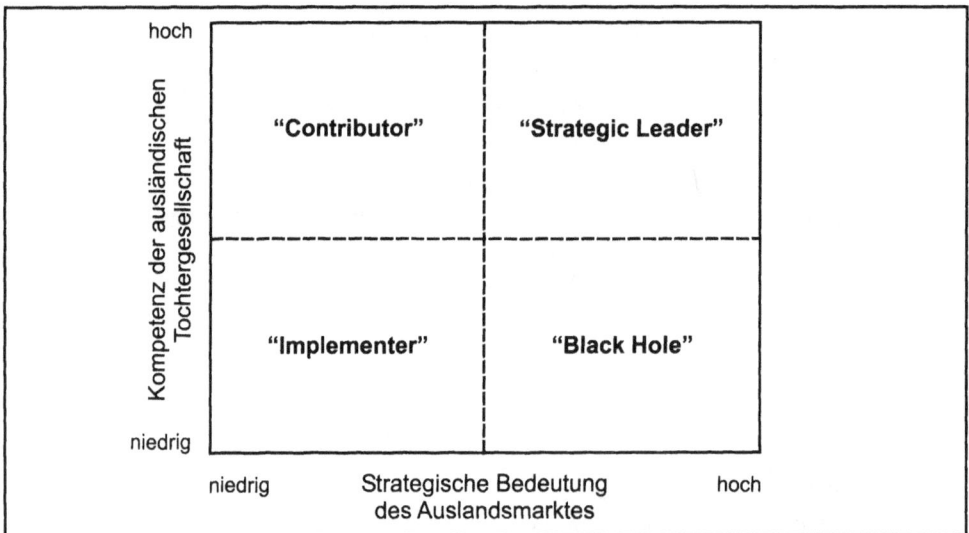

Abb. 6.12   *Rollen ausländischer Tochtergesellschaften nach Bartlett/Ghoshal*

Derartige Rollentypologien betrachten nur wenige Kriterien und lassen eine Veränderung internationaler Rahmenbedingungen unberücksichtigt. Ihre zentrale Bedeutung liegt darin, die Methodik der Rollenzuweisung aufzuzeigen. Die zugrunde gelegten Kriterien und die sich daraus ergebenden Überlegungen sind dem konkreten Einzelfall vorbehalten.

6.3.3 Instrumente zur Steuerung von Auslandsgesellschaften

Bei der Steuerung von Auslandsgesellschaften geht es darum, die Mutter-Tochter-Beziehungen aufeinander abzustimmen (Kenter 1985 S. 113 f.; Kutschker/Schmid 2002 S. 1004 f.; Welge/Holtbrügge 1998 S. 156 f.). Der Umfang der Steuerung und die Form der eingesetzten Steuerungsinstrumente hängen wesentlich ab vom Grad der Entscheidungszentralisation sowie von der strategischen Bedeutung der Auslandsgesellschaft im internationalen Unternehmen. In Anlehnung an die angloamerikanische Unterscheidung zwischen **„bureocratic control and cultural control"** wird im Deutschen unterschieden zwischen:

(1) technokratischen Steuerungsinstrumenten und

(2) personenorientierten Steuerungsinstrumenten.

Zu (1)Technokratische Steuerungsinstrumente
Die technokratischen Steuerungsinstrumente bestehen in Planungs-, Kontroll- und Informationssystemen zur prozessorientierten Koordination von Auslandsgesellschaften. Technokratische Steuerungsinstrumente sind das Ergebnis eines institutionalisierten Entscheidungsprozesses. Sie gelten daher als unpersönlich bzw. technokratisch. Im Einzelnen gehören dazu:

- **Regeln und Programme:** Regeln sind generelle Verfahrensrichtlinien. Werden solche Regeln zu einer Ablaufkette zusammengefasst, so spricht man von einem Programm. Im Unterschied zu Plänen sind Programme auf Dauer angelegt. Durch Regeln und Programme werden Handlungsanweisungen für wiederkehrende Situationen gegeben. Sie werden meist schriftlich festgehalten (z.B. in Form von Handbüchern und Ablaufbeschreibungen). Ein unternehmensweiter Einsatz von Regeln und Programmen soll eine im Voraus erfolgende Koordination ermöglichen.

- **Pläne und Budgets:** Pläne gelten lediglich für eine bestimmte Periode, wohingegen Programme auf Dauer ausgerichtet sind. Pläne können vielfältig differenziert werden (z.B. Zielplanung, Maßnahmeplanung, Ressourcenplanung). Pläne haben eine Steuerungsfunktion, da durch sie die Grundsätze für unternehmensweites Handeln im Sinne einer gemeinsamen Zielerreichung abgestimmt werden. Budgetierung bezieht sich auf den Prozess der Aufstellung, Verabschiedung und Kontrolle von Budgets. Ein Budget ist eine Ressourcenzuweisung. Meist handelt es sich um ein Finanzbudget. Budgets haben einen Vorgabecharakter. Sie sollen von den betroffenen Unternehmenseinheiten eingehalten werden. Je geringer das Budget, desto geringer der Entscheidungsspielraum des Budgetnehmers. Budgets können sowohl für die Vorauskoordination als auch für die Feedbackkoordination eingesetzt werden. Mit der Budgetierung ist eine Anreizfunktion verbunden. Dies ist besonders dann der Fall, wenn die Einhaltung des Budgets oder gegebenenfalls das Unterschreiten der Budgetvorgabe mit einer Prämienzahlung verbunden ist.

- **Berichtssysteme:** Berichtssysteme dienen der Vorbereitung und Kontrolle von Entscheidungen. Erforderlich für den Aufbau eines Berichtssystems ist die Festlegung von Form, Inhalt, Detaillierungsgrad und Häufigkeit der Berichterstattung. Sie können je nach Bedarfszweck sowohl Informationen über unternehmensinterne Vorgänge beinhalten (z.B. Kennzahlenentwicklung der jeweiligen Auslandseinheiten) als auch unternehmensexterne Informationen (z.B. über Veränderungen der landesspezifischen Rahmenbedingungen). Berichtssysteme dienen sowohl der Bewertung der jeweiligen Unterrichtseinheit als auch der hierfür Verantwortlichen.

- **Standardisierung:** Durch Standardisierung sollen unternehmensweit vereinheitlichte Strukturen geschaffen werden. Angestrebt werden gleichförmige Entscheidungsprozesse bei sich wiederholenden Aufgaben. Die Standardisierung dient vor allem zur Sicherung der gewünschten Produktqualität. Werden einzelne Teile eines Erzeugnisses standardisiert, so wird dies als Normung bezeichnet. Eine Standardisierung von Endprodukten wird als Typung bezeichnet. Standardisierung führt zu kürzeren Bearbeitungszeiten und trägt dadurch auch zu Kosteneinsparungen bei. Ein wesentlicher Nachteil der Standardisierung liegt in der mit ihr einhergehenden Routine, welche zu einem Verlust an Motivation und Innovation führen kann.

Zu (2) Personenorientierte Steuerungsinstrumente

Die personenorientierten Steuerungsinstrumente werden auch als kulturelle Steuerungsinstrumente bezeichnet. Sie stellen im Unterschied zu den technokratischen Steuerungsinstrumenten die Mitarbeiter des Unternehmens und die zwischen ihnen stattfindenden Interaktionen in den Mittelpunkt der Betrachtungen. Im Einzelnen gehören dazu:

- **Weisungen und Selbstabstimmungen:** Weisungen setzen ein Über-/Unterordnungsverhältnis voraus, d.h. eine vertikale Kommunikation auf dem „Dienstweg". Die Inhalte der Weisung können „ad hoc" festgelegt werden. Durch Weisungen wird der Handlungsspielraum der Auslandsgesellschaft eingeengt. Selbstabstimmungen beinhalten eine nicht-hierarchisch gebundene Koordination. Die Selbstabstimmung kann fallweise erfolgen oder auch institutionell verankert werden in Form von Ausschüssen und Arbeitskreisen.

- **Besuchsverkehr:** Der Besuchsverkehr ermöglicht einen "face-to-face" Kontakt und ist bei zentralen Entscheidungen oftmals unverzichtbar. Gleichwohl ist der Besuchsverkehr zwischen Mutter- und Tochtergesellschaft nicht beschränkt auf Führungskräfte. Der Besuchsverkehr kann kombiniert werden mit länderübergreifenden Projekten. Er kann einen Beitrag zu einer besseren Sozialisation der Mitarbeiter leisten, wodurch sich neue Kommunikationswege in Form unternehmensinterner Netzwerke ergeben können.

- **Führungskräftetransfer:** Der Führungskräftetransfer ist im Unterschied zum Besuchsverkehr auf einen begrenzten Personenkreis beschränkt. Er kann sich beziehen auf eine Entsendung von Führungskräften von der Muttergesellschaft zur Tochtergesellschaft und umgekehrt. Die Entsendung von Mitarbeitern ins Ausland wird als Expatriierung bezeichnet. Die Repatriierung bezieht sich auf die Wiedereingliederung der in das Ausland entsandten Mitarbeiter in ihr Heimatland. Der Führungskräftetransfer ist in der Regel längerfristig angelegt und soll primär zur Herausbildung einer einheitlichen Unternehmenspolitik dienen. Darüber hinaus ist der internationale Führungskräftetransfer auch ein Instrument der Personalentwicklung.

- **Vertrauen und Vertrauenskultur** zählen zu den eher impliziten personenorientierten Steuerungsinstrumenten. Vertrauen kann dabei verstanden werden als eine freiwillig erbrachte Vorausleistung im Rahmen einer sozialen Grundposition gegenüber einem Menschen (interpersonales Vertrauen) oder einer Institution (Systemvertrauen). Vertrauen bedeutet, dass sich der Vertrauensnehmer im Sinne dieser Grundposition verhält (Borchardt 2006, S. 239). Vertrauen kann durch die Sozialisation der Unternehmenskultur im Zeitablauf verstärkt werden. Man spricht dann von Vertrauenskultur. Vertrauen und Vertrauenskultur sind in einem gewissen Umfang immer unabdingbar. Sie haben im Rahmen personenorientierter Steuerungsinstrumente einen unterstützenden Charakter.

Technokratische und personenorientierte Steuerungsinstrumente können sowohl zur Vorauskoordination als auch zur Feedbackkoordination eingesetzt werden:

- Die **Vorauskoordination** wird auch als ex ante Koordination bezeichnet. Sie umfasst die einer Aufgabe zeitlich vorhergehende Abstimmung der Unternehmenspolitik.

- Die **Feedbackkoordination** ist zeitlich nachgelagert und wird deshalb auch als ex post Koordination bezeichnet. Sie verfolgt das Ziel, bereits aufgetretene Probleme bzw. Störungen zu beseitigen.

Technokratische und personenorientierte Steuerungsinstrumente sind wesentlicher Bestandteil der Prozessorganisation. Beide Steuerungsformen stehen nicht isoliert zueinander, sondern werden meist kombiniert eingesetzt (Kenter 1985, S. 166). Der Einsatz von Steuerungsinstrumenten ist für die Koordination und Abstimmung der **Mutter-Tochter-Beziehungen** unverzichtbar. Gleichwohl führt ein „zuviel an Steuerung" zu einer geringeren Flexibilität und Anpassungsfähigkeit von Auslandsgesellschaften („Übersteuerung"). Als Steuerungsinstrumente für die Koordination der Mutter-Tochter-Beziehungen gelten im weiteren Sinne auch die **Transferpreise** (siehe Gliederungspunkt 7.3.4 „Internationale Transferpreise").

6.4   Organisatorischer Wandel

International operierende Unternehmen sind einer ständigen Veränderung der Rahmenbedingungen ausgesetzt. **Organisatorischer Wandel** (organizational change) bezieht sich auf die Anpassung der Organisation an veränderte Rahmenbedingungen. Der Zeitfaktor wird damit explizit in die Betrachtung einbezogen. Das **Management des Wandels** (change management) hat die Aufgabe, die sich aus der Veränderung der Rahmenbedingungen ergebenden Anpassungserfordernisse zu erkennen und soweit möglich, zielorientiert zu gestalten.

Organisatorischer Handlungsbedarf kann auf **unternehmensexterne Ursachen** (z.B. politische, ökonomische, rechtliche Veränderungen in den bearbeiteten Auslandsmärkten) als auch **unternehmensinterne Ursachen** (z.B. Unternehmenskrisen, Strategiewechsel, neue Technologien) zurückgeführt werden. Diese Aufteilung ist jedoch nur rein abstrakter Natur, da sich in der Unternehmenspraxis die Anlässe zu organisatorischem Wandel vermischen. So kann ein unternehmensintern induzierter Wandel vielfach auf eine Änderung der Rahmenbedingungen zurückgeführt werden. Umgekehrt ist es so, dass extern induzierter Wandel oft in

Verbindung steht mit Fehleinschätzungen des Unternehmens in Bezug auf sich bereits zuvor
abzeichnende Entwicklungen des Handlungsumfeldes.

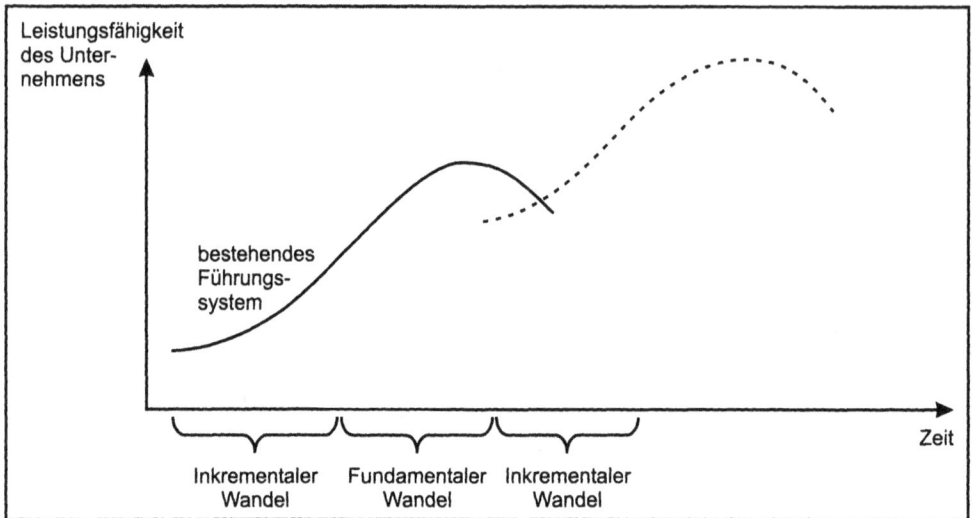

Abb. 6.13 *Ausprägung des Wandels nach dem Umfang der Zustandsänderung (Quelle: nach Dillerup R.; Stoi R.*
2008, S. 290)

	Inkrementaler Wandel	**Fundamentaler Wandel**
Ablauf	kontinuierlich	diskontinuierlich
Veränderungsintensität	evolutionär	revolutionär
Risiko/Unsicherheit	gering	hoch
Dimensionen	auf einzelne beschränkt	mehrdimensional
Führungssysteme	Optimierung	Wechsel
Unternehmensebenen	auf einzelne beschränkt	umfasst alle Ebenen
Stellung des Wandels	Normalfall	Sonderfall

Abb. 6.14 *Inkrementaler und fundamentaler Wandel*

Nach dem **Umfang des organisatorischen Wandels** wird unterschieden zwischen
inkrementalem und fundamentalem Wandel (Bea/Göbel 2006, S. 467 f.; Müller-
Stewens/Lechner 2005, S. 562 f.; Stahle 1994, S. 849 f.):

- **Inkrementaler Wandel** (Wandel erster Ordnung) betrifft die laufende, d.h. schrittweise
  Anpassung des Unternehmens an veränderte Rahmenbedingungen. Die Bewältigung der

mit einer kontinuierlichen Veränderung verbundenen Anforderungen wird auch als Organisationsentwicklung bezeichnet.

- **Fundamentaler Wandel** (Wandel zweiter Ordnung) bezieht sich auf eine grundständige und tief greifende Anpassung des Unternehmens. Das zur Bewältigung des fundamentalen Wandels erforderliche organisatorische Konzept wird auch als organisatorische Transformation bezeichnet.

Inkrementaler Wandel geht mit einer kontinuierlichen Veränderung einher. Unternehmen, welchen eine fortlaufende Veränderung ihrer Organisationen gelingt, werden auch als „lernende Unternehmen" bezeichnet. Fundamentaler Wandel verursacht sowohl unternehmensinterne als auch unternehmensexterne Widerstände:

- **Unternehmensinterne Widerstände** können bestehen in personellen Widerständen (z.B. negative Haltung der Mitarbeiter, Verweigerung) als auch in organisatorischen Widerständen (z.B. organisatorische Abhängigkeiten, Verlust von Privilegien und Macht).

- **Unternehmensexterne Widerstände** sind abhängig von der Unternehmensgröße, Branche und Marktposition des Unternehmens. Sie können bestehen in einer direkten oder indirekten staatlichen Einflussnahme auf das Unternehmen, z.B. bürokratische Auflagen oder aber auch durch die Marktpartner (Lieferanten, Kapitalgeber, Kunden) verursacht sein.

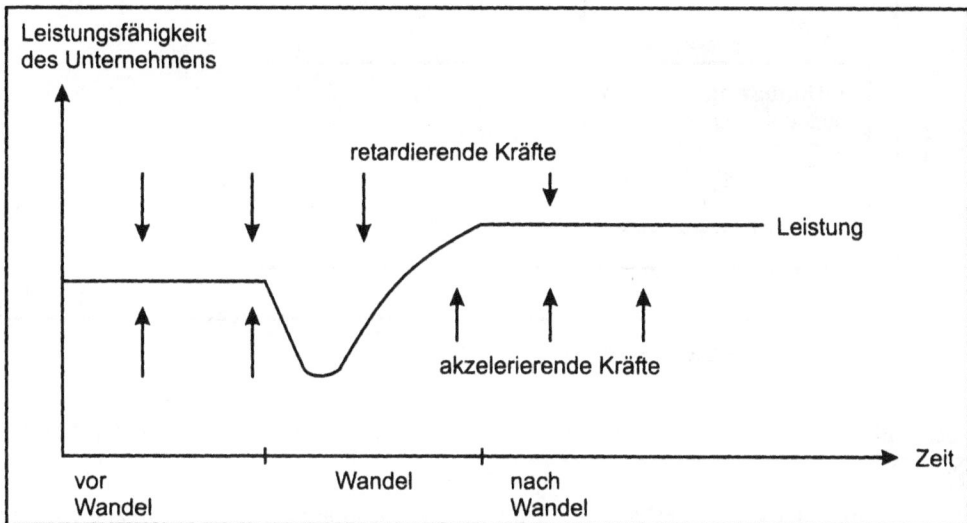

Abb. 6.15 *Akzelerierende und retardierende Kräfte im organisatorischen Wandel*

Im Unternehmen selbst wird die Bereitschaft zum organisatorischen Wandel durch zwei sich gegenüberstehende Kräfte beeinflusst (Stahle 1994, S. 867 f.):

- **Akzelerierende Kräfte** (driving forces) sind jene Kräfte (Promotoren), welche eine Veränderung initialisieren und mobilisieren wollen. Sie können sowohl offen als auch verdeckt zum Ausdruck kommen.

- **Retardierende Kräfte** (restraining forces) sind jene Kräfte (Opponenten), welche sowohl offen als auch verdeckt eine organisatorische Veränderung verlangsamen oder verhindern wollen.

Überwiegen kurzfristig die akzelerierenden Kräfte, dann werden dadurch organisatorische Veränderungsprozesse ausgelöst. Sind demgegenüber die retardierenden Kräfte im Übergewicht, so führt das dazu, dass organisatorische Veränderungen nicht oder zu spät erfolgen. Langfristig sollten sich beide Kräfte ausgleichen, um fortwährende organisatorische Unsicherheiten und Instabilitäten zu verhindern.

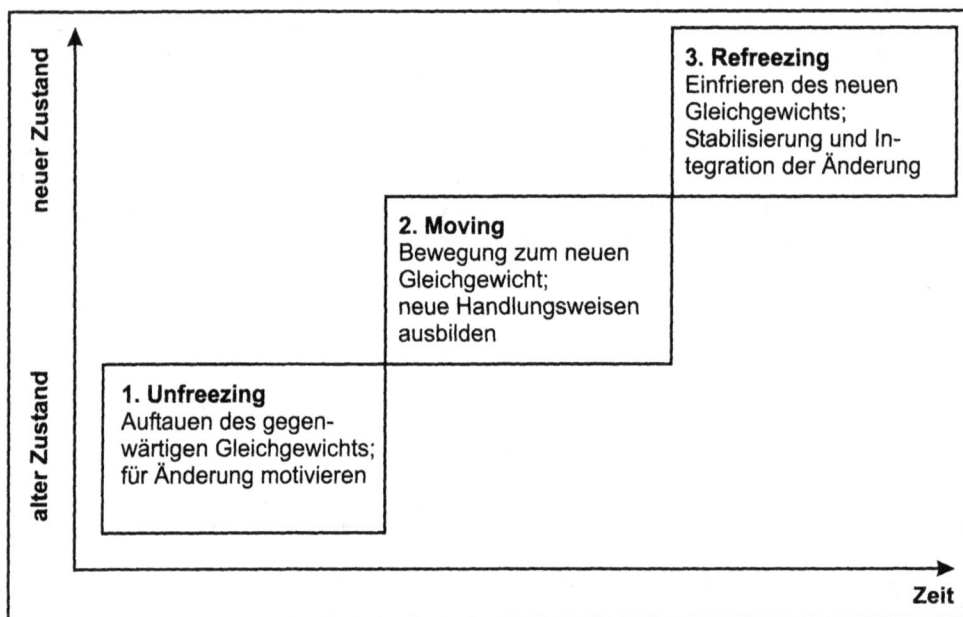

Abb. 6.16   *Phasen des organisatorischen Wandels*

Idealtypisch sind **drei Phasen organisatorischen Wandels** zu unterscheiden (Hill 2007, S. 472):

1. **Auftauen der Organisation** (unfreezing the organization): Nach der „big bang theory" ist eine grundlegende Veränderung der Organisation damit verbunden, dass die Unternehmensleitung die erforderlichen Veränderungen „en bloc" mit den dazu erforderlichen Konsequenzen begründet. Es ist ferner erforderlich, den angestrebten bzw. neuen Zustand offen und eindeutig darzulegen.

2. **Verändern der Organisation** (moving to the new state): Diese Phase betrifft die konkrete Umsetzung des organisatorischen Wandels. Damit verbunden sind beispielsweise

die Neuregelung von Zuständigkeiten, der Aufbau bzw. die Stilllegung von Unterneh-
mensbereichen sowie die Implementierung neuer Anreizsysteme. Durch Partizipation an
der Umsetzung der Veränderung sollen Betroffene zu Beteiligten gemacht werden.

3. **Wiedereinfrieren der Organisation** (refreezing the organization): In dieser Phase geht
   es darum, die Neuausrichtung des Unternehmens zu stabilisieren. Ein Rückfall in die alten Strukturen soll verhindert werden. Erforderlich dazu ist eine umfassende Information
   und Kommunikation, welche sowohl nach innen als auch nach außen gerichtet ist.

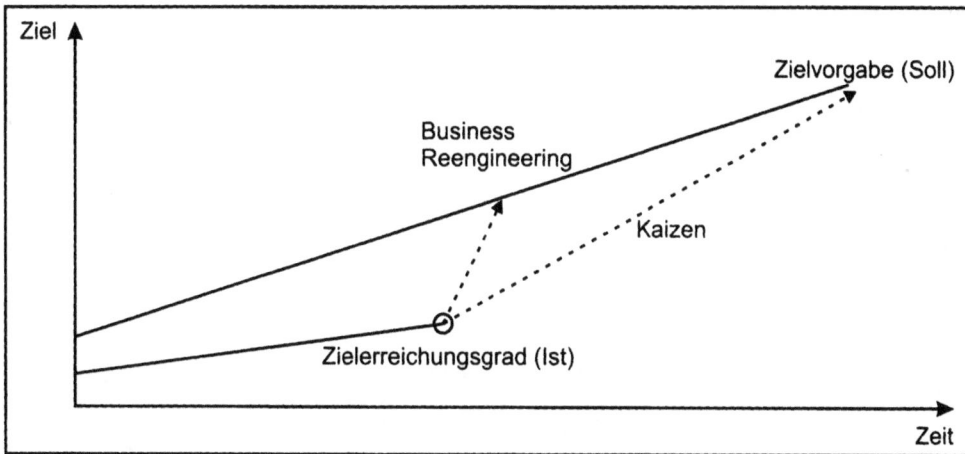

Abb. 6.17 Business Reengineering und Kaizen

Die Bereitschaft zur organisatorischen Veränderung ist interkulturell unterschiedlich ausgeprägt. Interkulturelle Einflüsse ergeben sich insbesondere im Hinblick auf die Fragen: Wer
ergreift die Initiative zur organisatorischen Veränderung und inwieweit ist eine Konsensbildung erforderlich? Wie soll die organisatorische Veränderung kommuniziert werden? Wie
schnell soll die organisatorische Veränderung umgesetzt werden?

Die Bedeutung interkultureller Einflüsse auf Modelle der Organisationsentwicklung soll am
Beispiel des „Business Reengineering" und des „Kaizen" aufgezeigt werden:

- **Business Reengineering** beschreibt eine US-amerikanische Managementdenkweise, bei
  welcher Organisationsstrukturen gezielt und radikal aufgebrochen werden. Business
  Reengineering basiert auf einem stärker autoritären Führungsstil. Grundgedanke ist dabei die stete Kundenfokussierung und Effizienzsteigerung, die in anspruchsvoller Zielsetzung des Top Managements eine unmittelbar umzusetzende und fundamentale Neuausrichtung aller Wertschöpfungsbereiche erforderlich macht.

- **Kaizen** beschreibt die japanische Denkweise eines permanenten Strebens nach Verbesserung (Kai – Wandel; Zen – das Gute). Kaizen beruht auf einem kooperativen Führungsstil. Erforderlich sind eine intensive Kommunikation sowie ein Informationsaustausch über alle Hierarchieebenen hinweg. Die Konsensbildung steht im Vordergrund.

Veränderungen erfolgen schrittweise und müssen im Einklang stehen mit der bisherigen Unternehmensentwicklung.

Business Reengineering und Kaizen stellen Extrempositionen landeskulturell geprägter Modelle des organisatorischen Wandels dar. Die damit in der Unternehmenspraxis gemachten Erfahrungen zeigen, dass sich organisatorischer Wandel lediglich in einem begrenzten Umfang gezielt gestalten lässt. Maßgeblich für den Erfolg organisatorischer Veränderungen in internationalen Unternehmen ist die Kenntnis und Berücksichtigung der jeweiligen landeskulturellen Besonderheiten.

Fragen und Aufgaben zur Wiederholung

1. Inwieweit führt die Internationalisierung eines Unternehmens zu veränderten organisatorischen Rahmenbedingungen?

2. Was versteht man unter der statutatorischen Organisation und was wird mit dem Begriff der „Corporate Governance" verbunden?

3. Welche Grundformen internationaler Organisationsstrukturen können unterschieden werden und welche Besonderheiten sind in diesem Zusammenhang mit hybriden Organisationsstrukturen verbunden?

4. Was kennzeichnet eine Auslandsholding und welche Varianten von Holdinggesellschaften können unterschieden werden?

5. Welche Vor- und Nachteile sind mit einer internationalen Matrix- bzw. Tensororganisation verbunden?

6. Erläutern Sie verschiedene Organisationsformen des internationalen „Key Account Managements" und diskutieren Sie die jeweiligen Vor- und Nachteile.

7. Welche Formen sekundärer Organisationsstrukturen kennen Sie und inwiefern können diese in einem internationalen Unternehmen eingesetzt werden?

8. Durch welche besonderen Merkmale sind Netzwerkstrukturen gekennzeichnet und wodurch unterscheiden sich inter- und intraorganisatorische Netzwerkstrukturen?

9. Welche Wechselbeziehungen bestehen zwischen der Unternehmensstrategie und der Unternehmensorganisation?

10. Welche Vor- und Nachteile sind in einem internationalen Unternehmen mit einer Entscheidungszentralisation in der Muttergesellschaft verbunden?

11. Inwieweit kann es sinnvoll sein, ausländischen Tochtergesellschaften strategische Rollen zuzuweisen?

12. Unterscheiden Sie zwischen technokratischen und personenorientierten Instrumenten zur Steuerung von Auslandsgesellschaften und diskutieren Sie deren Anwendungsmöglichkeiten für Auslandsgesellschaften in verschiedenen Landeskulturen.

13. Erläutern Sie anhand von Beispielen mögliche Auslöser für einen organisatorischen Wandel.

14. Was wird unter inkrementalem und was unter fundamentalem Wandel verstanden und welche organisatorischen Widerstände können sich in beiden Fällen ergeben?

15. Beschreiben Sie typische Phasen des organisatorischen Wandels und diskutieren Sie die Bedeutung interkultureller Einflüsse auf die Organisationsentwicklung.

16. Beschreiben Sie die generelle Vorgehensweisen beim „Business Reengineering" und beim „Kaizen" und diskutieren Sie die jeweiligen Vor- und Nachteile.

7 Internationale Controlling-entscheidungen

7.1 Grundlagen und Problemstellung

Controlling erfüllt eine **Führungsunterstützungsfunktion**. Das Controlling umfasst die Koordination der Planung, Kontrolle sowie die Informationsversorgung des Unternehmens (Horvàth 2002, S. 255 f.). Der **funktionelle Controllingbegriff** bezieht sich auf die mit dem Controlling verbundenen Aufgaben wie Planung, Kontrolle und Informationsversorgung. Der **institutionelle Controllingbegriff** bezieht sich auf die eigens zu diesem Zweck eingerichteten Stellen bzw. Abteilungen in einem Unternehmen.

Planung dient der systematischen Entscheidungsvorbereitung und bildet die Grundlage für die Festlegung von Zielen und Sollgrößen für die zukunftsorientierte Gestaltung des Unternehmens. Zwischen Planung und Kontrolle bestehen enge Wechselbeziehungen, weshalb auch von der „Einheit von Planung und Kontrolle" gesprochen wird. Aufgabe der **Kontrolle** ist es, die realisierten Unternehmensergebnisse mit den zuvor geplanten Zielsetzungen zu vergleichen (Soll-Ist-Vergleich). Bei der **Fremdkontrolle** erfolgt der Soll-Ist-Vergleich eines zu kontrollierenden Bereiches von einer Person, welche nicht zu dem betrachteten Kontrollbereich gehört. Bei der **Eigenkontrolle** (Selbstkontrolle) obliegt die Feststellung und Beurteilung des Soll-Ist-Vergleichs dem Handlungsträger des zu kontrollierenden Bereiches selbst. Die heutige Betrachtung des Controllings bezieht sich allerdings nicht nur auf eine vergangenheitsbezogene Auswertung von Soll-Ist-Vergleichen sondern ist ganzheitlich ausgerichtet im Hinblick auf die Überwachung und Steuerung des Unternehmens. Planung und Kontrolle sind nur dann möglich, wenn die erforderlichen Informationen zur Verfügung gestellt werden. Die **Informationsversorgungsfunktion** umfasst die Ermittlung des Informationsbedarfs, die Informationsbeschaffung und Informationsaufbereitung sowie die zweckorientierte Verteilung von Informationen.

Die **Aufgabenstellung des internationalen Controllings** besteht darin, die internationalen Unternehmenseinheiten im Hinblick auf die Planung, Kontrolle sowie Informationsversorgung vergleichbar zu machen. Im Unterschied zum nationalen Controlling sind beim internationalen Controlling die politischen, rechtlichen, ökonomischen und kulturellen Rahmenbedingungen der jeweiligen Auslandsengagements sowie die internationalen Transferbedingungen zwischen den einzelnen Ländermärkten zu berücksichtigen. Dies führt sowohl quantitativ als auch qualitativ zu erhöhten Anforderungen an das Controlling.

Die **Komplexität internationaler Controllingaufgaben** ergibt sich insbesondere in den folgenden Sachverhalten.

(1) Internationale Planungsprobleme

(2) Internationale Kontrollprobleme

(3) Internationale Informationsprobleme

Zu (1) Internationale Planungsprobleme

Internationale Planungsprobleme ergeben sich aus der Vielzahl der zu berücksichtigenden Einflussfaktoren des Auslandsengagements. Durch das internationale Geschäft erhöht sich die **Anzahl der Planungsvariablen**. Internationale Unternehmensplanung erfordert in der Regel einen **mehrstufigen Planungsprozess** unter Einbeziehung der Tochtergesellschaften. Dies führt zu längeren Planungsprozessen, wodurch die Gefahr von fehlerhaften Planvorgaben tendenziell steigt. Auch die Mitwirkung internationaler Unternehmenseinheiten an der Unternehmensplanung kann durch **kulturelle Unterschiede** sehr unterschiedlich sein und mithin zu Planungsineffizienzen beitragen. Planungsprobleme ergeben sich ferner durch die Berücksichtigung von **Länderrisiken** im Planungsprozess.

Zu (2) Internationale Kontrollprobleme

Internationaler Kontrollprobleme entstehen insbesondere vor dem Hintergrund der grenzüberschreitenden **Liefer- und Leistungsverflechtungen** im internationalen Unternehmensverbund. Die dazu erforderliche **internationale Transferpreisbildung** entspricht oftmals nicht den Marktpreisen, weshalb eine Erfolgsbeurteilung ausländischer Unternehmenseinheiten grundsätzlich erschwert wird. Ferner können **Wechselkursvolatilitäten** sowie unterschiedliche **Inflationsraten** zur Verzerrung von Plan- und Kontrollgrößen führen und mithin die Aussagefähigkeit des Controllings negativ beeinflussen. Ebenso können auch **unterschiedliche Rechnungslegungspraktiken** der Tochtergesellschaften eine internationale Kontrolle erschweren.

Zu (3) Internationale Informationsprobleme

Internationale Informationsprobleme ergeben sich sowohl in quantitativer als auch qualitativer Hinsicht. Der **Informationsbedarf** ist in international operierenden Unternehmen insgesamt größer, da zusätzliche Informationen über die jeweiligen **Ländermärkte** und die **internationalen Transferbedingungen** benötigt werden. Die zur Verfügung gestellten Informationen sind dabei oft sehr heterogen, da sie auf den jeweiligen länderspezifischen Daten (z.B. unterschiedliche Normen, unterschiedliche Währungen, unterschiedliche Kennzahlen) basieren. Eine **länderübergreifende Vergleichbarkeit** von Informationen und Unternehmensdaten ist daher in der Regel nur eingeschränkt möglich. Problematisch ist zudem häufig auch der **Informationsfluss** zwischen der Muttergesellschaft und den Auslandsgesellschaften. Es besteht insbesondere das Problem, dass das Management in den Auslandsgesellschaften Informationsvorsprünge geschickt ausnutzen kann.

Internationales Controlling ist in der Regel ein **mehrstufiges Controlling**, d.h. die Planung und Kontrolle ist in mehrere Teileinheiten untergliedert, wobei Auslandsgesellschaften für Planungs- und Kontrollzwecke als Unternehmensteileinheiten gelten. Im Rahmen des internationalen Controllings geht es dann darum, eine **internationale Controllingkonzeption** zu bestimmen, durch welche die hierarchische Stellung und Einbindung der Auslandsgesellschaften in der Planung und Kontrolle des Gesamtunternehmens festzulegen ist. Internationale Controllingziele können sowohl strategisch als auch operativ formuliert werden. Grundsätzlich können alle im nationalen Controlling eingesetzten Controllinginstrumente auch im internationalen Controlling Verwendung finden, wobei die Besonderheiten der landesspezifischen Rahmenbedingungen und des grenzüberschreitenden Geschäftsverkehrs zu beachten sind.

7.2 Internationale Controllingkonzeptionen

Unter einer Controllingkonzeption wird allgemein ein gedanklicher Entwurf zur zielorientierten Lösung eines speziellen Controllingproblems verstanden. Im Vordergrund des internationalen Controllings steht die Frage nach der Einbindung von Auslandsgesellschaften in das Controlling des Gesamtunternehmens. Dazu sind insbesondere die folgenden Sachverhalte zu klären:

1. Wie können Auslandsgesellschaften in die Planung und Kontrolle des Gesamtunternehmens eingebunden werden?

2. Wie kann das Controlling für das Gesamtunternehmen unter Beteiligung von Auslandsgesellschaften organisiert werden?

3. Welche strategischen und operativen Aufgabenstellungen im Controlling ergeben sich aus dem Kontext der internationalen Handlungsumwelt?

Eine Controllingkonzeption ist immer unternehmensspezifisch und in einem internationalen Unternehmen von einer Vielzahl von Einflussfaktoren abhängig. Neben unternehmensinternen Einflussfaktoren, wird die Aussagefähigkeit des länderübergreifenden Controllings vor allem auch durch unternehmensexterne Einflussfaktoren in Form der außenwirtschaftlichen Rahmenbedingungen der jeweiligen Gastländer beeinflusst.

7.2.1 Planung und Kontrolle

Ein zentrales Merkmal des internationalen Controllings ist seine Mehrstufigkeit, d.h. die Planung und Kontrolle ist in mehrere Planungsbereiche (Teilpläne) untergliedert. Planung und Kontrolle sind unabdingbar miteinander verflochten. **Planungs- und Kontrollsysteme** können anhand verschiedener Merkmale beschrieben werden. Nach der **hierarchischen Stellung der Teilpläne** zueinander wird unterschieden zwischen **horizontaler Differenzierung**, bei welcher die einzelnen Teilpläne (z.B. für die einzelnen Auslandsgesellschaften) gleichrangig zueinander stehen und **vertikaler Differenzierung**, bei welcher ein Über-/

Unterordnungsverhältnis der einzelnen Teilpläne zueinander besteht (z.B. strategische, taktische und operative Planung). Der **Aggregationsgrad** der Planung drückt die Planungstiefe aus. Dabei wird unterschieden zwischen der Grobplanung, welche auch als Gesamtplanung bezeichnet wird und der Feinplanung, welche in Form von Einzelplänen konkrete Aussagen über einzelne zu ergreifende Maßnahmen enthält. Hinsichtlich des **Planungszeitraums** wird unterschieden zwischen langfristiger, mittelfristiger und kurzfristiger Planung.

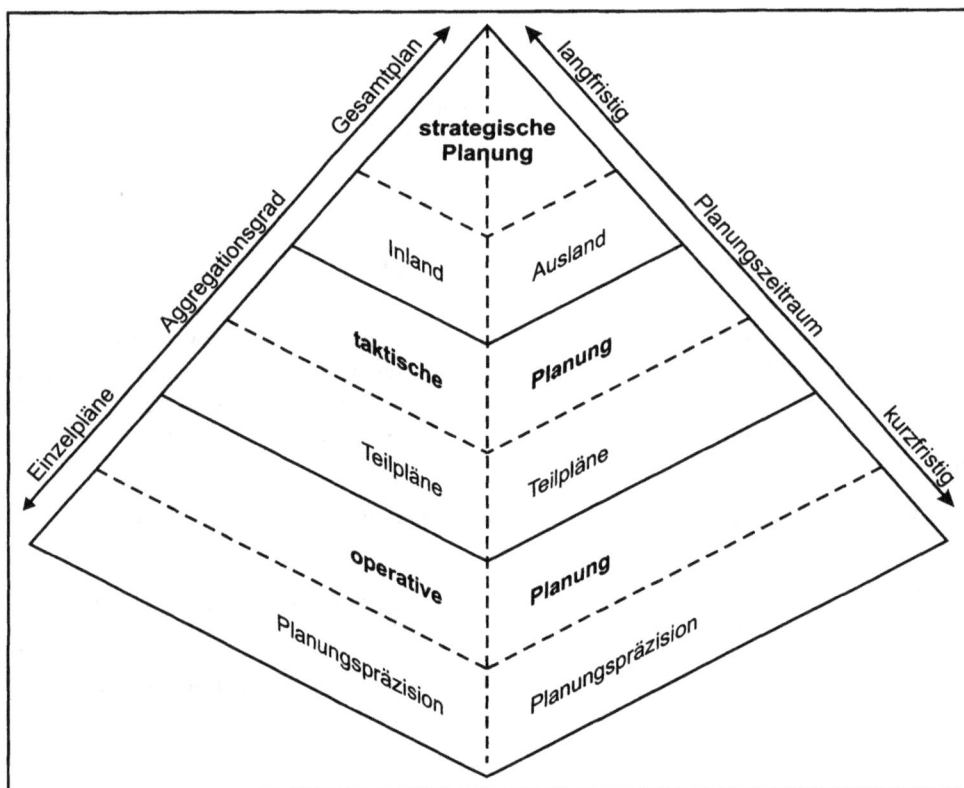

Abb. 7.1 *Merkmale von Planungs- und Kontrollsystemen*

Bei der **internationalen Unternehmensplanung** geht es vor allem um die Frage nach der Einbindung der Auslandsgesellschaften in die Gesamtunternehmensplanung. In diesem Zusammenhang ist zu klären, in welchem Umfang und in welcher Reihenfolge sowie zu welchen Zeitpunkten die Auslandsgesellschaften in das Planungsverfahren eingebunden werden. In idealtypischer Betrachtung können die folgenden drei **Planungsverfahren** unterschieden werden:

1. **Top-down-Planung (retrograde Planung)** erfolgt von oben nach unten. Die oberste Entscheidungsebene, welche in der Regel im Stammhaus angesiedelt ist formuliert die Zielsetzungen und zentralen Planungsgrundsätze, welche als Vorgaben für die Erstellung der Einzelpläne in den Auslandsgesellschaften dienen. Die Nachteile der zentralen

Planung bestehen darin, dass die oberste Entscheidungsebene nur über unvollständige Informationen verfügt und dadurch die lokalen Gegebenheiten in den Planvorgaben nur unzureichend berücksichtigt. Die Top-down-Planung kann daher zu Motivationsproblemen in den Auslandsgesellschaften beitragen.

2. **Bottom-up-Planung (progressive Planung)** geht davon aus, dass die dezentralen Entscheidungseinheiten und damit die jeweiligen Auslandsgesellschaften die Pläne für ihren Verantwortungsbereich zusammenfassen und an die Muttergesellschaft weitergeben. Die Aufgabe der höhergestellten Führungsebene in der Muttergesellschaft besteht dann darin, die Teilpläne zu koordinieren und aufeinander abzustimmen. Das grundlegende Problem der Bottom-up-Planung liegt darin, dass die Interdependenzen zwischen den einzelnen Auslandsgesellschaften unzureichend betrachtet werden mit der Folge, dass die Planung für das Gesamtunternehmen suboptimal werden kann.

3. **Top-down-bottom-up-Planung (Gegenstromverfahren)** kombiniert beide Verfahren. In einem ersten Schritt werden von der obersten Führungsebene Oberziele sowie Rahmenvorgaben für die Planung abgeleitet. Darauf aufbauend erfolgt in einem zweiten Schritt von unten herauf eine Konkretisierung beziehungsweise Ergänzung der Rahmenplanung. Dieser Prozess der sukzessiven Planungsabstimmung kann solange wiederholt werden, bis eine endgültige Entscheidung über die Ziele und Planungsmodalitäten getroffen wird. Der Vorteil der Top-down-bottom-up-Planung liegt in der besseren Ausschöpfung des lokalen Know-hows der Auslandsgesellschaften. Allerdings ist diese Planungsmethodik mit einem größeren Zeitaufwand verbunden.

Planung ist nur dann sinnvoll, wenn sie durch eine Kontrolle ergänzt wird. Die Aufgabe der **Kontrolle** liegt in der Ermittlung von Abweichungen zwischen den Planvorgaben und den realisierten Ergebnissen. Im Vordergrund der **ergebnisbezogenen Kontrolle** steht der Soll-Ist-Vergleich, bei welchem Kennzahlen und Budgets eine zentrale Rolle spielen. Werden Soll-Ist-Abweichungen festgestellt, so ist eine **Abweichungsanalyse** erforderlich, um die Ursachen der Planabweichungen zu ermitteln. Vom Standpunkt des Gesamtunternehmens als auch seiner Teileinheiten (z.B. Auslandsgesellschaften) können Planabweichungen auf unternehmensinterne als auch unternehmensexterne Ursachen zurückzuführen sein. Von zentraler Bedeutung im internationalen Geschäft ist die Überprüfung möglicher unternehmensexterner Ursachen. Unternehmensexterne Ursachen für Planabweichungen können sich beispielsweise ergeben durch eine Veränderung der Wechselkurse als auch durch eine unterschiedliche konjunkturelle Entwicklung der jeweiligen Auslandsmärkte. Im internationalen Geschäft ist daher neben einer ergebnisbezogenen Kontrolle auch eine verhaltensbezogene Kontrolle durchzuführen. Gegenstand der **verhaltensbezogenen Kontrolle** ist neben der Überprüfung der Planungsvoraussetzungen vor allem die Überprüfung der Korrektheit der Umsetzung der vorgegebenen Planung.

7.2.2 Zentrales und dezentrales Controlling

Die Organisationsstruktur eines internationalen Unternehmens beeinflusst maßgeblich die **Controllingorganisation**. In einem internationalen Unternehmen mit Auslandsgesellschaften wird im Controlling in der Regel unterschieden zwischen zentralem und dezentralem

Controlling. Eine solche organisatorische Untergliederung des Controllings ist immer dann gegeben, wenn die Auslandsgesellschaften institutionell als eigenständige Controllingbereiche betrachtet werden:

- **Zentrales Controlling** bezieht sich auf länder- bzw. bereichsübergreifende Controllingaufgaben und ist organisatorisch in der Regel im Stammhaus angesiedelt. Es dient der Koordination und Abstimmung der Controllingziele und Controllinginstrumentarien zwischen den einzelnen Unternehmenseinheiten.

- **Dezentrales Controlling** liegt dann vor, wenn die Controllingaufgaben auf mehrere Bereiche verteilt sind, wobei im internationalen Unternehmen die Auslandsgesellschaften in aller Regel als eigenständige Controllingbereiche aufgefasst werden, welche über eigene Controllerstellen verfügen. Das dezentrale Controlling in den Auslandsgesellschaften soll insbesondere dazu dienen, die für das Controlling relevanten Informationen (z.B. Zielsetzungen, Problemstellungen, landesspezifische Rahmenbedingungen) aufzuarbeiten und sie für das zentrale Controlling zur Verfügung zu stellen.

Das **Problem des dezentralen Controllings in Auslandsgesellschaften** besteht darin, dass sich der Spielraum für partikularistische Interessen der Auslandsgesellschaften zu Lasten von Gesamtunternehmenszielen vergrößert. Es geht also darum, eine organisatorische Regelung zu finden, durch welche sichergestellt werden kann, dass der erforderliche Informationsaustausch zwischen den dezentralen Controllingeinheiten in den Auslandsgesellschaften und dem Zentralcontrolling in der Muttergesellschaft wirkungsvoll erfolgt. Für die **organisatorische Unterstellung** des dezentralen Bereichscontrollings der Auslandsgesellschaften gibt es prinzipiell drei Möglichkeiten. Das dezentrale Bereichscontrolling der Auslandsgesellschaften kann:

1. der Leitung des Zentralcontrolling der Muttergesellschaft disziplinarisch und fachlich unterstellt werden,

2. der Leitung der Auslandsgesellschaft disziplinarisch und dem Zentralcontrolling der Muttergesellschaft fachlich unterstellt werden, oder

3. der Leitung der Auslandsgesellschaft fachlich und dem Zentralcontrolling der Muttergesellschaft disziplinarisch unterstellt werden.

Wird das dezentrale Bereichscontrolling der Auslandsgesellschaft sowohl fachlich als auch disziplinarisch dem Zentralcontrolling der Muttergesellschaft unterstellt, so spricht man vom „Straight-line-Prinzip". Der Nachteil besteht insbesondere darin, dass das Bereichscontrolling in der Auslandsgesellschaft bei dieser organisatorischen Unterstellung als Fremdkörper empfunden wird. Das Vertrauensverhältnis zwischen der Leitung der Auslandsgesellschaft und dem Bereichscontrolling ist meist gestört. Erfolgt eine Trennung von fachlicher und disziplinarischer Unterstellung (doppelte Unterstellung des dezentralen Bereichscontrollings der Auslandsgesellschaft), so wird dies im Organigramm durch eine unterbrochene Linie dargestellt, weshalb in diesem Zusammenhang auch vom so genannten „Dotted-line-Prinzip" gesprochen wird (Bea et al 2005, S. 326). Bei **fachlicher Unterstellung** des dezentralen Bereichscontrollings der Auslandsgesellschaft wird die zentrale Controllinginstanz der Muttergesellschaft mit fachlichen Anordnungs- und Weisungsbefugnissen ausgestattet, d.h. sie kann die zur Erfüllung der Controllingaufgaben notwendigen Handlungsanweisungen erteilen. Bei **disziplinarischer Unterstellung** verfügt die zentrale Controllinginstanz in der Muttergesellschaft über disziplinarische Anordnungs- und Weisungsbefugnisse, d.h. sie kann personalpolitische Maßnahmen (z.B. Beurteilung, Beförderung) ergreifen, um die Controllingaktivitäten der Controllingmitarbeiter vor Ort in den Auslandsgesellschaften zu würdigen.

Eine zentrale Controllingorganisation führt in der Regel zu einer stärkeren **Standardisierung des Controllings**. Damit verbunden ist eine Entwicklung zur Vereinheitlichung der Controllingziele und der angewendeten Controllinginstrumentarien. Die für das Controlling erforderliche Informationsgewinnung und Informationsauswertung wird von der Controllingzentrale in der Muttergesellschaft organisiert und erfolgt nach einheitlichen Grundsätzen.

Demgegenüber geht dezentrales Controlling mit einer stärkeren **Differenzierung des Controllings** einher. Die mit dem Controlling verbundenen Zielsetzungen und die verwendeten Controllinginstrumentarien können den besonderen Erfordernissen der einzelnen Führungsbereiche und hier insbesondere der Auslandsgesellschaften angepasst werden. Der zentrale Vorteil des differenzierten Controllings liegt in der Berücksichtigung kultureller Besonderheiten der jeweiligen Gastländer. Der grundlegende Nachteil des differenzierten Controllings liegt in der Vergleichsproblematik der einzelnen controllingrelevanten Führungsbereiche im internationalen Unternehmensverbund.

7.2.3 Strategisches und operatives Controlling

Durch Controlling können sowohl strategische als auch operative Aufgabenstellungen verfolgt werden. Beide Bereiche lassen sich anhand verschiedener Merkmale beschreiben. Organisatorisch betrachtet, sind sie jedoch nicht als getrennt voneinander zu sehen.

(1) Aufgaben des strategischen Controlling

(2) Aufgaben des operativen Controlling

Zu (1) Aufgaben des strategischen Controlling
Strategisches Controlling im internationalen Unternehmen ist darauf ausgerichtet vorhandene Erfolgspotentiale des Unternehmens zu erhalten und neue Erfolgspotentiale auf den globalen Märkten zu identifizieren, um sie für das Unternehmen gewinnbringend zu nutzen. Strategisches Controlling bezieht sich daher vor allem auf die Fragestellung: „Tun wir die richtigen Dinge?"

Ausprägung des Controllings / Merkmale	Strategisches Controlling	Operatives Controlling
Führungsziel	langfristige Existenz-sicherung des Unternehmens	Erfolgserzielung, Rentabilität, Liquiditätssicherung
Zeithorizont	langfristig (mehr als 5 Jahre)	kurz- bis mittelfristig (bis 5 Jahre)
Hierarchische Stufe	Schwerpunkt auf der obersten Führungsebene	Involvierung aller Unternehmens- und Führungseinheiten
Ausrichtung	umweltorientiert, nach außen gerichtet	unternehmensorientiert, nach innen gerichtet
Dimensionen	Stärken / Schwächen Chancen / Risiken	Kosten / Leistungen Aufwand / Ertrag Aus- / Einzahlungen Kapital / Vermögen
Informations-bedürfnisse	primär umweltorientiert	primär innerbetriebliche Informationen

Abb. 7.2   Ausprägungen und Merkmale des Controllings (Quelle: nach Reichmann 1997, S. 410)

Im Vordergrund des internationalen strategischen Controllings steht daher die Aufgabenstellung, die Existenz des Gesamtunternehmens im globalen Wettbewerb nachhaltig zu sichern. Erforderlich dafür ist eine Analyse der unternehmensinternen Stärken und Schwächen sowie eine Analyse der unternehmensexternen Chancen und Risiken, welche sich aus dem internationalen Handlungsumfeld ergeben. Zu den wichtigsten Aufgabenbereichen des internationalen strategischen Controllings gehören die Folgenden:

- **Portfoliomanagement** umfasst die Identifikation und Analyse von Kernkompetenzen und Wettbewerbsvorteilen in strategischen Geschäftsfeldern auf den internationalen Märkten. Im Vordergrund stehen dabei die folgenden Fragestellungen: Ist das Unternehmen mit seinen Kernkompetenzen und strategischen Geschäftsfeldern auf den zentralen Auslandsmärkten vertreten? Welche Normstrategien (z.B. Investitions-, Desinvestitions-, Ersatzinvestitionsstrategie) ergeben sich für die einzelnen Geschäftsfelder in den jeweiligen Auslandsmärkten?

- **Ressourcenmanagement** basiert auf einer Analyse der materiellen und immateriellen Ressourcen, welche einem Unternehmen zur Verfügung stehen. Generell geht es dabei darum, unternehmensinterne Stärken und Schwächen zu erkennen. Darauf aufbauend betrifft das Ressourcenmanagement im internationalen Unternehmen vor allem die zielorientierte und länderübergreifende Verteilung von Unternehmensressourcen zwischen

nationalem und internationalem Geschäft und im Hinblick auf die einzelnen Unternehmenseinheiten (z.B. Auslandsgesellschaften). Im Vordergrund steht daher die folgende
Fragestellung: Welche Ressourcen sind für die einzelnen Auslandsengagements erforderlich und wie sollen die Ressourcen unternehmensübergreifend zwischen dem Inlandsgeschäft und dem Auslandsgeschäft verteilt werden?

- **Risikomanagement** umfasst die Risikoidentifikation, die Risikobewertung, die Ableitung geeigneter Maßnahmen zur Risikobewältigung und schließlich die Risikoüberwa-
chung. Im internationalen Unternehmen sind zusätzliche Risiken, wie Länderrisiken,
Wechselkursrisiken und soziokulturelle Risiken zu berücksichtigen. Die zentrale Fragestellung lautet: Welche Risiken des Auslandsengagements sind erkennbar und wie soll
mit diesen Risiken umgegangen werden?

Zu (2) Aufgaben des operativen Controlling
Operatives Controlling im internationalen Unternehmen ist darauf ausgerichtet, den kurz- bis
mittelfristigen Erfolg sowohl des Gesamtunternehmens als auch der einzelnen Auslandsgesellschaften zu bestimmen und vergleichbar zu machen. Beim operativen Controlling lautet
die zentrale Fragestellung deshalb: „Tun wir die Dinge richtig?"

Das operative Controlling stützt sich primär auf innerbetriebliche Informationen, insbesondere auf die Daten der Kosten- und Leistungsrechnung sowie der Finanzbuchhaltung. Es stellt
sich zudem die Frage, ob der Erfolg einer Auslandsgesellschaft zurückzuführen ist auf die
wirtschaftlichen Rahmenbedingungen oder auf die Kompetenz des lokalen Managements in
der Auslandsgesellschaft. Die **Erfolgsbeurteilung ausländischer Tochtergesellschaften**
kann aus zwei Perspektiven erfolgen (Pausenberger 1997, S. 951 f.):

- Bei der **investorbezogenen Sichtweise** wird die Auslandsgesellschaft als Investitionsobjekt betrachtet, welcher alle Kosten- und Leistungsgrößen in einer Währung zugerechnet
werden. Wirtschaftliche Rahmenbedingungen (z.B. Wechselkursänderungen, Konjunk-
turentwicklung) werden daher direkt dem Investitionsobjekt zugerechnet. Entscheidungskriterium für die Erfolgsbeurteilung ist demnach die effektive Kapitalverzinsung,
welche mit der Auslandsgesellschaft erzielt wird.

- Bei der **objektbezogenen Sichtweise** steht die Erfolgsbeurteilung des Managements der
jeweiligen Auslandsgesellschaft im Vordergrund. Dies bedeutet, dass eine Veränderung
der Rahmenbedingungen, für welche das Management der Auslandsgesellschaft natur-
gemäß nicht verantwortlich ist, bei der Erfolgsbeurteilung unberücksichtigt bleiben.

Sowohl die investorbezogene als auch objektbezogene Sichtweise der Erfolgsbeurteilung von
Auslandsgesellschaften ist mit vielfältigen **Vergleichsproblemen** verbunden. Zu nennen
sind hier insbesondere Wechselkursvolatilitäten, Länderrisiken, konzerninterne internationale Lieferungen und Leistungen sowie die kulturelle Distanz zwischen dem Stammland und
dem Gastland.

7.3   Internationale Controllinginstrumente

7.3.1   Einleitung und Überblick

Als Controllinginstrumente gelten alle Mittel, welche geeignet sind, die mit dem Controlling jeweils verbundenen Zielsetzungen zu erreichen (Mittel-Ziel-Beziehung). Zu unterscheiden sind Controllinginstrumente, deren Kontrollgrößen auf quantitativen Daten basieren (z.B. Break-Even-Analyse) von jenen, welche primär qualitative Daten und Informationen auswerten (z.B. SWOT-Analyse). **Strategische Controllinginstrumente** sollen eine Identifizierung längerfristiger Erfolgspotenziale des Unternehmens ermöglichen. **Operative Controllinginstrumente** stellen insbesondere auf eine Beurteilung des kurzfristigen Geschäftserfolgs ab, wobei auch ein besonderes Augenmerk auf die Liquidität zu legen ist.

Zielsetzung	Instrument
strategisches Controlling ⟋ ⟋ ⟋ operatives Controlling	• Kreativitätstechniken • Portfolio-Analyse • Szenario-Technik • Balanced Scorecard • wertorientierte Steuerungsinstrumente • Internationale Transferpreise • SWOT-Analyse • Benchmarking • Produktlebenszyklusanalyse • Kennzahlensysteme • Erfahrungskurve • Deckungsbeitragsrechnung • Break-Even-Analyse • Währungsumrechnung • Budgetierung

Abb. 7.3   Strategische und operative Controllinginstrumente (Quelle: nach Zentes et al 2004, S. 816)

Die Übergänge zwischen strategischen und operativen Controllinginstrumenten sind fließend (Zentes et al 2004, S. 816). Generell können alle im nationalen Geschäft eingesetzten Controllinginstrumente auch im internationalen Controlling angewendet werden. Zentrale Bedeutung im internationalen Unternehmen haben jene Controllinginstrumente, mit denen Erfolgspotenziale sowie Risiken von Auslandsgesellschaften identifiziert werden können. Ferner muss es darum gehen, die Unternehmenseinheiten im In- und Ausland für Planungs- und Kontrollzwecke miteinander vergleichbar zu machen. Erforderlich dafür ist eine Überprüfung der internationalen Transferpreise für die Liefer- und Leistungsverflechtungen zwischen der Muttergesellschaft und den Auslandsgesellschaften. Bestehen Auslandsgesellschaften im Fremdwährungsraum, so ist zudem eine Währungsumrechnung erforderlich und (gegebenenfalls) auch eine Inflationsbereinigung durchzuführen.

7.3.2   Internationales Performance Measurement

Der englische Begriff „performance measurement" bedeutet soviel wie Leistungsmessung. „Performance measurement" kann sich auf das Unternehmen als Ganzes beziehen aber auch auf einzelne Teileinheiten des Unternehmens. **„Performance measurement"** basiert auf **Kennzahlen** mit unterschiedlichen Dimensionen und stellt in seiner Funktionalität auf eine ganzheitliche Betrachtung relevanter Erfolgsfaktoren ab. Es gibt eine Vielzahl von „performance measurement" Systemen.

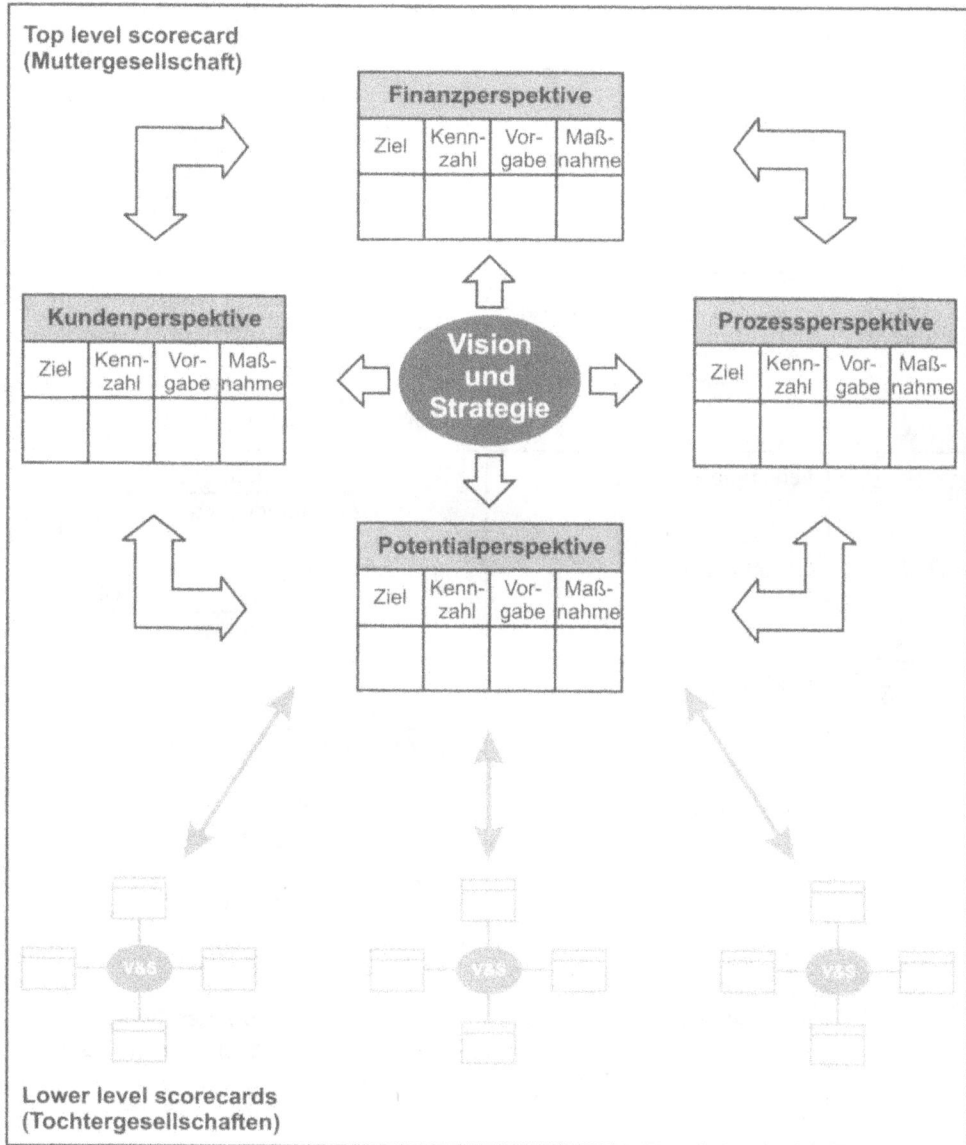

Abb. 7.4   „Balanced Scorecard"

Perspek-tive	Kennzahl	Definition
Finanzen	ROI (Return on Investment)	$$\frac{\text{Gewinn} + \text{Fremdkapitalzinsen}}{\text{Gesamtkapital}}$$
	EBIT (Earnings before Interest and Taxes)	Jahresüberschuss +/- außerordentliches Ergebnis +/- Ertragssteuern/-steuerrückvergütung +/- Zinsaufwand/-ertrag
	Working Capital (Nettoumlaufvermögen)	Umlaufvermögen ./. kurzfristiges Fremdkapital
Kunden	Beschwerdequote	$$\frac{\text{Anzahl der Beschwerden}}{\text{Anzahl der Kundenaufträge}}$$
	Kundentreue	$$\frac{\text{Anzahl der mindestens zum zweiten Mal vom selben Kunden gekauften Produkte}}{\text{Gesamtabsatzmenge dieses Produktes}}$$
	Kundenprofitabilität	$$\frac{\text{Gewinn}}{\text{Anzahl der Kunden (Kundenaufträge)}}$$
Prozesse	Fehlerquote	$$\frac{\text{fehlerhafte Teile}}{\text{Gesamtproduktionsmenge}}$$
	Garantiekosten	$$\frac{\text{Kosten für Garantie-/Gewährleistungsmaßnahmen}}{\text{Gesamtkosten}}$$
	Reklamationsdauer	$$\frac{\text{Zeitdauer für die Bearbeitung aller Kundenreklamationen}}{\text{Anzahl der Kundenreklamationen}}$$
Potenziale	Mitarbeiterproduktivität	$$\frac{\text{Ausbringungsmenge}}{\text{Anzahl der Beschäftigten}}$$
	Mitarbeiterfluktuation	$$\frac{\text{Anzahl der Austritte innerhalb eines Jahres}}{\text{Gesamtbeschäftigtenzahl}}$$
	Informationsfluss	„durchschnittliche Zeitdauer für die Übermittlung von Informationen an die Geschäftsleitung"

Abb. 7.5   Kennzahlen einer Balanced Scorecard (Beispiele)

Das bekannteste „performance measurement" System ist die **„balanced scorecard"**, welche von Kaplan und Norton entwickelt wurde (Kaplan/Norton 1992). Sie wird im Folgenden in ihren Grundzügen und in ihrer Bedeutung für das Controlling von Auslandsgesellschaften dargestellt. Die „balanced scorecard" ist ein Ansatz zur Umsetzung einer Strategie in spezifische Ziele und Kennzahlen. Sie dient der Überwachung der erforderlichen Maßnahmen in den folgenden Perioden und erfüllt eine Mittlerfunktion zwischen der strategischen und operativen Planung und Kontrolle. Aufgezeigt werden sollen Ursache-Wirkungsbeziehungen zwischen den strategischen Zielen und den zu ihrer Erreichung erforderlichen operativen Maßnahmen.

Nach Kaplan/Norton sollen Visionen und Strategien aus vier teilweise interdependenten **Perspektiven** betrachtet werden. Für jede dieser Perspektiven sind die folgenden Parameter festzulegen: (1) Zielkriterien, (2) Kennzahlen zur Messung der Zielkriterien (Ergebnisgrößen), (3) Kennzahlengrößen, die den Verantwortungsbereichen vorgegeben werden und (4) Maßnahmen, welche zur Zielerreichung zu ergreifen sind:

1. Die **Finanzperspektive** bildet den Ausgangspunkt der „balanced scorecard". Sie soll angepasst an den Lebenszyklus der Geschäfts- und Unternehmenseinheiten die finanzwirtschaftlichen Zielsetzungen und Ergebnisse abbilden. Im Vordergrund steht deshalb die Frage, an welchen Kriterien der finanzielle Erfolg gemessen werden soll. Als wichtigste Kennzahlen der Finanzperspektive gelten das Umsatzwachstum der einzelnen Geschäfts- und Unternehmenseinheiten sowie die Kapitalrenditen (z.B. ROI – Return on Investment). Alle Kennzahlen müssen in einer Mittel-Zweck Relation zur übergeordneten Strategie stehen.

2. Die **Kundenperspektive** soll eine erfolgsbezogene Abgrenzung der Markt- und Kundensegmente ermöglichen, in welchen ein Verantwortungsbereich (z.B. Auslandsgesellschaft) tätig wird. Im Vordergrund steht die Frage, nach den zentralen Bestimmungsgrößen für einen nachhaltigen Erfolg beim Kunden. Zu den wichtigsten Kennzahlen der Kundenperspektive gehören die Kundenzufriedenheit, die Kundentreue, die Kundenprofitabilität, die Akquisition von Neukunden sowie kundenbezogene Erfolgskriterien, wie Marktanteile und ihre Entwicklung im Zeitablauf.

3. Die **Prozessperspektive** soll eine Identifizierung jener Geschäftsprozesse ermöglichen, welche für die Erfüllung der Kundenanforderungen und für die Erreichung finanzieller Ziele kritisch sind. Angestrebt wird nicht nur eine Überprüfung bestehender Prozesse sondern auch eine Identifizierung neuer Geschäftsprozesse. Im Vordergrund steht deshalb die Frage nach den Erfolgsfaktoren für effiziente und sichere Geschäftsprozesse. Als besonders erfolgskritisch gelten Innovations-, Betriebs- und Serviceprozesse. Kennzahlen für Innovationsprozesse sind beispielsweise die Entwicklungszeiten und die so genannte Neuproduktrate. Typische Kennzahlen für Betriebsprozesse sind Durchlaufzeiten und die Fehlerquote. Serviceprozesse können z.B. durch die Anzahl der Reklamationen und die Reklamationsdauer erfasst werden.

4. Die **Potenzialperspektive** soll der Förderung einer „lernenden und wachsenden Organisation" (Kaplan/Norton 1997, S. 121) dienen. Im Vordergrund steht deshalb die Frage nach den Hauptvoraussetzungen für Innovations- und Wachstumsprozesse. Die Haupt-

voraussetzungen für Innovation und Wachstum werden durch drei Bereiche abgebildet: Mitarbeiterpotentiale, Informations- und Kommunikationssysteme sowie Motivation. Als wichtigste Kennzahlen kommen mithin personalbezogene Kennzahlen in Frage, wie Mitarbeiterzufriedenheit, Fluktuationsrate und Mitarbeiterproduktivität. Der Stellenwert des Informations- und Kommunikationssystems kann beispielsweise abgebildet werden durch die Kennzahl „Zeit für die Übermittlung von Informationen an Entscheidungsträger".

Die zur Leistungsmessung herangezogenen Kennzahlen und Steuerungsgrößen (scorecards) sollen ausgewogen (balanced) sein und sowohl die Vergangenheit, Gegenwart und Zukunft des Unternehmens abbilden. Die „balanced scorecard" besteht daher sowohl aus **Ergebniskennzahlen**, welche die strategischen Ziele widerspiegeln (z.B. ROI, Kundentreue, Prozessqualität, Mitarbeiterqualifikation) als auch aus **Leistungstreiberkennzahlen**, mit welchen zukünftige Entwicklungspotenziale eingeschätzt werden sollen (z.B. Umsatzanteil neuer Produkte, durchgeführte Marketingmaßnahmen).

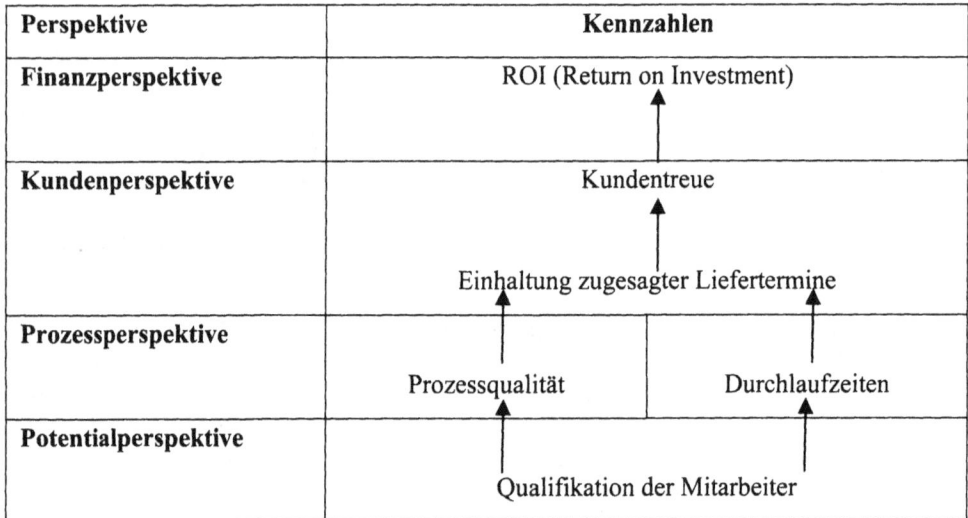

Perspektive	Kennzahlen	
Finanzperspektive	ROI (Return on Investment) ↑	
Kundenperspektive	Kundentreue ↑	
	Einhaltung zugesagter Liefertermine ↑	↑
Prozessperspektive		
	Prozessqualität ↑	Durchlaufzeiten ↑
Potentialperspektive		
	Qualifikation der Mitarbeiter	

Abb. 7.6 Instrumentalrelationen (Quelle: nach Kaplan/Norton 1997, S. 31)

Die **Anwendung der „balanced scorecard"** soll dazu beitragen, die Effekte einer möglichen Veränderung eines Teils der Organisation, im Hinblick auf die damit verbundenen Auswirkungen auf das Gesamtunternehmen zu analysieren. Es sollen dadurch **Instrumentalrelationen**, d.h. Ursache-Wirkungsbeziehungen festgestellt werden, über welche aufgezeigt wird, wie jede ergriffene Maßnahme Teil einer Kette von Ereignissen im Rahmen der Unternehmensaufgabe wird.

Im **internationalen Unternehmen** ist die Anwendung der „balanced scorecard" mit vielfältigen Erhebungs-, Konsolidierungs- und Vergleichsproblemen verbunden. Generelles Ziel ist es, das die „**top level scorecard**" der obersten Entscheidungsebene (Muttergesellschaft), die zur Leistungsmessung herangezogenen Daten, die so genannten „**lower level scorecards**" der nachgeordneten Entscheidungsebenen (Auslandsgesellschaften) weitestgehend abbildet.

Dies wird jedoch in der Regel nur eingeschränkt erreicht, da die Zielsetzungen und Strategien der einzelnen Unternehmenseinheiten meist sehr heterogen sind und auch der Aufwand sowie die Akzeptanz der Datenerhebung oftmals sehr unterschiedlich ist. Bei der Anwendung der „balanced scorecard" in internationalen Unternehmen geht es daher vor allen Dingen darum, eine möglichst hohe Standardisierung der zur Leistungsmessung herangezogenen Daten (scorecards) anzustreben.

7.3.3   Internationales Wertmanagement

Beim Wertmanagement geht es allgemein um die Frage, an welchen Werten (Interessen) die Unternehmensleitung ihre Unternehmenspolitik ausrichten soll. Es sind zwei **Grundideen des Wertmanagements** zu unterscheiden:

- Beim **„Shareholder-Value-Ansatz"** stehen die Interessen der Aktionäre bzw. Anteilseigner im Vordergrund. Der „Shareholder-Value-Ansatz" ist alleinig fokusiert auf das finanzielle Interesse der Eigenkapitalgeber. Er bemisst sich am Ertragswert des Eigenkapitals, welches es zu maximieren gilt.

- Beim **„Stakeholder-Value-Ansatz"** werden nicht nur die finanziellen Interessen der Anteilseigner sondern auch jene anderer Anspruchsgruppen (Stakeholder) berücksichtigt. Zu den „Stakeholdern" zählen neben den Anteilseignern auch die Mitarbeiter, Fremdkapitalgeber, Lieferanten und Kunden sowie der Staat und im weiteren Sinne auch die Gesellschaft. Der „Stakeholder Value" umfasst daher neben quantitativen Wertgrößen vor allem auch qualitative Aspekte.

Das **Grundproblem des „Stakeholder-Value-Ansatzes"** besteht darin, dass er keine operationale Maßgröße abbildet und sich die Wertmaßstäbe sowie die Interessen und Zielsetzungen der verschiedenen Anspruchsgruppen („Stakeholder") auch widersprechen können. Im Vordergrund einer wertorientierten Unternehmensführung steht daher oftmals der „Shareholder-Value-Ansatz", obgleich dieser lediglich eine eindimensionale Bewertung der finanziellen Interessen der Anteilseigner ermöglicht. Eine am „Shareholder-Value-Ansatz" ausgerichtete Unternehmensführung zielt darauf ab, alle unternehmerischen Aktivitäten konsequent auf solche Investitionen zu richten, welche neben der Deckung der Fremdkapitalkosten eine möglichst hohe Eigenkapitalverzinsung erbringen. Zur Kontrolle und Steuerung des Gesamtunternehmens oder auch seiner Teilbereiche (z.B. Auslandsgesellschaften) werden Ertragswerte verwendet. Zur Bestimmung des „Shareholder Value" existieren verschiedene Verfahren.

Das bekannteste Verfahren einer „wertorientierten Unternehmensführung" ist das **„Discounted Cashflow-Verfahren (DCF-Verfahren)"**, welches auf Rappaport (Rappaport 1995, S. 42 f.) zurückgeht. Der Cashflow ergibt sich in direkter Berechnung durch Gegenüberstellung aller Ein- und Auszahlungen einer Periode. Er kann jedoch auch indirekt ermittelt werden, indem man den Jahresüberschuss um die nicht zahlungswirksamen Aufwendungen und Erträge korrigiert. Der Cashflow ist eine finanzwirtschaftliche Kennzahl für die Innenfinanzierungskraft und damit auch für die finanzielle Ausschüttungsfähigkeit eines Unternehmens. Das DCF-Verfahren basiert auf der Anwendung der aus der Investitionsrechnung bekannten **Kapitalwertmethode** für die Bewertung von Unternehmen und mithin für die wertorientierte Unternehmensführung. Bei den DCF-Verfahren werden auf der Grundlage der Kapitalwertformel die zukünftig erwarteten Cashflows ($E_t - A_t$) auf ihren Gegenwartswert bzw. Barwert diskontiert. Die Schätzung zukünftiger Cashflows kann sich nur auf einen bestimmten Planungszeitraum erstrecken, weshalb auch ein Restwert (Terminal Value) am Ende des Planungszeitraums festzulegen ist. Der „Shareholder Value" kann auf der Grundlage des Gesamtkapitalansatzes (Entity Approach) und des Eigenkapitalansatzes (Equity Approach) berechnet werden (Dillerup/Stoi 2008, S. 161 f.; Schierenbeck/Wöhle 2008, S. 480 f.):

- Beim **Gesamtkapitalansatz** wird zweistufig vorgegangen. Es wird zunächst der Gesamtunternehmenswert (Bruttounternehmenswert) ermittelt. Dieser wird dann um den Wert des Fremdkapitals vermindert, um so den Wert des Eigenkapitals („Shareholder Value") zu erhalten.

- Beim **Eigenkapitalansatz** wird der Wert des Eigenkapitals, der so genannte „Shareholder Value" direkt durch Diskontierung der an die Eigentümer fließenden Free Cashflows ermittelt. Dabei wird immer davon ausgegangen wird, dass alle Zahlungsüberschüsse ausbezahlt werden.

Ausgehend vom Gesamtkapitalansatz werden der Unternehmenswert und der Wert des Eigenkapitals im DCF-Verfahren wie folgt berechnet. Der **Unternehmenswert** ergibt sich als Kapitalwert der erwarteten **Free Cashflows (FCF)**. Die Free Cashflows sind die Zahlungsüberschüsse aus dem operativen Geschäft, welche zur Deckung der Ansprüche der Eigenkapitalgeber und der Fremdkapitalgeber verwendet werden können. Zu kapitalisieren ist ferner der Restwert des Unternehmens, der so genannte **Terminal Value (TV)**, welcher sich am Ende der Planungsperiode ergibt.

$$V = \sum_{t=1}^{n} \frac{FCF_t}{(1+i)^t} + \frac{TV_n}{(1+i)^n}$$

mit:			
	V	=	Wert des Gesamtunternehmens (Value)
	FCF_t	=	Free Cashflow in der Periode t
	TV_n	=	Terminal Value (Restwert) in der n-ten Periode
	t	=	Periodenindex
	n	=	Anzahl der Perioden der Planungsphase
	i	=	Kapitalkostensatz (Diskontierungssatz)

Wird der errechnete Gesamtunternehmenswert (Bruttounternehmenswert) um den Marktwert des Fremdkapitals vermindert, so erhält man den **Marktwert des Eigenkapitals**, d.h. den Nettounternehmenswert, den so genannten „**Shareholder Value**".

$$SV = V - FK_0$$

mit:			
	SV	=	Wert des Eigenkapitals („Shareholder Value")
	V	=	Wert des Gesamtunternehmens
	FK_0	=	Marktwert des Fremdkapitals zu Planungsbeginn

Für die Ermittlung des Unternehmenswertes bei den DCF-Verfahren sind zwei **Bestimmungsgrößen** maßgeblich. Erstens die geschätzten zukünftigen Zahlungsüberschüsse, die so genannten Free Cashflows einschließlich eines geschätzten Restwertes und zweitens die Bestimmung eines Diskontierungssatzes (Kapitalkostenzinssatzes), welcher zur Abzinsung der erwarteten Cashflows und des Restwertes verwendet wird. Die Vorgehensweise beim DCF-Verfahren beim Gesamtkapitalansatz kann vereinfacht wie folgt dargestellt werden.

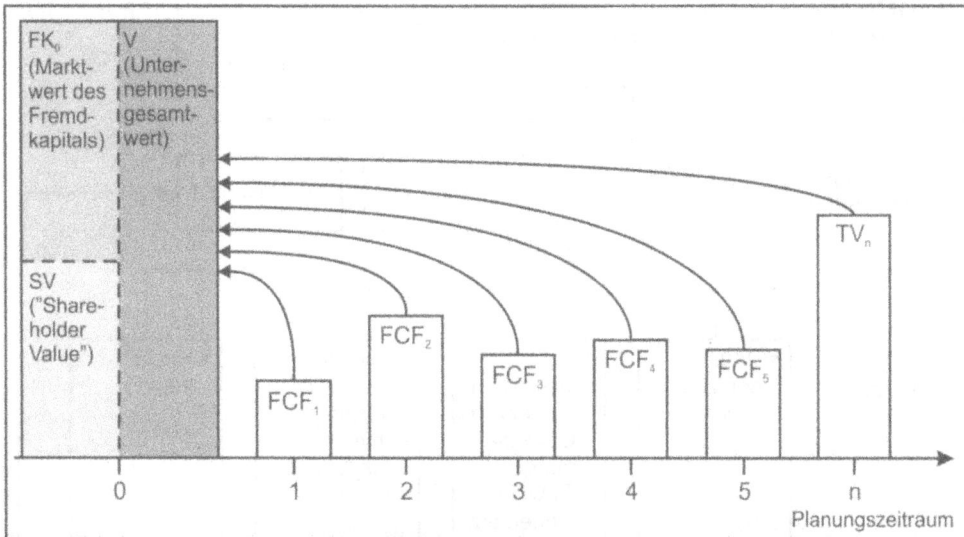

Abb. 7.7   Discounted Cashflow-Verfahren (Gesamtkapitalansatz)

Die Diskontierung erfolgt mittels eines gewogenen durchschnittlichen **Kapitalkostenzinssatzes**, dem so genannten Weighted Average Cost of Capital (WACC). Um die aus den Fremdkapitalzinsen resultierenden Steuervorteile im Kapitalkostenzinssatz zu berücksichtigen, werden bei der Berechnung des **Weighted Average Cost of Capital (WACC)** die Fremdkapitalkosten um den Faktor (1 − s) reduziert.

$$i_{WACC} = i_{EK} \cdot \frac{EK}{GK} + i_{FK} \cdot \frac{FK}{GK} \cdot (1-s)$$

mit: i_{WACC} =   durchschnittlicher gewogener Kapitalkostenzinssatz

$\quad\quad\quad i_{EK}$ =   Eigenkapitalkostensatz bzw. Renditeforderung

$\quad\quad\quad i_{FK}$ =   Fremdkapitalkostensatz

$\quad\quad\quad EK$ =   Eigenkapital

$\quad\quad\quad GK$ =   Gesamtkapital

$\quad\quad\quad FK$ =   Fremdkapital

$\quad\quad\quad s$ =   Steuersatz auf den Unternehmensgewinn

Zerlegt man den „Shareholder Value" in seine rechnerischen Bestimmungsgrößen, so werden die zentralen Einflussfaktoren einer wertorientierten Unternehmensführung sichtbar, welche auch als „**Werttreiber**" bezeichnet werden. Werttreiber können sowohl in Form quantitativer Kennzahlen als auch qualitativer Größen bestehen. Sie verdeutlichen die Ursache-Wirkungszusammenhänge, indem sie die Ansatzpunkte für wertorientierte Unternehmensführungsentscheidungen im Sinne des „Shareholder Value" aufzeigen.

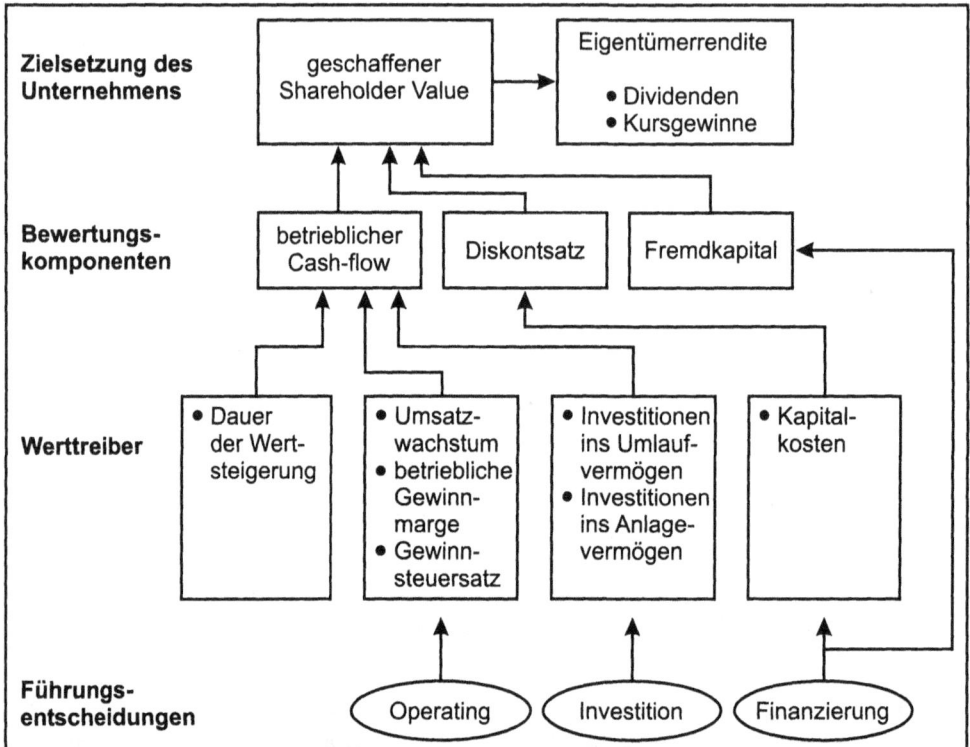

Abb. 7.8   *Shareholder Value Network (Quelle: Rappaport 1995, S. 79)*

Die Aussagefähigkeit der DCF-Verfahren ist generell abhängig von den zugrunde liegenden Planungsgrößen, d.h. den Schätzungen der zukünftigen Cashflows einschließlich der Ermittlung eines Unternehmensrestwertes am Ende der Planungsperiode sowie der Festlegung eines Diskontierungssatzes.

7.3.4   Internationale Transferpreise

Internationale Transferpreise sind Verrechnungspreise, die für den grenzüberschreitenden Austausch von Lieferungen und Leistungen im internationalen Konzernverbund (related party trade) festgelegt werden müssen (Büter 2007, S. 115). Die Transferpreise werden von der Unternehmensleitung festgelegt, d.h. zwischen der Muttergesellschaft und den jeweiligen Auslandsgesellschaften.

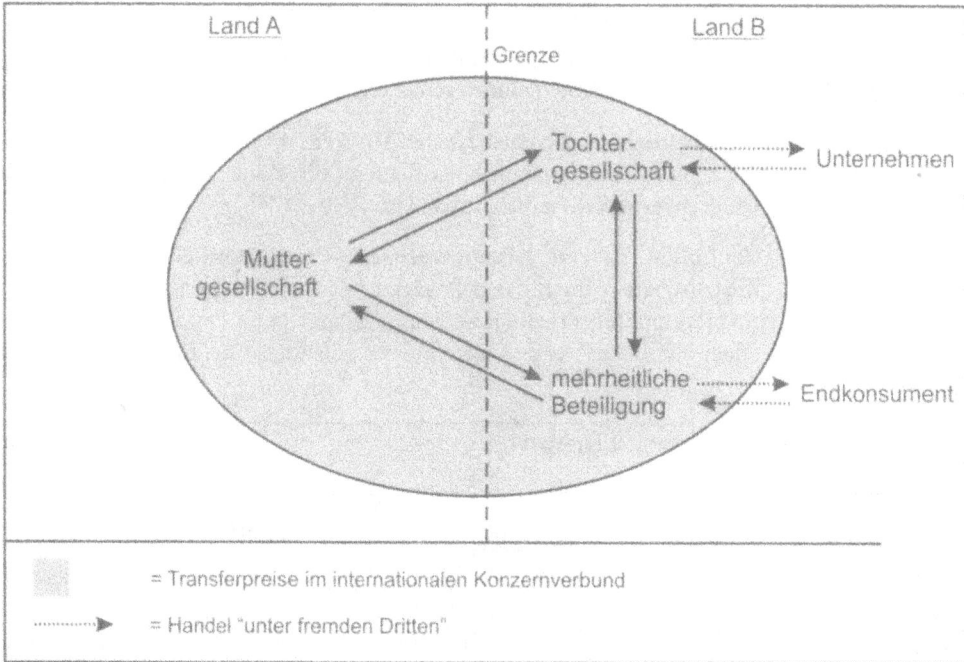

Abb. 7.9 *Internationale Transferpreise*

Grundsätzlich können drei **Formen der Bestimmung von Transferpreisen** unterschieden werden:

1. Eine **kostenorientierte Transferpreissetzung** basiert auf einer Kostenaufschlagskalkulation. Sie enthält auch die zusätzlichen Kosten des internationalen Liefer- und Leistungsverkehrs (z.B. Transportkosten, Einfuhrabgaben).

2. Eine **marktorientierte Transferpreissetzung** ist dann gegeben, wenn der Transferpreis Angebot und Nachfrage auf dem jeweiligen Markt widerspiegelt.

3. Eine **abgesprochene (autonome) Transferpreissetzung** liegt dann vor, wenn der Transferpreis zwischen den im internationalen Konzernverbund operierenden Gesellschaften zweckorientiert abgesprochen wurde.

Die internationalen Transferpreise sollen sich im Grundsätzlichen an den Marktpreisen **(market based transfer pricing)** orientieren. Sofern die Transferpreise im internationalen Konzernverbund abgesprochen werden **(autonomous transfer pricing)**, so wird damit eine zweckorientierte Leistungsbewertung angestrebt. Mit einer autonomen Transferpreissetzung können insbesondere folgende Ziele verfolgt werden:

•   **Allokations-/Lenkungsziele:** Durch die Transferpreisgestaltung soll eine möglichst optimale Allokation von Unternehmensressourcen erreicht werden. Die Transferpreise orientieren sich hierbei an den Knappheitsverhältnissen der Güter.

- **Gewinnverlagerungsziele:** Die Transferpreise werden so gestaltet, dass der Gewinn im internationalen Konzernverbund in Niedrigsteuerländer verlagert wird, so dass sich die Steuerbelastung für das Gesamtunternehmen reduziert.

- **Reduzierung außenhandelsspezifischer Kosten/Risiken:** Die Transferpreise werden so gestaltet, dass die außenhandelsspezifischen Kosten (z.B. Zölle, Abgaben) oder Risiken (z.B. politische Länderrisiken) reduziert werden.

Im internationalen Controlling ist eine leistungsbezogene Erfolgskontrolle zwischen den jeweils betroffenen Gesellschaften im In- und Ausland nur dann möglich, wenn sich die Transferpreise an den Marktpreisen orientieren. Eine abgesprochene (autonome) Transferpreissetzung kann zu unerwünschten Verzerrungen bei der Leistungs- und Erfolgsbeurteilung führen.

Preissetzung wie unter fremden Dritten (arm´s length pricing)		
	Land A	Land B
Umsatzerlöse	100.000,- EUR Export	120.000,- EUR
Aufwand	80.000,- EUR	100.000,- EUR
Gewinn	20.000,- EUR	20.000,- EUR
Körperschaftssteuer	5.000,- EUR	7.000,- EUR
Land A 25%		
Land B 35%		
Gewinn nach Steuern	15.000,- EUR	13.000,- EUR
Autonome Transferpreissetzung (transfer pricing)		
	Land A	Land B
Umsatzerlöse	120.000,- EUR Export	120.000,- EUR
Aufwand	80.000,- EUR	120.000,- EUR
Gewinn	40.000,- EUR	Null EUR
Körperschaftssteuer	10.000,- EUR	Null EUR
Land A 25%		
Land B 35%		
Gewinn nach Steuern	30.000,- EUR	Null EUR

Abb. 7.10 Transferpreissetzung am Beispiel (Quelle: Büter 2007, S. 116)

Zu einer **Gewinnverlagerung in Niedrigsteuerländer** kommt es dann, wenn überhöhte Rechnungspreise („overpricing") für aus diesen Ländern bezogene Waren ausgestellt werden bzw. zu niedrige Rechnungspreise („underpricing") für an diese Länder gelieferte Waren vereinbart wurden. Um eine Gewinnverlagerung in Niedrigsteuerländer zu verhindern, wurden von der **OECD Verwaltungsgrundsätze** (OECD - Model Tax Convention) formuliert. Transferpreise müssen danach so angesetzt werden, „als wenn sie unter fremden Dritten vereinbart worden wären". Das **„dealing at arm´s length principle"** ist in das Deutsche Außensteuergesetz (§ 1 AStG „Berichtigung von Einkünften") übernommen worden.

Es besteht eine **Dokumentationspflicht** für international operierende Unternehmen, die Ordnungsmäßigkeit der internationalen Transferpreissetzung nachzuweisen. Die Überprüfung der Ordnungsmäßigkeit der internationalen Transferpreissetzung seitens staatlicher Behörden erfolgt auf der Grundlage eines Fremdvergleichs. Es sind **drei Standardmethoden zur Überprüfung der internationalen Transferpreissetzung** zu unterscheiden (Büter 2007, S. 117):

1. **Preisvergleichsmethode** (comparable price approach): Der Transferpreis soll so gesetzt werden, wie ein Preis unter fremden Dritten für die gleiche Leistung unter vergleichbaren Bedingungen.

2. **Wiederverkaufsmethode** (resale price approach): Der Transferpreis für die internationale Leistungsverrechnung im Unternehmensverbund soll sich am Wiederverkaufswert bemessen.

3. **Kostenaufschlagsmethode** (cost-plus approach): Der Transferpreis wird auf kalkulatorischem Weg ermittelt. Er soll so gesetzt werden, dass auf die Selbstkosten jener Kalkulationsaufschlag addiert wird, welchen vergleichbare Unternehmen für ihre Kunden berechnen.

Trotz der Überprüfungsmöglichkeiten verbleibt eine **„Vielzahl von Gestaltungsspielräumen"** der internationalen Transferpreissetzung. So ist ein Preisvergleich aufgrund der internationalen Produktdifferenzierung oft nur eingeschränkt möglich. Wiederverkaufspreise können nicht immer ermittelt werden, da für viele Waren und Dienstleistungen ein Wiederverkaufsmarkt nicht existiert. Im Hinblick auf einen Kostenvergleich ist zu berücksichtigen, dass verschiedene Kosten im internationalen Intra-Firmenhandel nicht anfallen, welche bei einem Fremdbezug zu berücksichtigen wären (z.B. Vertriebskosten). Ein wesentlicher Teil der unternehmensinternen Kosten hat heutzutage Gemeinkostencharakter. Die Gemeinkosten (z.B. Kosten für Forschung und Entwicklung) werden über unternehmensintern festgelegte Gemeinkostenschlüsselung als Konzernumlage im internationalen Konzernverbund verrechnet. Sie entziehen sich daher weitgehend einer externen Kontrolle.

7.3.5   Methoden der Währungsumrechnung

Internationale Unternehmen mit Auslandsgesellschaften im Fremdwährungsraum müssen für die Erstellung des konsolidierten Jahresabschlusses als auch für Controllingzwecke einen Wechselkurs bestimmen, zu welchem sie die in Fremdwährung erfassten Positionen umrechnen. Bei der **Wahl des Wechselkurses** ist die Art des Umrechnungskurses (Brief-, Geld- oder Mittelkurs) ebenso zu bestimmen wie der Zeitbezug. Im Hinblick auf den Zeitbezug wird unterschieden zwischen einer Bewertung zum historischen Wechselkurs (Wechselkurs zum Zeitpunkt der Entstehung der Fremdwährungsposition) und dem Stichtagskurs (z.B. Wechselkurs zum Bilanzstichtag).

Es gibt verschiedene Methoden der Währungsumrechnung, je nachdem ob alle Positionen mit einem einheitlichen Wechselkurs umgerechnet werden oder ob die Umrechnung einzelner Positionen mit unterschiedlichen Wechselkursen erfolgt (Büter 2007 S. 338):

1. **Fristigkeitsmethode** (current-noncurrent method): Bei dieser Methode werden unterschiedliche Umrechnungskurse für die einzelnen Bilanzpositionen angewendet. Langfristig gebundene (noncurrent) Positionen, wie das Anlagevermögen sowie langfristige Forderungen und Verbindlichkeiten, werden mit dem historischen Wechselkurs umgerechnet. Bei kurzfristigen (currrent) Positionen, insbesondere beim Umlaufvermögen, erfolgt die Umrechnung zum Stichtagskurs.

2. **Nominal-Sachwert Methode** (monetary-non-monetary method): Die umzurechnenden Fremdwährungspositionen werden hier unterschieden entsprechend ihrer Geldwertnähe. Geldwertnahe Fremdwährungspositionen (monetary items), wie z.B. kurzfristige Forderungen und kurzfristige Verbindlichkeiten, werden zum Stichtagskurs umgerechnet. Langfristig gebundene Fremdwährungspositionen (non-monetary items), wie das Sachanlagevermögen, werden zum historischen Wechselkurs umgerechnet.

3. **Zeitbezugsmethode** (temporal method): Bei dieser Methode erfolgt die Währungsumrechnung unter der Annahme, dass die Auslandsgesellschaft unmittelbar in der Währung der Muttergesellschaft (Euro) bilanziert. Geschäftstransaktionen der Auslandsgesellschaften werden daher von Anfang an erfasst wie Fremdwährungsgeschäfte der Muttergesellschaft.

4. **Stichtagsmethode** (current or closing rate method): Bei dieser Methodik werden alle Positionen zu einem einheitlichen Wechselkurs am Stichtag umgerechnet.

Durch die Verwendung unterschiedlicher Wechselkurse bei der Währungsumrechnung entsteht in der Regel eine **Umrechnungsdifferenz**. Die Umrechnungsdifferenz kann erfolgsneutral oder erfolgswirksam verrechnet werden. Durch die Wahl des Umrechnungsverfahrens bieten sich Gestaltungsmöglichkeiten des Erfolgsausweises in der konsolidierten Bilanz sowie der Gewinn- und Verlustrechnung.

Während das deutsche HGB für die Wahl des Umrechnungsverfahrens bei der Erstellung des konsolidierten Jahresabschlusses keine verbindlichen Vorgaben gibt, wird durch die „International Accounting Standards (IAS)" die „**Methode der funktionalen Währung**" vorgegeben. Die funktionale Umrechnungsmethode ist eine Mischform aus Stichtags- und Zeitbezugsmethode. Ist die Auslandsgesellschaft eine weitgehend selbstständig operierende Einheit (foreign entity), dann wird deren Währung als funktionale Währung aufgefasst und es erfolgt eine Währungsumrechnung auf der Basis von Stichtagskursen. Wird jedoch unterstellt, dass die Auslandsgesellschaft (foreign operation) in hohem Maße abhängig ist von der Muttergesellschaft, dann wird die Währung der Muttergesellschaft als funktionale Währung definiert und die Währungsumrechnung erfolgt auf der Grundlage der Zeitbezugsmethode.

7.3.6   Methoden der Inflationsbereinigung

Im internationalen Unternehmen kann es sowohl durch die Währungsumrechnung als auch durch Inflation zu Verzerrungen von Plan- und Kontrollgrößen kommen. Die Inflationsproblematik tritt im internationalen Geschäft besonders in Entwicklungs- und Schwellenländern in Erscheinung. **Inflation** bezieht sich auf den Anstieg des allgemeinen Preisniveaus einer

Volkswirtschaft. Sie ist verbunden mit einer Verringerung der Kaufkraft des Geldes. **Deflation** bezieht sich demgegenüber auf den Rückgang des allgemeinen Preisniveaus. Die Inflationsentwicklung wird durch Preisindizes erfasst, welche im Hinblick auf die zugrunde liegenden Warenkörbe unterschiedlich aggregiert sein können. Von einer **Hochinflation** spricht man dann, wenn der Preisanstieg deutlich über dem langfristig normalen Preisanstieg liegt.

Die **Inflationsproblematik auf Auslandsmärkten** mit hoher Inflation ergibt sich daraus, dass die Kosten für die Leistungserbringung auf Preisen früherer Perioden beruhen, wohingegen sich die Erträge am aktuellen Preisniveau orientieren. Dies führt zur Entstehung von Scheingewinnen, welche zumindest teilweise nicht auf einer realen Wertschöpfung sondern einer Steigerung des Preisniveaus basieren. Der **Scheingewinn** ist dabei umso größer, je höher die Inflation und je länger der Zeitraum zwischen dem Anfall der Kosten für die Leistungserbringung und den erzielten Umsatzerlösen ist. Werden derartige Scheingewinne als Grundlage für die Gewinnausschüttung genommen, so ist damit ein Substanzverlust verbunden.

Um die Aussagefähigkeit von Plan- und Kontrollgrößen in Ländern mit hoher Inflation zu erhöhen, können verschiedene **Verfahren der Inflationsbereinigung** ergriffen werden (Berens/Hoffjan 2003, S. 222; Welge/Holtbrügge 1998, S. 243):

- **Inflationsbereinigung zum Planungszeitpunkt:** Dabei werden die nominellen Planungswerte mit der erwarteten Inflationsrate des Landes inflationiert und bei der Soll-Ist-Kontrolle mit den tatsächlichen Ist-Werten verglichen.

- **Inflationsbereinigung zum Kontrollzeitpunkt:** Bei diesem Verfahren werden die Ist-Werte mit der tatsächlich eingetretenen Inflationsrate deflationiert und mit den Planwerten verglichen.

- **Hartwährungsberichterstattung:** Dies bedeutet, dass alle Plan- und Kontrollgrößen zum Zeitpunkt ihrer Entstehung in eine Hartwährung (in der Regel jene der Muttergesellschaft) umgerechnet werden. Planung und Kontrolle erfolgen ausschließlich in der Hartwährung.

Eine Inflationsbereinigung zum Planungszeitpunkt ist abhängig von der Güte der Prognose der erwarteten Inflationsentwicklung. Bei der Inflationsbereinigung zum Kontrollzeitpunkt ergibt sich das Problem, dass die Steuerungsfunktion der Planwerte weitgehend verloren geht. Diese Probleme können bei einer Berichterstattung in einer Hartwährung vermieden werden.

Fragen und Aufgaben zur Wiederholung

1. Erläutern Sie die Komplexität internationaler Controllingaufgaben und nennen Sie jeweils Beispiele für internationale Planungs-, Kontroll- und Informationsprobleme.

2. Warum ist das internationale Controlling in der Regel ein mehrstufiges Controlling und welche Probleme ergeben sich daraus für die Planung und Kontrolle?

3. Diskutieren Sie die jeweiligen Vor- und Nachteile standardisierter und differenzierter Controllingkonzeptionen.

4. Was ist Gegenstand des strategischen Controllings und welchen Zwecken dient das operative Controlling?

5. Unterscheiden Sie zwischen der investorbezogenen und der objektbezogenen Erfolgsbeurteilung ausländischer Tochtergesellschaften und diskutieren Sie die Problematik beider Verfahren.

6. Beschreiben Sie die generelle Vorgehensweise bei der Top-down-Planung und der Bottom-up-Planung und diskutieren Sie die Möglichkeiten und Grenzen beider Planungsverfahren im internationalen Unternehmen.

7. Erläutern Sie die vier Perspektiven der „Balanced Scorecard" und definieren Sie für jede dieser Perspektiven eine Kennzahl.

8. Welche Probleme ergeben sich bei der Anwendung der „Balanced Scorecard" in einem internationalen Unternehmen?

9. Warum ist der „Stakeholder-Value-Ansatz" für eine wertorientierte Unternehmensführung nicht geeignet?

10. Diskutieren Sie die Möglichkeiten und Grenzen internationaler Unternehmensführung auf der Grundlage des „Shareholder-Value-Ansatzes".

11. Beschreiben Sie die generelle Vorgehensweise beim „Discounted Cashflow-Verfahren" und diskutieren Sie dessen Aussagefähigkeit im Rahmen einer wertorientierten internationalen Unternehmensführung.

12. Welche Formen der Bestimmung internationaler Transferpreise können generell unterschieden werden?

13. Welche Controllingprobleme können in einem internationalen Unternehmen mit Auslandsgesellschaften entstehen, wenn die Transferpreise nicht den Marktpreisen entsprechen?

14. Was besagt das „dealing at arm's length principle" und mittels welcher Methoden kann dessen Einhaltung überprüft werden?

15. Welche Methoden der Währungsumrechnung gibt es und inwiefern unterscheidet sich die Fristigkeitsmethode von der Zeitbezugsmethode?

16. Was wird unter der „Methode der funktionalen Währung" verstanden und wovon ist es abhängig, was als „funktionale Währung" gelten soll?

17. Inwiefern kann es bei hoher Inflation zur Entstehung von so genannten Scheingewinnen kommen?

18. Welche Verfahren zur Inflationsbereinigung gibt es und welche Vor- und Nachteile sind mit den einzelnen Verfahren verbunden?

8 Interkulturelle Unternehmensführung

8.1 Kulturbegriff und Kulturebenen

Kultur ist ein komplexer Begriff, welcher in Abhängigkeit von der wissenschaftlichen Disziplin unterschiedlich definiert werden kann. In allgemeiner Betrachtung wird Kultur als kollektives Phänomen aufgefasst, welches auf gemeinsamen Wertvorstellungen und Traditionen basiert. Kultur beinhaltet damit letztlich alles vom Menschen geschaffene und stellt somit gewissermaßen einen Gegenpol zur „Natur" dar.

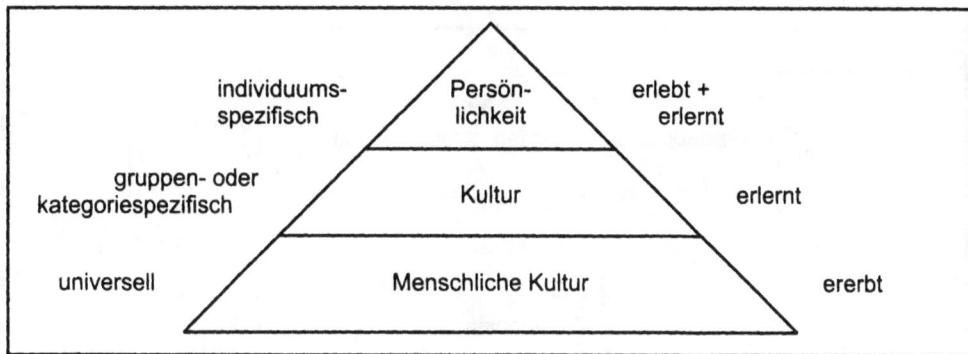

Abb. 8.1 *Ebenen der mentalen Programmierung (nach Hofstede, 2001, S. 5)*

Auf Hofstede zurückzuführen ist die Darstellung der **Kultur als kollektive Programmierung** des menschlichen Denken und Handelns, welche die Mitglieder der betrachteten Gruppe von Menschen von denjenigen einer anderen Gruppe unterscheidet (Hofstede 2001, S. 5 f.). Hofstede unterscheidet drei **Ebenen der mentalen Programmierung**:

1. Die **unterste Ebene** ist die ererbte Programmierung, welche für alle Menschen gleich ist (z.B. Freude, Angst, Liebe).

2. Die **mittlere Ebene** ist die durch das Kollektiv vermittelte und vom Individuum erlernte Programmierung. Sie umfasst die landeskulturellen Aspekte, welche durch Sozialisation bzw. Enkulturation das Individuum prägen.

3. Die **oberste Ebene** betrifft die individuumsspezifischen Persönlichkeitsmerkmale, welche sowohl auf erlebte als auch auf erlernte Verhaltensweisen zurückzuführen sind.

Interessant ist dabei, dass dem Individuum die eigene Kultur weitgehend unbewusst ist und als „normal" angesehen wird. Erst durch den Vergleich mit einer anderen Kultur werden kulturelle Unterschiede wahrgenommen. Staatsgrenzen müssen dabei nicht mit kulturellen Grenzen übereinstimmen.

Verbreitet ist die Auffassung, dass durch Kultur eine Einheit nach innen geschaffen wird, womit im Außenverhältnis gleichzeitig eine Abgrenzung verbunden ist. Wenngleich Kultur nicht nur funktional betrachtet werden kann, so werden mit dem Begriff Kultur doch verschiedene Funktionen verbunden. Zu den wichtigsten **Kulturfunktionen** zählen die Ordnungs-, die Koordinations- und die Motivationsfunktion. Kultur erfüllt ferner eine Identitätsstiftungsfunktion, indem sie nach innen kulturelle Gemeinsamkeiten abbildet, wodurch nach außen eine Abgrenzung bzw. Unterscheidung gegenüber anderen Kulturen erfolgt.

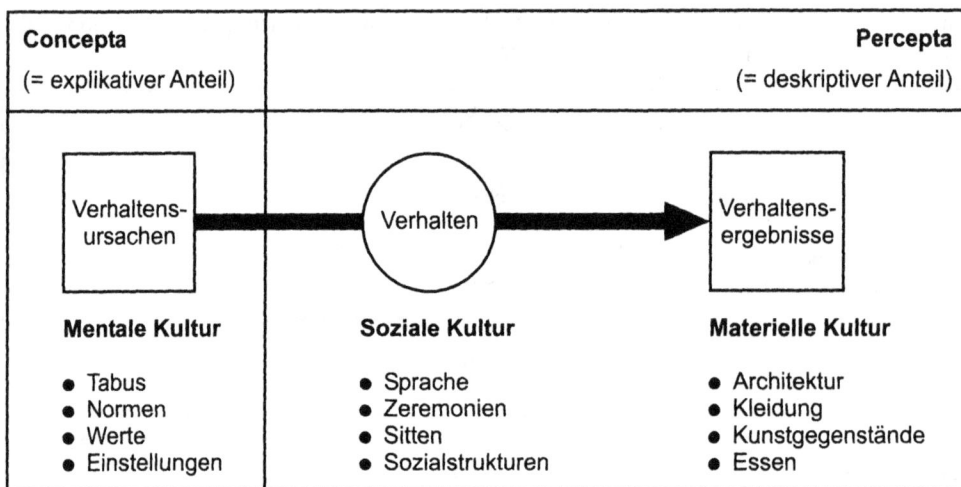

Concepta (= explikativer Anteil)		Percepta (= deskriptiver Anteil)
Verhaltens- ursachen	Verhalten	Verhaltens- ergebnisse
Mentale Kultur	**Soziale Kultur**	**Materielle Kultur**
• Tabus • Normen • Werte • Einstellungen	• Sprache • Zeremonien • Sitten • Sozialstrukturen	• Architektur • Kleidung • Kunstgegenstände • Essen

Abb. 8.2   Concepta-Percepta-Kulturebenenmodell

Zur Illustration wird Kultur oft mit einem Eisberg verglichen **(Eisberg-Metapher)**, dessen größter Teil nicht sichtbar unter Wasser liegt. Demnach werden zwei **Kulturebenen** unterschieden:

1. Die **„Concepta-Ebene"** beinhaltet die nicht sichtbaren und damit tiefer liegenden sowie meist unbewussten bestehenden Teile einer Kultur. Sie umfasst den das Verhalten erklärenden (explikativen) Anteil einer Kultur. Demnach stellt sie insbesondere ab auf kulturelle Normen, Werte, Einstellungen, Traditionen sowie Grundannahmen und Tabus.

2. Die **„Percepta-Ebene"** bezieht sich auf den sichtbaren bzw. unmittelbar erfassbaren Teil einer Kultur (deskriptiver Anteil einer Kultur). Sie umfasst das soziale Verhalten (z.B. Sitten, Sozialstrukturen) und die daraus resultierenden Verhaltensergebnisse, welche sich beispielsweise in der Architektur, der Kleidung, dem Essen und der Kunst einer Kultur äußern können.

Beide Kulturebenen sind miteinander verflochten, wobei den nicht sichtbaren Anteilen einer Kultur („Concepta-Ebene") eine erklärende Bedeutung für das sichtbare kulturelle Verhalten („Percepta-Ebene") zugeschrieben wird. Das Erlernen kultureller Werte, Grundannahmen und Verhaltensweisen wird in diesem Zusammenhang als **Enkulturation** bezeichnet.

8.2   Landeskulturkonzepte

Zur Erfassung landeskultureller Unterschiede bedient man sich übergeordneter **Kulturdimensionen** mit dichotomer Ausprägung, welche eine Einordnung der jeweils betrachteten Kultur relativ zu den Extrempositionen ermöglicht. Es gibt eine Vielzahl länderübergreifender **Kulturvergleichsstudien** wobei die Anzahl und die Definition der jeweils zugrunde gelegten Kulturdimensionen teilweise deutlich voneinander abweichen.

8.2.1   Kulturdimensionen nach Hofstede

Die bekannteste Kulturvergleichsstudie ist die des Niederländers G. Hofstede. Das Ziel der in den 70er Jahren bei der Firma IBM in den Niederlanden durchgeführten Studie bestand darin, Kulturdimensionen zu definieren, mit deren Hilfe Gemeinsamkeiten und Unterschiede zwischen Ländern abgebildet werden können. Hofstede unterscheidet die folgenden **fünf Kulturdimensionen**.

(1) Machtdistanz

(2) Individualismus versus Kollektivismus

(3) Maskulinität versus Femininität

(4) Unsicherheitsvermeidung

(5) Langfristige versus kurzfristige Orientierung

Zu (1) Machtdistanz
Machtdistanz bezieht sich auf das Maß, bis zu dem schwächere Mitglieder einer Organisation oder sozialen Gruppe eine Ungleichverteilung von Macht hinnehmen bzw. erwarten. Eine geringe Machtdistanz geht einher mit einer Tendenz zur Dezentralisation. Vorgesetzte informieren ihre Untergebenen und berücksichtigen deren Voten in der Entscheidungsfindung. Im Unterschied dazu weisen Kulturen mit hoher Machtdistanz eine größere Ungleichheit

unter den Menschen auf. Es besteht eine Tendenz zur Zentralisation. Untergebene erwarten Anweisungen von ihren Vorgesetzten.

Zu (2) Individualismus versus Kollektivismus

Diese Kulturdimension misst, inwieweit sich die Menschen in einer Kultur eher als unabhängige Individuen oder als Mitglieder einer Gruppe definieren. Sofern die Grundorientierung einer gesellschaftlichen Gruppe eher auf das „Ich" und damit auf individuelle Ziele und Vorgaben ausgerichtet ist, so handelt es sich um eine individualistisch geprägte Kultur. In einer individualistisch geprägten Kultur muss der Einzelne seinen Status immer wieder durch entsprechende Leistungen im Wettbewerb mit anderen behaupten. Individualistisch geprägte Kulturen gelten als risikofreudiger und toleranter gegenüber Neuerungen und andersartigen Meinungen. Demgegenüber wird von einer kollektivistisch geprägten Kultur ausgegangen, wenn das „Wir-Gefühl" in der betrachteten Kultur eine dominierende Rolle spielt. In kollektivistischen Kulturen wird das Individuum stärker in die Gemeinschaft integriert. Die kollektive Gemeinschaft bietet dem Individuum Schutz und Sicherheit und erwartet im Gegenzug Loyalität. Kollektivistisch geprägte Kulturen sind eher intolerant gegenüber abweichendem Verhalten und schwer einzuordnenden Meinungen.

Zu (3) Maskulinität versus Femininität

Nach Hofstede gilt eine Kultur (unabhängig vom Geschlecht) als maskulin, wenn sie leistungsbezogen ist, die Individuen erfolgsorientiert und selbstbewusst sind, Konflikte ausgefochten werden und Mitglieder mit abweichenden Verhalten übergangen oder missachtet werden. Maskuline Gesellschaften sind wettbewerbsorientiert. Von Vorgesetzten wird Entschlussfreudigkeit erwartet. Demgegenüber wird eine Kultur als feminin bezeichnet, wenn sie eher auf zwischenmenschliche Beziehungen, die Bewahrung der Umwelt sowie auf die Lebensqualität achtet und Kompromisse schließt. Vorgesetzte verlassen sich auf ihre Intuition und streben Konsens an, wobei Gleichheit und Solidarität als zentrale Werte aufgefasst werden.

Zu (4) Unsicherheitsvermeidung

Unsicherheitsvermeidung ist nach Hofstede definiert als „der Grad, in dem sich die Mitglieder einer Kultur durch ungewisse oder unbekannte Situationen bedroht fühlen". In Kulturen mit schwacher Unsicherheitsvermeidung wird die Unsicherheit (Ungewissheit) als normale Erscheinung des alltäglichen Lebens hingenommen. Abweichende und innovative Ideen werden eher toleriert. Demgegenüber wird in Kulturen mit starker Unsicherheitsvermeidung, die dem Leben innewohnende Unsicherheit ständig als Bedrohung empfunden, welche es durch Gesetze, Ordnungen und Versicherungen zu bekämpfen gilt. Es besteht eine Tendenz zur Unterdrückung abweichender Gedanken und innovativer Verhaltensweisen.

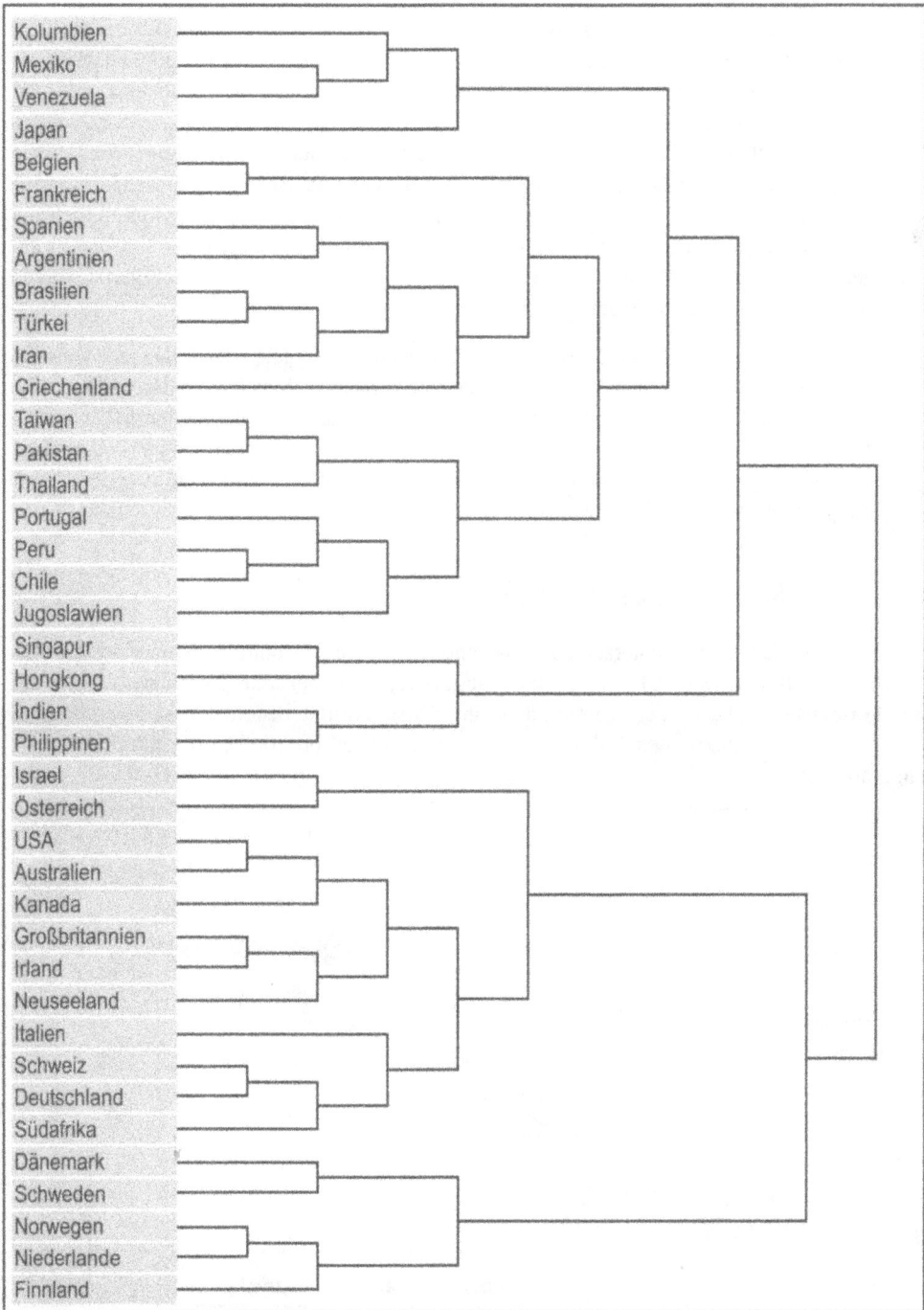

Abb. 8.3 *Ländergruppendendrogramm nach Hofstede*

Zu (5) Langfristige versus kurzfristige Orientierung
Diese Kulturdimension wurde von Hofstede erst später als Kulturdimension beschrieben. Durch diese Kulturdimension soll insbesondere auch die Unterschiedlichkeit des südostasiatischen Zeitverständnisses im Vergleich zur westlichen Zeitauffassung erfasst werden. Langfristig orientierte Kulturen sind insbesondere geprägt durch ein starkes Traditionsbewusstsein, Durchhaltevermögen und Fleiß sowie Sparsamkeit. Besonders in der konfuzianischen Morallehre besteht ein starkes Bedürfnis zur Erfüllung sozialer Verpflichtungen und zur Wahrung der persönlichen Integrität („Gesicht wahren"). Demgegenüber sind kurzfristig orientierte Kulturen geprägt durch Ungeduld und ein Streben nach kurzfristigen Erfolgen. Sie sind daher eher gegenwartsbezogen.

Eine Möglichkeit der Klassifizierung von Landeskulturgruppen bietet das so genannte **Ländergruppendendrogramm**. Ein Ländergruppendendrogramm ist ein Baumdiagramm, welches die kulturellen Unterschiede der jeweiligen Landeskulturgruppen durch Linienzüge graphisch verdeutlicht. Die Untersuchung von Hofstede gilt nach wie vor als die umfangreichste Kulturstudie. Die von ihm definierten Kulturdimensionen sind auch in andern Studien (z.B. Trompenaar) bestätigt bzw. ergänzt worden.

8.2.2   Kultureinteilung nach Hall

Der US-Amerikaner Hall unterscheidet zwischen „low context cultures" und „high context cultures" (Hall 1977 S.8 ff.). Als Abgrenzungskriterien dienen ihm die Kontextualität und der Formalisierungsgrad der Kommunikation. Kontextualität bedeutet, inwieweit ist eine Botschaft vom kontextuellen Rahmen der Kommunikation und der nonverbalen Unterstützung abhängig.

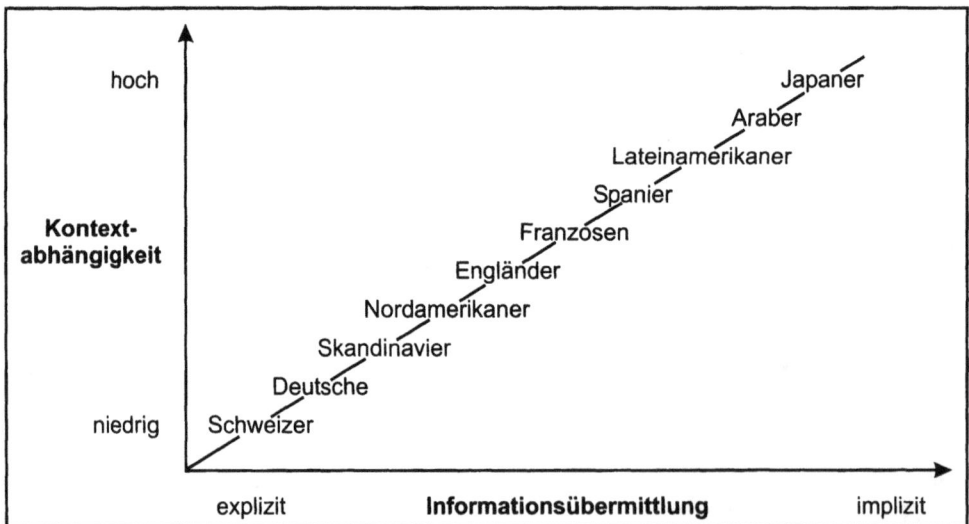

Abb. 8.4 High context and low context cultures (Quelle: nach Hall 1977, S. 12)

„**Low context cultures**" weisen einen hohen Formalisierungsgrad auf. Botschaften werden explizit durch Wörter vermittelt. Die Bedeutung der Botschaft ist weniger abhängig von den sie umgebenden Rahmenbedingungen sowie von den Assoziationen, welche mit dem Sender verbunden werden. Die „nonverbale Kommunikation" spielt bei der Informationsübermittlung nur eine untergeordnete Rolle. „**High context cultures**" weisen einen niedrigen Formalisierungsgrad auf. Botschaften werden implizit vermittelt, wobei die Rahmenbedingungen der Informationsübermittlung ebenso wie die „nonverbale Kommunikation" eine große Rolle spielen. Kritische Punkte werden nicht direkt kommuniziert („silent language"). Die Kommunikation erstreckt sich vielmehr auf die Beschreibung möglichst vieler Einzelheiten, welche den „kritischen Punkt" eher randläufig betreffen.

„**High context cultures**"	„**Low context cultures**"
Fokus darauf, wer etwas sagt	Fokus darauf, was gesagt wird
Viele unausgesprochene Verweise auf gegebenen Kontext	Viele Voraussetzungen aus dem Kontext
Subtile und indirekte Hinweise	Großteil der Information wird direkt und explizit in der Interaktion gegeben, präzise und explizit formulierte Information notwendig
Betonung von Freundschaften, Netzwerken und zwischenmenschlichen Beziehungen	Zwischenmenschliche Beziehungen spielen eine eher untergeordnete Rolle
Größere Vertrauensbasis bei Verhandlungen	Schriftliche Vereinbarungen bevorzugt
Länderbeispiele: Insbesondere Japan und Süd-Ost-Asien	Länderbeispiele: Insbesondere Deutschland, Schweiz, in abgeschwächter Form USA

Abb. 8.5 „High context cultures" und „ Low context cultures" im Vergleich (Quelle:Schneider/Hirt 2007, S. 90)

Bei der Kommunikation mit einer „high context culture" ist es erforderlich „zwischen den Zeilen zu lesen". Schriftliche Vereinbarungen haben eine insgesamt geringere Bedeutung als persönliche Absprachen. Die Gefahr von Fehlinterpretationen ist daher größer. Als „high context cultures" gelten insbesondere Japan und der mittlere Osten. Bei den „low context cultures", wie z.B. Schweiz, Deutschland sowie Skandinavien spielt die schriftliche und rechtliche Absicherung des Vereinbarten eine wichtige Rolle.

8.2.3   Alternative Konzepte

Die Kulturvergleichsforschung ist ein eigenständiges Wissensgebiet, für welches es mittlerweile zahlreiche alternative Konzepte gibt (Rothlauf 2006, S. 15 – 53). Hierzu zählen unter anderem das Konzept von Kluchhohn, das Kulturmodell von Trompenaar, das Schichtenmo-dell von Dülfer sowie das **Kulturtypenmodell von Lewis**, auf welches im Folgenden näher eingegangen wird.

Lewis unterscheidet drei grundlegende Kulturtypen, welche sich durch gemeinsame kulturel-le Merkmale auszeichnen. Die Positionierung von Landeskulturen in das **Kulturtypenmo-dell von Lewis** (Lewis 2006, S. 28 f.) ist dabei immer nur graduell und damit im Vergleich zu anderen Kulturen möglich.

(1) Linear-active cultures

(2) Multi-active cultures

(3) Reactive cultures

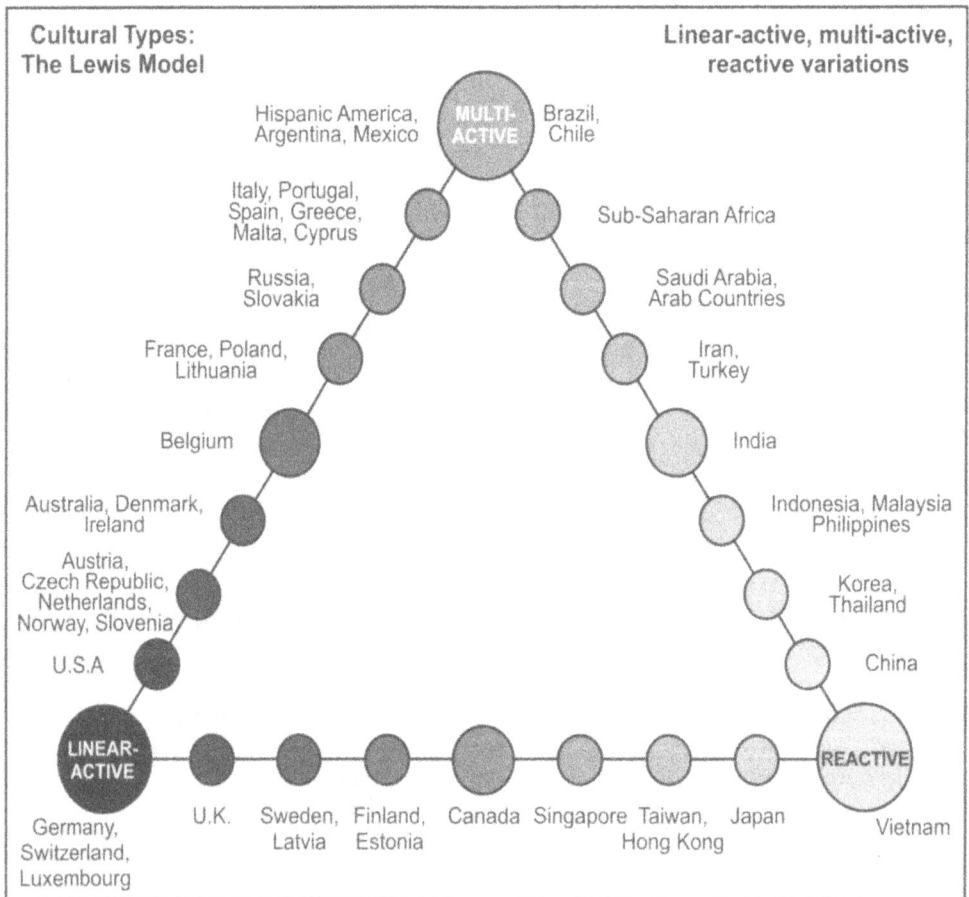

Cultural Types: The Lewis Model

Linear-active, multi-active, reactive variations

Hispanic America, Argentina, Mexico — MULTI-ACTIVE — Brazil, Chile

Italy, Portugal, Spain, Greece, Malta, Cyprus

Sub-Saharan Africa

Russia, Slovakia

Saudi Arabia, Arab Countries

France, Poland, Lithuania

Iran, Turkey

Belgium

India

Australia, Denmark, Ireland

Indonesia, Malaysia Philippines

Austria, Czech Republic, Netherlands, Norway, Slovenia

Korea, Thailand

U.S.A

China

LINEAR-ACTIVE

REACTIVE

Germany, Switzerland, Luxemburg

U.K.   Sweden, Finland, Canada Singapore Taiwan, Japan
       Latvia Estonia   Hong Kong

Vietnam

Abb. 8.6 Kulturtypenmodell von Lewis (Quelle: Lewis 2006, S. 42)

Zu (1) Linear-active cultures

Linear-aktive Kulturen sind gekennzeichnet durch eine lineare Zeitorientierung sowie eine monochrone Aufgabenerledigung bei starker Planungsorientierung. Als Informationsquellen dienen vor allem zur Verfügung gestellte Daten und Sekundärinformationen (**data-oriented culture**). Die **lineare Zeitorientierung** (linear timing) geht davon aus, dass Zeit teil- und messbar ist. Die Zeit ist das Ordnungssystem des täglichen Lebens. Kulturen der westlichen (christlichen) Hemisphäre haben vornehmlich eine lineare Zeitorientierung. Aufgaben werden entsprechend ihrer Priorität Schritt für Schritt erledigt (**monochrone Aufgabenerledigung**). Geschäftliche Verabredungen werden durch die Tagesordnung bestimmt.

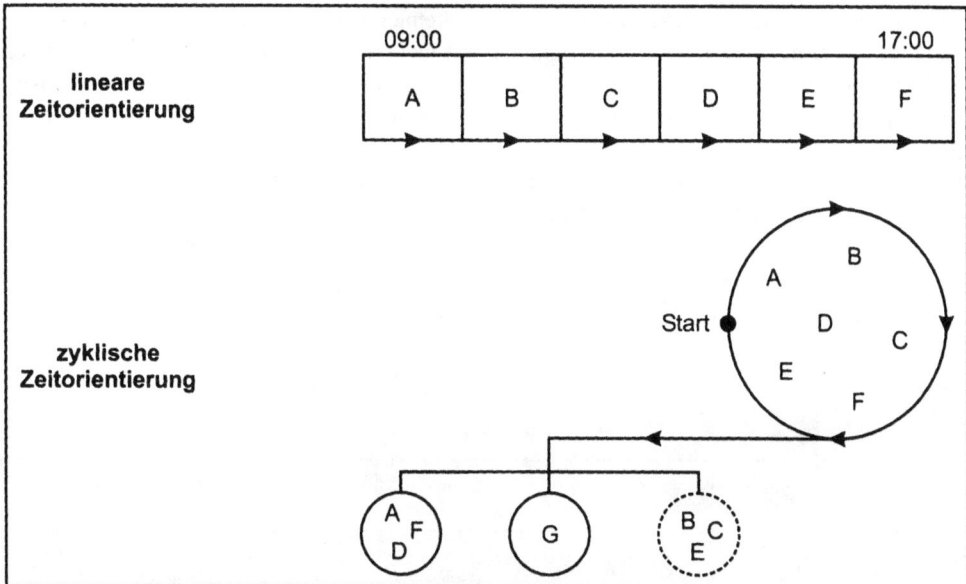

Abb. 8.7 Zeitorientierungen (Quelle: nach Lewis 2006, S. 56)

Zu (2) Multi-active cultures

Multi-aktive Kulturen sind geprägt durch eine zyklische Zeitorientierung sowie eine polychrone Aufgabenerledigung. Als Informationsquellen dienen neben Daten vor allem Dialoge und Gespräche (**dialogue-oriented culture**). Die **zyklische Zeitorientierung** (cyclic timing) geht davon aus, dass heute nicht genutzte Zeit morgen wiederkommt. Nicht genutzte Zeit verursacht daher keine Opportunitätskosten. Bei der Aufgabenerledigung wird davon ausgegangen, dass es effektiver ist, gleichzeitig an mehreren Aufgaben zu arbeiten, anstatt sich allein auf eine Aufgabe zu konzentrieren (**polychrone Aufgabenerledigung**). Die zyklische Zeitorientierung ist vornehmlich zu finden in Lateinamerika sowie in einigen traditionellen Agrargesellschaften.

Zu (3) Reactive cultures

Reaktive Kulturen nehmen hinsichtlich der Zeitauffassung eine mittlere Position ein zwischen der linearen und zyklischen Zeitorientierung. Sie sind vor allem gekennzeichnet durch Geduld, Introvertiertheit sowie Anpassungsfähigkeit an den Gesprächspartner. Hinsichtlich ihrer Informationsorientierung gelten reaktive Kulturen als besonders ausdauernd im Hinblick auf die Informationssuche und Auswertung von Informationen, welche einem ganzheitlichen Ansatz entspricht. Sie gelten daher als gute Zuhörer **(listening culture)**. Aussagen und Veränderungen werden sorgfältig überlegt, wobei versucht wird, eine Übereinstimmung mit generellen Prinzipien herzustellen.

Landeskulturelle Unterschiede lassen sich auch erkennen in der Art und Weise wie **geschäftliche Besprechungen** („meetings") beginnen und wie sie strukturiert sind. In linear-aktiven Kulturen bestimmt die Tagesordnung (agenda) den Gesprächsverlauf und die Gesprächsinhalte. In multi-aktiven Kulturen stellt die Tagesordnung (sofern eine solche überhaupt existiert) allenfalls einen ersten Orientierungsrahmen für eine offene Diskussion dar. In reaktiven Kulturen stehen weniger die Gesprächsinhalte im Vordergrund als vielmehr die Möglichkeit der Schaffung einer gemeinsamen Vertrauensbasis.

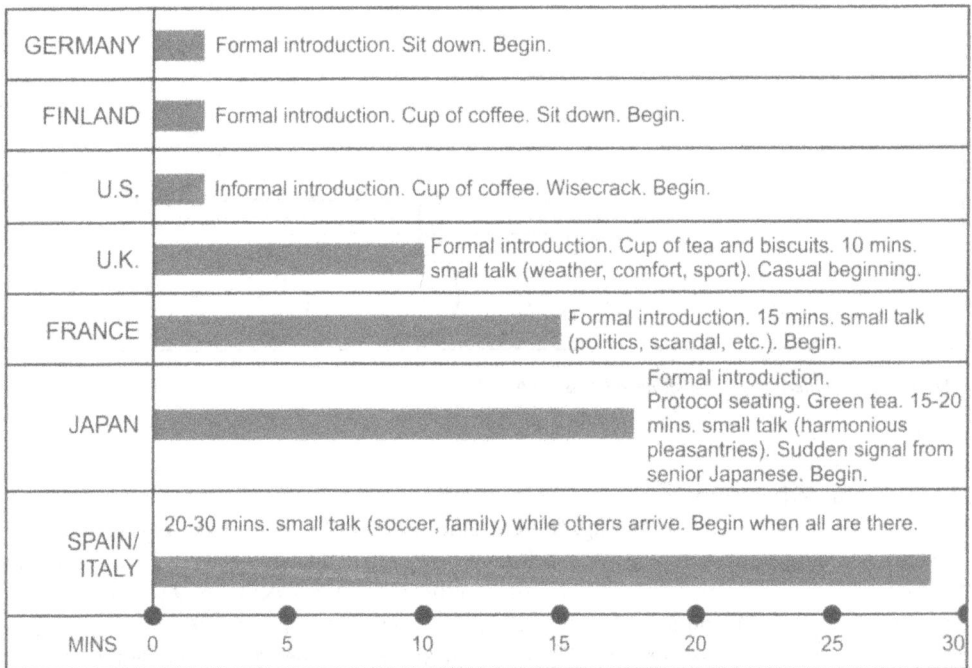

GERMANY	Formal introduction. Sit down. Begin.
FINLAND	Formal introduction. Cup of coffee. Sit down. Begin.
U.S.	Informal introduction. Cup of coffee. Wisecrack. Begin.
U.K.	Formal introduction. Cup of tea and biscuits. 10 mins. small talk (weather, comfort, sport). Casual beginning.
FRANCE	Formal introduction. 15 mins. small talk (politics, scandal, etc.). Begin.
JAPAN	Formal introduction. Protocol seating. Green tea. 15-20 mins. small talk (harmonious pleasantries). Sudden signal from senior Japanese. Begin.
SPAIN/ ITALY	20-30 mins. small talk (soccer, family) while others arrive. Begin when all are there.
MINS	0 5 10 15 20 25 30

Abb. 8.8   *"Beginning a Business Meeting" (Quelle: Lewis 2006, S. 154)*

Lewis weist darauf hin, dass eine solche relative Typologisierung von Landeskulturen immer nur einen allgemeinen Orientierungsrahmen abbilden kann. Dies gilt ganz besonders bei der Betrachtung einzelner Individuen mit bestimmter landeskultureller Prägung. Zu berücksichtigen sind daher im Wege eines „fine-tunings" auch personenindividuelle Aspekte, wie Alter, Geschlecht, Beruf und sozialer Status.

8.2.4 Problematik landeskulturvergleichender Studien

Kulturvergleichende Studien können lediglich relative Bezüge einzelner Landeskulturen zueinander bestimmen. Dies ermöglicht Einschätzungen und Aussagen dahingehend, dass Menschen aus unterschiedlichen Kulturen in Bezug auf ein Problem zu unterschiedlichen Lösungen tendieren. Demgegenüber können sich die Problemlösungen bei Menschen mit großer kultureller Nähe sehr ähneln. Die gewonnenen Erkenntnisse können Hilfestellungen bei interkulturellen Kontakten liefern, ohne einen Anspruch auf Allgemeingültigkeit abzuleiten, denn Individuen können sich auch anders verhalten als es die Landeskultur erwarten lässt.

Die Unkenntnis kultureller Unterschiede kann zu Problemen führen. Problematisch ist aber auch eine Kulturwahrnehmung, welche auf falschen Annahmen beruht. Das Grundproblem kulturvergleichender Untersuchungen besteht – einmal ganz abgesehen von methodischen Problemen – in der Bildung so genannter **Länderstereotype**. Damit gemeint ist eine vereinfachte und immer in der gleichen Form wiederkehrende Generalisierung gegenüber Menschen einer Landeskultur („Schubladendenken"). Derartige nationale Kulturstereotype führen zu einer selektiven Wahrnehmung, welche je nach Blickwinkel positiv als auch negativ wertend sein kann.

Die **Bedeutung kultureller Rahmenbedingungen** in der internationalen Unternehmensführung haben sich im Zuge der Globalisierung und internationalen Vernetzung der Wirtschaft deutlich erhöht. Wenngleich auch kulturelle Rahmenbedingungen Veränderungen unterworfen sind, so sind sie doch im Vergleich zu politischen, rechtlichen und ökonomischen Rahmenbedingungen eher langfristiger Natur.

8.3 Unternehmenskultur und Landeskultur

8.3.1 Begriff und Merkmale von Unternehmenskulturen

Der Begriff **Unternehmenskultur** (corporate culture) wird weitgehend synonym mit dem Begriff **Organisationskultur** (organizational culture) gleichgesetzt. Im weitesten Sinne wird unter einer Unternehmenskultur eine Gesamtheit von im Laufe der Zeit im Unternehmen entstandenen und akzeptierten Werten, Normen und Einstellungen verstanden, welche die Entscheidungen, die Handlungen und das Verhalten der Organisationsmitglieder prägen (Dill 1987, S. 100). Die Unternehmenskultur wird durch organisatorische Handlungsweisen, Symbole und symbolische Handlungen verkörpert und konkretisiert.

Es existieren zwei **wissenschaftliche Begriffsverständnisse der Unternehmenskultur** (Paradigmen), welche mit völlig unterschiedlichen Konsequenzen verbunden sind:

- **Institutioneller Unternehmenskulturbegriff:** Die institutionelle Sichtweise geht davon aus, das **Unternehmen ist eine Kultur.** Die Unternehmenskultur ist hier für die grundlegende Betrachtung des Unternehmens bedeutsam und bezieht sich auf das generelle Verständnis des Unternehmens. Die Unternehmenskultur lässt sich in dieser Sichtweise nicht vom Unternehmen trennen und kann daher auch nicht isoliert beeinflusst werden.

- **Instrumenteller Unternehmenskulturbegriff:** Aus instrumenteller Sicht wird davon ausgegangen, das **Unternehmen hat eine Kultur.** Die Kultur ist in diesem Verständnis ein Teil des Unternehmens, welcher sich beschreiben lässt und grundsätzlich auch als gestaltbar angenommen wird.

Die Vielschichtigkeit des Begriffs Unternehmenskultur wird besonders deutlich bei der Betrachtung des **„Drei-Ebenen-Modells"** von Unternehmenskulturen (Schein 1985, S. 12 f.).

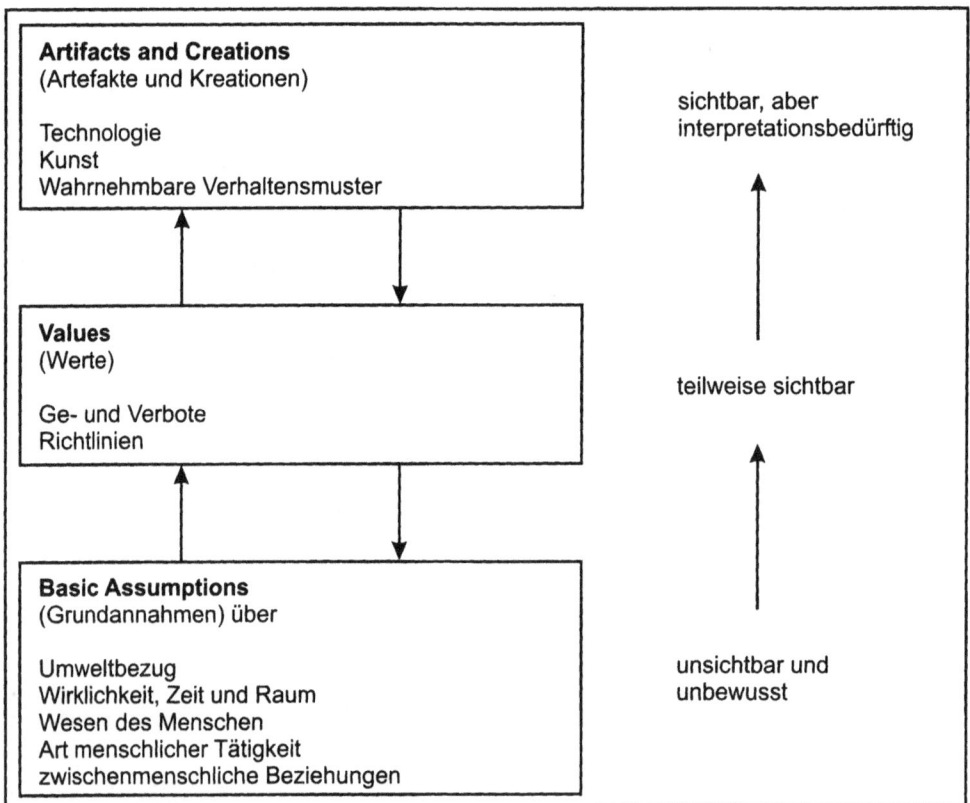

Abb. 8.9   *Ebenen der Unternehmenskultur (Quelle: nach Schein, 1985)*

1. Auf der **obersten Ebene (Symbolebene)** zeigt sich die Unternehmenskultur in sichtba-
    ren Verhaltensmustern und künstlich geschaffenen Objekten (Artefakten). Dies kann
    sich beispielsweise äußern im Unternehmensleitbild und in der Gestaltung der Büroräu-
    me. Auch das Kommunikationsverhalten gegenüber den Mitarbeitern, Lieferanten und
    Kunden zählt zu den sichtbaren Verhaltensmustern einer Unternehmenskultur.

2. Auf der **mittleren Ebene (Werteebene)** liegen die Werte und dauerhaft internalisierten
    Normen der Unternehmensmitglieder, welche im Laufe der Zeit entstanden sind und das
    Verhalten der Organisationsmitglieder nach innen und außen prägen. Hierzu zählen bei-
    spielsweise kollektive Werte, wie Ehrlichkeit, Offenheit, Pünktlichkeit und Innovations-
    freundlichkeit.

3. Auf der **untersten Ebene (Ebene der Grundannahmen)** bestehen die Grundannahmen
    der Unternehmensmitglieder, die als selbstverständlich angenommen werden für die Art
    und Weise, wie das Unternehmen auf die Umwelt reagiert. Diese Grundannahmen wer-
    den nicht hinterfragt, sondern sind so tief im Denken verwurzelt, dass sie nicht mehr
    bewusst wahrgenommen werden.

Die Unternehmenskultur bestimmt den Charakter eines Unternehmens, wobei jedes Unternehmen individuelle unternehmenskulturelle Merkmale aufweist, welche sich im Zeitablauf
entwickelt haben. Unter **Kulturstärke** (cultural strength) wird das Ausmaß verstanden, in
welchem die Mitglieder des Unternehmens die durch die Organisation gegebenen Normen
und Werte teilen und akzeptieren. Je stärker eine Unternehmenskultur ist, desto größer sind
ihre verhaltensbeeinflussenden Wirkungen. Starke Unternehmenskulturen können sowohl
mit positiven als auch negativen **Kulturwirkungen** (cultural effects) verbunden sein.

Die **positiven Wirkungen einer Unternehmenskultur** können durch die folgenden Funktionen beschrieben werden (Steinmann/Schreyögg 2005, S. 728 f.):

*   **Handlungsorientierung:** Starke Unternehmenskulturen geben einen klaren Orientie-
    rungsrahmen für die Interpretation von Ereignissen und Situationen. Dies ist besonders
    bedeutsam in jenen Bereichen, wo keine oder nur unzureichende formale Regelungen
    vorhanden sind.

*   **Reibungslose Kommunikation:** Die Unternehmenskultur stellt ein informales Kom-
    munikationsnetzwerk dar, welches die Kommunikation zwischen den Organisationsmit-
    gliedern vereinfacht und weniger verzerrt.

*   **Schnellere Entscheidungsfindung:** Gemeinsame Werte schaffen ein tragfähiges Fun-
    dament für eine raschere Entscheidungsfindung, bei welcher Kompromisse schneller er-
    zielt werden können.

*   **Umgehende Implementation:** Entscheidungen, Pläne und Projekte können schneller
    umgesetzt werden, da sie bei starker Unternehmenskultur auf eine größere Akzeptanz
    der Organisationsmitglieder treffen.

*   **Geringerer Kontrollaufwand:** Starke Unternehmenskulturen begünstigen indirekte
    Kontrollmöglichkeiten, wodurch sich der formale Kontrollaufwand insgesamt reduzie-
    ren lässt.

- **Motivation/Teamgeist:** Die Unternehmenskultur geht einher mit einer gemeinsamen Ausrichtung des Unternehmens, welche den Organisationsmitgliedern eine Identifikationsmöglichkeit bietet und dadurch zu höherer Leistungsbereitschaft beiträgt.

- **Stabilität:** Starke Unternehmenskulturen geben eine klare Handlungsorientierung und schaffen dadurch Sicherheit unter den Organisationsmitgliedern.

Starke Unternehmenskulturen sind nicht nur mit positiven Wirkungen verbunden. Die **negativen Wirkungen einer Unternehmenskultur** bestehen insbesondere in den folgenden Aspekten (Steinmann/Schreyögg 2005, S. 730 f.):

- **Tendenz zur Abschottung:** Starke Unternehmenskulturen erhöhen die Gefahr, dass das Unternehmen zu einem isolierten System wird. Kritik und Warnsignale, welche im Widerspruch zur bestehenden Unternehmenskultur stehen, werden vernachlässigt oder verdrängt.

- **Blockierung neuer Orientierungen:** Die Suche nach Alternativen und damit nach neuen Ideen wird meist frühzeitig abgeblockt oder später abgelehnt, weil sie die eigene Unternehmenskultur in Frage stellen. Man vertraut nur jenen Verhaltensweisen, welche sich in der Vergangenheit als erfolgreich bewährt haben.

- **Implementationsbarrieren:** Selbst wenn Neuerungen aufgenommen wurden, erweist sich ihre Umsetzung häufig als schwierig. Durch offene und verdeckte Widerstände wird versucht, die Umsetzung von Neuerungen zu behindern, um den alten eingelebten Zustand aufrechtzuerhalten.

- **Mangel an Flexibilität:** Starke Unternehmenskulturen sind gekennzeichnet durch Starrheit und mangelnde Flexibilität. Dies wirkt sich dann besonders negativ aus, wenn sich die Rahmenbedingungen schnell ändern. Gelingt eine erforderliche Anpassung nicht, dann ist die Gefahr des Misserfolgs besonders groß.

Die grundlegende Bedeutung der Unternehmenskultur ergibt sich durch ihre wechselseitige Verbindung zur Unternehmensführung, Unternehmensstrategie und Unternehmensorganisation.

8.3.2   Kulturvergleichende Managementforschung

Eine Unternehmenskultur kann nicht unmittelbar aus der Landeskultur abgeleitet werden. Dennoch ist davon auszugehen, dass Unternehmenskulturen aus verschiedenen Ländern stärker voneinander abweichen als Unternehmenskulturen mit einheitlicher Landeskultur. Landeskulturen haben einen die Unternehmenskultur prägenden Einfluss. Für international operierende Unternehmen mit Auslandsgesellschaften ergibt sich die Frage, welche Wechselbeziehungen zwischen der **Landeskultur** des Stammlandes zu jenen der Gastländer bestehen und welche Relevanz dies für die **Unternehmenskultur** als Ganzes mit sich bringt.

Gegenstand der **kulturvergleichenden Managementforschung** (cross-cultural management research) ist die Untersuchung kultureller Umfeldfaktoren und deren Einflüsse auf das Management. Im Vordergrund steht das Ziel, insbesondere landeskulturelle Unterschiede zu erkennen, um darauf aufbauend mögliche Handlungsempfehlungen für ein erfolgreiches Verhalten von Managern in unterschiedlichen Kulturen zu formulieren. Im Hinblick auf die **Kulturabhängigkeit des Managements** werden zwei Extrempositionen unterschieden:

1. Die **„culture-free These"** wird von den so genannten Universalisten vertreten. Danach können Managementkonzeptionen unabhängig von kulturellen Einflussfaktoren angewendet werden. Sie erlangen quasi eine kulturunabhängige Allgemeingültigkeit.

2. Die **„culture-bound These"** wird von den so genannten Kulturisten vertreten. Sie hebt die Kulturabhängigkeit von Managementkonzeptionen hervor. Management Know-how kann daher nicht problemlos von einer Kultur auf die andere übertragen werden.

Keine der beiden Extrempositionen kann für sich Allgemeingültigkeit beanspruchen. Vielmehr wird davon ausgegangen, dass die eher technisch-instrumentellen Aspekte des Managements (z.B. Investition und Finanzierung, Kostenrechnung sowie Controlling) leichter kulturell übertragbar sind als die personen- und verhaltensbezogenen Managementbereiche (wie z.B. Marketing, Kommunikation und Personalwesen). Dabei wird implizit immer unterstellt, dass sich durch fortschreitende Internationalisierung die Unternehmenskultur verändert. Ob und inwieweit sich durch das Management unterschiedliche landeskulturell geprägte Unternehmenskulturen gezielt verändern lassen, ist strittig.

Im Rahmen der kulturvergleichenden Managementforschung formulierten Peters/Watermann (1982), ausgehend von den „Grundtugenden erfolgreicher Unternehmen", das so genannte **„7-S-Modell von McKinsey"**, welches eine Systematisierungsmöglichkeit von Unternehmensführungskulturen ermöglicht. Bildhaft kann das „7-S-Modell" als Beziehungsgeflecht in einem so genannten **„managerial molecule"** dargestellt werden.

Das "7-S-Modell" unterscheidet zwischen harten und weichen **Faktoren der Unternehmensführungskultur**. Zu den harten Faktoren der Unternehmensführungskultur zählen die Unternehmensstrategie, die Unternehmensstruktur und die Unternehmenssysteme. Als weiche Faktoren der Unternehmensführungskultur wurden die Unternehmensfähigkeiten, der Unternehmensführungsstil und das Unternehmenspersonal und seine Entwicklung dargelegt. In ihrer Gesamtheit werden beide Bereiche zusammengehalten durch die gemeinsamen Unternehmenswerte und übergeordnete Unternehmensziele. Peters und Watermann verdeutlichten dabei auch ganz besonders die Vorbildfunktion und Glaubwürdigkeit der Führungskräfte für die Gestaltung und Entwicklung der Unternehmensführungskultur.

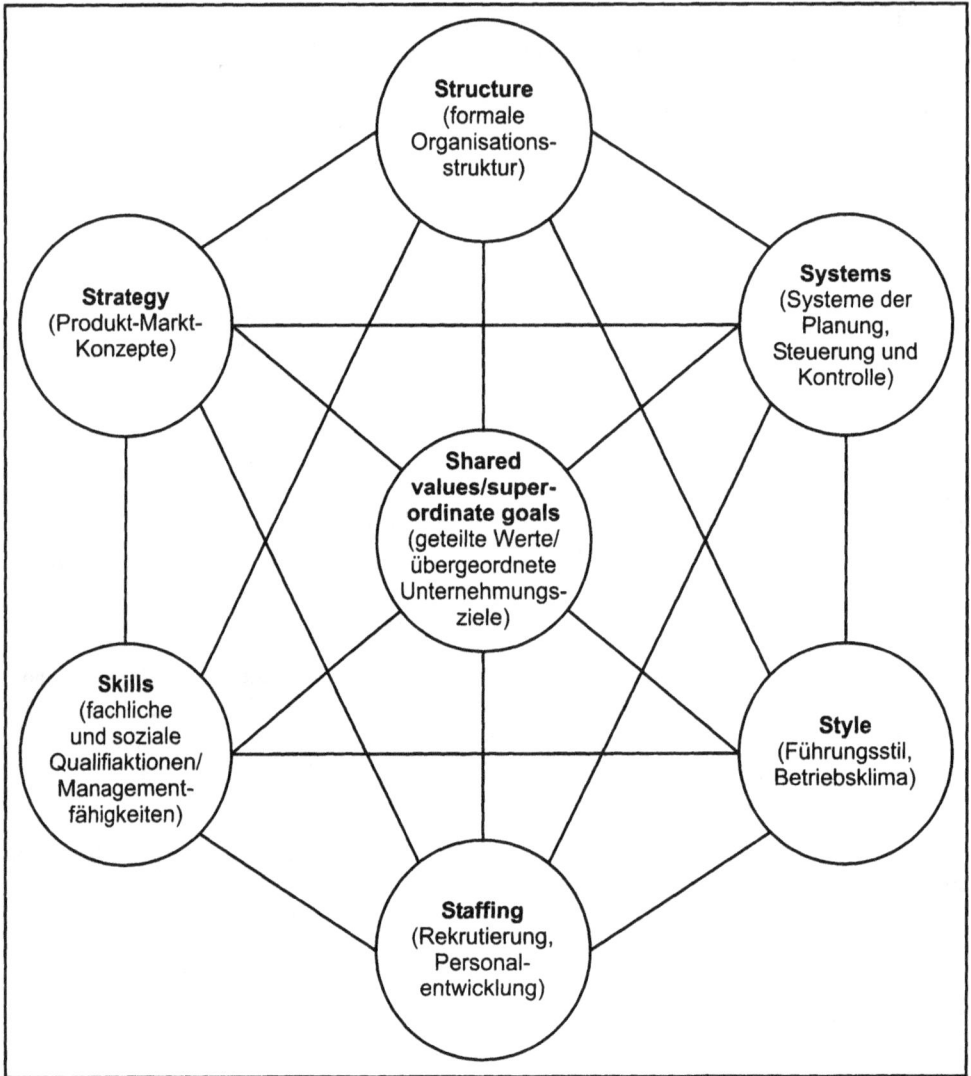

Abb. 8.10   7-S-Modell von McKinsey (Quelle: Peters/Watermann 1982, S. 10)

8.3.3   Formen der Kulturanpassung

Durch internationales Unternehmenswachstum, insbesondere durch Übernahmen und Fusio-
nen, werden unterschiedliche Unternehmenskulturen mit andersartiger landeskultureller
Prägung in einem internationalen Konzernverbund zusammengefügt. Dies impliziert zunächst immer **Multikulturalität** im internationalen Unternehmen, d.h. ein Nebeneinander
unterschiedlicher landeskulturell geprägter Unternehmenskulturen.

Ob und inwieweit eine kulturelle Anpassung, d.h. **Akkulturation**, erwünscht bzw. gar als notwendig erachtet wird, ist von zahlreichen Faktoren abhängig. Besondere Bedeutung erlangt dabei die **kulturelle Distanz** der betrachteten Kulturen zueinander. Die kulturelle Distanz kann als psychologisches Konstrukt aufgefasst werden, durch welches die Andersartigkeit der betrachteten Kulturen zueinander zum Ausdruck gebracht werden soll. Die kulturelle Distanz muss dabei nicht mit der geographischen Distanz übereinstimmen.

Sofern zwei Unternehmenskulturen als zueinander passend eingeschätzt werden, wird dies als **„cultural fit"** bezeichnet. Ein „cultural fit" muss dabei nicht notwendigerweise mit positiven oder negativen Einflüssen auf die Leistungsfähigkeit des internationalen Unternehmens einhergehen. Unterschiedliche landeskulturell geprägte Unternehmenskulturen können für die Leistungsfähigkeit eines internationalen Unternehmens durchaus förderlich sein. Ein **„cultural clash"** liegt dann vor, wenn unterschiedliche landeskulturell geprägte Unternehmenskulturen in Konflikt zueinander stehen und sich daraus wirtschaftliche Misserfolge ergeben. Im Grundsätzlichen lassen sich zwei **Typen internationaler Unternehmenskulturen** unterscheiden:

1. Eine **universelle Unternehmenskultur** liegt vor, wenn die Unternehmenskultur zwischen der Muttergesellschaft und den Auslandsgesellschaften weitgehend vereinheitlicht wurde.

2. Eine **fragmentarische (multikulturelle) Unternehmenskultur** ist dann gegeben, wenn sich die Unternehmenskultur der Auslandsgesellschaft in dem Maße von derjenigen der Muttergesellschaft unterscheidet, in der sich insbesondere auch die Landeskulturen voneinander unterscheiden.

Demnach lassen sich aus der Perspektive des Stammhauses (Muttergesellschaft) vier **Formen der kulturellen Anpassung** (modes of acculturation) von Auslandsgesellschaften abgrenzen (Reineke 1989, S. 50 f.):

- **Integration** geht einher mit einem ausgeglichenen Akkulturationsprozess, bei welchem ein Austausch kultureller Elemente zwischen dem Stammhaus und der Auslandsgesellschaft erfolgt. Das Stammhaus gewährt die erforderliche Unabhängigkeit, welche es der Auslandsgesellschaft erlaubt die eigene Kultur weitgehend zu bewahren.

- **Assimilation** beschreibt einen einseitigen Prozess, bei welchem in der Regel die Auslandsgesellschaft die eigene Kultur aufgibt und die Kultur des Stammhauses adaptiert. Dies ist besonders dann der Fall, wenn die Auslandsgesellschaft wirtschaftlich erfolglos war und auch die Führungskräfte die eigenen kulturellen Werte als erfolgshemmend einschätzen.

- **Segregation** steht für eine negativ verlaufene Kulturanpassung, bei welcher kein kultureller Austausch stattfindet. Die Auslandsgesellschaft betrachtet die eigene Kultur als attraktiver und versucht deshalb diese aufrechtzuerhalten.

- **Dekulturation** betrifft einen erfolglos verlaufenen Kulturanpassungsprozess, der dadurch gekennzeichnet ist, dass sowohl das Stammhaus als auch die Auslandsgesellschaft die jeweiligen kulturellen Werte als unattraktiv erachten. Dekulturation geht daher einher mit einer Entfremdung und einem Identitätsverlust kultureller Werte und Verhaltensweisen.

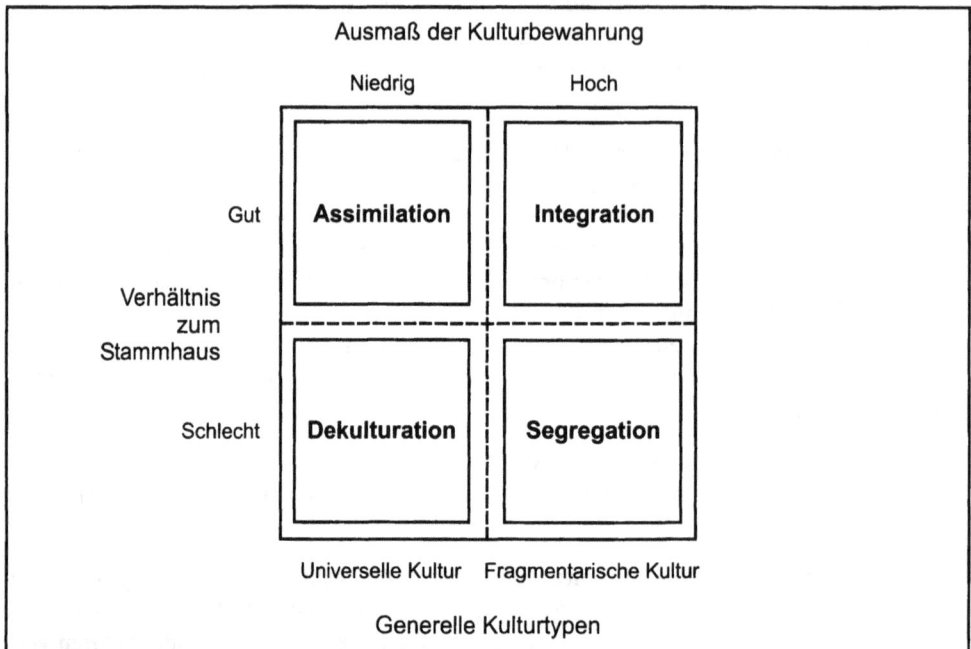

Abb. 8.11 *Ergebnisse der Kulturanpassung*

Segregation und Dekulturation sind verbunden mit **kulturellen Dysfunktionalitäten**, d.h. kulturbedingten Funktionsstörungen im internationalen Unternehmen. Derartige kulturelle Funktionsstörungen äußern sich beispielsweise in Kommunikationsmissverständnissen, unterschiedlichen Geschäftsusancen, Stereotypenbildung und ethnozentrischer Überheblichkeit. Infolgedessen kommt es zu Ineffizienzen und Fehlentwicklungen, welche letztlich auch zu wirtschaftlichen Misserfolgen beitragen.

8.4   Interkulturelle Kompetenz

8.4.1   Anforderungen und Merkmale

Interkulturelle Kompetenz (intercultural competence) bezieht sich auf die Fähigkeiten einer Person, interkulturelle Unterschiede zu erkennen, um darauf aufbauend mit Menschen anderer Kulturen, angemessen und effizient zu kommunizieren und interagieren zu können (Hagemann/Stumpf 2003, S. 237 f.). Im Auslandsgeschäft wird interkulturelle Kompetenz mit interkultureller Handlungskompetenz verbunden. **Interkulturelle Handlungskompetenz** umfasst sowohl die Fachkompetenz und Sozialkompetenz als auch die strategische sowie individuelle Kompetenz, welche jeweils durch eine Vielzahl von Merkmalen abgebildet werden können.

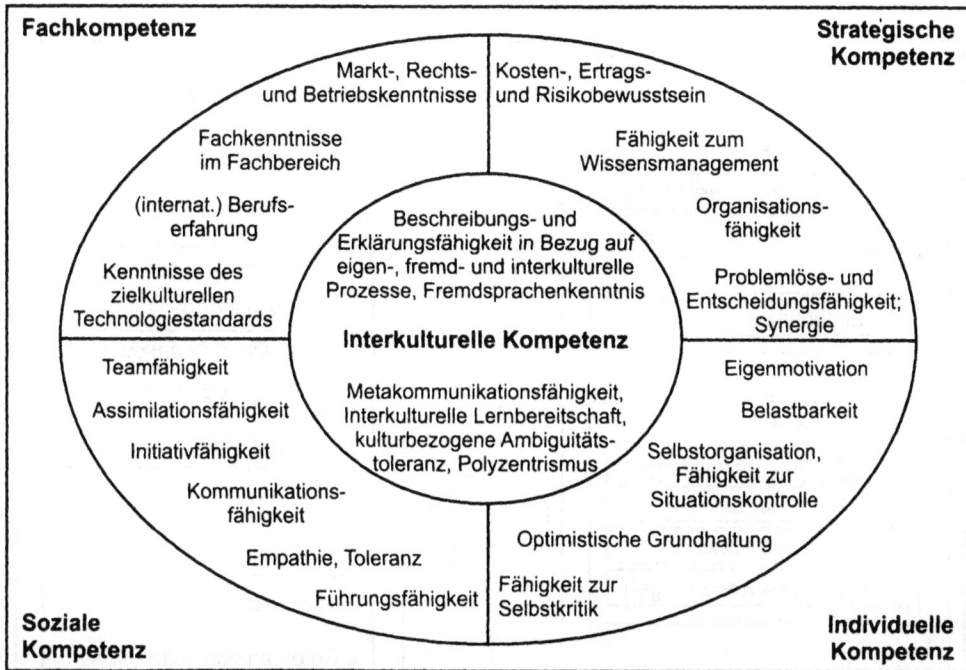

Abb. 8.12 *Komponenten und Merkmale interkultureller Management-Kompetenz (Quelle: Bolton 2005, S. 313)*

Voraussetzung interkultureller Kompetenz ist dabei immer das Bewusstsein, dass die eigene Kultur nur eine von vielen Kulturen ist und dass in jeder Kultur eigene Vorstellungen darüber bestehen, was als wünschenswert anzusehen ist. Interkulturelle Kompetenz ist mit einer ethnozentrischen Überheblichkeit nicht vereinbar.

Interkulturelle Kompetenz setzt eine Veränderungsbereitschaft und mithin einen Lernprozess von Personen voraus. Aus verhaltenswissenschaftlicher Sicht werden drei **Faktoren der interkulturellen Kompetenz** unterschieden, welche ihrerseits jeweils wiederum von einer Vielzahl von Variablen abhängig sind (Chen/Starosta 1996, S. 362 f.):

1. **Affektive Fähigkeiten** (Gefühle und Einstellungen) betreffen allgemein die Unvoreingenommenheit und Lernbereitschaft sowie die Empathie gegenüber einer anderen Kultur.

2. **Kognitive Fähigkeiten** (Wissen und Gedanken) umfassen insbesondere die Kenntnis der eigenen und der fremden Kultur sowie das Urteilsvermögen über die Möglichkeiten und Grenzen interkulturellen Wissens.

3. **Konative Fähigkeiten** (Verhalten und Handlung) beziehen sich auf die Fähigkeit, in
    Konfliktsituationen Respekt zu wahren und flexibel zu reagieren. Sie umfassen ferner
    Merkmale der Ambiguitätstoleranz (d.h. der Duldung von Mehrdeutigkeiten) sowie die
    Sprach- und Kommunikationsfähigkeiten.

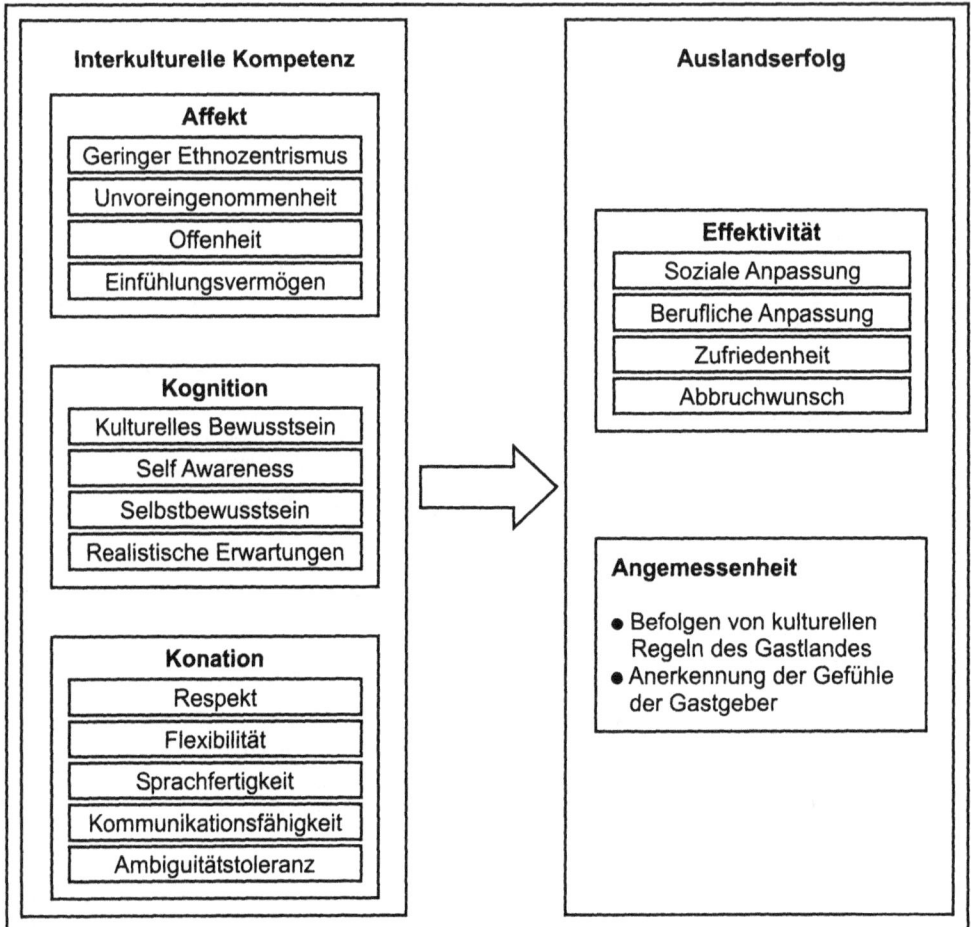

Abb. 8.13 *Interkulturelle Kompetenz und Auslandserfolg (Quelle: Müller/Gelbrich 2001, S. 252)*

Interkulturelle Kompetenz wird aus verhaltenswissenschaftlicher Sicht als erlernbares Konzept angesehen. Sie bezieht sich auf die Befähigung eines Individuums, mit Personen anderer
Kulturen effektiv und angemessen umzugehen. Dies bedeutet einerseits die eigenen Ziele zu
erreichen (Effektivität) und andererseits die Ziele des Anderen zu achten, sowie die entsprechenden Umgangsregeln zu befolgen (Angemessenheit). Je größer die kulturelle Distanz
zwischen dem Heimatland und dem Gastland, desto bedeutender ist die interkulturelle Kompetenz für den Erfolg im Auslandsgeschäft.

8.4.2 Interkulturelle Kompetenzvermittlung

Interkulturelle Kompetenz kann durch interkulturelles Training vermittelt werden. Interkulturelles Training soll auch einen Beitrag dazu leisten, Kulturschocks zu vermeiden. In Abhängigkeit von den verfolgten Zielsetzungen, lassen sich verschiedene **Grundformen des interkulturellen Trainings** unterscheiden (Thomas/Hagemann/Stumpf 2003, S. 248 – 254; Gudykunst/Guzley/Hammer 1996, S. 61 – 80).

Die Typologisierung der Grundformen des interkulturellen Trainings erfolgt dabei anhand zweier Merkmale mit dichotomer Ausprägung. So kann hinsichtlich des **Trainingsinhaltes** unterschieden werden zwischen kulturübergreifenden und kulturspezifischen Trainingsmaßnahmen. Im Hinblick auf die **Trainingsmethodik** kann unterschieden werden zwischen einem informationsorientierten und einem erfahrungsorientierten Training. Durch Kombination beider Merkmale ergeben sich vier unterschiedliche Trainingsformen:

	informationsorientiert		
kultur-allgemein	Klasse I: Informationsorientierte kulturallgemeine Trainings	Klasse II: Informationsorientierte kulturspezifische Trainings	**kultur-spezifisch**
	Klasse IV: Erfahrungsorientierte kulturallgemeine Trainings	Klasse III: Erfahrungsorientierte kulturspezifische Trainings	
	erfahrungsorientiert		

Abb. 8.14 Grundformen interkulturellen Trainings (Quelle: nach Thomas/Hagemann/Stumpf 2003, S. 249)

1. **Informationsorientierte kulturallgemeine Trainings** zielen darauf ab, dem Teilnehmer allgemeine Kenntnisse über interkulturelle Unterschiede zu vermitteln. Die Teilnehmer sollen dadurch für grundlegende interkulturelle Probleme sensibilisiert und auf interkulturelles Handeln vorbereitet werden. Inhaltlich geht es dabei schwerpunktmäßig um eine Darlegung grundlegender Gemeinsamkeiten und Unterschiede zwischen Kulturen und deren Bedeutung für das menschliche Erleben und Verhalten. Das Training basiert in erster Linie auf kognitiven Lehr- und Lernmethoden, welche insbesondere durch Vorträge und Diskussion zum Ausdruck kommen. Die Teilnehmer sind dadurch hauptsächlich mit der Aufnahme und Verarbeitung der vermittelten Informationen beschäftigt. Die emotionale Auseinandersetzung mit fremden Kulturen wird daher weitgehend ausgeklammert.

2. **Informationsorientierte kulturspezifische Trainings** sollen den Teilnehmern in erster Linie wichtige Daten und Fakten über eine spezifische fremde Kultur vermitteln. Dies geschieht durch Vorträge, Filme sowie Berichte und generelle Verhaltenstipps auslandserfahrener Mitarbeiter und Kollegen. Möglich ist auch die Schilderung kritischer Inter-

aktionssituationen, welche Angehörige der Heimatkultur in der Gastkultur erlebt haben. In der Regel findet ein solches Training statt vor dem Verlassen des Heimatlandes bzw. unmittelbar nach der Ankunft im Gastland. Ebenso wie beim informationsorientierten allgemeinen Training kommen auch hier hauptsächlich kognitive Lehr- und Lernmethoden zur Anwendung. Eine emotionale Auseinandersetzung findet daher nur sehr eingeschränkt statt.

3. **Erfahrungsorientierte kulturallgemeine Trainings** sollen die Trainingsteilnehmer für generelle Kulturunterschiede sensibilisieren und diese erlebbar machen. Dies geschieht insbesondere durch workshops, Kultursimulationsspiele und Selbstbewertungsverfahren. Im Unterschied zum informationsorientierten Training wird hier eine wesentlich umfassendere Aktivierung der Teilnehmer angestrebt. Voraussetzung für ein solches Training ist eine Aufgeschlossenheit für interaktive Formen des Lernens. Die Teilnehmer sollen erfahren, wie ihr eigenes Denken, Fühlen und Verhalten durch ihre eigene Kulturzugehörigkeit geprägt ist. Die Förderung der interkulturellen Handlungskompetenz steht gegenüber der Vermittlung kulturspezifischer Kenntnisse im Vordergrund. Erfahrungsorientierte kulturallgemeine Trainings können insbesondere eingesetzt werden zur Vorbereitung von Gruppen von Mitarbeitern, deren Mitglieder in mehrere Länder entsandt werden sollen.

4. **Erfahrungsorientierte kulturspezifische Trainings** zielen darauf ab, den Teilnehmern eine spezifische fremde Kultur durch eigene Erfahrungen auf der Grundlage kognitiver, emotionaler und verhaltensbezogener Erlebnisse näher zu bringen. Dies kann geschehen durch Rollenspiele in denen kulturelle Überschneidungssituationen nachgestellt und durchgespielt werden, so z.B. bei Verhandlungssituationen. Eine weitere Möglichkeit bilden „bikulturelle workshops," in welchen die aus zwei unterschiedlichen Kulturen stammenden Teilnehmer an speziellen Fallstudien bzw. Fragestellungen arbeiten. Im Vordergrund stehen dabei nicht die Arbeitsinhalte bzw. die Arbeitsergebnisse. Vielmehr geht es für die Teilnehmer darum, eine möglichst umfangreiche Interaktionserfahrung zu sammeln. Der Vorteil erfahrungsorientierter kulturspezifischer Trainingsmaßnahmen besteht darin, dass sie relevante Erfahrungen mit einer speziellen Kultur hervorrufen können, welche neben kognitiven auch emotionale und verhaltensbezogene Komponenten umfasst. Ein wesentliches Problem besteht darin, diese Erfahrungen innerhalb des Trainings adäquat zu verarbeiten und in das vorhandene Wissen zu integrieren.

Interkulturelles Training ist ein wichtiges Instrument zur Vorbereitung von Führungskräften auf ihren Auslandseinsatz. Gleichwohl ergeben sich zahlreiche weitere **Anwendungsbereiche des interkulturellen Trainings,** welche sich aus den Problemen der mit der Internationalisierung einhergehenden Anforderungen ergeben. Zentrale Bedeutung erlangen interkulturelle Trainingsmaßnahmen bei internationalen Beteiligungen und Übernahmen sowie bei internationalen Joint Ventures. Als weitere Anwendungsbereiche interkultureller Trainingsmaßnahmen im Rahmen der Personalentwicklung gelten insbesondere Maßnahmen im Hinblick auf eine bessere Integration ausländischer Mitarbeiter. Interkulturelles Training kann einen Beitrag zur Entwicklung bzw. zur Förderung einer multikulturellen Unternehmensidentität leisten.

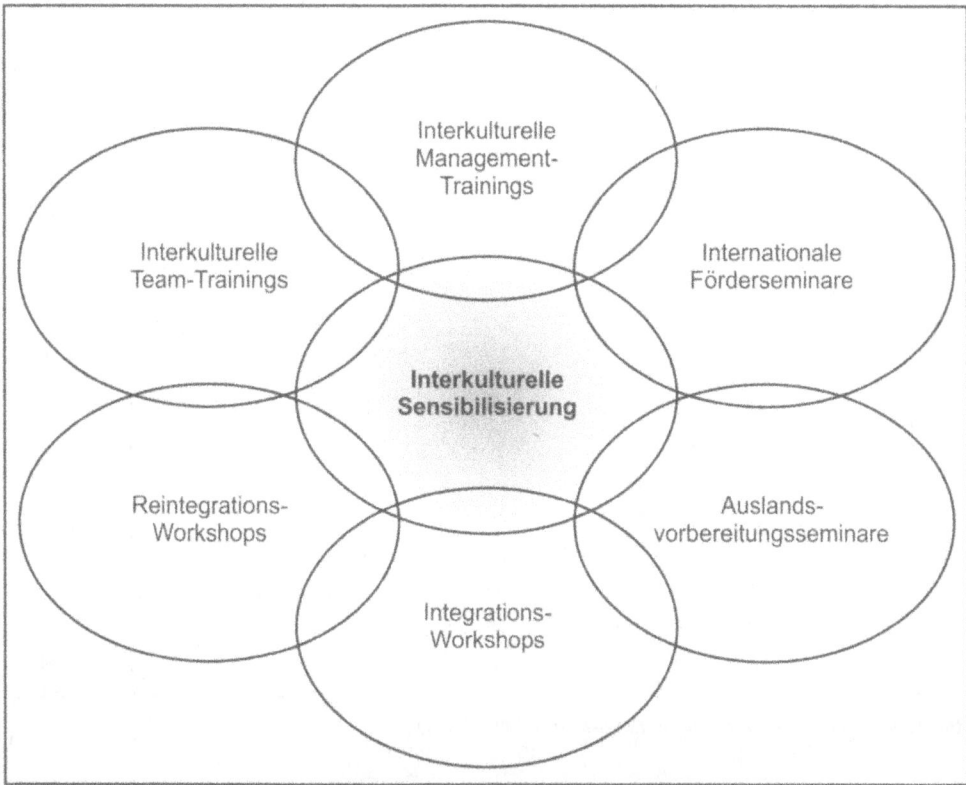

Abb. 8.15   Maßnahmen zur Entwicklung interkultureller Kompetenz (Quelle: Eubel-Kasper 1997, S. 152)

Der nachhaltige Erwerb internationaler Kompetenz setzt bei dem Betroffenen immer eine Veränderungsbereitschaft und einen Lernprozess voraus. Erfolgreiche interkulturelle Trainingsmaßnahmen in einem Unternehmen beinhalten daher sowohl **„on-the-job-Maßnahmen"** als auch **„off-the-job-Maßnahmen"**.

„On-the-job-Maßnahmen" ermöglichen ein Erfahrungswissen. Sie können beispielsweise bestehen in Traineeprogrammen mit Auslandsstationen, Auslandsentsendungen, internationalen Arbeitskreisen und Projekten. „Off-the-job-Maßnahmen" sollen insbesondere eine kulturelle Sensibilisierung und kritische Selbstreflexion ermöglichen. Dabei wird allgemein davon ausgegangen, dass interkulturelles Lernen umso besser gelingt, je stärker die Kopplung zwischen „on-the-job-" und „off-the-job-Maßnahmen" ist.

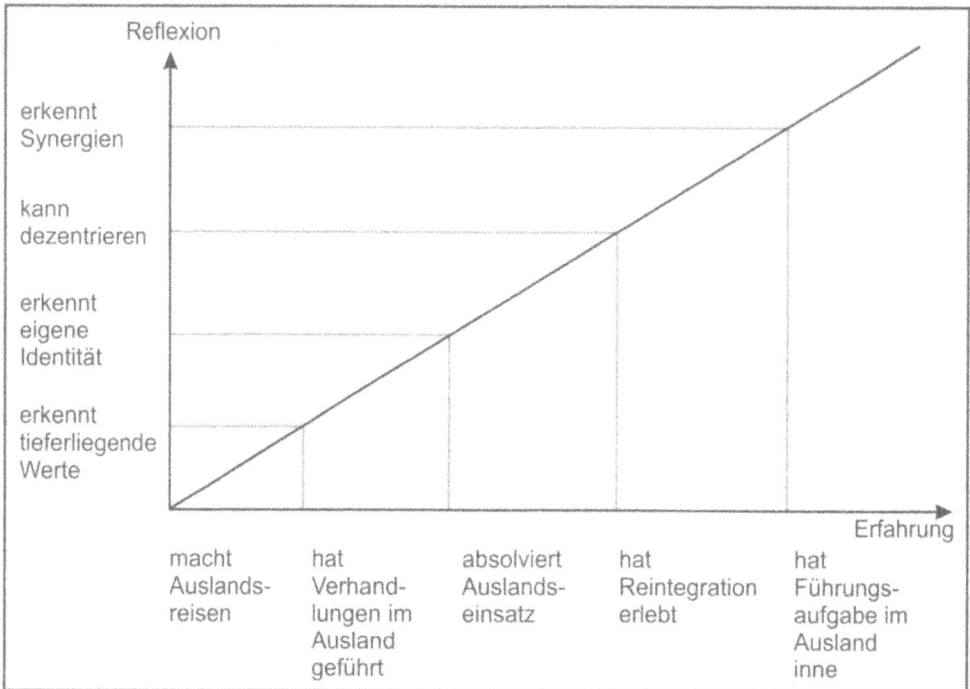

Abb. 8.16   *Kultur-Lernkurve (Quelle: Eubel-Kasper 1997, S. 151)*

8.4.3   Interkulturelle Kommunikation und Verhandlungen

Kommunikation bedeutet allgemein die Übertragung von Botschaften von einem Sender an einen Empfänger. **Intrakulturelle Kommunikation** betrifft die Kommunikation zwischen Personen des gleichen Kulturkreises. Die **interkulturelle Kommunikation** (intercultural communication) bezieht sich demgegenüber auf die Kommunikation zwischen Angehörigen unterschiedlicher Kulturen.

Ein **Kommunikationsprozess** beginnt mit der Verschlüsselung einer Botschaft durch den Sender. Eine Botschaft kann durch verschiedene Kommunikationskanäle übertragen werden. Sie kann in Worte gefasst werden oder auch durch andere Signale übertragen werden. Der Empfänger entschlüsselt die Botschaft und signalisiert durch seine Rückkopplung („feedback"), ob er die Botschaft verstanden hat. Maßgeblich ist der Eindruck, den der Empfänger der Botschaft erhält und nicht das, was der Sender der Nachricht mit seiner Botschaft beabsichtigt hat. Eine Kommunikation ist dann erfolgreich, wenn die Botschaft so vom Empfänger verstanden wird, wie sie der Sender gemeint hat.

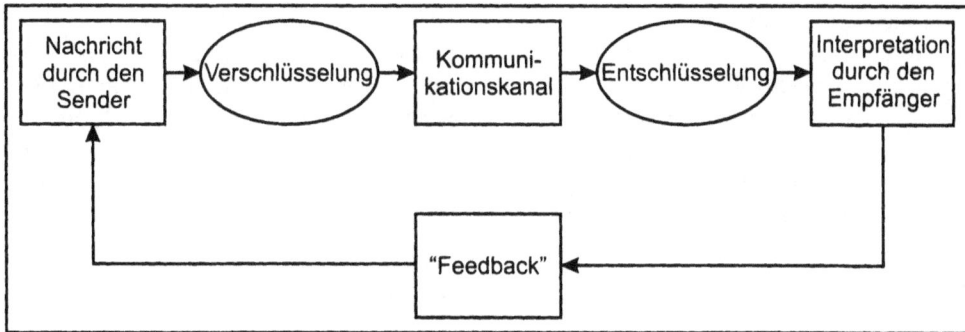

Abb. 8.17   Modell des Kommunikationsprozesses

Interkulturelle Kommunikationsprobleme können generell resultieren aus einer Fehlwahrnehmung und einer Fehlinterpretation von Botschaften:

- Eine **Fehlwahrnehmung** entsteht, wenn der Empfänger einer Botschaft diese aufgrund erlernter und kulturbedingter Denkmuster nur selektiv wahrnimmt oder gegebenenfalls (z.B. bei Verwendung einer Fremdsprache) diese gar nicht versteht.

- Eine **Fehlinterpretation** ist dann gegeben, wenn der Empfänger die Botschaft zwar wahrnimmt, diese jedoch in seiner eigenkulturellen Prägung falsch auslegt. Die Gefahr einer Fehlinterpretation steigt mit zunehmender kultureller Distanz zwischen dem Sender und dem Empfänger einer Botschaft.

Es sind verschiedene **Arten der Kommunikation** zu unterscheiden (Bolton 1999, S. 31 f.; Knapp 2003, S. 115 ff.). Charakteristisch für die **interkulturelle Kommunikation** ist, dass sich meist einer der Kommunikationspartner einer Fremdsprache bedienen muss. Nicht selten ist auch der Fall, dass sich beide Kommunikationspartner einer Fremdsprache (insbesondere der englischen Sprache) bedienen.

Im Bereich der **verbalen Kommunikation** entstehen Kommunikationsprobleme durch falsche Wortwahl, wobei zu berücksichtigen ist, dass bei der Kommunikation in einer Fremdsprache eine vollständige Übersetzungsäquivalenz oftmals nicht gegeben ist. Ein einschlägiges Beispiel hierzu ist das englische Wort „friend". Ein englischer Muttersprachler bezeichnet damit eine ihm bekannte Person auch wenn es sich lediglich um eine oberflächliche Bekanntschaft handelt. Von englischen Muttersprachlern als „friend" bezeichnet zu werden, ist deshalb nicht gleichzusetzen mit einem bestimmten Grad an Intimität und wechselseitiger Verpflichtung, was dem deutschen Wort „Freund" entsprechen würde. Das englische Wort „friend" entspricht in der deutschen Sprache daher dem Wort „Bekannter". Das deutsche Wort „Freund" würde in seiner Bedeutung im Englischen eher als „close friend" zu bezeichnen sein. Der englische Begriff „old friend" entspricht keinesfalls der Bedeutung der direkten Übersetzung „alter Freund", sondern ist eher negativ zu interpretieren im Sinne einer „alten problembelasteten Bekanntschaft".

Die **nonverbale Kommunikation** (z.B. Gestik, Blickkontakt, Körperhaltung) wird meist weniger bewusst wahrgenommen. Sie erfasst besonders die emotionale Beziehungsebene zwischen dem Sender und Empfänger der Botschaft. Die nonverbale Kommunikation kann die verbale Kommunikation ergänzen und unter Umständen sogar ersetzen. Die Ausdrucksformen der nonverbalen Kommunikation sind interkulturell höchst unterschiedlich. Die Gefahr von Missverständnissen ist daher bei der nonverbalen Kommunikation sehr groß. Beispielsweise kann das „typische Lächeln" der Asiaten nicht nur positive Emotionen wie Sympathie oder Freude anzeigen. Vielfach handelt es sich dabei um ein ansozialisiertes Muster bzw. Verhalten, mit welchem negative Emotionen wie Ärger, Missbehangen, Verwirrung oder auch Überraschung ausgedrückt werden.

	Art der Kommunikation	
	Schriftlich	**Mündlich**
Verbal	Lexikalische, syntaktische, rhetorisch-stilistische Vertextungsmittel, Direktheit/Indirektheit	
Nonverbal	- Bilder, Zeichnungen, Diagramme	- Mimik, Gestik, Körperhaltung, Blickkontakt
	- Format, Farbe, Layout, Faltweise, Materialqualität	- Zuwendung (intentional versus nicht-intentional)
Paraverbal	- Typographie, Interpunktion, Satzspiegel, Gliederung	- Lautstärke, Stimmlage, Sprechrhythmus, Gesprächsregulierung
	- Schreibweise, Zwischenräume	- Lächeln, Hüsteln, Pausen, Akzente
Extraverbal	- Zeit (z.B. Erscheinungsweise)	- Zeit, Territorialverhalten (privater Raum/öffentlicher Raum)
	- Raum, insbesondere Ort und Modi der Textübermittlung, Medium	- Kommunikationsbeziehung (symmetrisch/asymmetrisch)
	- Zielgruppenorientierung	- Kontext, taktile (fühlbare) und olfaktorische (riechbare) Reize

Abb. 8.18 Möglichkeiten der Kommunikation (Quelle: nach Bolton 1999, S. 31)

Nicht nur der Inhalt und damit was jemand sagt, sondern auch wie das Gesagte kommuniziert wird (z.B. Lautstärke und Stimmlage), kann zu grundlegenden Kommunikationsproblemen führen (**paraverbale Kommunikation**). So wird beispielsweise die Tonhöhe in arabischen Kulturen gerne als ein Mittel eingesetzt, um den Sprecherwechsel zu regeln. Wenn mehrere Personen um das Rederecht konkurrieren, wird diese Konkurrenz über die Lautstärke beim Spracheinsatz ausgetragen (Knapp 2003, S. 116).

Auch die **extraverbale Kommunikation** (z.B. Körperdistanz) weist landeskulturelle Eigenarten auf, welche zu grundlegenden Missverständnissen führen können (Lewis 2006, S. 158). So beträgt beispielsweise in Mitteleuropa die als angemessen eingeschätzte Körperdistanz bei einem Gespräch unter Fremden ca. 1,2 Meter. In Lateinamerika beträgt die als angemessen eingeschätzte Körperdistanz (distance of comfort) lediglich 0,5 Meter. Dem Mitteleuropäer erscheint die von lateinamerikanischen Gesprächspartnern eingenommene Körperdistanz als aufdringlich. Ein Zurückweichen wird in umgekehrter Betrachtung oft als ablehnend empfunden.

Die Bedeutung interkultureller Kommunikation in der Wirtschaft zeigt sich besonders bei **internationalen Verhandlungen** (z.B. Vertrags- und Kooperationsverhandlungen). Im internationalen Geschäftsleben haben sich die Geschäftspraktiken und damit die Art und Weise, wie Geschäfte angebahnt, verhandelt und abgewickelt werden, angenähert. Ursächlich hierfür ist neben der insgesamt starken Zunahme der weltweiten Geschäftstransaktionen auch die Standardisierung internationaler Handelsbräuche (Büter 2007, S. 198). Gleichwohl weisen die Verhandlungsstile kulturbedingte Besonderheiten auf.

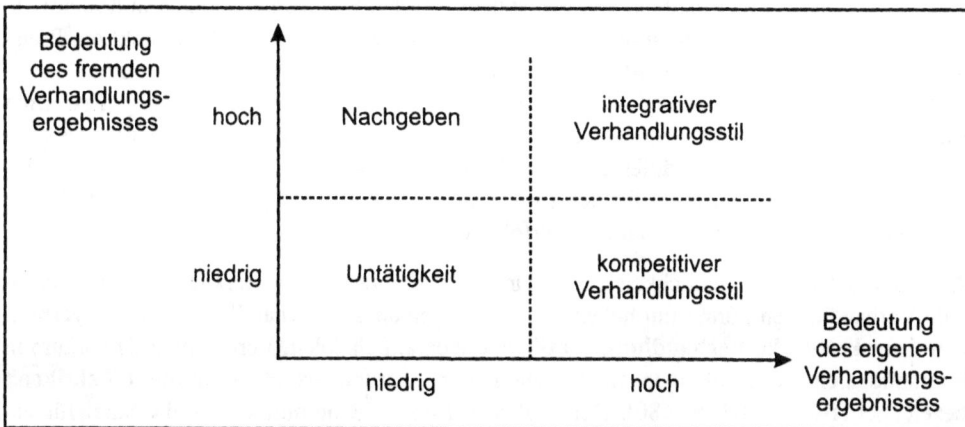

Abb. 8.19 *"Dual-Concern Verhandlungsmodell" (Quelle: nach Usunier/Walliser 1993, S. 239)*

Auf der Grundlage des **„Dual-Concern Verhandlungsmodells"** lassen sich, in Abhängigkeit von der relativen Bedeutung des eigenen Verhandlungsergebnisses zu jenem des Verhandlungspartners, grundlegende Typen von Verhandlungsstilen unterscheiden:

- Ein **integrativer Verhandlungsstil** liegt vor, wenn sowohl dem eigenen Verhandlungsergebnis als auch jenem des Verhandlungspartners hohe Bedeutung zugemessen wird. Die Einstellungen und Absichten der Verhandlungspartner sind daher problemlösungsorientiert, wobei der Wert des Verhandlungsergebnisses als veränderbar eingeschätzt wird. Das Ziel der Verhandlung liegt darin, das Ergebnis gemeinsam zu optimieren.

- Ein **kompetitiver Verhandlungsstil** ist dann gegeben, wenn dem eigenen Verhandlungsergebnis ein hoher Wert zugeschrieben wird, wohingegen die Bedeutung des fremden Verhandlungsergebnisses als niedrig eingestuft wird. Die Verhandlung ist dann konfliktorientiert. Es handelt sich um ein „Nullsummenspiel", bei dem der Gewinn eines Vertragspartners den Verlust des anderen darstellt.

Der kompetitive Verhandlungsstil spielt in **individualistisch geprägten Kulturen** (z.B. USA, Deutschland) eine vergleichsweise größere Rolle. Demgegenüber besteht in **kollektivistisch geprägten Kulturen** (z.B. China, Vietnam) eine starke Gruppenorientierung. Gegenüber den Mitgliedern der eigenen Gruppe („in-group") wird daher ein integrativer Verhandlungsstil bevorzugt, wohingegen Verhandlungen mit nicht zur Gruppe gehörenden Personen („out-group") auch konfliktorientiert erfolgen können. Das den südostasiatischen Kulturen zugeschriebene Konsensstreben ist in Verhandlungen vor allem zu betrachten vor dem Hintergrund der jeweiligen „Gruppenzugehörigkeit".

Eine besondere Bedeutung in internationalen Geschäftsbeziehungen erlangt die **Verhandlung von Preisen**. Auch hier ergeben sich kulturbedingte Eigenarten im Hinblick auf die Verbindlichkeit von Preisen. In Kulturen mit Neigung zur Unsicherheitsvermeidung (z.B. Deutschland, Finnland) schafft ein fester Preis Transparenz und die Sicherheit dafür, eine bestimmte Leistung zu erhalten. Demgegenüber erfüllen Preisverhandlungen in kollektivistisch geprägten Kulturen mit geringer Unsicherheitsvermeidung eine soziale Funktion. Preisverhandlungen dienen hier als Mittel zum Zweck. Käufer und Verkäufer treten durch Preisverhandlungen in Beziehung zueinander. Besonders ausgeprägt ist das **„Feilschen (haggling)"** im arabischen Kulturraum. Es dient hier der Aufteilung des Überschusses zwischen dem Verkäufer und Käufer. Je höher der vom Verkäufer zunächst angesetzte Preis ist, desto größer ist der Spielraum für den Einkäufer einen Preisnachlass zu verhandeln, dessen letztendliche Höhe seinen Verhandlungserfolg bestätigt.

Aufgrund der Unterschiedlichkeit der kulturellen und sprachlichen Herkunft sind internationale Verhandlungen immer mit hohen Anforderungen an das Verhandlungsgeschick verbunden. **Interkulturelle Verhandlungstaktiken**, die darauf abzielen, Verhandlungsspielraum in internationalen Verhandlungen aufrechtzuerhalten, werden als **„Commitment-Taktiken"** bezeichnet (Büter 2007, S. 180). Der englische Begriff „Commitment" steht dabei für ein besonderes Engagement bzw. einen besonderen Einsatz in der internationalen Verhandlung. Grundsätzlich geht es darum, durch geschickte Nutzung aller Verhandlungsparameter den Verhandlungsspielraum stets offen zu halten. Im professionellen Außenhandel geschieht dies beispielsweise dadurch, dass eine vordergründige Fokussierung auf „den Preis" vermieden wird. Stattdessen werden alle den Preis beeinflussenden Verhandlungsparameter in Abhängigkeit vom Fortschritt der Verhandlungen in Erwägung gezogen (z.B. internationale Liefer- und Zahlungsbedingungen, Währungsvereinbarungen, Finanzierungsmöglichkeiten, Folgeaufträge, Mengen- und Gegengeschäfte, Service- bzw. Wartungsleistungen, Zusatzprodukte etc.). Um die interkulturell unterschiedlichen Zeitwahrnehmungen zu berücksichtigen, sollten Angebote nach Möglichkeit ohne rechtliche und zeitliche Bindung und damit freibleibend („subject to being sold") erfolgen. Erfolgreiche Verhandlungen zeichnen sich dadurch aus, dass keiner der Verhandlungspartner sein Gesicht verliert („never lose face"). Ein nachhaltiger Verhandlungserfolg setzt zudem voraus, dass das Verhandlungsergebnis einen Nutzen für alle Vertragsparteien darstellt („win-win-situation").

8.5   Führungsstile im interkulturellen Kontext

8.5.1   Grundlagen und Führungsstiltypologien

Ein Führungsstil kommt zum Ausdruck durch die Art und Weise, wie ein Vorgesetzter mit einzelnen Untergebenen oder auch mit einer Gruppe von Untergebenen umgeht. Ein konkret **praktizierter Führungsstil** ist abhängig von einer großen Vielzahl von Einflussgrößen (Steinmann/Schreyögg 2005, S. 643 f.; Wunderer 1993, S. 184 f.). Um eine möglichst hohe Effizienz der Aufgabenerfüllung und Zufriedenheit der Untergebenen zu erreichen, ist der praktizierte Führungsstil auch den jeweiligen situationsadäquaten Führungsbedingungen anzupassen.

Ein **situationsgerechter Führungsstil** ist daher abhängig von den jeweiligen Rahmenbedingungen des zu lösenden Problems sowie von den Erfahrungen und der fachlichen Kompetenz des Führenden. Im internationalen Umfeld sind unterschiedliche **landeskulturelle Rahmenbedingungen** zu beachten, weshalb auch international unterschiedliche Führungsstiltypen existieren. Generalisierende Aussagen über einen „optimalen Führungsstil" sind letztlich nicht möglich. Im Vordergrund der Betrachtung steht daher die Ableitung so genannter **idealtypischer Führungsstile** (Schindel/Wenger 1992, S. 97 f.). Je nachdem welche und wie viele Einflussfaktoren bei der Beschreibung eines Führungsstils zugrunde gelegt werden, lassen sich mehrere **Führungsstiltypologien** unterscheiden.

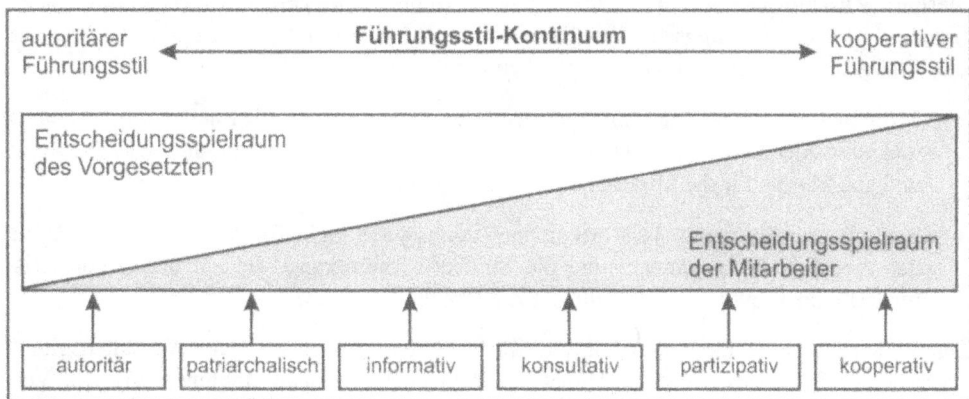

Abb. 8.20   *Führungsstil-Kontinuum nach Tannenbaum/Schmidt*

Als **klassische Führungsstiltypologie** gilt die Differenzierung zwischen einem autoritären Führungsstil und einem kooperativen Führungsstil. Der Übergang zwischen den beiden Extrempolen, autoritärer versus kooperativer Führungsstil, kann als Kontinuum mehrerer Zwischenformen verstanden werden (Führungsstil-Kontinuum nach Tannenbaum/Schmidt). Diese auch als **Kontinuumtheorie** bekannte **eindimensionale Führungsstiltypologie** stellt den Entscheidungsspielraum des Vorgesetzten und das Ausmaß der Entscheidungsfreiheit der Mitarbeiter gegenüber.

Ein **autoritärer Führungsstil** ist besonders gekennzeichnet durch eine klare Rollenverteilung, schnelle Entscheidungsfindung sowie eine erleichterte Koordination der Aktivitäten. Sofern ein autoritärer Führungsstil mit einer besonderen Fürsorge des Vorgesetzten für seine Mitarbeiter verbunden ist, wird er auch als patriarchalischer Führungsstil bezeichnet. Der **kooperative Führungsstil** bildet in diesem Sinne den Gegenpol zum autoritären Führungsstil. Beim kooperativen Führungsstil unterbreiten die Mitarbeiter eigene Vorschläge und sind an der Entscheidungsfindung maßgeblich beteiligt. Die Kriterien für eine Entscheidungsfindung werden offen gelegt.

Die **Führungserwartungen** der Mitarbeiter an die Vorgesetzten sind **kulturabhängig**, d.h. sie stehen in engem Zusammenhang mit dem Sozialisationsprozess und den sozioökonomischen Erfahrungen der Vorgängergeneration. Empirische Studien belegen, dass je geringer die Diskrepanz zwischen den **Führungserwartungen** der Untergebenen und dem jeweils **praktizierten Führungsstil** des Vorgesetzten ist, desto besser können sich Mitarbeiter mit den Organisationszielen identifizieren und desto höher ist auch die allgemeine Leistungsbereitschaft (Thomas/Stumpf 2003, S. 83). Dies bedeutet, dass der **Führungserfolg** wesentlich bestimmt wird vom Grad der situationsbedingten Anpassung des Führungsstils an die Führungserwartungen.

Neben der Kontinuumtheorie, welche bei der Typologisierung von Führungsstilen lediglich auf das Kriterium der Entscheidungsbeteiligung der Untergebenen abstellt, existieren eine Vielzahl weiterer Führungsstiltypologien, bei welchen zwei oder auch mehrere Kriterien zur Kennzeichnung von Führungsstilen herangezogen werden. Besondere Bedeutung erhält in diesem Zusammenhang, das auf Blake/Mouton zurückgeführte **Verhaltensgitter** (managerial grid). Führungsstile werden in diesem Modell typologisiert durch das Ausmaß der Mitarbeiterorientierung und der Aufgabenorientierung:

- **Mitarbeiterorientierung** (employee orientation) bezieht sich allgemein auf die Achtung und Wertschätzung, Offenheit bzw. Bereitschaft zur Kommunikation sowie die Sorge und den Einsatz für die Mitarbeiter.

- **Aufgabenorientierung** (task orientation) umfasst die Zieldefinition sowie die Klärung der Weg-Ziel Betrachtungen und die Strategieformulierung, die Schaffung von Leistungsanreizen sowie die Kontrolle der Zielerreichung.

Durch Gegenüberstellung beider Führungsdimensionen in einem „9 mal 9 Verhaltensgitter" ergeben sich 81 idealtypische Kombinationsmöglichkeiten (Blake/Mouton 1986). Zur Verdeutlichung werden lediglich **fünf Grundtypen** beschrieben. Beide Führungsdimensionen werden als unabhängig voneinander angesehen. Ein Führender kann prinzipiell sowohl mitarbeiterbezogen als auch aufgabenbezogen führen. Die niedrigste führungsbezogene Einwirkung auf die Mitarbeiter und die Aufgabe ergibt sich im unteren Quadranten (1.1 Führungsstil), welcher als **Impoverished Management** (ausgepowertes, verarmtes Management) bezeichnet wird. Ein größtmöglicher Führungserfolg ist idealtypisch verbunden mit einer möglichst hohen Ausprägung beider Dimensionen. Dies entspricht dem oberen Quadranten (9.9 Führungsstil), welcher auch als **Team Management** bezeichnet wird. Eine Führungsstiltypologie nach dem Verhaltensgitter vernachlässigt jedoch weitgehend die sich aus der jeweiligen Situation ergebenden Führungsbedingungen.

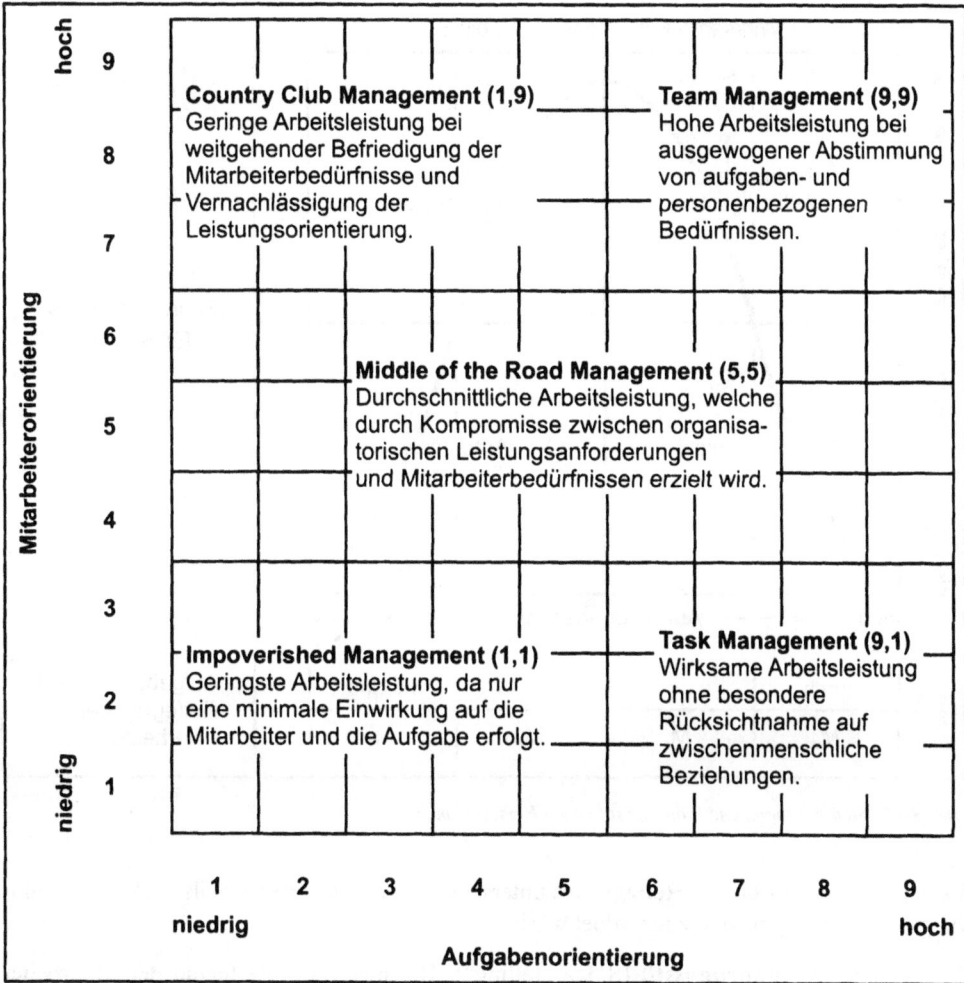

Abb. 8.21   *Managerial Grid (Verhaltensgitter) nach Blake/Mouton*

Gegenstand der **Situationstheorien der Führung** (situational leadership theories) ist die Untersuchung von Zusammenhängen zwischen dem Führungsstil und dem Führungserfolg in Abhängigkeit von den jeweiligen situativen Rahmenbedingungen der Führung. Je nachdem, welche situativen Variablen zugrunde gelegt werden, lassen sich verschiedene Situationstheorien ableiten (Staehle 1994, S. 329 f.). Die **situative Reifegradtheorie** von Hersey/ Blanchard ist dreidimensional aufgebaut (Hersey/Blanchard 1993, S. 135 f.; Jung 2006, S. 423 f.). Sie stellt neben dem mitarbeiterbezogenen und aufgabenbezogenen Führungsverhalten den aufgabenrelevanten Reifegrad der Mitarbeiter als zentrales Kriterium für die Wahl des Führungsstils gegenüber. Der Reifegrad des Mitarbeiters wird bestimmt durch seine aufgabenspezifische Ausbildung und Erfahrung sowie seine Leistungsmotivation und Fähigkeit zur Übernahme von Verantwortung.

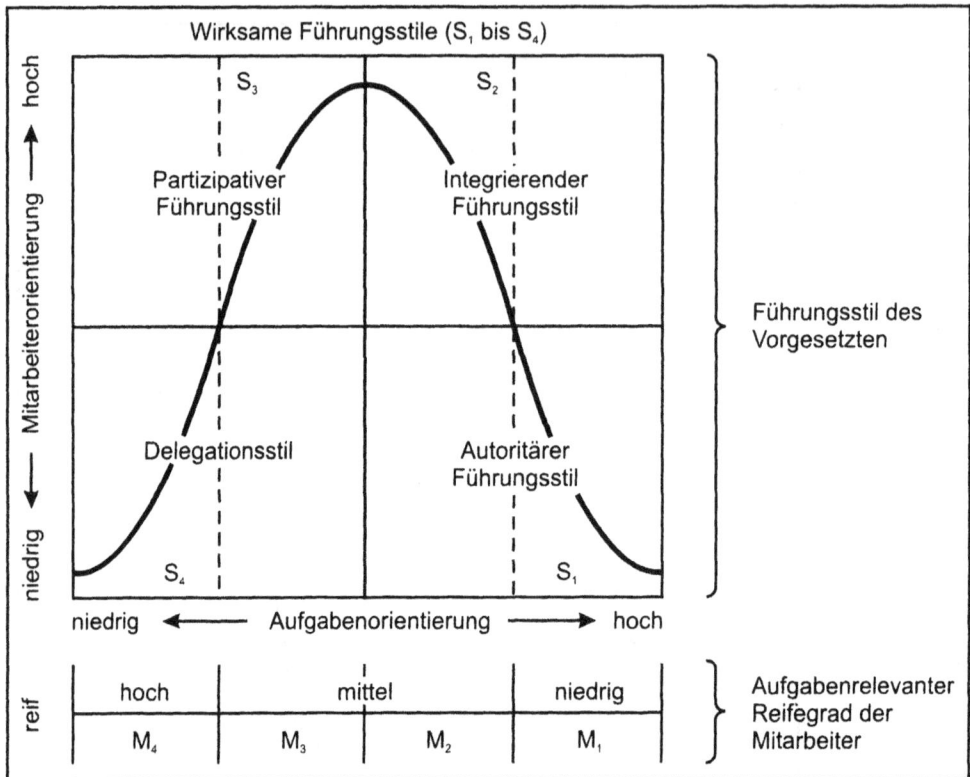

Abb. 8.22 *Situationsbezogene Führungsstile nach Hersey/Blanchard*

Es werden vier **Stufen des Reifegrades** unterschieden, welchen der jeweils wirksamste Führungsstil des Vorgesetzten zugeordnet wird:

1. **Autoritärer Führungsstil** (S 1 - „telling"): Bei niedrigem Reifegrad der Mitarbeiter und geringer Mitarbeiterorientierung erfolgt eine primär aufgabenbezogene Führung des Vorgesetzten.

2. **Integrierender Führungsstil** (S 2 – „selling"): Bei mittlerem Reifegrad der Mitarbeiter aber insgesamt größerer Motivation, ist sowohl aufgaben- als auch mitarbeiterorientiert zu führen.

3. **Partizipativer Führungsstil** (S 3 – „participating"): Bei mittlerem Reifegrad der Mitarbeiter und insgesamt niedriger Motivation, soll eine partizipative Einbindung der Mitarbeiter in die Entscheidungsfindung und deren Umsetzung erfolgen.

4. **Delegationsstil** (S 4 –„delegating"): Bei hohem Reifegrad der Mitarbeiter soll der Führende lediglich die Entscheidungskriterien vorgeben. Die konkrete Entscheidungsfindung und deren Umsetzung liegen wesentlich in der Verantwortung der Mitarbeiter. Die Aufgabe des Führenden beschränkt sich weitgehend auf die Kontrolle.

Wenngleich das Erfordernis einer situationsbedingten Anpassung des Führungsstils in Abhängigkeit vom Reifegrad der Mitarbeiter weithin unstrittig ist, so bleibt doch offen, ob und inwieweit eine Anpassung des Führungsstils auch in international stark divergierenden Führungssituationen überhaupt möglich erscheint.

8.5.2   Landeskulturtypische Führungsstile

Während zuvor unterschiedliche Führungsstiltypologien beschrieben wurden, geht es nun darum festzustellen, ob und inwieweit landeskulturelle Rahmenbedingungen die Herausbildung bestimmter Führungsstile begünstigen. Als Grundlage dazu dienen Hofstede's Kulturdimensionen (Ahlstrom/Bruton 2010, S. 254 – 257; Lewis 2006, S. 105 – 124; Thomas/ Stumpf 2003, S. 88):

1. **Machtdistanz und Führungsstil:** In Kulturen mit einer hohen Machdistanz wird die Autorität nicht hinterfragt sondern akzeptiert. Die Hierarchie und damit auch die Zentralisation der Entscheidung in der Führungsschicht reflektiert die allgemein bestehende Ungleichheit in der Gesellschaft. Daher sind in Kulturen mit einer hohen Machtdistanz die Kooperations- bzw. Partizipationserwartungen generell geringer als in Kulturen mit niedriger Machtdistanz. Wenn auch graduell unterschiedlich ausgeprägt, so ist dennoch festzustellen, dass in Industrieländern ein eher kooperativer Führungsstil vorherrscht, während in den Entwicklungs- und Schwellenländern ein stärker autoritärer Führungsstil bevorzugt wird. So wird beispielsweise in Indien von einer Führungskraft ein **autoritärer Führungsstil** erwartet. Untergebene werden an Führungsentscheidungen nicht beteiligt. Wichtige Entscheidungen werden auch nicht auf Untergebene delegiert. In egalitär geprägten Landeskulturen, wie z.B. in Schweden oder Australien, wird demgegenüber ein **kooperativer bzw. partizipativer Führungsstil** bevorzugt, sofern es die jeweilige Situation erlaubt.

2. **Individualismus und Führungsstil:** In stark individualistisch geprägten Kulturen ist es üblich, dass Führungskräfte Entscheidungsbefugnisse insoweit an Untergebene übertragen, dass sie für ihre eigenen Handlungen und Handlungsergebnisse verantwortlich gemacht werden können. Dies entspricht dem Modell des rational handelnden Individuums, welches für seine individuelle Arbeitsleistung belohnt werden soll oder unter Umständen auch sanktioniert werden kann. Dieser Führungsstil ist insbesondere für die USA typisch. Er wird auch als **Führungsstil des strukturierten Individualismus** (structured individualism) bezeichnet (Lewis 2006 S. 108). Demgegenüber steht in kollektivistisch geprägten Ländern nicht das Individuum sondern die soziale Gruppe im Vordergrund. Aufgaben werden nicht einzelnen Personen sondern der jeweiligen Gruppe übertragen (Modell der sozialen Gruppe). Die Leistung der Gruppe und nicht jene des Individuums werden belohnt bzw. sanktioniert. Dieser insbesondere in Japan praktizierte Führungsstil stellt die **Konsensbildung und Gruppenharmonie** (consensus building and group harmony) in den Vordergrund. Als klassisches Beispiel dafür gilt der japanische **„ringi-sho consensus".** Ein „ringi-sho" ist ein schriftlich ausgearbeiteter Vorschlag (Dokument) eines Mitarbeiters, auf welchem die jeweiligen Mitglieder der Gruppe (z.B. Abteilung) durch Unterschrift ihre Zustimmung erklären müssen bevor er an

höhere Instanzen weitergereicht wird. Es ist dabei möglich für andere Gruppenmitglieder den „ringi-sho" zu modifizieren, wobei auch die Modifikationen wieder eine schriftliche Zustimmung der Gruppenmitglieder erforderlich machen.

3. **Maskulinität und Führungsstil:** In maskulinen Kulturkreisen, wie z.B. in vielen mittel- und südamerikanischen Ländern, sind Frauen in Führungspositionen kaum vertreten. Die **Aufgabenorientierung** steht hier im Allgemeinen vor der **Mitarbeiterorientierung**. Statussymbole von Führungskräften und hohe Einkommensunterschiede werden eher akzeptiert. Im Gegensatz dazu sind Frauen in feminin geprägten Kulturen, wie z.B. in Schweden und den Niederlanden, vergleichsweise stärker in Führungspositionen vertreten. Der Führungsstil ist eher mitarbeiterorientiert, wobei auch ein sozialer Ausgleich angestrebt wird.

4. **Unsicherheitsvermeidung und Führungsstil:** In Kulturen mit hoher Unsicherheitsvermeidung (wie z.B. in Deutschland) stehen Gesetze, Richtlinien und schriftlich niedergelegte Ordnungen im Vordergrund. Führungskräfte sind gehalten, sich an die festgelegten Vorgaben bei ihrer Entscheidungsfindung zu halten. Die Einbindung der Mitarbeiter erfolgt oft auf bürokratischem Wege. Führungsentscheidungen werden meist umfangreich kommuniziert und in schriftlichen Anweisungen festgehalten und konkretisiert. Je geringer die Unsicherheitsvermeidung, desto bedeutender wird die **fallbezogene Führung** (casual leadership), welche auch typisch für den britischen Führungsstil ist. In Kulturen mit niedriger Unsicherheitsvermeidung (wie z.B. Italien) spielt die Improvisation und die unmittelbare mündliche Kommunikation zwischen Führenden und Mitarbeitern eine größere Rolle.

Die Entstehung verschiedener Führungsstile ist ein historisches Phänomen, welches eng verbunden ist mit den Werten, Traditionen und Entwicklungen der jeweiligen Landeskultur. Die **Führungsautorität** kann beruhen auf Charisma, Ausbildung, Geburtsrecht, organisatorischer Hierarchie und Macht. Es gibt keine zwei Kulturen, welche das Wesen und die Hierarchie der Führungsautorität identisch beurteilen.

„Each society breeds the type of leader it wants, and expects him or her to keep to the path their age-old cultural habits have chosen (Lewis 2006, S. 105). "

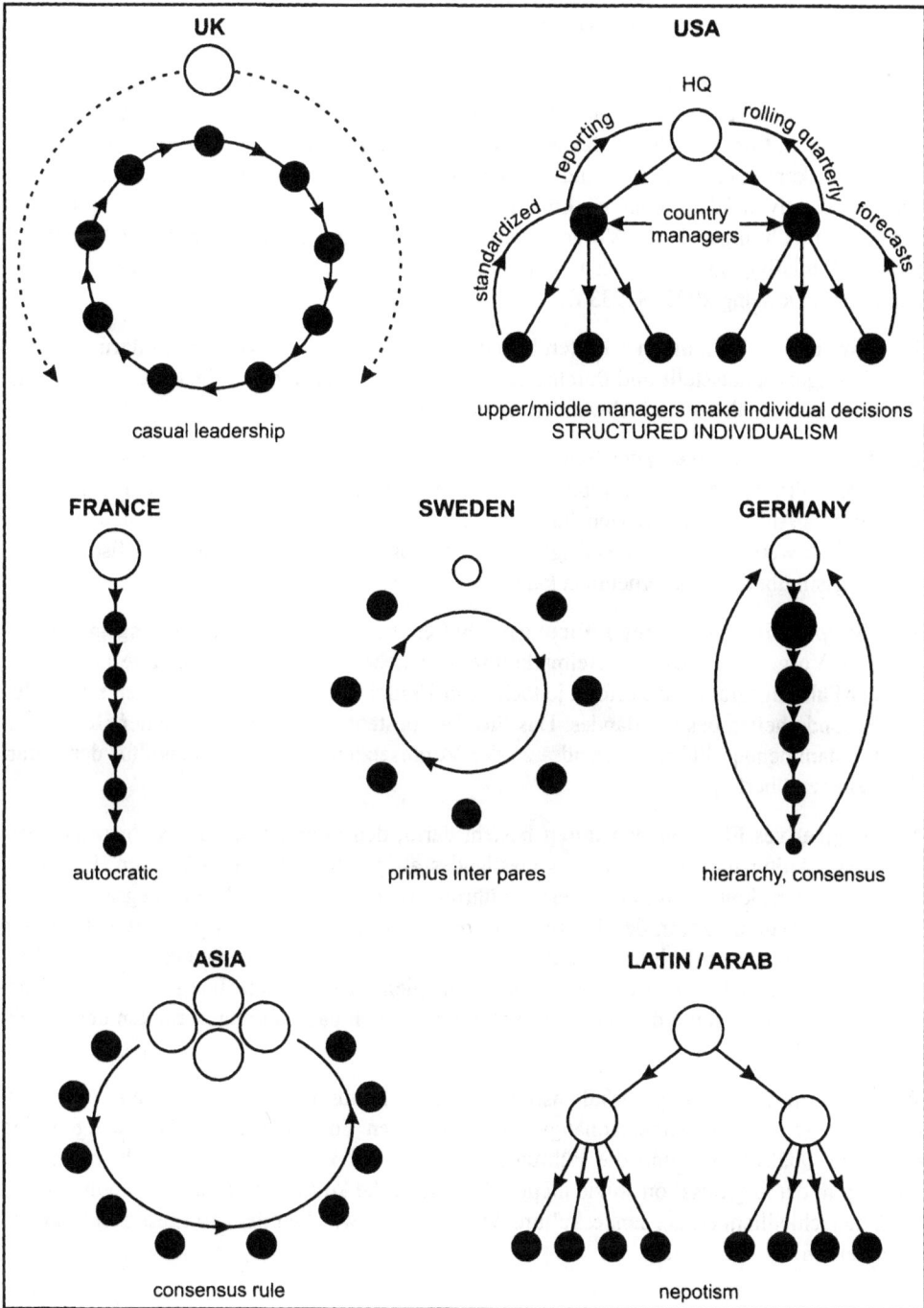

Abb. 8.23 Landeskulturtypische Führungsstile (Quelle: Lewis 2006, S. 108)

8.5.3   Formen des Führungsverhaltens

Wenngleich es weithin unbestritten ist, dass landeskulturelle Einflüsse die Herausbildung bestimmter landeskulturtypischer Führungsstile begünstigen, so ist eine solche Zuordnung auch immer mit dem **Problem der Stereotypenbildung** verbunden. Es besteht die Gefahr, dass es bei konkreten Führungshandlungen zu einer Präjustierung und einer damit einhergehenden selektiven Wahrnehmung kommt. Besteht eine größere kulturelle Divergenz zwischen dem Führungsstil des Vorgesetzten und den Führungserwartungen der Mitarbeiter (**cultural misfit**), so lassen sich vier **Formen des Führungsverhaltens** unterscheiden (Kühlmann/Dowling 2005, S. 933 f.):

1. **Dominantes Führungsverhalten** bedeutet, dass der Vorgesetzte seinen Führungsstil als überlegen herausstellt und durchsetzt. Es besteht die Gefahr der Unzufriedenheit, Leistungszurückhaltung und Abwanderung der Mitarbeiter.

2. **Angepasstes Führungsverhalten** geht in der Regel einher mit einer größeren Führungszufriedenheit der Mitarbeiter. Es besteht jedoch die Gefahr, dass ein angepasster Führungsstil zu Ineffizienzen führt, mit der Folge, dass angestrebte Unternehmensziele verfehlt werden. Auch ist es fraglich, ob ein Vorgesetzter einen kulturspezifischen Führungsstil überhaupt übernehmen kann.

3. **Kompromissorientiertes Führungsverhalten** bedeutet, dass die Führungsgrundsätze vom Vorgesetzten aus der Heimatkultur vorgegeben werden. Die konkrete Umsetzung der Führungsgrundsätze erfolgt jedoch unter Berücksichtigung der jeweiligen kulturellen Besonderheiten des Gastlandes. Das Problem besteht hier darin, die aus der Heimatkultur stammenden Führungsgrundsätze des Vorgesetzten in die Gastlandkultur der Mitarbeiter zu übertragen.

4. **Integratives Führungsverhalten** besteht darin, den Führungsstil des Vorgesetzten der Heimatkultur und die Kultur des Gastlandes als gleichwertig zu betrachten. Im Unterschied zum kompromissorientierten Führungsverhalten geht es beim integrativen Führungsverhalten darum, den Führungsstil des Vorgesetzten aus dem Heimatland mit den kulturgebundenen Führungserwartungen der Mitarbeiter der Gastlandkultur durch Einführung neuer Führungselemente und -prinzipien zu verbinden. Integratives Führungsverhalten stellt daher die höchsten Anforderungen an das Führungsverhalten der Vorgesetzten.

Welche Form des Führungsverhaltens bei Vorliegen kultureller Divergenzen am vorteilhaftesten ist, ist letztlich immer abhängig vom konkreten Einzelfall. Zu berücksichtigen sind dabei die Qualifikation und die Führungserfahrung des Vorgesetzten, seine hierarchische Stellung in der Organisation sowie nicht zuletzt auch die kulturelle Distanz (gemeint ist hier die Unterschiedlichkeit der landeskulturellen Prägung) zwischen dem Vorgesetzten und den Mitarbeitern.

Fragen und Aufgaben zur Wiederholung

1. Diskutieren Sie die Komplexität des Kulturbegriffs und zeigen Sie auf, inwieweit das „Concepta-Percepta-Kulturebenenmodell" zur Beschreibung des Phänomens Kultur dienen kann.

2. Beschreiben Sie die fünf Kulturdimensionen von Hofstede und diskutieren Sie, inwieweit sich die einzelnen Kulturdimensionen ergänzen bzw. in ihrer Aussagefähigkeit überschneiden.

3. Erläutern Sie das Kulturtypenmodell von Lewis und zeigen Sie auf, welche Bedeutung unterschiedliche Zeitorientierungen in linear-aktiven, multi-aktiven und reaktiven Kulturen haben.

4. Warum sind landeskulturvergleichende Studien einerseits sehr bedeutsam, andererseits aber auch mit grundlegenden Problemen behaftet?

5. Nennen und erläutern Sie sowohl positive als auch negative Wirkungen einer Unternehmenskultur.

6. Beschreiben Sie die verschiedenen Formen kultureller Anpassung von Auslandsgesellschaften und diskutieren Sie, welche Maßnahmen ergriffen werden können, um eine Dekulturation zu verhindern.

7. Erläutern Sie die drei verhaltenswissenschaftlichen Faktoren der interkulturellen Kompetenz und diskutieren Sie inwieweit interkulturelle Kompetenz als erlernbares Konzept angesehen werden kann.

8. Beschreiben Sie die vier Grundformen interkulturellen Trainings und zeigen Sie auf, welche Rolle darin „on-the-job-Maßnahmen" als auch „off-the-job-Maßnahmen" einnehmen können.

9. Was sind die charakteristischen Merkmale interkultureller Kommunikation und wodurch ergeben sich typische interkulturelle Kommunikationsprobleme?

10. Was wird unter „Commitment-Taktiken" verstanden und worauf ist dabei besonders zu achten?

11. Beschreiben Sie unterschiedliche Führungsstile und diskutieren Sie die Frage, ob und inwieweit es einen idealtypischen Führungsstil geben kann.

12. Inwieweit können landeskulturelle Rahmenbedingungen die Herausbildung bestimmter Führungsstile begünstigen?

13. Welche Art von Führungsstil ist für individualistisch geprägte Kulturen im Unterschied zu kollektivistisch geprägten Kulturen besonders typisch?

14. Welche Rolle spielen die Machtdistanz und die Unsicherheitsvermeidung für die Herausbildung landeskulturtypischer Führungsstile?

15. Welche grundlegenden Formen des Führungsverhaltens können bei kulturellen Divergenzen zwischen dem Vorgesetzten und den Mitarbeitern generell unterschieden werden?

Abkürzungsverzeichnis

Abb.	Abbildung
ADI	Auslandsdirektinvestition
AHK	Auslandshandelskammer
AIQ	Auslandsinvestitionsquote
ALG	Auslandsgesellschaft
ASEAN	Association of South East Asian Nations
AStG	Außensteuergesetz
AUQ	Auslandsumsatzquote
AWG	Außenwirtschaftsgesetz
AWV	Außenwirtschaftsverordnung
bspw.	beispielsweise
B2B	Business to Business
B2C	Business to Consumer
BVA	Beschaffungsvolumen im Ausland
bzgl.	bezüglich
CBU	completely build up
CEN	confiscation, expropriation, nationalization
cif	cost, insurance, freight
CKD	completely knocked down
d/a	documents against acceptance
DCF	Discounted Cashflow
d/p	documents against payment
EBIT	Earnings before Interest and Taxes
EK	Eigenkapital
EKQ	Eigenkapitalquote
ERFA	Erfahrungsaustausch
EU	Europäische Union
FAQ	Finanzwirtschaftliche Auslandsquote
FCF	Free Cash Flow
FDI	Foreign Direct Investment
FK	Fremdkapital
FKQ	Fremdkapitalquote
GGK	Gesamtgesellschaftskapital
GK	Gesamtkapital
GPK	Gesamtproduktionskapazität
GZB	Gesamtzahl der Beschäftigten

HCN	Host Country Nationals
IAS	International Accounting Standards
i.d.R.	in der Regel
i.e.S.	im engeren Sinne
IHK	Industrie- und Handelskammer
ISC	International Steering Committee
JV	Joint Venture
KH	Kapitalhebel
KT	Konvertierungs- und Transferrisiken
L/C	Letter of Credit
M & A	Merger and Acquisition
MNC	Multinational Corporation
NAFTA	North American Free Trade Association
OECD	Organization of Economic Cooperation and Development
PAQ	Produktionswirtschaftliche Auslandsquote
PCN	Parent Country Nationals
PKA	Produktionskapazität im Ausland
PWQ	Personalwirtschaftliche Auslandsquote
QKK	Qualitäts-Kosten-Kurve
ROI	Return on Investment
SKD	semi knocked down
SV	Shareholder Value
SWOT	Strengths, Weaknesses, Opportunities and Threats
TCN	Third Country Nationals
TG	Tochtergesellschaft
TK	Transaktionskosten
TV	Terminal Value
UCP	Uniform Rules for Customs and Practice for Documentary Credits
UN	United Nations
UNCITRAL	United Nations Conference on Contracts for the Sale of Goods
UNCTAD	United Nations Conference on Trade and Development
URC	Uniform Rules for Collection
USA	United States of America
USt.-ID. Nr.	Umsatzsteueridentifikationsnummer
VG	Verschuldungsgrad
WACC	Weighted Average Cost of Capital
WTO	World Trade Organization
z.B.	zum Beispiel
ZM	Zahlungsverbot und Moratorium

Literaturverzeichnis

Ahlstrom D/Bruton G (2010): International Management – Strategy and Culture in the Emerging World. South-Western. Mason.

Apfelthaler G (1999): Interkulturelles Management – Die Bewältigung kultureller Differenzen in der internationalen Unternehmung. Wien.

Arnold U (1997): Beschaffungsmanagement, 2. Auflage. Stuttgart.

Arnold U/Essig M (1997): Organisation des Global Sourcing. In: Marktforschung & Management, 41 Jg., Nr.2, S. 64 – 69.

Backhaus K (1995): Investitionsgütermarketing. München.

Backhaus K/Büschken J/Fantapiè C/Sander M (2003): Internationales Marketing, 5. Auflage. Stuttgart.

Bamberg G/Coenenberg A G (2004): Betriebswirtschaftliche Entscheidungslehre, 12. Auflage. München.

Bamberger I/Wrona T (2004): Strategische Unternehmensführung – Strategien, Systeme, Prozesse. München.

Bea F X (1992): Entscheidungen im Unternehmen (S. 309 – 424). In: Bea/Dichtl/Schweitzer (Hrsg.): Allgemeine Betriebswirtschaftslehre, Band 1: Grundfragen, 6. Auflage, Stuttgart/Jena.

Bea F X/Friedl B/Schweitzer M (2005): Allgemeine Betriebswirtschaftslehre – Führung (Band 2). Stuttgart.

Bea F X/Göbel E (2006): Organisation – Theorie und Gestaltung. Stuttgart.

Berens W/Hoffjan A (2003): Controlling. In: Breuer/Gürtler (Hrsg.): Internationales Management. Wiesbaden.

Berger U/Bernhard-Mehlich I (1995): Die verhaltenswissenschaftliche Entscheidungstheorie. In: Kieser A (Hrsg.): Organisationstheorien, 2. Auflage, Stuttgart/Berlin/Köln.

Berndt R/Fantapié A /Sander M (1997): Internationale Marketing-Politik. Heidelberg/Berlin.

Blake R R/Mouton J S (1986): Verhaltenspsychologie im Betrieb, 3. Auflage. Düsseldorf/Wien.

Blattner P (1997): Internationale Finanzierung – Internationale Finanzmärkte und Unternehmensfinanzierung. München.

Bleicher K (2004): Das Konzept integriertes Management – Visionen – Missionen - Programme, 7. Auflage. Frankfurt/New York.

Blohm H/Meier H (2002): Interkulturelles Management – Interkulturelle Kommunikation, internationales Personalmanagement, Diversity Ansätze im Unternehmen. Herne/Berlin.

Bolten J. (1999) Cross Culture – Interkulturelles Handeln in der Wirtschaft. Sternenfels.

Bolten J. (2005): Interkulturelle Personalentwicklungsmaßnahmen – Training, Coaching und Mediation. In: Stahl et al (Hrsg.): Internationales Personalmanagement – neue Aufgaben, neue Lösungen. München.

Borchardt A (2006): Koordinationsinstrumente in virtuellen Unternehmen – Eine empirische Untersuchung anhand lose gekoppelter Systeme. Wiesbaden.

Borg M/Harzing A W (1996): Karrierepfade und Effektivität internationaler Führungskräfte (S. 279 – 298). In: Macharzina/Wolf (Hrsg.): Handbuch internationales Führungskräfte-Management. Stuttgart.

Bronner R (2006): Entscheidungsprozesse in Organisationen (Band 3, S. 1409 – 1425). In: Handelsblatt Wirtschaftslexikon. Stuttgart.

Büschgen H E (1997): Internationales Finanzmanagement, 3. Auflage, Fritz Knapp Verlag. Frankfurt a.M.

Büter C. (2007): Außenhandel - Grundlagen globaler und innergemeinschaftliche Handelsbeziehungen. Heidelberg.

Cavusgil S T (2008): International Business – Strategy, Management and the New Realities. New Jersey.

Chen G M/Starosta W J (1996): Intercultural Communication Competence. In: Burleson/Kunkel (Eds.): Communication Yearbook, Vol 19. Thousand Oaks, Sage.

Daniels J D/Radebaugh L H (2001): International Business – Environments and Operations. 9th ed. New Jersey.

Deimel K (2004): Controlling im internationalen Unternehmen. In: Meier/Roehr: Einführung in das internationale Management. Herne/Berlin.

Dill P (1987): Unternehmenskultur. Bonn.

Dill P/Hügler G (1987): Unternehmenskultur und Führung betriebswirtschaftlicher Organisationen, (S. 141 – 209). In: Heinen E (Hrsg.): Betriebswirtschaftliche Führungslehre: Grundlagen – Strategien – Modelle: Ein entscheidungsorientierter Ansatz. Wiesbaden.

Dillerup R/ Stoi R (2008): Unternehmensführung. München.

Dülfer E/Jöstingmeier B (2008): Internationales Management in unterschiedlichen Kulturkreisen. München/Wien.

Eubel-Kasper K (1997): Interkulturelle Kompetenz als strategischer Erfolgsfaktor. In: Kopper/Kiechl (Hrsg.) Globalisierung – Von der Vision zur Praxis. Zürich.

Fayerweather J (1989): Internationale(n) Unternehmung. In: Macharzina K/Welge M (Hrsg.) Handwörterbuch Export und internationale Unternehmung. Stuttgart.

Ferdows K (1989): Mapping international factory networks. In: Ferdows K (Hrsg.) Managing international manufacturing. Amsterdam.

Festing M/Kabst R/Weber W (2003): Personal. In: Breuer W/Gürtler M (Hrsg.): Internationales Management. Wiesbaden.

Grochla E/Fieten R (1989): Beschaffungspolitik internationale. In: Macharzina K/Welge M (Hrsg.) Handwörterbuch Export und internationale Unternehmung. Stuttgart.

Gudykunst W B/Guzley R M/Hammer M R (1996): Designing intercultural training. In: Landis/Bhagat (Eds.): Handbook of intercultural training, Sage. Thousand Oaks.

Gutenberg E (1962): Unternehmensführung – Organisation und Entscheidung. Wiesbaden.

Gutenberg E (1975): Grundlagen der Betriebswirtschaftslehre, Band 1: Die Produktion, 21. Auflage. Berlin/Heidelberg.

Hagemann T/Stumpf S (2003): Training interkultureller Kompetenz. In. Bergemann/Sourisseaux (Hrsg.): Interkulturelles Management. Berlin.

Hall E T (1977): Beyond Culture. New York.

Hass D (2006): Ländermarktauswahl und Timingstrategien. In: Internationale Wirtschaft – Rahmenbedingungen, Akteure, räumliche Prozesse. München.

Heenan D A/Perlmutter H V (1979): Multinational organization development. Reading.

Heinen E (1966): Das Zielsystem der Unternehmung. Wiesbaden.

Heinen E (1971): Der entscheidungsorientierte Ansatz in der Betriebswirtschaftslehre. In: ZfB, 41. Jg.

Heinen E (1976): Grundlagen betriebswirtschaftlicher Entscheidungen – Das Zielsystem der Unternehmung. Wiesbaden.

Heinen E (1991): Indutriebetrieblehre – Entscheidungen im Industriebetrieb, 9. Auflage, Wiesbaden.

Heinen E (1992): Führung als Gegenstand der Betriebswirtschaftslehre. In: derselbe: Betriebswirtschaftliche Führungslehre: Grundlagen – Strategien – Modelle: Ein entscheidungsorientierter Ansatz. Wiesbaden.

Hersey P/Blanchard K H (1993): Management of organizational behaviour. Utilizing human resources, 7. Ed., Englewood Cliffs.

Hill C W L (2007): International Business – Competing in the Global Marketplace. New York.

Hinterhuber H H (2004): Strategische Unternehmensführung, Berlin/New York.

Hofstede G (2001): Lokales Denken, globales Handeln. Interkulturelle Zusammenarbeit und globales Management. München.

Hofstede G (2006): Lokales Denken, globales Handeln – Interkulturelle Zusammenarbeit und globales Management, 3. Auflage. München.

Horvàth P (2002): Controlling, 8. Auflage. München.

Hungenberg H (2002): Organisation der Beschaffung im international tätigen Konzern. In: Hahn D/ Kaufmann L (Hrsg.): Handbuch industrielles Beschaffungsmanagement. Wiesbaden.

Hungenberg H (2006): Strategisches Management in Unternehmen, 4. Auflage. Wiesbaden.

Hungenberg H/Wulf T (2007): Grundlagen der Unternehmensführung. Berlin/Heidelberg.

Ihde G B (2001): Transport, Verkehr, Logistik: Gesamtwirtschaftliche Aspekte und einzelwirtschaftliche Handhabung. München.

Institut der deutschen Wirtschaft (2009): Standort Deutschland – Ein internationaler Vergleich. Köln.

Jansen S (2001): Mergers & Acquisitions – Unternehmensakquisitionen und –kooperationen. Wiesbaden.

Jung H (2006): Personalwirtschaft, 7. Auflage. München.

Kaplan R S/Norton D P (1992): The Balanced Scorecard – Measures That Drive Performance. In: Harvard Business Review (Vol. 92) No. 1.

Kaplan R S/Norton D P (1997): Balanced Scorecard - Strategien erfolgreich umsetzen. Stuttgart.

Kenter M E (1985): Die Steuerung ausländischer Tochtergesellschaften - Instrumente und Effizienz. Frankfurt.

Kieser A/Kubicek H (1992): Organisation, 3. Auflage. Berlin/New York.

Klein H (1993): Internationale Verbundproduktion - Integrierte Produktionssysteme internationaler Unternehmungen. Gießen.

Klein H (1998): Internationale Produktion. In: Schoppe S (Hrsg.): Kompendium der internationalen Betriebswirtschaftslehre. München/Wien.

Knapp K (2003): Interpersonale und interkulturelle Kommunikation. In: Bergemann/Sourisseaux (Hrsg.): Interkulturelles Management. Berlin/Heidelberg.

Köhler R/Hüttemann H (1989): Marktauswahl im internationalen Marketing. In: Macharzina K/Welge M (Hrsg.) Handwörterbuch Export und internationale Unternehmung. Stuttgart.

Kühlmann T /Dowling P (2005): Interkulturelles Personalmanagement. In: Gaugler/Weber (Hrsg.): Handwörterbuch des Personalwesens, 3. Auflage. Stuttgart.

Kutschker M (1995): Konzepte und Strategien der Internationalisierung. In: Corsten H/Reiß M (Hrsg.): Handbuch Unternehmensführung. Wiesbaden.

Kutschker M/Schmid S (2002): Internationales Management, 2. Auflage. München.

Laux H (2005): Entscheidungstheorie, 6. Auflage. Berlin.

Levitt T (1983): The globalization of markets. In: Harvard Business Review (Vol. 83) No.3, S. 92 – 102.

Lewis R (2006): When cultures collide – Leading across cultures. Boston/London.

Macharzina K/Oesterle M J (1995): Organisation des internationalen Marketingmanagements. In: Hemanns/Wißmeier (Hrsg.): Internationales Marketingmanagement, München.

Macharzina K/Wolf J (2005): Unternehmensführung – Das internationale Managementwissen, 5. Auflage. Wiesbaden.

Mag W (1989): Entscheidungstechniken (Sp. 389 -396). In: Szyperski/Winand (Hrsg.): Handwörterbuch Planung. Stuttgart.

Mayrhofer W (1996): Mobilität und Steuerung in international tätigen Unternehmen – Eine theoretische Analyse. Stuttgart.

Meffert H/Bolz J (1998): Internationales Marketingmanagement, 3. Auflage. Berlin/Köln.

Meffert H/Pues C (1997): Timingstrategien des internationalen Markteintritts. In: Macharzina K/Oesterle M-J (Hrsg.): Handbuch internationales Management. Wiesbaden.

Mintzberg H (1994): The Rise and Fall of Strategic Planning. New York.

Mintzberg H/Ahlstrand B/Lampel J (1999): Strategy Safarie – Eine Reise durch die Wildnis des strategischen Managements. Wien.

Mintzberg H/Westley F (2001): Decision Making – It´s not what you think. In: MIT Sloan (Spring 2001) Management Review.

Monczka R M/Trend R J (1991): Global Sourcing a Development Approach (p. 2 – 8). In: International Journal of Purchasing and Materials Management.

Morosini P (1999): Managing Cultural Differences – Effective Strategy an Execution Across Cultures in Global Corporate Alliances. Oxford.

Müller H E (2003): Internationale Organisationsstrategie. In: Mahnkopf B (Hrsg.): Management der Globalisierung – Akteure, Strukturen, Perspektiven. Berlin.

Müller J (2001): Der Mythos vom Kampf der Kulturen – Globalisierung als Chance für eine Begegnung der Kulturen. In: Opitz P J (Hrsg.): Weltprobleme im 21. Jahrhundert. München.

Müller S/Gelbrich K (2004): Interkulturelles Marketing. München.

Müller-Stewens G/ Hillig A (1992): Motive zur Bildung Strategischer Allianzen (S. 65 – 101). In: Bronder/Pritzl (Hrsg.:) Wegeweiser für Strategische Allianzen. Frankfurt.

Müller-Stewens G/Lechner C (2005): Strategisches Management – Wie strategische Alternativen zum Wandel führen. Stuttgart.

Pascale R T/Athos A G (1981): The art of Japanese Management. Harmondsworth.

Pausenberger E (1992): Organisation der internationalen Unternehmung (S. 1052 – 1066). In: Frese E (Hrsg.): Handwörterbuch der Organisation, 3. Auflage. Stuttgart.

Pausenberger E (1994): Alternative Internationalisierungsstrategien (S. 321 – 335). In: Pausenberger E (Hrsg.): Internationalisierung von Unternehmen – Strategien und Probleme ihrer Umsetzung. Stuttgart.

Pausenberger E (1995): Finanzierung internationaler Unternehmungen (Sp. 618 – 628). In: Gerke/Steiner (Hrsg.): Handwörterbuch des Bank- und Finanzwesens, 2. Auflage. Stuttgart.

Pausenberger E (1997): Ansätze zur situationsgerechten Erfolgsbeurteilung von Auslandsgesellschaften (S. 951 – 963). In: Macharzina/Oesterle (Hrsg.): Handbuch Internationales Management. Wiesbaden.

Pausenberger E/Völker H (1985): Praxis des internationalen Finanzmanagements. Wiesbaden.

Perlitz M (2004): Internationales Management, 5. Auflage. Stuttgart.

Perlmutter H (1969): The Tortous Evolution of the Multinational Corporation (p. 9 – 18). In: CJWB, Vol. 4.

Peters T J/Watermann R J (1982): In Search of Excellence – Lessons from America´s Best-Run Companies. New York.

Picot A/Dietl H/Franck (2005): Organisation – Eine ökonomische Perspektive, 4. Auflage. Stuttgart.

Porter M E (2000): Wettbewerbsvorteile – Spitzenleistungen erreichen und behaupten. 6. Auflage. Frankfurt.

Rappaport A (1995): Shareholder Value – Wertsteigerung als Maßstab der Unternehmensführung. Stuttgart.

Reichmann T (1997): Controlling mit Kennzahlen und Managementberichten, 5. Auflage. München.

Reineke R-D (1990): Akkulturation von Auslandsakqusitionen - Eine Untersuchung zur unternehmenskulturellen Anpassung. Wiesbaden.

Remmerbach K-U (1988): Markteintrittsentscheidungen. Wiesbaden.

Rothlauf J (2006): Interkulturelles Management. München.

Scherm E/Süß S (2001): Internationales Management – Eine funktionale Perspektive. München.

Scherm E/Süß S (2002): Personalmanagement in internationalen Unternehmen. In: Macharzina K/Oesterle M J (Hrsg.): Handbuch internationales Management, 2. Auflage. Wiesbaden.

Schierenbeck H/Wöhle C B (2008): Grundzüge der Betriebswirtschaftslehre, 17. Auflage. München.

Schindel V/Wenger E (1992): Führungsmodelle (S. 97 – 188). In: Heinen E (Hrsg.): Betriebswirtschaftliche Führungslehre: Grundlagen – Strategien – Modelle: Ein entscheidungsorientierter Ansatz. Wiesbaden.

Schöllhammer K (1989): Standortwahl internationale (Sp. 1959 – 1968). In: Macharzina K/Welge M (Hrsg.) Handwörterbuch Export und internationale Unternehmung. Stuttgart.

Scholz C (2006): Unternehmenskultur (S. 5808 – 5815). In: Handelsblatt Wirtschaftslexikon. Stuttgart.

Schreyögg G (1989): Zu den problematischen Konsequenzen starker Unternehmenskulturen (S. 94 -113). In: Zeitschrift für betriebswirtschaftliche Forschung, Jg. 41, H.2.

Schreyögg G (2005): Organisation – Grundlagen moderner Organisationsgestaltung, 4. Auflage. Stuttgart.

Schulte-Zurhausen M (2005): Organisation, 4. Auflage. München.

Simon H A (1976): Administrative Behaviour – A Study of Decision-Making Processes in Administrative Organizations. New York.

Simon H (1996): Die heimlichen Gewinner (Hidden Champions) – Die Erfolgsstrategien unbekannter Weltmarktführer. Frankfurt.

Simon H/Dolan R J (1997): Profit durch Power Pricing. Frankfurt.

Sperber H (1999): Finanzmanagement internationaler Unternehmen – Grundlagen, Strategien, Instrumente. Stuttgart.

Staehle W (1994): Management – Eine verhaltenswissenschaftliche Perspektive, 7. Auflage. München.

Stahl G K (2001): Management der soziokulturellen Integration bei Unternehmenszusammenschlüssen und –übernahmen (S. 61 -80). In: Die Betriebswirtschaft (61 Jg.) Nr. 1.

Steiner M (1995): Cash Management. In: Gerke W/Steiner M (Hrsg.): Handwörterbuch des Bank- und Finanzwesens. Stuttgart.

Steinmann H/Schreyögg G (2005): Management – Grundlagen der Unternehmensführung – Konzepte, Funktionen, Fallstudien. 4. Auflage. Wiesbaden.

Stopford J M/Wells L T (1972): Managing the Multinational Enterprise. New York.

Swoboda B (2002): The Relevance of Timing and Time. In: Scholz C, Zentes J (Hrsg.): Strategic Management – A European Approach. Wiesbaden.

Sydow J (1992): Strategische Netzwerke - Evolution und Organisation. Wiesbaden.

Tannenbaum R/Schmidt W (1958): How to choose a leadership pattern (p. 95 – 101). In: Harvard Business Review, Jg. 37. H.2, 1958.

Thomas A/Stumpf S (2003): Aspekte interkulturellen Führungsverhaltens. In: Bergemann/Sourisseaux (Hrsg.): Interkulturelles Management, 3. Auflage. Heidelberg/Berlin.

Thomas A/Hagemann K/Stumpf S (2003): Training interkultureller Kompetenz. In: Bergemann/Sourisseaux (Hrsg.): Interkulturelles Management, 3. Auflage. Heidelberg/Berlin.

Thommen J-P/Achleitner A-K (2006) Allgemeine Betriebswirtschaftslehre – Umfassende Einführung aus managementorientierter Sicht, 5. Auflage. Wiesbaden.

Trompenaars F (1993): Handbuch globales Management – Wie man kulturelle Unterschiede im Geschäftsleben versteht. Düsseldorf.

UN-United Nations (2009): World Trade Statistics. New York.

UNCTAD-United Nations Conference on Trade and Development (2008): World Investment Report. New York.

Usunier J-C/Walliser B (1993): Interkulturelles Marketing. Mehr Erfolg im internationalen Geschäft. Wiesbaden.

Vernon R/Wells L T (1996): Manager in the International Economy, 7ed Englewood Cliffs, New Jersey.

Walldorf E G (1992): Die Wahl zwischen unterschiedlichen Formen der internationalen Unternehmer-Aktivität. In: Kumar/Hausmann (Hrsg.): Handbuch der internationalen Unternehmenstätigkeit. München.

Welge/Holtbrügge (1998): Internationales Management. Landsberg am Lech.

Zentes J/Swoboda B/Morschett D (2004): Internationales Wertschöpfungsmanagement. München.

Zentes J/Swoboda B./Schramm-Klein H (2006): Internationales Marketing. München.

Stichwortverzeichnis

Das Chaos bewältigen

Johannes Weyer | Ingo Schulz-Schaeffer (Hrsg.)
Management komplexer Systeme

Konzepte für die Bewältigung von Intransparenz,
Unsicherheit und Chaos

2009 | 265 Seiten | Broschur | € 32,80
ISBN 978-3-486-58809-5

Nicht nur die Alltagserfahrung lehrt uns, dass die
moderne Welt immer komplexer wird. Als Beispiele
seien die globalen Finanzmärkte, die Politikverflechtung
in Mehrebenensystemen und hochautomatisierte
technische Systeme genannt. Versuche der Komplexitäts-
bewältigung tragen oftmals lediglich dazu bei, die
Komplexität zu erhöhen. Ein erfolgversprechendes
Komplexitätsmanagement benötigt daher eine adäquate
Theorie komplexer Systeme, die vor allem das Problem
der Undurchschaubarkeit und der Unvorhersehbarkeit
des Verhaltens derartiger Systeme in den Blick nimmt.

Das vorliegende Buch befasst sich mit der Theorie komplexer Systeme sowie mit Strategien des Komplexitäts-
managements in Organisationen. Es zeigt auf, welche
Faktoren die Komplexität eines Systems erhöhen und
mit welchen Methoden die Komplexität bewältigt
werden kann.

**Dieser Band richtet sich an Studierende und Lehrende
der Wirtschafts- und Sozialwissenschaften sowie an
Disziplinen, die sich mit komplexen vernetzten Systemen beschäftigen, z.B. im Bereich der Natur- und Inge-
nieurwissenschaften. Auch Manager in großen Unternehmen oder Verbänden profitieren von diesem Buch.**

Prof. Dr. phil. Johannes Weyer lehrt Techniksoziologie
an der Technischen Universität Dortmund.

Prof. Dr. Ingo Schulz-Schaeffer lehrt Allgemeine Sozio-
logie und Soziologische Theorie an der Universität
Duisburg-Essen.

Bestellen Sie in Ihrer Fachbuchhandlung oder
direkt bei uns: Tel: 089/45051-248, Fax: 089/45051-333
verkauf@oldenbourg.de

Oldenbourg

Vom Know-How zum »Do-How«

Christian Bleis | Antje Helpup
Management
Die Kernkompetenzen

2009 | 256 Seiten|gebunden | € 29,80
ISBN 978-3-486-58701-2

Wissen allein begründet noch keine Kompetenz,
sondern erst die richtige Anwendung dieses Wissens.
In diesem Sinne schlägt dieses Buch eine Brücke von
der Management-Theorie (Know-How) zur praktischen
Umsetzung (»Do-How«). Dies erfolgt mit Hilfe von
Übungen, Fallbeispielen und Hinweisen zur Selbstein-
schätzung und -steuerung.

Das Buch richtet sich an ambitionierte Mitarbeiter,
Jungmanager, aber auch erfahrene Manager. Für sie
bietet es einen aktuellen, prägnanten Überblick über
die wichtigsten Aspekte rund um das Management.
Dabei wird nicht nur Bekanntes kurz und knapp
präsentiert, sondern es werden auch neue Blickwinkel
gewährt. So bietet sich eine konsequente Betrachtung
der Managementthematiken aus systemischer, kommu-
nikativer und interaktiver Sicht. Das Werk richtet sich
auch an Studierende in höheren Semestern, die hier
einen aktuellen, praxisrelevanten Einblick in die Welt
des Managements bekommen.

Aus dem Inhalt:
1. manum agere
2. Planungskompetenz
3. Organisationskompetenz
4. Führungskompetenz
5. Controllingkompetenz
6. Kommunikationskompetenz

Über die Autoren:
Prof. Dr. Christian Bleis ist Dozent für Internes Finanz-
und Rechnungswesen an der Berufsakademie Berlin.
Dr. Antje Helpup ist Professorin für Marketing an der
Fachhochschule Braunschweig/Wolfenbüttel am
Standort Wolfsburg.

Bestellen Sie in Ihrer Fachbuchhandlung oder
direkt bei uns: Tel: 089/45051-248, Fax: 089/45051-333
verkauf@oldenbourg.de

Oldenbourg